Volkert Wiesner

RUNDFUNKPOLITIK UND KULTURELLE IDENTITÄT IN CANADA

Volkert Wiesner

RUNDFUNKPOLITIK UND KULTURELLE IDENTITÄT IN CANADA

Eine Analyse staatlicher Steuerungsmöglichkeiten durch Normensetzung und Regulierungs-Institutionen im dualen Rundfunksystem

Medien & Politik Bd. 1

Lit

Die Deutsche Bibliothek - CIP-Einheitsaufnahme

Wiesner, Volkert:
Rundfunkpolitik und kulturelle Identität in Canada : eine Analyse staatlicher Steuerungsmöglichkeiten durch Normensetzung und Regulierungsinstitutionen im dualen Rundfunksystem / Volkert Wiesner. - Münster ; Hamburg : Lit, 1991
(Politik & Medien ; Bd. 1)
Zugl.: Hamburg, Univ., Diss., 1990
ISBN 3-89473-071-4
NE: GT

Dieckstr. 56 4400 Münster 0 251 / 23 50 91
Hallerplatz 5 2000 Hamburg 13 0 40 / 446 446

Inhaltsverzeichnis

Tabellen

Kapitel 3:

Kapitel 5:

Kapitel 6:

Kapitel 7:

Kapitel 8:

Einleitung

Die Rundfunksysteme der westlichen Industrienationen haben sich im Verlauf der achtziger Jahre nach einem gemeinsamen Grundmuster entwickelt, für das sich der Begriff der "Dualisierung" etabliert hat: Neben öffentliche (oder staatliche) Rundfunkanstalten sind neue, privatwirtschaftlich organisierte Rundfunkunternehmen getreten - sei es in Form nationaler oder transnationaler Anbieter. In Westeuropa ist diese Entwicklung bislang in den industriellen Kernstaaten Bundesrepublik Deutschland, Frankreich und Italien - wenn auch auf sehr unterschiedlichen, von spezifischen nationalen Bedingungen gesteckten Wegen - am weitestens fortgeschritten. Ausnahmen in diesem Prozeß sind zum einen die USA, in dem der öffentliche Rundfunk nie eine der europäischen Situation vergleichbare Stellung einnehmen konnte und für die Rundfunkversorgung eine nur marginale Funktion ausübt. Zum anderen Großbritannien, wo sich die Dualisierung des Rundfunks mit dem Aufbau des *Independent Television* bereits in den fünfziger Jahren nach sehr eigenen Kriterien entwickelt hat. Innerhalb der dualen Rundfunksysteme konkurrieren nun zwei grundsätzlich verschiedene Definitionen von Rundfunk: Die traditionelle, in Europa über Jahrzehnte vorherrschende Definition als *public service* mit einem umfassenden kulturellen und sozial-integrativen Auftrag, daneben das Verständnis von Rundfunk als Ware oder ökonomische Dienstleistung, dessen Ziel die Bildung größtmöglicher Zuschauerschaften zur Sicherung der Werbefinanzierung ist.

Kennzeichnend für diese Entwicklung ist weiterhin der Versuch, auf diesen Prozeß von staatlicher Seite gestaltend und "regulierend" einzuwirken. Das geschieht einerseits durch die Setzung normativ-juristischer Rahmenbestimmungen auf nationaler (bzw. Länder-) oder transnationaler Ebene (z.B. EG-Rundfunkrichtlinie), andererseits durch die Einrichtung unterschiedlichster Kontrollinstanzen, in deren Kompetenzen in der Regel die Vergabe von Rundfunklizenzen, die Formulierung von Lizenzauflagen und die Überwachung deren Einhaltung fällt. Am deutlichsten ist dieses Modell der "Rundfunkregulierung", das sich erkennbar am US-amerikanischen Vorbild orientiert, im Konzept der Landesmedienanstalten der Bundesrepublik Deutschland ausgeprägt. Gemeinsam ist diesen Steuerungsversuchen ein im Kern statisches Verständnis von dualen Rundfunksystemen, in denen beide Elemente, das öffentliche wie das privat-kommerzielle, im Grunde gleichberechtigt nebeneinanderstehen und in dem der kommerzielle Sektor mittels Rahmensetzung, gezielter Auflagen und wenn nötig durch Sanktionen als prinzipiell steuerbar angesehen wird. Über die innere Dynamik, die duale Rundfunksysteme in der Konkurrenz entwickeln, über die Wirksamkeit von Regulierung sowie die sehr wahrscheinlichen Legitimationsprobleme des staatlich oder aus Rundfunkgebühren finanzierten öffentlichen Sektors gegenüber einem scheinbar "kostenlosen" Angebot der kommerziellen Konkurrenz - letztlich also über die prozeßhaften Momente der "Dualisierung" - wird dagegen sowohl in der Rundfunkpolitik als auch in der wissenschaftlichen Auseinandersetzung erst in Anfängen diskutiert.

Dabei fällt auf, daß internationale Erfahrungen nur sehr begrenzt für die Analyse und die Prognose herangezogen werden. Kritiker verweisen häufig auf das US-amerikanische Modell und dessen durchkommerzialisierte Struktur, Befürworter ziehen oft Großbritannien als Vorbild einer gesteuerten Dualisierung heran - beides für die derzeitigen Dualisierungsprozesse sehr untypische Bespiele. Die beiden ältesten echten dualen Rundfunksysteme finden sich in Canada und in Australien, in denen sich von Beginn der Rundfunkentwicklung an (begründet aus der besonderen historischen Situation als britische *Dominions*) sowohl das *public service*-Modell als auch der kommerziell betriebene Rundfunk parallel etablieren konnten. Beide Systeme werden in der wissenschaftlichen Analyse von dualen Systemen kaum oder gar nicht beachtet.

Diese Arbeit hat die empirische Analyse des Rundfunksystems und der Rundfunkpolitik Canadas zum Gegenstand. Rundfunkpolitik in Canada ist Politik unter Extrembedingungen, unter denen die Wirksamkeit oder Unwirksamkeit regulierender Maßnahmen besonders deutlich werden und damit plastisch herausgearbeitet werden können: Die Ausdehnung als zweitgrößtes Flächenland der Welt, das sich vom Atlantik zum Pazifik, von der Arktis bis zum Gebiet der *Great Lakes* hin erstreckt, erfordert von Anbeginn enorme politische und technologische Anstrengungen, um eine landesweite Versorgung mit Rundfunkleistungen überhaupt zu erreichen. Hinzu kommt die mit rund 25 Mio. Einwohnern nur sehr geringe Bevölkerungsdichte und deren weit überwiegende Konzentration auf den grenznahen Süden. Allein diese Bedingungen, die einen lukrativen kommerziellen Rundfunk nur in den großstädtischen Regionen erlaubt, sind wesentliche Entstehungsfaktoren für den öffentlichen Rundfunk, die *Canadian Broadcasting Corporation* (CBC).

Hinzu kommt, daß Canada mit seiner nur losen föderalen Struktur als *Confederation*, der großen Eigenständigkeit seiner zehn Provinzen gegenüber dem Bund, dem bis heute nicht gelösten Gründungskonflikt zwischen Anglo- und Frankocanadiern und der zunehmend multi-ethnischen Zusammensetzung der Bevölkerung enorme zentrifugale Kräfte zu bewältigen hat. Unter den Bedingungen der Randlage zu den USA, dem fast bruchlosen Übergang von kolonialer Abhängigkeit von Großbritannien in eine "semiperiphere" Teilabhängigkeit vom dominierenden Nachbarland wird das Moment der nationalen Integration und der Entwicklung einer eigenständigen kulturellen Identität zum beherrschenden Faktor in der politischen Kultur des Landes. Hier liegt der zweite Entstehungsfaktor für den öffentlichen Rundfunk, dessen Entwicklung von Beginn an vom hohen normativen Anspruch eines national-kulturellen Integrationsinstruments begleitet ist. Kapitel 1 analysiert zunächst die Entwicklung Canadas als "semiperiphere" Industrienation - ein Status, der sich vor allem aus dem hohen Grad der ökonomischen Integration in den kontinentalen, US-dominierten Wirtschaftskreislauf ergibt. "Nationalsmus" und "Kontinentalismus" werden dabei als die gegensätzlichen ideologischen Faktoren bestimmt, die die wechselhafte Politik des Landes gegenüber den USA und ebenso die Rundfunkpolitik bis heute maßgeblich beeinflussen. Kapitel 2 versucht anschließend, unter Lösung vom canadischen Beispiel, einen theoretischen Zugang zum Problem einer an kultureller Identität orientierten Medienpolitik und bietet ein Modell, anhand dessen die unterschiedlichen Wirkungsfaktoren und Einflußebenen von Rundfunkpolitik analysiert werden können.

Parallel zum Aufbau eines öffentlichen Rundfunks hat sich in Canada - unter den spezifischen Bedingungen der Zusammenarbeit beider Sektoren - auch kommerzieller Rundfunk etablieren können. Während die zunächst gebührenfinanzierte CBC in den dreißiger und vierziger Jahren als einziger landesweiter Anbieter von Radioprogrammen ein unverzichtbares Element der nationalen Rundfunkpolitik wird und neben der Produktion von canadischen Programmen auch die regulierende Funktion über den gesamten Rundfunk wahrnimmt, erodiert ihr herausragender Status mit der Einführung des Fernsehens. Die Zulassung kommerzieller Fernseh-Networks Anfang der sechziger Jahre verstärkt neben der allgegenwärtigen Konkurrenz durch einstrahlende US-amerikanische Programme nun das Moment der internen Konkurrenz zwischen öffentlichem und kommerziellem Sektor. Diese Periode bis zur Verabschiedung des heute geltenden Rundfunkgesetzes 1968, in die auch erste Versuche fallen, über eine außerhalb von CBC und Bundesregierung angesiedelte Regulierungsinstanz (*Board of Broadcast Governors*, BBG) Quotenregelungen zugunsten einheimischer Programme durchzusetzen, analysiert Kapitel 3.

Die Ära Trudeau (1968-1984) markiert den bislang ehrgeizigsten Versuch, eine canadische Politik im "nationalen Interesse" zu definieren, in der die Rundfunkpolitik einen herausragenden Stellenwert einnimmt. Mit der Verabschiedung eines neuen Rundfunkgesetzes wird der Anspruch formuliert, der Rundfunk müsse in seiner Gesamtheit dem Zusammenhalt der "kulturellen, politischen, sozialen und ökonomischen Struktur" des Landes dienen. Öffentlicher und kommerzieller Rundfunk unterliegen damit im Kern denselben normativen Vorgaben, die durch eine mit weitgehenden Kompetenzen ausgestattete Regulierungsinstanz (*Canadian Radio-television and Telecommunications Commission*,

CRTC) umgesetzt und kontrolliert werden sollen. Zu ihren wichtigsten Regulierungsbestimmungen gehören seitdem die *Canadian Çontent Rules*, die in Radio und Fernsehen Mindestquoten für canadische Eigenproduktionen vorschreiben. Gleichzeitig wurde mit dem *Department of Communications* (DOC) ein zentralstaatliches Kommunikationsministerium eingerichtet, dessen Kompetenzen in Richtung eines Bundes-Kulturministeriums ausgeweitet wurden und aus dessen Etat u.a. der CBC-Haushalt direkt finanziert wird. Damit existieren in Canada zwei in vielen Bereichen konkurrierende rundfunkpolitische Entscheidungszentren: Eine auf die Regulierung von Programmangeboten gerichtete Regulierungsinstanz, daneben ein auf die Förderung der industriellen Rundfunkentwicklung (insbes. der Rundfunktechnologie) zielendes Ministerium. Juristischer Rahmen und die Kompetenzen von CRTC und DOC werden in Kapitel 4 dargestellt.

Kapitel 5, 6 und 7 analysieren im Detail die Politik der CRTC gegenüber den Radioanbietern, dem kommerziellen Fernsehen und den Fernseh-Networks der CBC. Im Radiosektor haben die *Canadian Content*-Auflagen erkennbar zur Förderung einer einheimischen Musikszene beigetragen, die über den garantierten Zugang zum einheimischen Medium nun auch verstärkt internationale Erfolge verbuchen kann. Gleichzeitig ist die Entwicklung von einer deutlichen Marginalisierung des öffentlichen Hörfunks gekennzeichnet, der sich heute als informatives, anspruchsvoll-unterhaltendes, werbefreies Komplementärmedium zum kommerziellen Angebot definiert. Die zweifellos interessanteste Tendenz ist die einer "Trialisierung" des Hörfunksystems, in dem sich neben kommerziellen und öffentlichen Anbietern ein dritter, weitgehend werbefreier Typus des *Community Radio* etablieren konnte. Diese von ihren Hörern getragenen, zum Teil mit öffentlichen Mitteln unterstützten Lokalradios erfüllen heute insbesondere in Québec und den Nordregionen eine wichtige Kommunikationsfunktion in den programmlichen und geographischen Nischen des Systems (Kapitel 5).

Der kommerzielle Fernsehsektor hat seine dominierende Position unter CRTC-Ägide weiter ausbauen können. Quotenregelungen können hier nur im strukturellen Konflikt mit den ökonomischen Interessen der Zuschauermaximierung durchgesetzt werden. Die beherrschende Position der US-Produktionsindustrie auf dem internationalen Markt für Film- und Serienprogramme, verbunden mit einer äußerst niedrigen Kulturschwelle dieser Programme in Canada, hat die Etablierung eines kommerziellen Produktionssektors bis heute weitgehend verhindert. Die Quotenpolitik der CRTC steht hier unter einem ständigen "Flexibilisierungsdruck", dem in den achtziger Jahren zunehmend nachgegeben wird.

Gleichzeitig verfolgt das DOC heute verstärkt eine Strategie der direkten Förderung von Film- und Fernsehproduktionen (Kapitel 6).
Für die öffentlichen Fernseh-Networks der CBC hat sich die *Canadian Content*-Politik dagegen zur wichtigsten Legitimationsgrundlage entwickelt, über die sie als genuin canadischer Anbieter ihre Unverzichtbarkeit innerhalb eines von US-Angeboten dominierten Rundfunksystems begründet. Sie sieht sich dabei jedoch durch eine zunehmend restriktive Finanzierungspolitik starken, zum Teil existenzbedrohenden Gefährdungen ausgesetzt. Gleichzeitig gerät sie durch den hohen normativen Anspruch als nationales Integrationsinstrument in eine Position, für politische und gesellschaftliche Entwicklungen (insbes. für den frankocanadischen Separatismus) maßgeblich mitverantwortlich gemacht zu werden (Kapitel 7).

Neben den öffentlichen und kommerziellen Hörfunk- und Fernsehanbietern ist die canadische Rundfunklandschaft von einem hochentwickelten, kabel- und satellitengestützen Distributionssystem gekennzeichnet, über dessen Kanäle in großem Umfang US-amerikanische Network-Programme verbreitet werden. Die auf die Gestaltung des Programmangebotes gerichtete CRTC-Politik wird auf diesem Sektor durch eine konsequente DOC-Strategie der Technologieförderung erkennbar konterkariert. Die privatwirtschaftlich organisierten Kabelgesellschaften, die keine eigenen Programme produzieren, haben sich heute zu ökonomisch starken Machtfaktoren innerhalb des Rundfunksystems entwickelt, die die vertikale Integration der Rundfunkindustrien vorantrieben und gegen deren Interessen sich Rundfunkpolitik heute nicht mehr definieren und umsetzen läßt. Die wechselvollen (und weitgehend gescheiterten) Versuche der Einbindung von Kabelgesellschaften und Satelliten-Networks in die Rundfunkpolitik und die Strategien zur Auslastung der wachsenden Übertragungskapazäten mit canadischen Programmen (insbes. durch Pay-TV und *specialty services*) stehen im Mittelpunkt der letzten drei Kapitel.

Die Literaturlage zur Bearbeitung des Themas hat sich als sehr schwierig erwiesen, was sich zu einem Teil aus der besonderen Situation der canadischen Sozialwissenschaften erklärt. Eine eigenständige Tradition, die sich mit den spezifischen Problemen der canadischen Entwicklung auseinandersetzt, existiert in Canada zwar seit den dreißiger Jahren, sie kam jedoch erst in den sechziger und siebziger Jahren voll zum Durchbruch. Bis dahin war das universitäre und wissenschaftlich-publizistsiche Leben des Landes nahezu ausschließlich von US-amerikanischer Literatur beherrscht. Zur Rundfunkentwicklung existieren nur einige wenige Standardwerke (s. Kap. 3); erst in jüngster Zeit wächst offenbar das Interesse an einer sozialwissenschaftlichen Bearbeitung. Typisch für die canadische Literatur ist die Behandlung rundfunkrelevanter Themen im fächerübergreifenden Kontext, in dem jeweils ökonomische, historische oder sozial-kulturelle Teilaspekte bearbeitet werden. Eine Gesamtanalyse aller elektronischen Mediensektoren, wie sie hier versucht wird, existiert in dieser Form auch in Canada bislang nicht.

Die vorliegende Arbeit stützt sich daher im wesentlichen auf die Auswertung von Originalquellen, insbesondere von Rundfunkgesetzen und Richtlinien, auf Dokumente der CRTC, der CBC, des DOC und der kommerziellen Anbieter sowie auf die zahlreichen Untersuchungsberichte unabhängiger Kommissionen, die - wie in Großbritannien - die Rundfunkpolitik von Beginn an begleitet haben. Die zum Teil in diversen Fachzeitschriften verstreute Literatur konnte im Archiv des John F. Kennedy-Institutes für Nordamerika-Studien der FU Berlin zugänglich gemacht und ausgewertet werden. Als weitere wichtige Quellen erwiesen sich journalistische Texte, Kommentare und Editorials in canadischen Publikumszeitschriften und Zeitungen (insbes. *Saturday Night*, *Maclean's* und *The Globe and Mail*), da rundfunkpolitische Probleme dort sehr viel umfangreicher und prominenter behandelt werden als das etwa in der Bundesrepublik Deutschland der Fall ist.

****

An dieser Stelle soll insbesondere den zahlreichen canadischen Institutionen und Verbänden, insbesondere der CRTC und der CBC, gedankt werden, ohne deren umfassende und unbürokratische Unterstützung die Abfassung dieser Arbeit nicht möglich gewesen wäre. Die Freie und Hansestadt Hamburg hat die Arbeit mit einem Stipendium zur "Förderung des wissenschaftlichen Nachwuchses" ebenso unterstützt wie das John F. Kennedy-Institut Berlin mit der Finanzierung eines Forschungsaufenthaltes. Studien zur Rolle der *Community Radios* konnten im Rahmen eines Forschungsprojektes des Landes Nordrhein-Westfalen durchgeführt werden. Der Dank geht ganz besonders an die Mitarbeiterinnen und Mitarbeiter der Arbeitsstelle Medien und Politik der Universität Hamburg, die den Autor in der Schreibphase von anderen Arbeiten entlasten mußten.

1. Canada - eine "semiperiphere" Industrienation

1.1. Einführung: Randlage und Begriffsbestimmung

Canadas Position gegenüber den USA ist für eine der sieben führenden Industrienationen einzigartig, legt man als Maßstab zunächst den Grad der ökonomischen Integration an. Seit der Jahrhundertwende hat sich die Abhängigkeit der canadischen Wirtschaft von den USA kontinuierlich und dramatisch verstärkt: Mit 76 Prozent gehen heute drei Viertel sämtlicher von Canada exportierten Waren in die USA (gegenüber 38 Prozent um 1900), immerhin 23 Prozent des US-Gesamtexportes geht umgekehrt nach Canada. Aufgrund des ungleich größeren Handelsvolumens der USA stehen diese 23 Prozent für 68,7 Prozent sämtlicher von Canada importierten Waren (Statistics Canada 1989: 21-11 u. 21-31). Damit ist der Handel zwischen den USA und Canada der größte zwischen zwei einzelnen Staaten weltweit. Die Ausnahmestellung der USA für die canadische Wirtschaft ist derart dominierend, daß andere Handelspartner und damit ökonomische Handlungsalternativen nur noch eine überaus untergeordnete Rolle spielen können[1].

Ein Blick auf die höchst unterschiedlichen Siedlungsbedingungen und Bevölkerungskonzentrationen zeigt, daß eine der wesentlichen Ursachen der engen Einbindung in den "kontinentalen" Wirtschaftskreislauf geographisch bedingt ist. Mit rund zehn Mio. Quadratkilometern ist Canada das zweitgrößte Flächenland der Welt, mit 25,4 Mio Einwohnern ist es jedoch nur äußerst dünn besiedelt (Statistics Canada 1989: Tab. 2.14). Ca. 80 Prozent der canadischen Bevölkerung leben in einem nur 300 Kilometer breiten Landstreifen entlang der US-Grenze, wodurch der Nord-Süd-Austausch von Waren, Dienstleistungen und Informationen traditionell sehr viel intensiver ist als der Ost-West- oder gar der Süd-Nord-Austausch innerhalb Canadas selbst:

---

1) In die EG-Länder, die zweitgrößten Handelspartner Canadas, gehen 7,4 Prozent der Gesamtexporte, nach Japan nur 5,4 Prozent. Umgekehrt bezieht Canada aus der EG 12 Prozent seiner Gesamtimporte, aus Japan 6,5 Prozent. Die übrigen OECD-Länder tauchen in der Statistik mit 2,0 Prozent (Export) bzw. 2,7 Prozent (Import) auf; auf den Rest der Welt entfallen 8,6 Prozent (Export) und 10,1 Prozent (Import) (Statistics Canada 1989: 21-31).

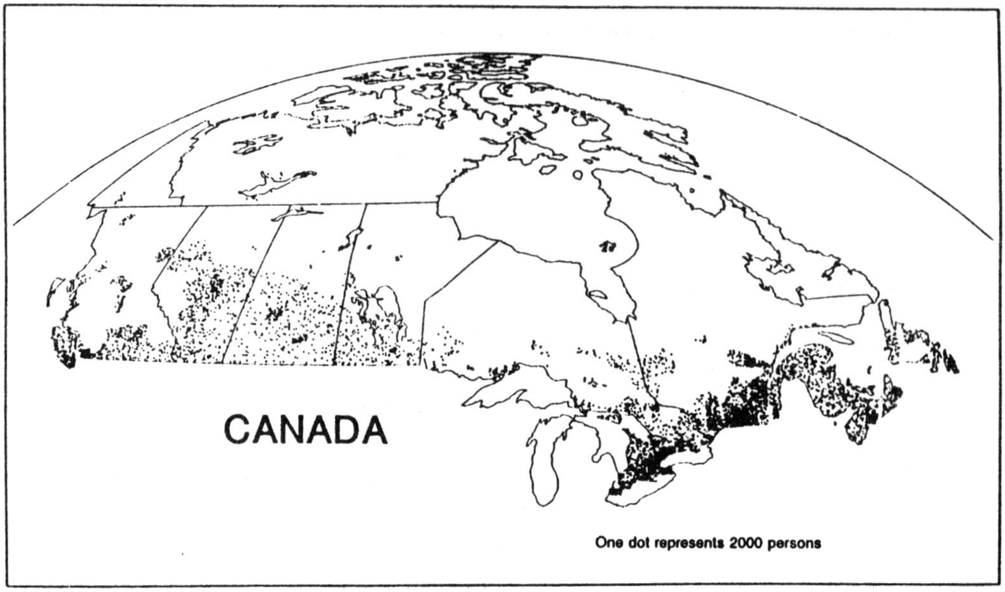

(Quelle: Statistics Canada 1989)

Der Grad der Abhängigkeit als Industrienation von einem einzigen, zudem ökonomisch dominierenden Nachbarland macht eine Definition Canadas mittels gebräuchlicher (und zum Teil schematischer) Unterscheidungsmuster wie "Erste Welt" und "Dritte Welt" oder "Metropole" und "Peripherie" überaus schwierig, wenn nicht unmöglich. In der canadischen Literatur findet sich der Begriff der "rich dependency", mit dem eine Art Zwischenposition beschrieben werden soll:

> "Canada's status as what might be aptly called a 'rich dependecy' puts it at the interstices between the advanced industrial countries and the dependent capitalism of the 'Third World'. In terms of per capita income, patterns of consumption, social structure, levels of education and urbanization as well as form of political regime, Canada clearly resembles the former countries. In terms of the extent of foreign ownership and control over the economy and in terms of Canada's international trade patterns of the export of resources and the import of manufactured goods, Canada looks more like belonging in the company of Venezuela or Nigeria" (Panitch 1984: 9).

Der Versuch, selbst die ökonomische Position Canadas mit den Erklärungsmustern der Theorien des "peripheren Kapitalismus" zu beschrieben (wie es auch Panitch ansatzweise versucht), stößt jedoch sehr schnell an enge Grenzen, da diese von der "Totalität und dem Systemcharakter der historisch gewachsenen, asymmetrisch strukturierten Beziehungen zwischen Metropole und Peripherie" ausgehen, die selbst Möglichkeiten sektoraler eigenständiger Entwicklungen nicht zulassen, sondern mit "strukturbedingter Verläßlichkeit und Regelmäßigkeit" die "relative und sogar absolute Pauperisierung der Peripherien systematisch fördert" (Senghaas 1974: 18-19).

Diese Totalität und die (marxistisch orientierte) Definition historischer Gesetzmäßigkeiten in den Beziehungen zwischen Metropole und Peripherien wird auch von den Urhebern der Dependenztheorien nicht mehr uneingeschränkt aufrechterhalten, da sie nicht einmal mehr die Situation der Dritten Welt (etwa das Phänomen der "nachholenden Entwicklung") voll zu erfassen vermögen (vgl. bes. Menzel/Senghaas 1986). Ein auch nur oberflächlicher Blick auf die sozialen Realitäten Canadas zeigt, daß von einer systematischen "Pauperisierung" nicht die Rede sein kann.

Einen differenzierteren Erklärungsansatz liefert Wallerstein in seiner Analyse des "Modernen Weltsystems" (Wallerstein 1974/1986), die zwar ebenfalls von einer hierarchisch und geographisch strukturierten internationalen Arbeitsteilung zwischen Zentrum und Peripherien ausgeht, nun jedoch den Begriff der "Semiperipherie" einführt, die nicht mehr nur ökonomisch, sondern primär politisch definiert wird: Während Peripherie-Gebiete nach Wallerstein dadurch gekennzeichnet sind, daß "der jeweilige Staat schwach ist, was von Nichtexistenz (also einer kolonialen Situation) bis hin zu einem geringen Grad an Autonomie (also einer neokolonialen Situation) reichen kann", zeichnen sich Gebiete der Semiperipherie dadurch aus, daß sie "auf verschiedenen Sektoren wie Komplexität der Wirtschaftsunternehmungen, Stärke der Staatsmaschinerie, kulturelle Integrität usw. zwischen dem Zentrum und der Peripherie stehen" (Wallerstein 1974/1986: 520). Die Handlungsperspektiven und -Alternativen der Semiperipherien werden nach Wallerstein jedoch maßgeblich von den Zentren bestimmt, denn die Interessen der Semiperipherien sind "außerhalb der politischen Arena der Zentralstaaten gelegen und können nur mit Schwierigkeiten ihre Ziele in politischen Koalitionen nachgehen, die ihnen offenstünden, wären sie nur in derselben politischen Arena" (Wallerstein 1974/1986: 520-521).

Auch hier wird zu zeigen sein, daß es primär die eingeschränkten ökonomischen und kulturpolitischen Handlungsalternativen sind, die eine Einordnung Canadas als Semiperipherie zulassen. Auf der Ebene der Institutionenbildung, der politischen Partizipation und durch die zunehmend unabhängige Interesendefinition in der internationalen Arena (besonders seit den siebziger Jahren) weist Canada jedoch eine sehr eigenständige Entwicklung auf, die hier einen semiperipheren Status nicht mehr erkennen lassen.

Canadas Position definiert sich offenbar in einem bisher nicht abgeschlossenen Prozeß zwischen autonomer Nationenbildung und semiperipherer Teilabhängigkeit. Legt man etwa die von Deutsch aus dem Entstehungsprozeß der europäischen Nationalstaaten entwickelten Kriterien des *nation building* an (Deutsch 1972: 29 ff.), zeigt sich, daß Canada in diesem Prozeß enormen externen Druck und interne Zentrifugalkräfte zu bewältigen hat:

* Der Prozeß der Rationalisierung der Ökonomie und der Industriealisierung ist weit vorangeschritten, konzentriert sich jedoch vornehmlich auf die traditionellen Zentralregionen im Süden der Provinzen Québec und Ontario entlang der Achse Montréal - Windsor. Abgesehen von wachsenden regionalen Industrie- und Dienstleistungszentren (vor allem die Provinzmetroplen Halifax, St. John, Winnipeg, Calgary, Edmonton und Vancouver) dominiert außerhalb des canadischen Zentrums nach wie vor die Primärwirtschaft (bes. Holz, Bodenschätze und Lebensmittel).

* Dasselbe gilt für den Faktor der Urbanisierung, die nach Norden hin kontinuierlich abnimmt. Allein in den drei bedeutendsten städtischen Metropolen Montréal, Toronto und Vancouver leben heute rund 30 Prozent der canadischen Bevölkerung. Der Austausch zwischen Stadt und Land trägt in vielen Regionen noch weitgehend den Charakter zwischen Zentrum und Hinterland (für eine umfassende Analyse vgl. McCann 1987).

* Die Entwicklung von Verkehrs- und Kommunikationsnetzen unterliegt denselben problematischen Strukturbedingungen. Die traditionellen Verkehrswege verlaufen analog der ökonomischen Integration in Nord-Süd-Richtung (noch heute gelten beispielsweise Flüge zwischen Canada und den USA als "Inlandsflüge"). Die erste zusammenhängende Straßenverbindung zwischen Halifax im Osten und Vancouver im Westen - der *Trans Canada Highway* - wurde erst in den sechziger Jahren geschlossen; Siedlungen in den Nordregionen sind überwiegend nur mit dem Flugzeug zu erreichen. Vor diesem Hintergrund kommt der "immateriellen" Kommunikation immense Bedeutung zu und erklärt zu einem großen Teil, warum der Aufbau eines eigenständigen Rundfunksystems über Jahrzehnte von den Anforderungen des *nation buildung*-Prozesses dominiert wurde, die andere Aspekte der Rundfunkentwicklung deutlich überlagerten.

* Als weiteres Kriterium des *nation building* gilt der subjektive Faktor der Entwicklung eines "Wir-Bewußtseins" und Gruppeninteresses, gegründet auf der Gemeinsamkeit von Sprache und Tradition - also einer eigenen nationalen kulturellen Identität. Hier liegen für Canada bis heute die Kernpobleme seiner Definition als eigenständige Nation auf dem nordamerikanischen Kontinent, die im wesentlichen von drei Wirkungsfaktoren bestimmt sind: Die nahezu vollständige Einbindung der anglocanadischen Bevölkerungsmehrheit in den US-amerikanischen Kommunikationsraum, die allein mit der Ausbreitung grenzüberschreitender Rundfunktechnologien kontinuierlich zunimmt; die Existenz zweier Hauptbevölkerungsgruppen der Anglo- und Frankocanadier, die weder über eine gemeinsame Sprache und Tradition verfügen und sich als konkurrierende "Gründungsnationen" definieren (s.u.); schließlich die geographischen und demographischen Bedingungen des Landes mit seinen ungleichen Siedlungsbedingungen, einer zunehmend multi-ethnischen Bevölkerungsstruktur und wachsendem Selbstbewußtsein der canadischen Ureinwohner, die die Herausbildung einer an gemeinsamen Normen und Werten orientierten Identität zusätzlich erschweren (zum Begriff der kulturellen Identität s. ausf. Kap. 2).

Alle genannten Bedingungen verweisen auf eine hochgradig desintegrative Dynamik der "objektiven" Entwicklungsfaktoren. Daraus erklärt sich der außerordentlich hohe Stellenwert, den "subjektiv"-integrative Faktoren im canadischen Politikprozeß einnehmen. In der Tat ist "Nationalismus" - hier verstanden als ideologische Komponente von nationalen "Bestrebungen der politischen, sozialen, wirtschaftlichen und kulturellen Emanzipation" (Alter 1985: 10) - in der canadischen politischen Kultur ein beherrschendes Phänomen. Als politischer Begriff ist Nationalismus, anders als im europäischen Kontext, durchgängig positiv besetzt und überlagert historisch auch die ideologischen Trennungslinien zwischen Konservatismus, Liberalismus und Sozialismus (vgl. bes. Porter 1965: 368-369; Mathews 1989: 1-18; Christian/Campbell 1990: 242-248).

Die Ausnahmeposition Canadas als (cum grano salis) "semiperiphere" Industrienation beherrscht die canadische Politik von Anbeginn - nicht nur, was den Grad der Einbindung in den US-amerikanischen Wirtschaftskreislauf betrifft, sondern ebenso die wechselnden Maßnahmen zur Förderung größerer nationaler Unabhängikeit. Das traditionelle ideologische und faktische Gegensatzpaar, das sowohl die Definition als auch die Handlungsspielräume der Politik bestimmt, ist das von "Nationalismus" und "Kontinentalismus" - wobei der Kontinentalismus als Konstante, der Nationalismus als primär reaktive und defensive Variable zu verstehen sind. Ein kurzer Rückblick auf die Entwicklung Canadas an der US-amerikanischen Peripherie (die auch die Rundfunkpolitik bis heute dominiert) soll dies verdeutlichen.

1.2. Zwischen "Kontinentalismus" und "Nationalismus": Canadas Politik gegenüber den USA

1.2.1. Die Entstehung des Landes vor dem Hintergrund der US-Entwicklung

Die USA entwickelten sich nach der Unabhängikeit von Großbritannien (1776) als souveräne Nation mit einem von Beginn an überaus dynamischen Expansionsdrang, die, wie Wehler es in einer Untersuchung der frühen US-Außenpolitik formuliert, "die Erweiterung ihrer Herrschafts- und Einflußsphäre für ein geradezu natürliches Gebot hielt" (Wehler 1984: 54). Mit dem politisch-ideologischen Sendungsbewußtsein (*Manifest Destiny*) der jungen Nation war ein Verbleib der europäischen Kolonialmächte auf dem amerikanischen Kontinent oder gar die Ausdehnung ihres Einflusses nicht zu vereinbaren. Nach dem letzten amerikanisch-britischen Krieg (1812-1814), in dem Großbritannien vergeblich versucht hatte, die West-Ausdehnung der USA zu verhindern, formulierte US-Präsident Monroe in seiner als "Monroe Doktrin" berühmt geworden Jahresbotschaft an den Kongreß von 1823 erstmals den umfasssenden Hegemonialanspruch der USA auf die gesamte westliche Hemisphere, also ganz Nord- und Südamerika (zur frühen US-Außenpolitik vgl. bes. Williams 1959, Lafebr 1963, Fitzgerald 1980, Wehler 1984).

Canada stellte in dieser politischen Strategie einen britisch-kolonialen "Fremdkörper" dar. Die Überzeugung, daß die Ausdehnung der USA (und damit ein demokratisch legitimiertes "self-government") auf naturwüchsige Weise auch die nördlichen Kolonien einschließen würde, war in den frühen Jahren weit verbreitet. 1782 etwa, als Benjamin Franklin und John Adams in London über die formelle Unabhängigkeit von Großbritannien verhandelten, erschien in der "New York Morning News" ein nicht untypischer Leitartikel, der nicht nur den baldigen Verlust der spanischen Besitzungen an die USA voraussagte, sondern als ersten expansiven Schritt die Eroberung Canadas prophezeite:

> "As soon as the Thirteen Colonies are established in form of a separate state, tens of thousands will emigrate from all parts of Europe and repair the losses of war with a rapid increase of population. The pride of empire will awaken and conquests will be multiplied on neighbouring borders. Halifax and Nova Scotia must soon fall; Canada must follow. The Fisheries of Newfoundland will in time (...) and as they increase in power, that power (...) disposses the Europeans of every hold upon the great continent of America" (zit.n. Fitzgerald 1980: 146).

Erste Eroberungsversuche datieren in der Tat bereits zurück auf das Revolutionsjahr 1775, nachdem zahlreiche Aufrufe an die Siedler des zwölf Jahre zuvor von den Briten eingenommenen Neufrankreich (Québec) und Nova Scotia, sich am Unabhängigkeitskrieg zu beteiligen, wirkungslos geblieben waren. Nach nur kurzzeitiger Besetzung Montréals (und der Einrichtung der ersten amerikanischen "Botschaft" unter Leitung von Benjamin Franklin) zogen sich die Revolutionstruppen angesichts britischer Übermacht jedoch noch im selben Jahr wieder nach Süden zurück. Als Gründe für das Scheitern amerikanischer Revolutionsaufrufe im damals als "14. Kolonie" bezeichneten Canada nennt der canadische Historiker John Saywell vor allem die dominierende Position des römisch-katholischen Klerus in Québec, der für die demokratischen Ideen der protestantischen "Bostonnians" keinerlei Sympathien zeigte, verbreitete Gleichgültigkeit unter den frankocanadischen Bauern gegenüber einem "britischen" Konflikt, offene Feindseligkeit der britischen Beamten und Truppen und zuletzt die privilegierte Position der Bevölkerung Nova Scotias, die überwiegend um die starke britische Festung Halifax siedelte und vom ertragreichen Handel mit Großbritannien profitierte (Saywell 1983: 16).

Der amerikanische Unabhängigkeitskrieg (und der spätere Expansionsdrang nach Westen) hat die Gestalt Canadas in den folgenden Jahrzehnten maßgeblich bestimmt. Zunächst wurden zwischen 1776 und dem Ende des britisch-amerikanischen Krieges 1814 die heutigen Südgrenzen der Provinzen Québec und Ontario (des damaligen *Lower and Upper Canada*) festgelegt. 1846 wurde schließlich nach dem lange schwelenden "Oregon-Konflikt" die Grenzziehung bis zum Pazifik zwischen Großbritannien und den USA vereinbart, womit der größte Teil der von der britischen *Hudson's Bay Company* im Westen kontrollierten Gebiete an die USA fielen. 1867, unmittelbar nach dem amerikanischen Bürgerkrieg, erhielt Canada durch den *British North America Act* (BNA, bis 1981 die geltende Verfassung des Landes) den Status eines *Dominions* des britischen Empire mit begrenzter politischer Souveränität. Die USA hatten zu diesem Zeitpunkt - nach der Annexion von Texas (1845), der Eingliederung Oregons (1846), der Eroberung Kaliforniens im amerikanisch-mexikanischen Krieg (1847) und dem Kauf Alaskas von Rußland (1867) - das Interesse an einer weiteren kontinentalen Expansion deutlich verloren und konzentrierten sich ganz auf die Bewältigung des rapiden Industrialisierungsprozesses und die Ausdehnung ihrer Handelsinteressen auf den Pazifikraum (Wehler 1984: 140-141).

Die Existenz Canadas, soviel kann hier bereits festgehalten werden, ist also ein Produkt politischer und ökonomischer Hegemonialkonflikte zwischen der alten Kolonialmacht Großbritannien und der aufstrebenden nordamerikanischen Nation USA. Canada ist in diesem Prozeß Objekt Dritter, das sein Entstehen nicht der Definition eigenständiger nationaler Interessen und deren Durchsetzung verdankt. Herausragende "nationenbildende" Ereignisse gibt es in der canadischen Geschichte ebensowenig wie identitätsstiftende oder symbolträchtige nationale "Visionen". Ein *Manifest Destiny* - eine Art nationaler Vorsehung also, mit der die USA ihren Anspruch auf den Kontinent ideologisch abstützten[2], ist der canadischen Variante des Nationalismus völlig fremd. Möglicherweise haben hier der lange verbreitete nationale "Minderwertigkeitskomplex" und die bis heute vorherrschende negative Definition canadischer kultureller Identität an den USA ihren Ursprung (zum Problem der negativen Definition kultureller Identität s. Kap. 2)

Im krassen Gegensatz zu dynamischen US-amerikanischen Entwicklung blieb Canada britische Kolonie mit allen Attributen einer Kolonial-Ökonomie: Exportiert wurden vor allem "staple commodities" wie Nahrungsmittel, Holz und Pelze für den britischen Markt, importiert wurden industrielle Fertigwaren. Der canadische Ökonom Harold Adams Innis entwickelte anhand dieser lange Zeit dominierenden, von einer einzigen Handelsgesellschaft (*Hudson's Bay Company*) zentral beherrschten Wirtschaftsweise bereits in den dreißiger Jahren dieses Jahrhunderts die Theorie der typisch peripheren, arbeitsteiligen "staple economy", die einen industriellen "take off" verhindert. Sie muß als erster Vorläufer moderner Dependenztheorien angesehen werden und hat die canadische Sozialwissenschaft, insbesondere die Analyse von Abhängigkeitsphänomenen, bis heute stark beeinflußt (vgl. bes. Innis 1930 u. 1936; Easterbrook 1953; Kleinsteuber 1990a).

Als Teil des britischen Empire konnten in der ersten Hälfte des 19. Jahrhunderts canadische Waren zollfrei nach Großbritannien eingeführt werden - was zu einer ersten deutlichen Intensivierung des US-canadischen Handels führte. Auch amerikanische Waren wurden in dieser Periode in großem Umfang über canadische Häfen verschifft, um auf dem britischen Markt ebenfalls in den Genuß der Zollfreiheit zu gelangen. Das frankophone Zentrum Montréal entwickelte sich bereits in dieser Zeit zur führenden Finanz- und Handelsmetropole der Kolonie, in der anglophone Geschäftsleute die ökonomische Elite bildeten - eine Struktur, die bis weit in die siebziger Jahre dieses Jahrhunderts stabil bleiben sollte und ein wichtiges Erklärungsmoment der starken Spannungen zwischen Anglo- und Frankocanadiern darstellt (s.u.). Als Großbritannien schließlich 1849 im Zuge seiner

---

2) Der Begriff des "Manifest Destiny" tauchte in den USA im Zuge des Oregon-Konfliktes wahrscheinlich erstmals in einem Leitartikel der New York Morning News auf und bezeichnet nicht weniger als die göttliche Vorsehung, als demokratische Nation den Kontinent zu beherrschen. Dort hieß es:
"To state the truth in it's neglected simplicity (...): Our claim to Oregon (...) is by right of our <u>manifest destiny</u> to overspread the whole of the continent which providence has given us for the development of the great experiment of liberty and federated self-government entrusted to us (...). The God of nature and of nations has marked it for our own; and with His blessings we will firmly maintain the incontestable rights He has given, and fearlessly perform the high duties He has imposed" (Zit.n. Fitzgerald 1980: 144).

Freihandelspolitik den größten Teil der Handelsprivilegien Canadas aufhob, erlebte der "Kontinentalismus" seine erste wirksame Welle: Montréal übte nun starken Druck auf das britische *Colonial Office* aus, als Ersatz für den verlorengegangenen Sonderstatus für Canada einen Freihandelsvertrag mit den USA abzuschließen - eine Gruppe einflußreicher Montréaler Geschäftsleute forderte in einer Petition gar die vollständige politische Vereinigung mit den USA (Saywell 1983: 22).

Der erste Handelsvertrag, der auf canadisches Betreiben schließlich 1854 in Kraft trat, verstärkte nicht nur die kontinentale Integration der Ökonomie, sondern auch den Charakter des Landes als rohstoffreiches Hinterland für den US-amerikanischen Industrialisierungsprozeß, da nun in großem Umfang Bauholz und Lebensmittel für die wachsenden urbanen Zentren im Osten der USA geliefert wurden. Diesem ersten Handelsabkommen (das bereits im Jahr 1866 durch die USA wieder aufgekündigt wurde, nicht zuletzt zum Schutz der eigenen Rohstoff-Wirtschaft in den Neu-England-Staaten) wird noch in der aktuellen canadischen Literatur "enorme psychologische Bedeutung" beigemessen:

> "Whatever the real benefits of the Reciprocity Treaty in trade terms, it had an enormous psychological impact on Canadian primary producers and on those who made their money in the carrying trade. There remained for some decades, particularly in Ontario and Montréal, a strong belief that the future of Canada lay in some kind of commercial ties with the American metropole" (Appel Molot/Williams 1984: 81).

Bis heute ist das extreme Schwanken zwischen freihändlerischem Kontinentalismus und nationalistisch inspiriertem Protektionismus ein typisches Merkmal canadischer Politik, wobei beide Extrempositionen historisch abwechselnd von den beiden dominierenden Parteien, der *Progressive Conservative Party* (PCP) und der *Liberal Party* (LP) eingenommen werden. Die dritte landesweite Partei, die sozialdemokratische *New Democratic Party* (NDP) vertritt dagegen durchgängig nationalistische Positionen (für einen Überblick Christian/Campbell 1990: 242-280).

1.2.2. Von der National Policy zur Dritten Option Trudeaus

Kennzeichnend für die zweite Hälfte des 19. Jahrhunderts war die sog. *National Policy* der ersten konservativen Regierungsjahre. Sie bestand im Kern aus drei Maßnahmen, die darauf angelegt waren, den *nation building*-Prozeß des neugeschaffenen *Dominions* politisch-zentralistisch voranzutrieben und zu steuern:

* Die Einführung einer Hochzollpolitik von 35 Prozent (1879) zum Schutz der langsam entstehenden Fertigungsindustrien vor der Konkurenz amerikanischer Industrie-Produkte;

* die Forcierung der Westbesiedelung (zum großen Teil mit angeworbenen Siedlern aus den USA), die die nahezu menschenleeren Prairie-Regionen bevölkern und diese zum Beitritt zur canadischen *Confederation* bewegen sollten;

* schließlich der Bau einer transkontinentalen Eisenbahn auf canadischem Territorium, die den Zusammenschluß der Nation erst physisch ermöglichen konnte.

Die *National Policy* stellt damit den ersten Versuch dar, den quasi naturwüchsigen, geographisch und ökonomisch bedingten Nord-Süd-Austausch durch zentrales politisches Eingreifen in Ost-West-Richtung umzulenken. Das Konzept war mit der Hoffnung verbunden, daß die Hochzollpolitik den Absatz einheimischer Fertigwaren im Lande selbst heben, daß über den Export von Weizen aus den Prairie-Regionen das Kapital zum Kauf dieser Waren und zum Bau der Eisenbahn erwirtschaftet werden würde, um so schließlich Industriegüter nach Westen und "staple commodities" nach Osten zu transportieren.

Der konservative canadische Historiker Craig Brown sieht die *National Policy* rückblickend als ersten Ausdruck eines entstehenden canadischen Nationalgefühls, die um die Jahrhundertwende uneingeschränkt auch von den Liberalen übernommen worden war:

> "In sum, then, the National Policy, a policy for a 'Canadian economy' and a 'Big Canada', a materialistic policy for a materialistic age, was the obvious policy to give expression to Canadian national sentiment. That policy was adopted in 1878 and accepted by the Liberal Party in 1896" (Brown 1966: 51).

Paradoxerweise hat diese Politik, die im historischen Kontext den politischen Zusammenschluß Canadas erst ermöglicht hat, die ökonomische Abhängigkeit von den USA noch verstärkt und beschleunigt. Um den Zugang zum canadischen Markt (und vor allem zu den canadischen Ressourcen) weiterhin zu sichern, etablierten US-Firmen nun in großer Zahl Tochterfirmen und Zweigwerke in Canada. Bereits in den zwanziger Jahren hatte sich die bis heute charakteristische Struktur Canadas als "branch-plant-economy" fest etabliert: Amerikanische Firmen dominieren seitdem die kapitalintensiven Sektoren der canadischen Industrie ebenso wie die Rohstofförderung (mit Ausnahme solcher Bereiche, in denen canadische Staatsbetriebe tätig sind; s.u.), während sich canadisches Kapital traditionell auf den Handel und auf weniger kapitalintensive Produktionssektoren konzentriert (Appel Molot/Williams 1984: 85, Tab.). Vor allem in der verbreiteten marxistisch orientierten Kritik der *National Policy* in den siebziger Jahren (vgl. bes. Laxer 1973; Panitch 1977) dominierte nun der Erklärungsansatz, in dieser Phase seien bereits die strukturellen Grundlagen für eine "politische Ökonomie der Abhängikeit" gelegt worden:

> "Canada was the pioneer of the process of industrialization by invitation. (While the high tariff) was generally regarded as a sort of declaration of industrial independence from the U.S. (...), it becomes a matter of inviting American capitalists to shift the locus of their production northward" (Naylor 1973: 44).

In der Tat hatten sich bis zur Mitte der zwanziger Jahre nicht nur die von den USA dominierten Besitzstrukturen herausgebildet, auch der Charakter der Austauschbeziehungen zwischen industrieller Metropole und rohstoffexportierendem Hinterland wurden weiter verfestigt. Die Hoffnungen auf einen sich weitgehend selbst tragenden Industriealsierungsprozeß hinter der Hochzollschranke hatten sich nicht erfüllt. Eines der wenigen Dokumente, das sich damals überhaupt mit den US-canadischen Beziehungen aus amerikanischer Sicht befaßte, ist ein Brief des damaligen Handelsministers (und späteren US-Präsidenten) Herbert Hoover an das Außenministerium im Jahr 1923, in dem nicht nur die für die USA vorteilhaften Strukturen dieser Beziehungen dargestellt werden. Er ist gleichzeitig ein früher Beleg für die bis heute verbreite Perzeption unter den politischen Eliten der USA, daß diese Beziehungen keiner weiteren Regelung bedürfen, solange sie in den "natürlichen" vorgegebenen Bahnen verlaufen:

"An analysis of the trade between the two countries reveals clearly the fact that our exports to Canada consists, to a very considerable extent, of manufactured products, many of which could be produced by the establishment of manufacturing plants in Canada or by the expansion of existing plants. Our imports from Canada, on the other hand, constist largely of raw materials, some of which could not be obtained from other sources without considerable injury to American interests depending on such materials (...). It is, therefore, quite obvious that under the circumstances, it would be inadvisable to take any action that might result in disturbing the existing economic relations" (Hoover 1923. Zit.n. Kasurak 1979: 59-60):

Hier von einer gezielten imperialistischen Strategie der USA gegenüber Canada zu sprechen, die Teil eines politischen Gesamtkonzeptes gewesen wäre, trifft jedoch nicht die Realität. Die Bedeutung Canadas in US-amerikanischen Politik-Konzepten war überaus gering - und ist es bis heute geblieben, sieht man von der Einbindung des Landes in das kontinentale Verteidigungskonzept (NORAD; vgl. Avery 1989: 121-144) einmal ab. 1927 wurde die erste offizielle diplomatisiche Niederlassung der USA in Ottawa eingerichtet - ein Schritt, den der damalige US-Präsident Calvin Coolidge ursprünglich für völlig überflüssig hielt, da es seiner Ansicht nach für einen amerikanischen Diplomaten in Canada überhaupt nichts zu tun gäbe. Erst die Niederlassung eines canadischen Gesandten in Washington veranlaßten die USA, mehr aus diplomatischen Gepflogenheiten, nun ihrerseits eine Vertretung in Ottawa einzurichten (Kasurak 1979: 57). Noch bis 1983 wurden die Beziehungen zu Canada innerhalb des US-Außenministeriums von der Abteilung für *European Affairs* geregelt. Erst auf canadisches Drängen hin erfolgte eine diplomatische Aufwertung durch die Umbennenung der Abteilung in *Bureau for European and Canadian Affairs* (Graham 1984: 49).

Diese weitgehende Ignorierung der Positionen und Interessen des wichtigsten amerikanischen Handelspartners führt auf seiten der USA immer wieder zu beträchtlichen Irritationen, wenn Canada (wie besonders in der Trudeau-Ära, s.u.) protektionistische Maßnahmen zur Ausweitung seiner eigenen politischen und ökonomischen Handlungsspielräume ergreift. Die große Bedeutung, die innerhalb des canadischen Politikprozesses und in der Öffentlichkeit die Beziehungen zu den USA einnehmen, findet dort keinerlei Entsprechnung. Oder, wie es der canadische Diplomat und Politikwissenschaftler John Holmes ausdrückt: "The major difference between Canadians and Americans on the subject of their relationship is the intensity of their perceptions" (Holmes 1976: 247).

Canadas Position dagegen schwankt bis heute zwischen dem Bestreben, sich - besonders in ökonomischen Krisenzeiten - stärker an die USA anzubinden und anderserseits größere nationale Eigenständigkeit zu erlangen. Beide Prozesse verlaufen dabei auf gelegentlich verwirrende Weise parallel. Während beispielsweise in den zwanziger und dreißiger Jahren der Nationalismus vor allem unter den intellektuellen (und zum Teil auch den ökonomischen) Eliten des Landes die beherrschende politisch-kulturelle Grundströmung war und starke nationalistische Lobbyorganisationen erstmals die bewußte Förderung einer eigenständigen nationalen Identität auf die politische Agenda setzen konnten (s. dazu ausf. Kap. 3), schritt der ökonomische Integrationsprozeß weiter voran. Drei US-canadische Abkommen (1935, 1938 und 1944) erlaubten nun den zollfreien Im- und Export von fast drei Vierteln aller Handelsgüter; 1946 leitete die liberale Regierung Mackenzie King sogar erstmals Geheimverhandlungen über den Abschluß einer umfassenden Zollunion auf dem nordamerikanischen Kontinent ein (Fay 1980: 39-40).

Typisch ist auch hier das Moment, daß - unabhängig von der jeweils regierenden Partei - ökonomische Krisenzeiten stets einen "Kontinentalisierungsschub" auslösen. Zwar war Canada aus dem Zweiten Weltkrieg als drittgrößte Export- und viertgrößte Militärnation hervorgegangen; die Befürchtungen, durch fehlende Kriegsproduktion und den Kollaps Europas erneut in eine Depression wie in den dreißiger Jahren zurückzufallen, dominierten die Politik jedoch eindeutig (Fay 1980: 40; Baker Fox 1989: 4). Ebenfalls kennzeichnend ist die öffentliche Reaktion auf die Regierungspläne: Ungeachtet des rapiden Voranschreitens der kontinentalen Integration ist es bis heute Konsens, daß diese nicht zu einer formellen politischen Institutionalisierung führen dürfe. Eine Zollunion mit ihren notwendigen bilateralen Institutionen zur Konfliktregelung wäre jedoch ein Schritt in diese Richtung. Die landesweite Pressekampagne unmittelbar nach Bekanntwerden der Verhandlungen 1948 führte zu deren sofortigen Abbruch durch die canadische Regierung. Zollunion mit den USA, so der Tenor der Presse, "would mean the political absorption of this country" (*The Globe and Mail*) und sei gleichbdeutend mit "national suicide" (*Ottawa Citizen*). Ein anderes Blatt brachte die öffentliche Haltung auf die griffige Formel: "Co-operation ever, union never!" (zit.n. Fay 1980: 50).

Blieb die politisch-formelle Einbindung Canadas in die (ökonmoischen) Entscheidungsprozesse der USA danach über Jahrzehnte ein Thema, "too hot for political parties to touch" (Wonnacott 1987: 15), wurde die faktische Eingliederung durch sektorale Vereinbarungen weiter vorangetrieben. Besonders der nach dem Krieg beschleunigte Industrialisierungsprozeß des canadischen Zentrums verstärkte die Struktur der "branch-plant-economy" beträchtlich. 1965 schloß die liberale Regierung Lester Pearson mit dem sog. *Auto Pact* das bis dahin weitreichendste Wirtschaftsabkommen. Es erlaubte den US-Autokonzernen, große Teile ihrer Produktion in die industrielle Kernregion Süd-Ontario auszulagern - unter Ausnutzung des damals geringeren canadischen Lohnniveaus und des günstigen Dollar-Wechselkurses. Bereits fünf Jahre nach Inkrafttreten des *Auto Pact* war der Import von Autos und Autoteilen nach Canada (die dort lediglich montiert werden) von drei auf 40 Prozent des Auto-Gesamtimports gestiegen, die Exportrate stieg im selben Zeitraum von sieben auf 60 Prozent (Gibbins 1985: 185).

Vordergründig hat diese Entwicklung die klassische Hinterland-Struktur der Handelsmuster zwar drastisch verändert, da heute industrielle Fertig- und Halbfertigwaren mit rund 65 Mrd. Dollar den größten Teil der Exporte ausmachen (gegenüber rund 53 Mrd. Dollar für sämtliche anderen Produkte, inkl. Holz, Papier, Weizen, Gas und Öl), 32 Mrd. Dollar entfallen jedoch allein auf den Sektor "motor vehicles and parts" (Statistics Canada 1989: Tab. 21.4). Das bedeuted, daß der bei weitem wichtigste Industriesektor des Landes heute die Montage von Autos durch US-Tochterfirmen ist, der nur deshalb in der Handelsstatistik auftaucht, weil die Zulieferung "zufällig eine Staatsgrenze überschreitet" (Appel Molot/Williams 1984: 86). Gleichzeitig verursacht die Struktur der "branch-plant-economy", daß industrielle Forschung und Entwicklung vornehmlich in den Zentralen der US-Muttergesellschaften stattfindet und damit in weiten Teilen der canadischen Industrie technologisch-innovative Eigenentwicklungen nicht stattfinden. Nur 1,4 Prozent des Bruttosozialproduktes gehen in den Sektor "Research and Development" (USA 2,7%, Japan 2,8%, BRD 2,7%). Damit rangiert Canada am unteren Ende der Skala aller OECD-Staaten und in etwa gleichauf mit Ägypten (Statistics Canada 1989: 12-0).

1.2.3. Nationalismus und Kontinentalismus unter Trudeau und Mulroney

Nach dem letzten Drittel des 19. und den zwanziger und dreißiger Jahren dieses Jahrhunderts brachten die späten sechziger und die frühen siebziger Jahre erneut eine politisch wirksame Welle des Nationalismus in Canada, die ihren unmittelbaren Niederschlag in der Politik der liberalen Regierung Trudeau fand. Die Trudeau-Ära (1968-1984) zeichnet sich durch die bislang umfassendsten Versuche aus, an die Traditionen der *National Policy* anzuknüpfen.

Das Ausmaß der Abhängikeit von den USA, insbesondere die wachsende Kontrolle der einheimischen Wirtschaft, wurde in der Öffentlichkeit damals in einem Maße als "nationale Bedrohung" empfunden, wie es bis heute nicht mehr erreicht wird: Eine Serie von *Gallup-Polls* erbrachte beispielsweise, daß der Prozentsatz der Canadier, die einen Stop der US-Investitionen wünschten, zwischen 1964 (dem Jahr vor dem *Auto Pact*) und 1975 von 46 Prozent auf beachtliche 71 Prozent angestiegen war. Im selben Zeitraum sank der Anteil derjenigen, die mehr US-Kapital wünschten, von 33 Prozent auf nur noch 16 Prozent (Gibbins 1985: 189). 1975 war erstmals eine Mehrheit von 58 Prozent der Bürger bereit, eine Politik des Rückkaufes von US-Besitz zu unterstützen, selbst wenn sie eine signifikante Reduzierung des persönlichen Lebensstandards bewirken würde (Appel Molot/Williams 1984: 93) - Daten, die weder zuvor nach nachher in Canada je ermittelt wurden.

Die nationale Ausrichtung der Trudeau-Politik hatte auch auf die Rundfunkpolitik einschneidende Auswirkungen und soll daher in ihren Grundzügen kurz dargestellt werden:

Das "nationale Interesse" des Landes sowohl in den Außenbeziehungen als auch in der Innenpolitik (s.u.) wurde nun zur beherrschenden Konstante der Politik erklärt: In insgesamt fünf Dokumenten bis 1970, zusammengefaßt in der Erklärung einer "Foreign Policy for Canadians" (Government of Canada 1970) definierte Canada seine neue Außenpolitik, die im Kern eine Abkehr von US-amerikanischen Globalinteressen, eine an nationalen Interessen ausgerichtete Politik in internationalen Organisationen (vor allem NATO und UNO), eine drastische Reduzierung des Verteidigungsbudgets, sowie den Aufbau selbstständiger Beziehungen zu den Ländern der Dritten Welt, den Karibik-Staaten und gegenüber Lateinamerika bedeutete (vgl. bes. Fanger/Jäger 1985; Baker Fox 1989). Ausgehend vom sog. "Nixon Schock" 1971, als Canada entgegen früherer Praxis nicht von drastischen Importbeschränkungen der USA ausgenommen worden war, formulierte die Regierung ihre "Politik der Dritten Option" gegenüber den USA. Die prinzipiellen Handlungsalternativen, so Außenminister Sharp 1972 vor dem *House of Commons*, bestünden in einer Beibehaltung des Status quo in den ökonomischen Beziehungen, in der noch engeren Integration in die US-Wirtschaft oder in einer...

> "...third option (...) to pursue a comprehensive, long-term strategy to develop and strengthen the Canadian economy and other aspects of our national life and in the process to reduce the present Canadian vulnerability" (zit.n. Baker Fox 1989: 19).

Die Intensivierung der Handelsbeziehungen zu Japan und zur Europäischen Gemeinschaft (mit der ein formelles Handelsabkommen geschlossen wurde) waren ebenso Teil der *Third*

Option wie der Versuch einer Ausrichtung ausländischer Investitionen an nationalen Interessen und die Überführung besonders kritischer Industriesektoren in canadischen Besitz.

* Als eine der ersten Maßnahmen dieser Politik muß die "Canadisierung" von Besitz und Kontrolle über die einheimische Rundfunkindustrie angesehen werden. In dem bereits im ersten Regierungsjahr 1968 verabschiedeten liberalen Rundfunkgesetz hieß es nun explizit, "that the Canadian broadcasting system should be effectively owned and controlled by Canadians" (Broadcasting Act 1968: § 3a). Die konkreten Folgen dieser Entscheidung sind zu einem großen Teil Gegenstand dieser Arbeit und sollen an dieser Stelle nicht weiter problematisiert werden. Die frühe Zurückdrängung des US-Besitzes an canadischen Rundfunkeinrichtungen auf maximal 20 Prozent, die 1968 eingeleitet wurde, macht jedoch bereits deutlich, welchen herausragenden Stellenwert die Kontrolle über das nationale Kommunikationssystem in der *Third Option*-Politik Trudeaus einnahm.

* Die zweite einschneidende Maßnahme war die Einrichtung einer *Foreign Investment Review Agency* (FIRA) im Jahr 1974. Daß FIRA erst in der zweiten Amtsperiode Trudeaus aufgebaut wurde - zudem unter dem Druck der sozialdemokratischen NDP, die nun eine liberale Minderheitsregierung stützte - verweist auf die hohe politische Brisanz einer Investitionskontrolle in der canadischen Situation. FIRA sollte sich in der Tat als nur wenig wirksames Instrument erweisen: Der Kontrolle unterlagen Investitionen bereits in Canada etablierter ausländischer Firmen in neue, mit der bisherigen Geschäftstätigkeit nicht verwandte Branchen. Neuinvestitionen wurden nur dann genehmigt, wenn ihre Auswirkungen im "nationalen Interesse" lagen (etwa Schaffung von Arbeitsplätzen, Forschungs- und Entwicklungsarbeiten in Canada, Ausweitung des Handels). Investitionen in die bereits bestehende Branchentätigkeit unterlagen dagegen keinerlei Kontrollen. Tatsächlich zeigt sich rückblickend, daß die Zustimmungsrate für ausländische Investitionensvorhaben durch FIRA außerordentlich hoch war: sie variierte zwischen 83 Prozent und 96 Prozent pro Jahr (Appel Molot/Williams 1984: 89).

* In die letzte Amtszeit Trudeaus (nach einer nur wenige Monate dauernden PCP-Regierungszeit 1979/80) fällt die Verabschiedung des *National Energy Program* (NEP) 1980 und die Gründung des staatlichen Energiekonzerns PETROCANADA. Unter dem NEP wurden Subventionen und Förderrechte auf Staatsland nur noch solchen Unternehmen gewährt, die mindestens zu zwei Dritteln in candischem Besitz waren. Die Tatsache, daß sich nun plötzlich einige US-Tochterfirmen im Energiesektor in einer schlechteren Konkurrenzsituation befanden und von canadischen Konzernen (wie *Dome Petroleum, Canadian Pacific* und *Seagram's*) aufgekauft wurden, rief die ersten massiven Reaktionen der US-

Regierung auf die Trudeau-Politik hervor: Bis Ende 1981 gelang es der Reagan-Regierung in zahlreichen Verhandlungen (und unter der Androhung eines vollständigen Rückzuges der US-Industrie aus Canada) eine Ausweitung des NEP auf andere Wirtschaftssektoren zu verhindern (Clarkson 1982: 7-13).

Insgesamt sind die 16 Regierungsjahre Trudeaus nach der *National Policy* des ausgehenden 19. Jahrhunderts von den bislang weitreichendsten Versuche gekennzeichnet, eine (deutlich sozialdemokratisch inspirierte) Politik des "nationalen Interesses" zu definieren und umzusetzen, die ihre Entsprechung in einer stark zentralistischen, gegen Separatismus und Regionalismus gerichteten Innenpolitik fand. Während das Land in dieser Phase außenpolitisch deutlich an Profil gewonnen hat, sind die ökonomischen Intentionen überwiegend nicht verwirklicht worden. Weder hat sich die wirtschaftliche Dependenz von den USA nachhaltig verringert (wie an den eingangs zitierten Handelsstatistiken deutlich wird), noch konnten sich die Beziehungen zu Japan und zur Europäischen Gemeinschaft zur erhofften "Dritten Option" ausweiten. Die protektionistische Politik dieser neuen Partner (insbes. im Agrarbereich) sollte im Gegenteil dazu führen, daß sich Canada heute wieder stärker an der Seite der USA wiederfindet, wenn es um die Forderung nach einem ungehinderten Zugang zu den europäischen und japanischen Märkten geht (Baker Fox 1989: 20).

Der Wahlsieg der PCP unter Brian Mulroney im Jahr 1984 (und deren Wiederwahl 1988) bedeutet für die canadische Politik einen erneuten Umschwung in Richtung "Kontinentalismus". Vor dem Hintergrund der schwersten Rezession seit der *Great Depression*, der Verdoppelung der Arbeitslosenzahlen auf 1,5 Millionen und einem rapiden Abfall der Industrieproduktion um 20 Prozent Anfang der achtziger Jahre (Robinson 1984: 7) wird nun eine Politik der engen formellen Anbindung an die USA verfolgt. Diese Hinwendung fällt - als Reflex auf die nationalistisch gepräge Trudeau-Ära und das offensichtliche Scheitern der *Third Option*-Strategie - weit radikaler aus als in den vorangegangenen "kontinentalistischen" Perioden.

Zu den ersten Maßnahmen der Mulroney-Regierung gehörte die Abschaffung von FIRA und deren Ersatz durch eine *Investment Canada* genannte Agentur. Das Ziel ist nun nicht mehr die Überprüfung ausländischer Investitionen im "nationalen Interesse", sondern deren explizite Förderung (CNF 1985b). Diese Politik wird begleitet von einer Welle der Privatisierung staatlicher und halbstaatlicher Unternehmen, die bis heute anhält. Betroffen sind besonders Transport- und Kommunikationseinrichtungen, die in Canada traditionell staatlich kontrolliert wurden (etwa *Air Canada*, die Eisenbahngesellschaft *Via Rail*, die

Satellitenbetreiber *Teleglobe Canada* und TELESAT), aber auch Kerninstrumente der Trudeau'schen Nationalisierungspolitik wie das Energieunternehmen PETROCANADA (vgl. Kanada-Wirtschaftsbriefe 1984-1990, div. Ausgaben).

Die einschneidendste politische Initiative in den achtziger Jahren ist jedoch die Aushandlung eines alle Wirtschaftssektoren umfassenden Freihandelsvertrages mit den USA, der 1988 nach dreijährigen Verhandlungen in Kraft trat. Ein Umschwenken in dieser für Canada hochbrisanten Frage zeichnete sich bereits in den letzten beiden Jahren der liberalen Regierung ab, als Trudeau 1982 eine *Royal Commission* zur Lösung der Wirtschaftsprobleme einsetzte (*MacDonald Commission*). Mit einer einzigen Ausnahme (des Gewerkschaftsvertreters) votierte die von Liberlen dominierte Kommission in ihrem Bericht 1985 für ein *Free Trade Agreement* mit den USA (CNF 1985e).

Die Verhandlungen wurden begleitet von überaus harten politischen Auseinandersetzungen und führten zu einer bislang nicht gekannten Polarisierung zwischen Gegnern und Befürwortern der neuen kontinentalistischen Strategie in der canadischen Gesellschaft. Noch 1987, ein Jahr vor dem Abschluß der Verhandlungen, schien es, als bestehe für die PCP nicht die geringste Chance, die Wahlen im folgenden Jahr erfolgreich zu bestehen: Die PCP hatte im Juli 1987 mit nur 23 Prozent Zustimmung einen historischen Tiefstand erreicht, während erstmals in Canada die NDP mit 41 Prozent in den Umfragen führte (für einen Überblick s. Wiesner 1989: 153-162). Der Wahlkampf von 1988 - begleitet von Schlägereien und Überfällen auf Veranstaltungen des jeweiligen Gegners - gilt als der härteste in der jüngeren canadischen Geschichte.

Die PCP, die *Free Trade* zum dominierenden Wahlkampfthema gemacht hatte, erreichte in den Parlamentswahlen von 1988 zwar keine prozentuale Mehrheit, ging jedoch aufgrund des Mehrheitswahlrechtes mit 169 Sitzen (gegenüber 126 für LP und NDP; Statistics Canada 1989: Tab. 19.4) erneut als Sieger hervor - das Abkommen wurde noch im selben Jahr parafiert. Bis 1998 fallen damit die letzten verbliebenen Handelsschranken zwischen den USA und Canada vollständig fort, was besonders kleinere, nicht konkurrenzfähige Branchen treffen wird. Zu den wichtigsten Ergebnissen des Abkommens gehören:

* Eine weitere Liberalisierung der Investionspolitik: Bei ausländischem Kapitalbesitz unter 150 Mio. Dollar findet nun keinerlei Überprüfung der Investionstätigkeit mehr statt, womit die Zahl der Unternehmen, die überhaupt noch unter die *Investment Canada Bill* fallen, von 7500 auf nur noch 500 reduziert wurde;

* Die ausdrückliche Zusicherung Canadas, im Energiesektor nicht zur restriktiven Politik des NEP zurückzukehren und dem Im- und Export von Energierohstoffen keinerlei Beschränkungen aufzuerlegen. Damit ist für die USA der ungehinderte Zugang zu den canadischen Energieressourcen gesichert.

* Die USA erklärten sich im Gegenzug bereit, den *Auto Pact* beizubehalten und Produktionsstätten in Ontario nicht über die Grenze zu verlagern. Auf dem Sektor der Kulturindustrien ist es Canada weiterhin gestattet, Inhaltsquotierungen zugunsten von Eigenproduktionen in Hörfunk und Fernsehen vorzuschreiben und die Filmindustrie staatlich zu subventionieren. Allerdings dürfen vergleichbare Maßnahmen nicht über die Sektoren Rundfunk, Film, Video und Verlagswesen hinaus ausgedehnt werden (Inside U.S. Trade 1987: 10-18).

Betrachtet man das Freihandelsabkommen im historischen Kontext, so stellt es in der Tat eine neue Stufe der "kontinentalistischen" Politik dar. Andererseits ist es nur der konsequente vorläufige Abschluß einer kontinuierlichen Integration Canadas in den US-amerikanischen Wirtschaftskreislauf. Wirkliche Chancen einer eigenständigen ökonomischen Entwicklung hat es in der Randlage zur über Jahrzehnte politisch, ökonomisch und auch kulturell dominierenden Weltmacht USA im Grunde nicht gegeben, höchstens Phasen einer jeweils schwächeren oder stärkeren Betonung nationaler Politikziele. Die Rundfunkpolitik - gleichbedeutend mit dem Versuch der Erlangung nationaler Souveränität über den einheimischen Kommunikationsraum - ist in vielerlei Hinsicht nicht mehr und nicht weniger als ein Reflex auf die wechselnden politisch-kulturellen Grundströmungen, deren Wirksamkeit immer wieder von der Konstante der ökonomischen Abhängigkeit überlagert wird.

1.3. Regionalismus und Separatismus: Zentrifugale Kräfte in der canadischen Politk

Entgegen der hochwirksamen ökonomischen kontinentalen Integration ist die interne politische Entwicklung und Institutionenbildung von sehr spezifischen Traditionen und Konflikten gekennzeichnet, in denen sich die sonst dominierenden US-Einflüsse kaum wiederfinden. Politisches System und politische Kultur spiegeln einerseits britisch-europäische Einflüsse wider, die in Canada aufgrund der fast ein Jahrhundert länger währenden kolonialen Abhängigkeit wirksamer bleiben konnten als in den USA. Andererseits sind die wesentlichen Konflikte typisch canadisch und verweisen auf den starken Einfluß des Regionalismus, eine nur lose föderale Struktur und den ungelösten sprachlich-kulturellen Konflikt der zwei Gründungsnationen.

Der BNA von 1867 stattete Canada mit politischen Institutionen nach britischem Vorbild aus. Offizielles Staatsoberhaupt ist nach wie vor die britische Königin, vertreten durch den *Governor General*, der erst seit 1952 Canadier sein muß. Auf die politischen Entscheidungsprozesse üben beide jedoch keinerlei Einfluß mehr aus. Das Bundesparlament besteht nach britischem Vorbild aus zwei Kammern, dem *House of Commons* und dem *Senate*. Das *House of Commons* wählt mit einfacher Merheit den Premierminister, der gemeinsam mit dem Kabinett die Institution des *Governor in Council* bildet, das höchste Exikutivorgan der Regierung. Die Position des Kabinetts gegenüber dem Premierminister ist damit deutlich stärker als in anderen westlichen Demokratien. So sind z.B. in der Rundfunkpolitik traditionell die in historischer Abfolge zuständigen Fachminister (Fischerei-, Transport-, Innen- und Kommunikationsminister) in einer zentralen Entscheidungsposition und treten häufig stärker in Erscheinung als der jeweilige Premierminister oder die politischen Parteien. Das Organ des *Governor in Council* ist - ohne die Einbindung sog. gesellschaftlich relevanter Gruppen - u.a. zuständig für die Ernennung des Präsidenten und des *Board of Governors* der CBC und bestimmt die Zusammensetzung der Rundfunk-Aufsichtsbehörde CRTC.

Der Senat ähnelt in Zusammensetzung und politischem Einfluß eher dem britischen *House of Lords* als dem namensverwandten US-Senat: Seine 102 Mitglieder werden vom *Governor in Council* auf Lebenszeit ernannt und sollen in ihrer Zusammensetzung die föderale Struktur des Landes repräsentieren. Die politischen Kompetenzen der zweiten Kammer beschränken sich jedoch auf das Recht, als Körperschaft im *House of Commons* Gesetzesvorlagen einzubringen (sofern sie keine Haushaltsangelegenheiten betreffen) und selbstständig Untersuchungsausschüsse einzurichten. Das bedeutet, daß die zehn Provinzen des als föderal definierten politischen Systems auf Bundesebene - anders als in den USA - über keine repräsentative, aus Wahlen hervorgegangene Interessenvertretung verfügen. Über eine Verfassungsreform zur Umwandlung des Senates in ein echtes Repräsentationsorgan wird seit längerem zwischen Bund und Provinzen verhandelt, bisher jedoch ohne Ergebnis. Die beiden Nord-Territorien Yukon und Northwest Territory werden direkt von der Bundesregierung verwaltet, ebenso die Interessen der canadischen Ureinwohner (zum politischen System vgl. bes. Jackson/Jackson/Baxter-Moore 1986).

Dennoch - oder gerade wegen der fehlenden institutionellen Enbindung - stellen die zehn Provinzen (Newfoundland, Nova Scotia, Prince Edward Island, New Brunswick, Québec,

Ontario, Manitoba, Saskatchewan, Alberta und British Columbia) einen bedeutenden politischen Machtfaktor dar. Der BNA gestand ihnen weitgehende Selbstverwaltungsrechte zu, besonders ausgeprägt im Bereich der Bildungs- und Kulturpolitik sowie in Fragen der Verwendung von Bodenschätzen (*natural resources*) auf Provinzgebiet. In der Kommunikationspolitik schlägt sich die Kulturhoheit vor allem darin nieder, daß die Provinzen mit unterschiedlicher Intensität der Bundesregierung die Kompetenzen zur Regulierung der Individual- und Massenkommunikationssysteme streitig machen. Begünstigt durch die historisch bedingten Beschränkungen des BNA, der Bundeshoheit eindeutig nur für den Betrieb von Telegraphensystemen regelt, ist die Regulierungskompetenz über jeweils neue Kommunikationssysteme ein schwelender politischer Konfliktherd zwischen Bundes- und Provinzregierungen. So wurden die gesetzgeberischen Kompetenzen und die Regulierungsbefugnis des Bundes erst durch mehrere höchstrichterliche Entscheidungen abgesichert (vgl. bes. Woodrow et al. 1980; s. auch Kap. 3 u. 8).

In allen verfassungsrechtlich relevanten Fragen ist die Bundesregierung zu konsensualen Entscheidungen gezwungen, wobei sie in der sog. *First Ministers Conference* (zusammengestzt aus den Premierministern des Bundes und der Provinzen) nur eine unter elf gleichberechtigten Regierungen ist. Selbst in der Außenpolitik haben die Provinzen ein Mitbestimmungsrecht, sofern sie die Bildungs- Kultur- und Bodenschatz-Kompetenzen berührt. Anders als in den USA kennt das canadische Verfassungsrecht keine Bestimmungen, die z.B. internationalen Verträgen rechtlichen Vorrang vor einheimischer (und damit auch provinzialer) Gesetzgebung einräumen. Auch hier muß die *First Ministers Conference* erst einen gemeinsamen Konsens finden. "Among the major federated states", so Baker Fox, "Canada is the most loosely organized" (Baker Fox 1989: 9). Der canadische Föderalismus ist damit starken desintegrativen Faktoren unterworfen; politische Institutionen haben nur eine überaus geringe Integrationsfunktion, eine Form des identätsstiftenden "Verfassungspatriotismus", wie ihn die klassischen Staatsnationen England, Frankreich und besonders die USA kennen (vgl. Alter 1985: 20), existiert in Canada nicht.

Die desintegrativen Momente des Föderalismus verstärken sich noch durch das historisch gewachsene strukturelle Gefälle zwischen den Kernregionen des Ostens einerseits, sowie den Atlantik- und West-Provinzen andererseits. Legt man als Maßstab die jeweiligen Anteile an der industriellen Gesamtproduktion an, zeigt sich dieses Gefälle überdeutlich: Allein auf Ontario entfällt mit 53,1 Prozent mehr als die Hälfte der canadischen Industrieproduktion, gefolgt mit deutlichem Abstand von Quebec (24,4%), British Columbia (8,0%), Alberta (6,9%) und Manitoba (2,2%). Die Nord-Territorien, die Prairie-Provinz Saskatchewan und die drei Atlantik-Provinzen tauchen in dieser Statistik überhaupt nicht auf

(Statistics Canada 1989: 16-2). Das Modell von Zentrum und Semiperipherien, das zur Erklärung der Position Canadas auf dem nordamerikanischen Kontinent herangezogen wurde, kann so ebenfalls in großen Teilen auf Canada selbst übertragen werden.

Nicht nur ökonomisch, auch politisch-kulturell bilden sich die Zentrum-Semiperipherie-Strukturen in der canadischen Gesellschaft deutlich ab. So hat sich beispielsweise das Parteiensystem historisch entlang regionaler Differenzierungen entwickelt und spiegelt in seiner Dreigliederung in Konservative (PCP), Liberale (LP) und Sozialdemokraten (NDP) nicht nur europäische Einflüsse wider (wie etwa Lipset in einer Analyse des US-amerikanischen und des canadischen Konservatismus herausarbeitet; Lipset 1987: 3-11). So hat sich z.B. die canadische Sozialdemokratie, anders als in Europa, nicht aus den Traditionen der Arbeiter- und Gewerkschaftsbewegung entwickelt, sondern aus agrarischen Kooperativen-Bewegungen im Saskatchewan der zwanziger Jahre, die zunächst die *League for Social Reconstruction* und die *Cooperative Commonwealth Federation* hervorgebracht haben, aus denen sich schließlich 1961 die NDP bildete. Auch die traditionellen Einflußzonen und Machtbasen der Parteien gründeten sich über Jahrzehnte auf spezifische regionale Verankerungen. Während etwa die NDP seit 1944 die Provinzregierung Saskatchewans stellt und sich erst in jüngster Zeit mit dem Wahlsieg in Ontario (September 1990) in die wichtigste Industrieprovinz hinein ausdehnen konnte, liegt das traditionelle Kerngebiet der PCP in den Westprovinzen, während die LP besonders in den Kernprovinzen des Ostens verankert ist (vgl. Kornberg/Clarke 1982: 189 ff.).

Allerdings läßt sich mit dem Zentrum-Semiperipherie-Modell der weitaus wirksamste innercanadische Konflikt nicht mehr hinreichend beschreiben: Der Konflikt zwischen den anglo- und frankocandischen Bevölkerungsteilen und die daraus hervorgegangenen konkurrierenden "Nationalismen" der Gründungsnationen. 15,3 Mio. Anglocanadiern stehen heute 6,2 Mio. Frankocanadier gegenüber, die sich zudem zu 83 Prozent auf die Provinz Québec konzentrieren (Statistics Canada 1989: Tab. 2.14 u. 2.15). Eine Bevölkerungsmischung und eine echte Zweisprachigkeit mit einer konstruktiven Verbindung beider Kulturen, die gegenüber den anglophonen USA eine eigenständige, genuin canadische kulturelle Identität hätte begründen können, hat demnach nicht stattgefunden. Québec findet sich in der paradoxen Position, gleichzeitig als Teil des canadischen Zentrums zu fungieren (insbesondere durch die Metropole Montréal), sich sprachlich-kulturell und nach sozialem Gefälle jedoch in einer peripheren Position wiederzufinden.

Tatsächlich entwickelte sich Québec trotz der frühen Eroberung durch die Engländer nach völlig eigenen ökonomischen und kulturellen Kriterien. Bereits 1774 hatten die Briten in der sog. Québec-Akte (vor dem Hintergrund eines befürchteten Übergreifens der amerikanischen Revolution) bedeutsame Zugeständnisse zum Schutz des französisch geprägten Systems gemacht. Der Vertrag sicherte beispielsweise die Aufrechterhaltung des französischen Feudalsystems, die Beibehaltung des napoleonischen *Code Civil* als Grundlage des Rechts, sowie die führende Rolle des katholischen Klerus bei der Kontrolle des Bildungssystems und der Einrichtung sozialer und kultureller Institutionen (Müller-Wille/Pletsch 1981: 65; Whitaker 1984: 35).

Die strukturelle Teilung der Gesellschaft Québecs in anglophone ökonomische Elite und eine weitgehend agrarisch tätige, vom katholischen Klerus kulturell dominierte frankophone Bevölkerungsmehrheit ist bis weit in die Mitte dieses Jahrhunderts erstaunlich stabil geblieben. Québec entwickelte sich, wie es um 1870 der frankocanadische Nationalist Henri Bourassa ausdrückt, zu einem "Reservat der Frankophonie", da in einem als feindlich empfundenen anglophonen Umfeld nur hier das Überleben von französischer Sprache und Kultur gesichert sei (Saywell 1983: 64). Für das gesamte 19. Jahrhundert und die erste Hälfte des zwanzigsten gilt der Befund...,

> "...daß sich in Québec so etwas wie eine Aufgabenteilung der führenden sozialen Klassen durchsetzte. Der englischsprachigen Wirtschaftsbourgeoisie fiel die bestimmende Rolle in der Gestaltung der ökonomischen Weiterentwicklung zu, die frankophonen Mittelschichten übernahmen weitgehend die Verantwortung in Politik und Verwaltung, dem Klerus wurde die moralische Führung der Frankokanadier zugestanden. Damit verstärkte sich die Klerikalisierung der Gesellschaft Québecs; ein neuer Nationalismus entstand, der auf (katholischem) Glauben, Sprache, feudalistisch geprägtem Landsystem mit bäuerlicher seßhaftigkeit und historischem Missionsdenken der Frankokanadier (mit Ansätzen sogar zu einem gewissen Rassenmythos) beruhte" (Vollmer/Sauriol 1986: 100-101).

Mit der einsetzenden Industrialisierung nach dem zweiten Weltkrieg, einer zunehmenden Urbanisierung und Säkularisierung der Gesellschaft Québecs gewinnt der sprachlich-kulturelle Konflikt neue soziale Konturen. Die Spaltung von Kapital und Arbeit ist weitgehend eine Spaltung entlang der Sprachgrenze: Die Eliten sprechen englisch, die Arbeiter französisch. In Québec kommt in den sechziger Jahren, analog zum Rassenkonflikt in den USA, der Begriff der "Black and White Society" auf, in der "Speak White" synonym für "Speak English" benutzt wird (und so auch öffentlich auf Schildern vor anglophon geführten Geschäften zu lesen war; Whitaker 1984: 37).

Gleichzeitig erlebt Québec in dieser Phase mit der sog. *Revolution Tranquille* einen rapiden sozialen und kulturellen Modernisierungsprozeß. Unter dem Schlagwort des "Maître chez nous" treiben die regierenden Liberalen nicht nur die Säkularisierung des Erziehungswesens voran, sondern auch eine Politik der ökonomischen Unabhängkeit von "Canada" durch die Gründung von Staatsbetrieben. Insbesondere das James-Bay-Projekt, der Bau von Wasserkraftwerken im Norden Québecs, soll (über den Export von Energie in die USA) die wirtschaftliche Eigenständigkeit sichern und gleichzeitig Frankokanadier in ökonomische Führungspositionen bringen, was in Privatunternehmen nicht möglich war. Kulturell bedeutete die *Revolution Tranquille* den rapiden Aufschwung der frankophonen Literatur, des Films und auch des Fernsehens. Die Montréaler CBC-Studios entwickelten sich in dieser Zeit zu den damals drittgrößten weltweit (s. ausf. Kap. 7).

Seit den sechziger Jahren konkurrieren im Grunde zwei politische Konzepte zur Lösung des Konfliktes der Gründungsnationen. Die offizielle, von Trudeau vertretene Politik des *Biculturalism and Bilingualism*, die einen frankophonen Nationalismus zwar anerkannte, nicht jedoch einen (territorialen) Nationalismus Québecs. Diese Politik, die Canada bereits 1969 zu einer offiziell zweisprachigen Nation erklärte - mit der spürbaren Vergrößerung des Konfliktpotentials in den Westprovinzen, wo nun in allen öffentlichen Einrichtungen auch französisch gesprochen werden muß - reflektiert die zentralistisch-nationalistische Strategie der Trudeau-Ära, die den Bestand der Nation von der "Eindämmung" und "Unterminierung" zentrifugal wirkender provinzaler Machtansprüche abhängig machte (Trudeau 1968: XXIII). Die zweite Strömung ist die der Loslösung Québecs von Canada als selbstständige Nation, vertreten vor allem von der separatistischen *Parti Québecois* (P.Q.), einer Abspaltung von der LP unter Führung des ehemaligen CBC-Journalisten René Lévesque. Ihr Konzept ist das der *Sovereignty-Association* - die volle politische Souveränität unter Beibehaltung einer Wirtschafts- und Währungsunion mit Canada und der Achtung internationaler Verträge (Lévesque 1979: 61-70).

Die P.Q. gewann mit diesem Konzept die Provinzwahlen von 1976 und stellte die Regierung mit Lévesque als Premierminister bis 1984. Die Lösung von Canada scheiterte jedoch an einem Referendum, in dem 1980 mit 60 Prozent die Mehrheit der Wahlberechtigten Québecs mit "Nein" stimmten. Insbesondere die Sprachengesetzgebung der P.Q., die 1977 (in Konkurrenz zur Politik Ottawas) französisch zur einzigen offiziellen Amtssprache in Québec erklärt hatte, aber auch die allmählich schwindenden sozialen Unterschiede zwischen Anglo- und Frankocanadiern, wachsende Aufstiegschancen und abnehmende Einkommensunterschiede, haben rückblickend dem offenen Separatismus den Boden entzogen (Whitaker 1984: 52-53; Vollmer/Sauriol 1986: 108-109).

Denoch ist der Status Québecs und die Ausgestaltung des canadischen Föderalismus (und damit der Bestand Canadas als Nation) bis heute nicht geklärt. Nach einem Jahrzehnt relativer Ruhe bricht der Konflikt heute wieder offen aus. Ein 1987 geschlossenes Abkommen der *First Ministers Conference*, der sog. *Meech Lake Accord*, der Québec den verfassungsmäßigen Status einer *Distinct Society* mit weitgehenden sprachlich-kulturellen Selbstbestimmungsrechten einräumt, ist nach dreijähriger Prüfungsphase im Juni 1990 am Einspruch zweier Provinzen (Manitoba und Newfoundland) zunächst gescheitert und hat das Land erneut in eine schwere Verfassungskrise mit ungewissem Ausgang gestürzt.

Schwankt die canadische Politik gegenüber den USA historisch zwischen den Polen des Kontinentalismus und des Nationalismus, so ist der Nationalismus nach innen die beherrschende politische Ideologie. In einer ersten umfassenden Gesellschaftsanalyse Canadas bezeichnete John Porter 1965 das Ziel der nationalen Einheit als "Canada's political obsession", die traditionelle Konfliktlinien deutlich überlagert:

> "If there is a major goal of Canadian society it can best be described as an integrative goal. The maintenance of national unity has overriden any other goals there might have been, and has prevented a polarizing within the political system, of conservative and progressive forces. (...) Canada must be one of the few major industrial societies in which the right and left polarization has become deflected into dispute over regionalism and national unity" (Porter 1965: 368-369).

In der Rundfunkpolitik spiegelt sich die politisch-kulturelle Grundströmung des Nationalismus, der Förderung und Wahrung einer eigenständigen kulturellen Identität und der Souveränität über den canadischen Kommunikationsraum deutlich wider. Rundfunkpolitik wird in ihren normativen Vorgaben sozio-kulturell definiert und befindet sich damit ebenso im Dauerkonflikt mit den ökonomischen Wirkungsfaktoren des "Kontinentalismus" wie mit den zentrifugalen Kräften innerhalb der canadischen Gesellschaft selbst. Das folgende Kapitel soll - zunächst unter Lösung von den spezifischen canadischen Bedingungen - eine theoretische Begriffsbestimmung von kulturorientierter Medienpolitik leisten, bevor deren konkrete Umsetzung, die begleitenden Konflikte und Wirkungszusammenhänge im canadischen Kontext analysiert werden.

2. Fernsehen, kulturelle Identität und Rundfunkpolitik: Eine theoretische Annäherung

Bei einer Betrachtungsweise, die Produktion und Verbreitung von Medieninhalten als "kulturelle" Tätigkeit definieren will, beginnen die Probleme bereits dort, wo über die zentralen Begrifflichkeiten wie "Kultur", "Identität" oder "nationale" und "kulturelle Identität" Konsens erzielt werden soll. Eine tragfähige Definition elektronischer Medien als Kulturfaktor existiert zur Zeit in der medienwissenschaftlichen Diskussion erst in Ansätzen (vgl. u.a. Hoffmann-Riem 1985, Bakke 1986, Kraus 1989, Shaughnessy 1990), in der medienpolitischen Praxis so gut wie gar nicht. Im folgenden soll versucht werden, sich über eine Auseinandersetzung mit diesen Kernbegriffen dem Problemfeld einer kulturell und identitätsorientierten Medienpolitik anzunähern. Ziel einer solchen Diskussion ist es, Kriterien für die Dimensionen und Einflußfaktoren zu entwickeln, die bei einer Wirkung elektronischer Medien auf "Kultur" zu berücksichtigen sind, um mögliche kulturelle Konsequenzen von Medienpolitik eingrenzen zu können.

2.1. Der Begriff der Kultur als Definitionsproblem

Am Beginn jeder Auseinandersetzung um Kultur steht das Problem, zunächst über den eigentlichen Gegenstand der Diskussion ein gemeinsames Verständnis zu erzielen. Kultur, ein Begriff, der jedem geläufig scheint, zeigt sich dabei vielfältigen Definitionen gegenüber offen.

> "Der Begriff der Kultur, dem 19. Jahrhundert so teuer, hat sich jüngst bis zur Unkenntlichkeit erweitert, zerfasert und entwertet. (...) Aus dem Rest kann sich nun jeder die politische Kultur, die Stadtkultur, die Unternehmenskultur, die Freizeitkultur, die Alltagskultur oder sonst was herausschneiden, so daß niemand weiß, woran er mit dem Begriff ist" (Tenbruck 1989: 7).

In der Tat ist das Problem einer sinnvollen Definition von Kultur fast zwangsläufig ihre fehlende Schärfe und somit die mangelnde Operationalisierbarkeit sowohl in der sozialwissenschaftlichen Analyse als auch im Politikprozeß. Bei der Suche nach möglichen Ursachen stößt man zunächst auf den Bedeutungswandel, den der Begriff mehrfach erfahren hat (wobei heute offenbar mehrere Bedeutungen nebeneinander existieren und definitorisch benutzt werden). Das verbreitete bürgerliche Kulturverständnis des 19. Jahrhunderts ging davon aus, daß vor allem die "Künste", die Philosphie und die Geisteswissenschaften als Kultur zu begreifen seien - im weitesten Sinne also die "Produktion" von Ideen, Bedeutungen und Werten.

Im engeren Sinne war Kultur identisch mit der Herstellung von Kunstprodukten, von "Kulturgut" eben. Dieses Verständnis ist heute noch weiter verbreitet, als man zunächst vermuten mag. Es findet sich in der politischen Sphäre etwa in der klassischen Zuordnung von Kultur in abgrenzbare ministeriale Ressortverantwortlichkeiten, im Medienbereich in der traditonellen Trennung von Politik, Wirtschaft und "Kultur" (Feuilleton) nahezu jeder Zeitung oder im Begriff des "Kulturprogramms" in Hörfunk und Fernsehen. Mit dieser Definition war (und ist) nicht nur "ein Gefühl der Feiertägigkeit und der Schöngeistigkeit" verbunden (Kraus 1989: 107) - sie ist ihrem Wesen nach elitär, da sie "Kultur" einer relativ kleinen (bürgerlichen) Gruppe von Kunst- und Sinnproduzenten zuweist. Allerdings hat dieser Kulturbegriff die gesellschaftlichen Wandlungsprozesse des zwanzigsten Jahrhunderts nicht unbeschadet überstehen können.

Parallel zum Verlust der alleinigen bürgerlichen Definitionsmacht von Kultur, Philosophie und Wissenschaft (wie ihn etwa Max Planck schon 1932 in seiner Betrachtung "Where is Science going?" als Krise der "grundlegenden Werte des privaten und des gesellschaftlichen Lebens" beklagt; zit.n. Caudwell 1938/1977: 5) lassen sich im wesentlichen zwei Gegentendenzen ausmachen: Im politischen Bereich - getragen von der Entwicklung vor allem der europäischen Arbeiterbewegung zur gesellschaftspolitischen Kraft - der Versuch der Durchsetzung einer "proletarischen Gegenkultur". Kultur, Kunst, Bildung und Wissenschaft erfuhren eine politische Zuordnung nach (klassen)gesellschaftlichen Interessen und dienten nach diesem Verständnis einer emanzipatorischen, gesellschaftsverändernden Zielsetzung.

Der eigentliche Kulturbegriff, wie er durch das Bürgertum geprägt worden war, wurde prinzipiell allerdings nicht in Frage gestellt. Indem er sich jedoch (zumindest theoretisch) als politisch umkehrbar und instrumentalisierbar erwies, förderte diese Entwicklung die Erkenntnis, daß es nicht eine, sondern verschiedene Kulturen gebe. Diese Tradition wirkt bis heute fort. In ihr stehen etwa Theorien der sozialen Manipulation durch (industrielle) interessengeleitete Kulturproduktion (Horkheimer/Adorno 1944) oder Versuche der wissenschaftlichen Erklärung und praktischen Etablierung von Gegenöffentlichkeit als gesellschaftlicher Macht, die ihre volle Wirkung in Europa und Nordamerika erst mit den vielfältigen Demokratisierungsbewegungen im letzten Drittel dieses Jahhunderts entfalten konnten. Beide Strömungen, die bürgerliche und die (proletarisch)emanzipatorische eint jedoch cum grano salis (bei einer recht gewagten Vernachlässigung von Differenzierungen) ein primär Produkt- und Produzenten-orientiertes Kulturverständnis.

Festzuhalten bleibt, daß offenbar bereits innerhalb einer Gesellschaft keine durchgängige Einigkeit über den Begriff der Kultur, ihre Inhalte und Wesensmerkamale, herzustellen ist. Folgt das Verständnis zunächst der traditionellen Teilung in "The Rich and the Poor" (Disraeli), tritt mit dem Fortschreiten gesellschaftlicher Differenzierungen das Interpretationsmuster von "Teil-" oder "Subkulturen" hinzu, über die häufig noch weit weniger Einigkeit zu erzielen ist. Doch die Definition von Kultur im bürgerlich-produktbezogenen Sinne wird auch noch von anderer Seite in Frage gestellt.

Eine weitere eher wissenschaftstheoretische Gegenbewegung entwickelte sich um die Ethnologie, die als "Völkerkunde" einen stark eurozentristischen, auf (bürgerliche) Kunst- und Sinnproduktion zielenden Kulturbegriff nicht länger gelten lassen konnte. Sie weitete die Definition von Kultur im Grunde auf alles aus, was "nicht primär Natur sei" (Kraus 1989: 107). Dieses Verständnis von Kultur ist der eigentliche Nucleus, um den sich die Ethnologie als wissenschaftliche Disziplin entwickelte. Mittlerweile hat sich jedoch gezeigt, daß ein Begriff von Kultur als "hochkomplexes Ganzes" (Tylor) mehr verwirren muß als er zu erhellen vermag. Mit dem Problem der sinnvollen Einschränkung hat die ethnologische Beschäftigung mit Kulturphänomenen bis heute zu kämpfen.

So weist etwa Geertz in einer aktuellen Auseinandersetzung mit der Rolle von Kultur im sozialen Leben darauf hin, daß es selbst eine der "besseren Einführungen" in das Fach fertigbringt, auf nur wenigen Seiten Kultur wie folgt zu bestimmen:

> "...(1) als Gesamtlebensstil eines Volkes, (2) als das soziale Erbe, das das Individuum von seiner Gruppe übernimmt, (3) als eine Weise des Denkens, Fühlens und Glaubens, (4) als eine abstrakte Form des Verhaltens, (5) als eine Theorie, die der Ethnologe über das tatsächliche Verhalten einer Gruppe von Menschen aufstellt, (5) als ein Speicher gemeinsamer Erfahrungen, (7) als ein System standardisierter Orientierungen angesichts wiederkehrender Probleme, (8) als erlerntes Verhalten, (9) als ein Mechanismus zur normativen Verhaltensregelung, (10) als System von Techniken zur Anpassung an die Umwelt sowie an andere Menschen, (11) als Ablagerung von Geschichte, und unter Heranziehung von Vergleichen - vielleicht aus Verzweifelung - als Karte, Sieb und Matrix" (Geertz 1987: 9).

Ginge es hier nur um die Schwierigkeiten einer wissenschaftlichen Disziplin, Ordnung in ein selbstverursachtes Chaos zu bringen, wären sie aus politikwissenschaftlicher Perspektive wenig relevant. Sie ziehen sich jedoch wie ein roter Faden auch durch die medien- und kulturpolitische Diskussion. Als eigenständige Tradition hat sich diese im Kern wertfreie Kulturbetrachtung nicht nur in anderen wissenschaftlichen Disziplinen verankert (etwa in der Anthropologie, im philosophischen Strukturalismus und in Teilen der Kultursoziologie), sie bildet auch die Grundlage der Politik solcher supranationaler Organisationen wie der UNESCO, die sich aufgrund ihrer Zusammensetzung und Entscheidungsstruktur jedem Verdacht der Unterstützung "kultureller Dominanz" entziehen muß. So nähert sich die UNESCO, die in internationalen Kulturfragen über eine gewisse Definitionsautorität verfügt, dem Phänomen auf ebenso zutreffende wie beliebig dehnbare Weise, wenn sie Kultur als die "Gesamtheit der geistigen, materiellen, intellektuellen und emotionalen Faktoren" zu bestimmen versucht, die "das Wesen einer Gesellschaft oder einer gesellschaftiichen Gruppe ausmachen" (zit.n.: EG-Wirtschafts- und Sozialausschuß 1989).

Auch ein Vergleich verschiedener Gesellschaften wird so eher die Vermutung bestätigen, daß es keinen definitorischen Konsens über Inhalt und Umfang von Kultur geben wird. Es sei denn, er äußert sich in einer nahezu beliebigen Begriffsbestimmung, nach der Kultur alle Lebensäußerungen einer Gesellschaft umfaßt. Als Ergebnis kann an dieser Stelle jedoch zumindest festgehalten werden, daß sich in "Kultur" sowohl produkt- und produzentenorientierte Aspekte als auch gesellschaftsbezogene Dimensionen finden werden. Die Frage bleibt, ob sich nicht - und sei es nur zum begrenzten Zweck einer Diskussion von Medienpolitik - ein doch stärker eingegrenzter und instrumentell verwertbarer Kulturbegriff definieren läßt, der helfen kann, die von den Massenmedien ausgehenden (oder ihnen unterstellten) Wirkungen auf "Kultur" systematisch beschreiben zu können.

2.2. Das Verhältnis von Kultur und Massenmedien als Problem der Wirkungsforschung

Beide bisher eingeführten Kulturbegriffe werden in der aktuellen medienpolitischen Diskussion in der Regel kaum getrennt oder in eher verwirrender Weise nebeneinander benutzt. So findet sich - um ein aktuelles europäisches Beispiel zu wählen - etwa in einem neueren EG-Papier zur Auseinandersetzung um eine kulturorientierte Medienpolitk im direkten Anschluß an die sehr umfassende UNESCO-Definition von Kultur als "Gesamtheit der geistigen, materiellen, intellektuellen und emotionalen Faktoren" (s.o.) die Folgerung, Kultur stelle "heute eine sich ständig wandelnde und erneuernde Bereicherung des täglichen Lebens dar" (EG-Wirtschafts- und Sozialausschuß 1989). Diese Feststellung ergibt jedoch nur dann einen Sinn, wenn man sie auf Kultur im Sinne kultureller Produkte bezieht. Das Beispiel zeigt deutlich, daß man sich offenbar auch an prominenter Stelle nicht ganz einig ist, von welchem Kulturbegriff nun eigentlich auszugehen sei.

Beließe man es aber bei einem Nebeneinander von Kulturbegriffen, die einerseits produktbezogen, andererseits gesellschaftsorientiert angelegt sind, würde jeglichem Versuch einer "kulturorientierten Medienpolitik" der eigentliche Gegenstand fehlen. Auch die Entscheidung für die eine oder die andere Definition ließe sich kaum begründen. Betrachtet man aber die praktizierten Kommunikationsformen (und damit auch die medial vermittelte Massenkommunikation) zunächst einmal sehr allgemein als ein "strukturelles Merkmal von Gesellschaften", durch die "der Zusammenhalt und die Einheit der Sozialgebilde" erst geschaffen wird (Hunziker 1988: 98), lassen sich beide Kulturbegriffe recht plausibel zusammenführen:

* Massenmedien besitzen einerseits die Eigenschaft, über die <u>Produktion von Inhalten</u> als "Kulturproduzenten" im klassischen Sinne in Erscheinung zu treten. Gleichzeitig wirken sie mit der <u>Verbreitung von Medieninhalten</u> auf gesellschaftliche Werte und Normen, Überzeugungen und Einstellungen ein - sei es stabilisierend oder verändernd.

Wie und in welchem Ausmaß das jeweils geschieht, dieses Problem ist Gegenstand der (primär soziologischen) Medienwirkungsforschung, auf die hier nur sehr allgemein eingegangen werden soll (für einen aktuellen Überblick siehe: Hunziker 1988: 98-125). Es sollte an dieser Stelle jedoch bereits deutlich geworden sein, daß es die "Doppelfunktion" elektronischer Massenmedien (Produktion und Distribution) erfordert, die Frage nach den kulturellen Wirkungen sowohl produkt- als auch gesellschaftsbezogen zu stellen.

Die gemeinsame Ausgangsthese unterschiedlicher Richtungen der Medienwirkungsforschung besteht in einer angenommen Wirkung massenmedial verbreiteter Inhalte auf das Funktionieren der übergeordneten Sozialsysteme. Als "funktionale" Wirkung gilt dabei, wenn die Zielverwirklichung des Sozialsystems unterstützt wird, als "dysfunktionale" Wirkung, wenn diese gefährdert wird (Hunziker 1988: 98). Hier enden bereits die Gemein samkeiten, da eine weitere Ausdifferenzierung vor mindestens zwei wesentliche Probleme gestellt ist:

* Erstens muß jeder Analyse von "Zielverwirklichung" ein notwendig auf normativen Annahmen basierendes (und stark vereinfachendes) Gesellschaftsmodell zugrunde liegen, um "funktionale" oder "dysfunktionale" Wirkungen überhaupt bestimmen zu können. Je nach dem gewählten Ausgangspunkt kann so beispielsweise "kritischer Journalismus" oder allgemein das Herstellen von "Gegenöffentlichkeit" funktional (im Sinne von Demokratisierung und gesellschaftlicher Partizipation) oder als dysfunktional (Zerstörung des politisch-kulturellen Grundkonsenses, Entlarvung der legitimen institutionellen Öffentlichkeit als Scheinöffentlichkeit) bezeichnet werden (vgl. bes. Ronneberger 1983). Über die normativen Annahmen solcher Gesellschaftstheorie ist aller Erfahrung nach kein Konsens zu erzielen.

* Zweitens läßt sich der Untersuchungsgegenstand "Sozialsystem" in komplexen, stark ausdifferenzierten Gesellschaften kaum empirisch eingrenzen und darstellen. Üblich ist daher eine Untergliederung in Subsysteme (etwa Produktion, Verteilung, politisches Subsystem u.v.m.) und abgrenzbarere Wirkungszusammenhänge (z.B. soziale Integration, Politikvermittlung, öffentliche Meinung, Wissensverteilung u.a.). Für solche Subsysteme liegen bezüglich der Medienwirkung ganz unterschiedliche Hypothesen vor.

Auch hier lassen sich im wesentlichen zwei Pole ausmachen, zwischen denen sich die Medienwirkungsforschung bewegt: Einen Pol bilden solche Theorien, in denen direkte und unmittelbare Wirkungen spezifischer Medieninhalte auf Einstellungen und Verhalten von Individuen oder sozialen Gruppen angenommen werden. Die in der Bundesrepublik bekannnteste und auch umstrittenste Variante ist die von Noelle-Neumann vermutete direkte Wirkung der politischen Berichterstattung öffentlich-rechtlicher Fernsehanstalten auf die "öffentliche Meinung". Aus einer Beobachtung der Wahlkämpfe der siebziger Jahre wurde die These abgeleitet, die elektronischen Massenmedien hätten ein für die damalige CDU-Opposition ungünstiges "Meinungsklima" geschaffen, dem sich das Publikum aufgrund der hohen Glaubwürdigkeit des Mediums Fernsehen nicht entziehen konnte. "Sozialer Konformitätsdruck" habe so dazu geführt, daß sich die Wähler der (massenmedial vermittelten) "Mehrheitsmeinung" tendenziell angeschlossen hätten (Noelle-Neumann 1980: 227-243).

Diese Thesen können in der Zwischenzeit als weitgehend widerlegt angesehen werden, da zum einen der Nachweis einer einseitigen Fernsehberichterstattung empirisch nicht zu führen war; zum anderen scheint der (aus der Beobachtung von Kleingruppenverhalten) vermutete Konformitätsdruck in einer diffusen Zielgruppe "Gesellschaft" weit weniger wirksam als angenommen. Allerdings sollte daraus nicht der Schluß gezogen werden, der Einfluß der Massenmedien auf die öffentliche Meinungsbildung sei generell wiederlegt: "Zur Thematisierung gesellschaftlich relevanter Probleme und als Forum der öffentlichen Diskussion und Entscheidungsfindung sind sie für jede moderne demokratische Gesellschaft von größter Bedeutung" (Hunziker 1988: 119-120).

Entlang dieser Sichtweise direkter Medienwirkung bewegen sich prinzipiell solche Versuche der Instrumentalisierung von Massenmedien für die Politikvermittlung, die auf die "Eroberung und Beschlagnahme von Kommunikationskapazitäten und dadurch mittelbar auf die Veränderung politischer Entscheidungen" zielen und unter den Schlagworten "Ereignismanagement", "politisches Marketing" oder "Public Engineering" heute fester Bestandteil politischer Kampagnen sind (Schulz 1987: 137). Für das Verständnis von Medienpolitik ist dabei weniger die reale Wirkung solcher Instrumentalisierungsversuche relevant (oder der ebenso mögliche kontraproduktive Effekt von Politikmüdigkeit und Imageverlusten; vgl. Pöttker 1988), als vielmehr die verbreitete Perzeption ihrer Wirksamkeit auf seiten politischer Eliten und Entscheidungsträger. Sämtliche Versuche der "Eroberung von Kommunikationskapazitäten" (von der parteipolitisch inspirierten "Stoppuhr-Programmbeobachtung" über die Besetzung von Aufsichtsgremien bis zur Formulierung mediengesetzlicher Programmrichtlinien) beruhen letztlich auf dieser Wahrnehmung von unmittelbarer Medienwirkung.

Den Gegenpol zum theoretischen Verständnis direkter Medienwirkung bilden jene Ansätze, die eher langfristige Wirkungen vermuten und dabei den Blick stärker auf das massenmediale Gesamtangebot sowie die politische, technische und organisatorische Verfaßtheit von Mediensystemen richten. Sie werden besonders in Teilen der Mediensoziologie und zunehmend auch der Politikwissenschaft verfolgt. Einer der prominentesten und in jüngerer Zeit intensiv diskutierten Vertreter dieser Richtung ist zweifellos Postman, der aus seinen Beobachtungen des kommerziellen Fernsehens in den USA dem Medium generell die Fähigkeit zur Information und zur Förderung des öffentlichen Diskurses abspricht - und zwar unabhängig vom jeweils gesendeten Programm (Postman 1985).

Diese Ansätze haben in der nordamerikanischen Medienwissenschaft Tradition und reichen etwa über Mander`s aus ähnlichen Beobachtungen abgeleitete (eher provokativ aufzufassende) Forderung nach einer generellen Abschaffung des Fernsehens (Mander

1979) zurück auf den canadischen Kommunikationswissenschaftler (und Innis-"Schüler") McLuhan, für den die Fähigkeiten der elektronischen Massenmedien zur Technisierung der gesellschaftlichen Kommunikation (und damit ihrer weltumspannenden Integrationsfähigkeit) bedeutsamer schienen als jeweils verbreitete Medieninhalte (McLuhan 1965). In Deutschland hat übrigens Anders bereits 1956 die alltagsverändernde Wirkung des Fernsehens nicht aus seinen Inhalten, sondern aus der Funktion des Fernsehgerätes als das neue "soziale Symptommöbel" hergeleitet, das die Familien statt wie bisher zentrisch um den Wohnzimmertisch nun Ex-zentrisch auf einen Fluchtpunkt hin anordne - wodurch die Familienmitglieder nicht mehr "zusammen" seien, sondern nur noch "beieinander", bzw. "nebeneinander" (Anders 1956: 105-106).

In jüngerer Zeit hat sich im Zuge der Diskusion um den Begriff der "Postmoderne" eine weitere, hauptsächlich von Philosophen und Literaturwissenschaftlern getragene Sichtweise etabliert, die statt langfristiger Medienwirkung nun die These der langfristigen "Nicht-Wirkung" vertritt. Vor dem Hintergrund des gesellschaftlichen Durchbruches der Massenkultur seit den sechziger Jahren sei nun auch die "philosophisch-theoretische Trennung von authentischer moderner Kunst und regressiver, inauthentischer Kultur für die Massen", wie sie noch für "die Theoretiker der aufklärerischen Moderne maßgeblich war" (Huyssen 1986: 24-25), aufgehoben. Das gleichberechtigte, theoretisch nicht mehr abgrenzbare und damit beliebige Nebeneinander verschiedener "Kulturen" und Kulturinterpretationen hat danach für die Massenmedien als Kulturträger nachhaltige Auswirkungen.

Nicht nur gehe das aufklärerische Potential von Medieninhalten verloren (das nun, so die optimistischeren Vertreter dieser Richtung, durch eine aufklärerische Funktionalisierung der "Massenkultur" zurückerobert werden müsse; vgl. bes. Glotz 1988, Lepsius 1988) - die Medien entwickeln sich nach diesen Ansätzen insgesamt zu einer "Schule der Beliebigkeit" (Sloterdijk), die von einem Nebeneinander des Unvergleichlichen und Ungleichzeitigen gekennzeichnet sei und das Herstellen von Zusammenhängen prinzipiell nicht erlaubt: "Dem Bewußtsein, das sich nach allen Seiten hin informieren läßt, wird alles problematisch und alles egal" (Sloterdijk 1983: 559)[1]. In der Bundesrepublik begibt sich auch Enzensberger - ursprünglich ein Vertreter partizipatorsich-aufklärerischer Medien-

1) Sloterdijk beschreibt das Nebeneinander von Medieninhalten mit dieser pointierten Aufzählung, die in der Tat von der Realität eines "beliebigen" Fernsehabends nicht weit entfernt ist: "Ein Mann und eine Frau, zwei glorreiche Halunken, drei Männer in einem Boot, vier Fäuste für ein Halleluja, fünf Hauptprobleme der Weltwirtschaft, Sex am Arbeitsplatz, sieben Bedrohungen des Friedens, acht Todsünden der Menschheit, neun Symphonien mit Karajan, zehn Negerlein im Nord-Süd-Dialog, - es können aber auch die zehn Gebote mit Charlton Heston sein - so genau nehmen wir es hier nicht" (Sloterdijk 1983: 559-560).

nutzung - in diese Argumentationskette, wenn er vom Fernsehen als einem "Nullmedium" spricht, das weder als Informations- noch als Unterhaltungsmedium, sondern als individuell beliebig nutzbarer, inhaltsleerer "Meditationsapparat" anzusehen sei (Enzensberger 1988: 89-103). Ähnlich argumentiert Engell in der bisher umfangreichsten Arbeit dieser Richtung, wenn er das Fernsehen als "Institution der Langeweile" beschreibt, das durch das Prinzip von Redundanz und Wiederholung einen "sinnfreien Raum" schafft und so dem Menschen eine Fluchtmöglichkeit vor dem "Andrängen ständiger gesellschaftlicher Sinnproduktion und bedrohlichem Sinndiktat" bietet (Engell 1989: 240 u. 309).

Gemeinsam ist diesen Denkansätzen (die im übrigen weitere Medienwirkungsforschung obsolet machen würden), daß sie nicht auf empirisch-analytischer Beobachtung beruhen, sondern Teil einer philosophisch-theoretischen Auseinandersetzung mit der Moderne und der Aufklärung sind. Interessant sind sie dann, wenn sie als Reflex auf aktuelle Medienentwicklungen verstanden werden, die durch Angebotsvermehrung und Kommerzialisierung in der Tat Züge der "Beliebigkeit" aufweisen und möglichweise auf eine schwindende Bindungskraft der gesellschaftlichen Institution "Massenmedien" hindeuten könnten. Eine Klärung dieser These muß allerdings zukünftiger Forschung vorbehalten bleiben.

Für den hier diskutierten Zusammenhang von Medienpolitik und Kultur bzw. Identität erweisen sich allerdings solche Ansätze als fruchtbarer, die aus den spezifischen Organisationsformen von Medien und Mediensystemen (etwa öffentlich-rechtliche oder privatkommerzielle Struktur, s.u.) oder aus technologischen Strukturbedingungen (etwa globale Verbreitungsmöglichkeiten per Satelliten, Kanalvermehrung, Zusammenwachsen von Individual- und Massenkommunikation u.a.) Rückschlüsse auf das inhaltliche Gesamtangebot und seine sozial-kulturellen Wirkungen ermöglichen sollen.

Anhand dieses sehr knappen und recht grob gezeichneten Überblicks lassen sich bereits einige wesentliche Aspekte erkennen, die in eine kulturorientierte Betrachtung von Massenmedien und Medienpolitik einbezogen werden müssen:

* Unabhängig von der jeweiligen Reichweite und Tragfähigkeit der hier skizzierten Positionen wird deutlich, daß sich die kulturelle Dimension elektronischer Massenmedien sowohl auf die Medieninhalte (*Content*) als auch auf ihre Struktur und die Art und Weise der Verbreitung (*Network*) beziehen muß. Indem sie einerseits im eher traditionellen Sinne als "Kulturproduzenten" auftreten (sei es durch spezifische Inhalte oder durch die Struktur ihres Gesamtangebotes), spiegeln sie

gesellschaftliche Werte, Ideen, Meinungen und Anschauungen wider und wirken verändernd oder stabilisierend auf sie zurück. Indem sie diese Inhalte verbreiten (geprägt durch spezifische soziale, politische, organisatorische und technologische Bedingungen), wirken sie auf die Art und Weise, in der diese Werte, Ideen, Meinungen und Anschauungen ausgetauscht werden.

* Die normativen Bewertungsgrundlagen von Medienwirkung sind offensichtlich abhängig vom jeweiligen gesellschaftspolitischen Standpunkt, den der Betrachter einnimmt. Eine gemeinsame Basis zur Festlegung dessen, was als "funktional" oder "dysfunktional" zu gelten hat, kann allenfalls in einem mühevollen Aushandeln zwischen den verschiedenen Positionen gefunden werden - oder sie spiegelt (wie im Fall des canadischen Nationalismus) dominierende politisch-kulturelle Wirkungsfaktoren wider.

* Massenmedien wirken zwar auf den gesellschaftlichen Zusammenhang und die zugrundeliegenden Werte und Normen - sie sind jedoch nicht der einzige Faktor, sondern nur einer unter vielen. Die Auswirkungen auf spezifische Subsysteme überlagern sich dabei in der Regel mit den Wirkungen anderer (nichtmedialer) Einflußfaktoren. Eingrenzbare kulturelle Konsequenzen von Veränderungen in der Medienordnung werden daher nur sehr schwer oder gar nicht zu bestimmen sein.

* Zusätzlich komplizierend wirkt die Tatsache, daß sich mögliche Effekte zum Teil erst unter Berücksichtigung weitgesteckter zeitlicher (und auch räumlicher) Dimensionen bestimmen lassen. Neben direkten und unmittelbaren Medienwirkungen stehen sehr indirekte Folgen, die erst über Generationen hinweg Veränderungen erzeugen. Ginge man beispielsweise davon aus, daß wir heute die Ablösung der Schriftkultur durch eine visuelle Kultur erleben (wie es etwa Postman ansatzweise unterstellt), dann wären die Wirkungen auf Bildung, gesellschaftliche Lernprozesse, soziale Schichtung und das Kommunikationsverhalten tatsächlich (im Wortsinne) unübersehbar.

Angesichts einer so komplexen Ausgangslage kann eine wissenschaftliche Interpretation lediglich versuchen, mit Hilfe eines vereinfachten Modells einige wesentliche Wirkungszusammenhänge anzudeuten, die zwischen Massenmedien und Kultur bestehen. Eine solche Interpretation liefert Hypothesen, die zwar den Beweis ihrer Richtigkeit kaum antreten, jedoch auf ihre Plausibilität hin überprüft werden können. Vor der Konstruktion eines solchen Modells soll allerdings die Auseinandersetzung mit einem weiteren

Schlüsselbegriff der aktuellen Diskussion um kulturelle Medienwirkung stehen, dem Begriff der "kulturellen Identität". Es scheint, als spiegele sich hier die Suche nach einer konsensfähigen Basis zur Beurteilung von Medienwirkung ganz besonders wider.

2.3. Zum Begriff der "kulturellen Identität"

Der Begriff der *cultural identity* hat die canadische Medienentwicklung und -Politik von Beginn an begleitet. Auch in Europa und in der Bundesrepublik läßt sich derzeit beobachten, daß mit dem Näherrücken eines europäischen Binnenmarktes im Medienbereich der Begriff der "kulturellen Identität" immer häufiger in den kritischen Debatten um dessen primär ökonomistisch betriebene Ausgestaltung auftaucht (zum aktuellen Stand dieser Entwicklung vgl. Kleinsteuber/Wiesner/Wilke 1990). Seine Unschärfe macht ihn jedoch höchst anfällig für beliebige Definitions- und Instrumentalisierungsversuche.

Der Terminus "kulturelle Identität" hat in unseren Sprachgebrauch vor allem über die Auseinandersetzung mit der Entwicklungspolitik der Industriestaaten gegenüber der Dritten Welt und den darin lange Zeit vorherrschenden Modernisierungstheorien (erneut) Eingang gefunden (vgl. bes. Senghaas 1984). "Tradition" und "Modernisierung" werden dabei als Gegensatzpaar begriffen, dem jeweils spezifische, sich einander weitgehend ausschließende Attribute zugeordnet werden. Traditionale Werte gelten als jenseitsorientiert, innovationsfeindlich und irrational (zum Begriff der traditionellen Lebensweise vgl. bes. Inkeles/Smith 1974: 315), moderne Werte sind dagegen auf Wandel, Rationalität und Flexibilität gerichtet und äußern sich im Modernisierungsprozeß beispielsweise in Urbanität, sozialer Mobilität und politischer Partizipation (vgl. bes. Deutsch 1971).

Das in dieser Situation deutlich werdende dichotomische Verständnis von Tradition und Moderne läßt sich mit der Praxis von "Entwicklung" immer weniger in Einklang bringen. Modernisierung nach westlichem Muster mußte sich für viele Länder der Dritten Welt in dem Maße als Bedrohung darstellen, wie deren erhofften Effekte ausblieben (Urbanität und Mobilität zeigen sich beispielsweise in der Form von Landflucht und Verslummung von Metropolen; die Herausbildung demokratischer Institutionen hält mit dem Bedürfnis nach Partizipation nicht Schritt - um nur die wichtigsten von Deutsch benannten Schlüsselbegriffe zu erwähnen). Der Versuch der Rückbesinnung auf traditionale, der eigenen kulturellen Entwicklung entsprechende Werte ist so von Beginn an als Reflex auf die

Konfrontation mit "kulturfremden" Werten zu verstehen, die als Penetration und Dominanz empfunden werden.

Seit den siebziger Jahren spiegelt sich sich das Unbehagen über diese auch als "Kulturimperialismus" bezeichnete Entwicklung vor allem in Deklarationen der UNESCO wider, die bisher zwei Weltkonferenzen über internationale Kulturpolitik durchgeführt hat (Venedig 1970, Mexiko-City 1982). Die Schlußerklärung der Mexiko-Konferenz etwa bezeichnet jede Kultur (verstanden als "einzigartige und unersetzliche Gesamtheit von Werten") als das wirkungsvollste Mittel eines Volkes, seine Präsenz in der Welt zu beweisen und lehnt jede Form kultureller Dominanz als "Verleugnung oder Beeinträchtigung der Identität eines Volkes" ab (Deutsche UNESCO-Kommission 1982). Im Medienbereich führte diese Sichtweise beispielsweise zu einer breitangelegten UNESCO-Untersuchung des internationalen Nachrichten- und Informationsaustausches, als deren Ergebnis die Forderung nach einem "freien und gleichgewichtigen Informationsfluß" formuliert wird, die sich gegen das industriestaatliche Paradigma des "free flow of informations" richtet (Deutsche UNESCO-Kommission 1981).

Unabhängig von der politischen Durchschlagskraft solcher (auf breitem Konsens beruhenden) Deklarationen läßt sich aus der aktuellen Diskussion um die "kulturelle Identität" in der Dritten Welt eine erste Begriffsbestimmung ableiten.

1. "Kulturelle Identität" kann nicht als konstante oder gar statische Größe begriffen werden, die es lediglich zu schützen oder zu entwickeln gilt. Ihre Definition ist vielmehr von mehreren Variablen abhängig.

2. Die erste Variable markiert das jeweilige sozio-kulturelle Bezugsfeld. Kulturelle Identität kann sich auf höchst unterschiedliche geographische Räume, Historien und Kulturen beziehen, getragen und beansprucht von ebenso unterschiedlichen gesellschaftlichen Formationen (von ethnischen Gruppen und Nationen bis hin zu ganzen Weltregionen). Grundlage von kultureller Identität ist ein jeweiliges Minimum an (realer oder perzepierter) kultureller Gemeinsamkeit und Konsensfähigkeit, die (zumindest zeitweilig) Trennendes in den Hintergrund rücken läßt.

3. Die zweite und häufig dominierende Variable bildet das Maß (realer oder perzepierter) externer kultureller Bedrohung. Kulturelle Identität definiert sich also (wie jede Form kollektiver Identität) immer auch negativ an anderen kulturellen Wertorientierungen. Dieser Aspekt wird in der Regel wenig beachtet (oder, wie

Schlesinger es ausdrückt: "Doubtlessly it has been forgotten that any kind of collective identity means dividing up between 'friends' and 'foes'"; Schlesinger 1987: 54). Es ist jedoch erst der Grad der existierenden oder wahrgenommenen Bedrohung, der wesentlich die Art und das Ausmaß an Vereinheitlichung des jeweiligen soziokulturellen Bezugsfeldes bestimmt.

4. Das Moment der "Bedrohung" kultureller Identität ist häufig eng verknüpft mit der Ausprägung von Zentrum-Peripherie-Strukturen. Diese Strukturen können sich auf verschiedenen Ebenen abbilden und auch überlagern (etwa Region vs. Zentralstaat, Minderheit vs. Mehrheit u.a.m.). Auch hier entscheidet der Grad der realen oder wahrgenommenen Abhängigkeiten über die jeweilige Definition von kultureller Peripherie und kulturellem Zentrum.

5. Letztlich muß für die Entfaltung kultureller Identität ein Mindestmaß an sozialer und politischer Artikulations- und Durchsetzungsfähigkeit der jeweiligen gesellschaftlichen Formation vorausgesetzt werden. Fehlt diese, steht am Ende die zumeist vollständige Zerstörung oder Transformation des jeweiligen kulturellen Gefüges.

Kulturelle Identität muß so als eine aus gemeinsamer Geschichte und Tradition entstandene Vorstellung definiert werden, die von einer hinreichend großen Gruppe (in der Regel Nation, Volk oder Sprachgrupe) als Teil ihres kollektiven Zusammengehörigkeitsgefühles verstanden wird. Angesichts einer zunehmenden gruppen- und nationen-übergreifenden sozialen, medialen und ökonomischen Realität sind diese trennenden, negativ definierten Besonderheiten einem ständigen Erosionsprozeß ausgesetzt. Die Frage, inwieweit diese Auflösungstendenzen in dem hier diskutierten Zusammenhang von kultureller und (canadischer) nationaler Identität als kollektive Bedrohung wahrgenommen wird, hängt wesentlich vom Stand des "Nationen-Bildungs"-Prozesses ab. In Kapitel 1 ist darauf hingewiesen worden, daß dieser Prozeß in Canada selbst als nicht abgeschlossen angesehen wird. Die prominente Rolle, die das Moment der kulturellen Bedrohung dort bis heute in weiten Teilen des öffentlichen Bewußtseins einnimmt, wird nur vor dem Hintergrund der enormen internen und externen "nationen-hemmenden", desintegrativ wirkenden Faktoren erklärbar.

2.5. Medienkultur und Medienpolitik: Versuch einer Strukturierung

Fragt man nach möglichen Wirkungen elektronischer Massenmedien auf kulturelle Zusammenhänge in den "übergeordneten Sozialsystemen", bietet sich als sinnvolle Alternative an, Wirkungskanäle und Einflußfaktoren übergreifender darzustellen, sich von der Zentrierung auf den Identitätsbegriff zunächst einmal zu lösen und als normativen Bewertungsmaßstab kultureller Medienwirkung den Begriff der "kulturellen Vielfalt" mit hinzuzuziehen (zur Abgrenzung des Vielfaltsbegriffes vom Identitätsbegriff vgl. bes. Hoffmann-Riem 1985).

Auch in Canada haben sich heute im Grunde zwei konkurrierende Maßtäbe zur Bewertung von "funktionaler" und "dysfunktionaler" Medienwirkung herauskristallisiert: Neben der normativen Zielvorgabe der Förderung kultureller Identität (und damit einhergehend des nationalen Zusammenhaltes) tritt mit der Ausdifferenzierung der Gesellschaft, insbesondere durch den wachsenden "Multikulturalismus" (dessen Schutz seit 1982 Verfassungsrang genießt) die Zielorientierung einer möglichst umfassenden, ungehinderten und demokratischen Entwicklung unterschiedlichster Kulturen und Regionen deutlicher in den Vordergrund (zur Diskussion vgl. bes. Kirschbaum 1980: 32-42).

Als negativ müßten danach solche Medienwirkungen bewertet werden, die Kulturen normieren, Ausdrucksmöglichkeiten beschränken, gesellschaftliche Integration und Partizipation behindern oder individuelle Selektionsmöglichkeiten von Medieninhalten tendenziell eingrenzen (zum Problem der Selektionsvielfalt vgl. bes. Deutsch 1981). Ein Rundfunksystem, das in dieser Hinsicht auf "Vielfalt" ausgerichtet ist, muß, so Hoffmann-Riem,

> "... notwendig die kulturellen Werte berücksichtigen, die in der jeweiligen Gesellschaft anerkannt sind oder um Anerkennung ringen. Dabei wird sich auch zeigen, ob die entsprechende Gesellschaft über Traditionen, Wertvorstellungen, Selbstverständnisse sowie Ereignisse verfügt, die es ihr erlauben, eine eigene Identität herauszubilden (...). Die Abwandlung des Themas (Kulturelle Identität, d. Verf.) auf Kommunikationsvielfalt erlaubt es, sozialen und politischen Wandel einzufangen" (Hoffmann-Riem 1985: 183).

Um überprüfen zu können, ob Angebot und Struktur massenmedialer Systeme den kulturellen Zielwerten gerecht werden, muß das Zusammenwirken von Medien und Kultur modellhaft strukturiert werden. Einen solchen, allerdings nur auf die derzeitige europäische Situation gerichteten Versuch unternimmt erstmals Bakke (Bakke 1986: 132). Vor dem Hintergrund des eingangs dargestellten "Mehrfachcharakters von Medienkultur" (s.o.) skizziert sie ein Modell medienkultureller Aspekte und Wirkungskanäle , das sich in seiner Grundstruktur stark an möglichen kulturellen Auswirkungen neuer Medientechnologien orientiert.

Bakke berücksichtigt dabei, daß sich kulturelle Medienwirkungen nicht allein auf die Art der verbreiteten Inhalte beziehen lassen (*Content*-Ebene), sondern ebenso auf die jeweilige Verbreitungsform - also auf die Organisation, die Struktur, das Verbreitungsgebiet oder auf die technische Ausgestaltung der Kommunikationssysteme (*Network*-Ebene). Sie leitet daraus zwei grundlegende Fragestellungen ab - bezogen auf den Bereich Medieninhalte: "Worüber kommunizieren wir" (oder "worüber sollten wir kommunizieren") und gerichtet auf die Kommmunikationsformen: "Wie kommunizieren wir" (oder: "wie sollten wir kommunizieren") (Bakke 1986: 131). Als wesentlicher Einflußfaktor wird dabei die Medientechnologie angenommen. Deutlich wird an dieser Strukturierung, daß medienkulturelle Aspekte mindestens auf drei Wirkungsebenen untersucht werden müssen: Auf der Network-Ebene, der Content-Ebene und auf der sozial-strukturellen Ebene.

Für das hier diskutuierte breitere Problemfeld ist dieser Modellrahmen jedoch allzu eng gesteckt. "Neue Medientechnologien" sind zwar ein bedeutender medienkultureller Einflußfaktor, offensichtlich jedoch nur einer unter vielen. Auch vermitteln sich kulturelle, ökonomische, politische und soziale Interessen gesellschaftlicher Akteure nicht zwingend über den Sektor Medientechnik. Zum zweiten fehlen Kriterien, an denen vermutete kulturelle Wirkungen (die hier lediglich mit "changes" bezeichnet werden) gemessen werden könnten. Ein erweitertes (und ebenfalls stark vereinfachendes) Modell, das diese Aspekte miteinbezieht, soll das folgende Schaubild illustrieren:

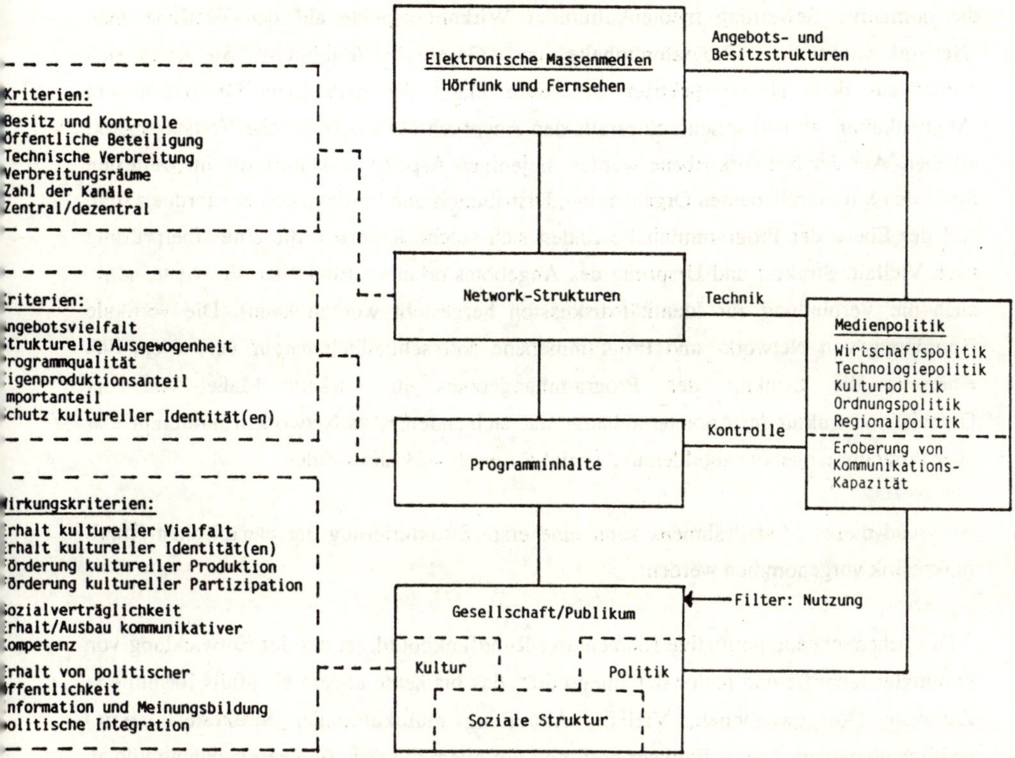

Medienpolitik wird hier als Summe (oder zum Teil auch als widersprüchliches Nebeneinander) verschiedener "Politiken" verstanden, etwa Technologiepolitik, Wirtschaftpolitik, Regionalstruktur- und Standortpolitik, Arbeitsmarktpolitik bis hin zur Kulturpolitik im engeren Sinne. Da jede dieser Politiken auf unterschiedliche Ziele gerichtet ist (etwa Ausbau technischer Infrastrukturen, medienindustrielle Konkurrenzfähigkeit, Schaffung und Erhalt von Arbeitsplätzen, medieninhaltliche Vielfalt u.a.m.) und sich verschiedener Wirkungskkanäle und Vermittlungsinstanzen bedient, werden in der Regel (und häufig unabhängig von der ursprünglichen Intention) begrenzte Teilbereiche des Politikfeldes Medien beeinflußt. Auch wenn ein solcher Begriff von Medienpolitik zunächst eher inkonsistent erscheint, kann er doch dazu dienen, kulturelle Konsequenzen politischer Teilentscheidungen jeweils genauer zu benennen.

Hinzugefügt wurden ebenfalls einige der wesentlichen Kriterien für die Bestimmung und die normative Bewertung medienkultureller Wirkungsaspekte auf den Einflußebenen "Network-Strukturen", "Programminhalte" und "Gesellschaft/Publikum". Sie leiten sich primär aus dem Themenspektrum und dem Stand der derzeitigen Diskussion um "Medienkultur" ab und sollen keinesfalls den Anspruch auf systematische Vollständigkeit erheben. Auf der Network-Ebene werden diejenigen Aspekte diskutiert, die im weitesten Sinne den Strukturelementen Organisation, Distribution und Partizipation zuzuordnen sind. Auf der Ebene der Programminhalte finden sich solche Kriterien, die eine Überprüfung nach Vielfalt, Struktur und Ursprung des Angebotes erlauben (und über die, wenn nötig, auch die Verbindung zur Identitätsdiskussion hergestellt werden kann). Die vertikale Anordnung von Network- und Programmebene soll schließlich darauf verweisen, daß einerseits die Struktur des Programmangebotes in starkem Maße von der Organisationstruktur der Anbieter abhängt, daß sich andererseits Networkstrukturen primär über Programmangebote abbilden und sozial-kulturell wirksam werden.

Aufgrund dieses Modellrahmens kann eine erste Strukturierung der canadischen Rundfunkpolitik vorgenommen werden:

* Das beherrschende normative Element der Rundfunkpolitik ist das der Entwicklung von kultureller Identität und nationaler Integretität, das bis heute andere ebenfalls formulierte Zielwerte (Ausgewogenheit, Vielfalt, Abbildung multikultureller Strukturen u.a.m.) deutlich überlagert. Dieses Element bestimmt vor allem die Rundfunkgesetzgebung und zu einem beträchtlichen Teil die historische und aktuelle medienpolitische Auseinandersetzung. Hier leitet sich auch die rechtliche Definition des canadischen Rundfunksystems als sog. *single system* ab, in dem öffentliche und kommerzielle Anbieter im Kern identischen Regulierungskriterien unterliegen.

* Zur Umsetzung der rundfunkpolitischen Zielvorgaben hat Canada seit den dreißiger Jahre unterschiedliche Formen der "Rundfunkregulierung" gewählt und sich damit für eine genuin US-amerikanische Variante der "Staatsintervention" entschieden. Das heißt, daß Rundfunk wie in den USA über Behörden und Kommissionen durch besondere Verordnungen und Bestimmungen ("Rules") reguliert wird (zum Begriff der Regulierung vgl. bes. Kleinsteuber 1982: 175-192). Diese Aufgabe liegt seit 1968 bei der *Canadian Radio-television and Telecommunications Commission* (CRTC).

* Über die Ausgestaltung und Anwendung dieser "Rules" hat die Rundfunkpolitik - legt man das obige Modell zugrunde - prinzipiell die Möglichkeit, auf drei Systemebenen auf

den Rundfunk einzuwirken: Auf der Network-Ebene, der Content-Ebene und auf der Publikumsebene. Dabei ist zu berücksichtigen, daß aufgrund der vertikalen Hierarchie Eingriffe auf verschiedenen Ebenen unterschiedlich wirksam sind:

1. Auf der Network-Ebene fallen - in der Regel über den ordnungspolitischen Vorgang der Vergabe von Sendelizenzen - die grundsätzlichen Entscheidungen über die Struktur des Gesamtsystems, die alle nachgeordneten Maßnahmen entscheidend bestimmen. Die westliche Rundfunkentwicklung hat bislang drei verschiedene Typen von Rundfunksystemen hervorgebracht: Den kommerziellen, profitorientierten und ausschließlich werbefinanzierten Rundfunk (in seiner reinsten Form in den USA verwirklicht); den Rundfunk als öffentliche Dienstleistung (*public service*) mit einer überwiegenden Finanzierung aus Gebühren oder staatlichen Zuwendungen (nach dem britischen Modell); sowie den Mischtypus des sog. dualen Rundfunksystems, in dem kommerzielle und öffentliche Anbieter um Zuschauer konkurrieren.

Für eine kulturorientierte Rundfunk-Regulierungspolitik ist dabei ausschlaggebend, daß sich öffentliche und kommerzielle Rundfunkanbieter grundlegend in ihrem Verständnis von Öffentlichkeit unterscheiden. Die konkreten Wirkungsweisen dieses unterschiedlichen Verständnisses im canadischen Kontext sind wesentliches Thema der vorliegenden Arbeit, so daß an dieser Stelle eine allgemeine Definition ausreichen soll:

> "Der öffentliche Rundfunk ist der Versuch, der Idee von Öffentlichkeit als einem Bestandteil des demokratischen Gemeinwesens in der Ära der elektronischen Kommunikation eine konkrete Form zu geben (...). In diesem Zusammenhang gerät der öffentliche Rundfunk als Verkörperung der öffentlichen Sphäre am stärksten in Konflikt mit jeder Form marktwirtschaftlich organisierten Rundfunksystems, da sich beide Systeme sehr grundsätzlich darin unterscheiden, wie sie ihr Publikum sehen und welche Vorstellungen über die sozialen Beziehungen zwischen Rundfunk und Publikum und zwischen den einzelnen Mitgliedern des Publikums ihr Handeln anleiten. Der Markt wendet sich vor allem an die Menschen als individuelle Konsumenten (...). Der öffentliche Rundfunk dagegen ist verpflichtet, seine Zuschauer und Zuhörer als rationale Bürger anzusprechen und ihnen diejenigen Informationen bereitzustellen, auf die allein eine öffentliche Diskussion aufgebaut werden kann" (Broadcasting Research Unit 1985. Zit. n. Schiller 1986: 663).

Duale Systeme sind dadurch gekennzeichnet, daß öffentliche und kommerzielle Anbieter nun einer direkten Konkurrenz im nationalen Rahmen ausgesetzt sind. Die Frage nach den kulturellen Auswirkungen dieser Konkurrenz hängt im wesentlichen davon ab, wie sich die beiden Elemente des dualen Rundfunksystems zueinander Verhalten. Vorstellbar ist zum einen eine verstärkte Konkurrenz um breit definierte Publikumsmehrheiten - mit der "sozial dysfunktionalen Wirkung (...), dem Kunden zu geben, was er will, selbst wenn es ihm schadet" (McQuail 1986: 635). Zum anderen eine stärker komplementäre Ausrichtung der Angebote, in der sich die werbefinanzierten kommerziellen Veranstalter auf die einschaltstarken (unterhaltenden) Elemente und die öffentlich Anbieter auf die einschaltschwächeren (informierenden) Programme konzentrieren.

Während in Westeuropa Erkenntnisse über die innere Dynamik und die sozio-kulturellen Wirkungen der relativ jungen "Dualisierung" noch kaum vorliegen können, verfügt Canada (neben Australien) über das älteste System dieses Typus weltweit. Mit der *Canadian Broadcasting Corporation* (CBC) existiert seit 1936 ein öffentlicher Rundfunkanbieter und damit ein "britisches Element" in einem amerikanisch-kommerziell geprägten Umfeld. Die vorliegende Arbeit analysiert die Wandlungsprozesse des canadischen Systems, die von einer sukzessiven Marginalisierung des öffentlichen Sektors gekennzeichnet sind und geht dabei von der These aus, daß dadurch der kultur- und identitätsorientierten Rundfunkpolitik der wichtigste Adressat verlorenzugehen droht.

2. Eingriffe auf der Content-Ebene können präjudizierende Entscheidungen auf der Network-Ebene nicht aufheben, sondern lediglich in Teilen korrigieren. Die immanente Tendenz kommerzieller, werbefinanzierter Programme, zugunsten von Massenattraktivität kulturelle und politische Minderheiteninteressen strukturell zu negieren (zum Kommerzialismusbegriff vgl. bes. McQuail 1986), wird auch durch Programmauflagen nicht prinzipiell außer Kraft gesetzt. Die canadische Rundfunkpolitik konzentriert sich stattdessen darauf, durchzusetzen, daß mindestens die Hälfte der ausgestrahlten Programme in Canada selbst produziert wird. Quotenregelungen, die sog. *Canadian Content Rules*, sind heute das wesentliche Instrument der Regulierungspolitik, über die im Kern drei verschiedene Politikziele erreicht werden sollen:

- Die "Canadisierung" der verbreiteten Medieninhalte, um der als kulturelle Bedrohung wahrgenommenen US-amerikanischen Mediendominanz entgegenzuwirken;

- die ökonomische Stärkung der einheimischen Produktion in Konkurrenz zu der (weltweit) dominierenden US-amerikanischen "Kulturindustrie";

- die Schaffung von Beschäftigungsmöglichkeiten für canadische "Kulturschaffende", um die stark verbreitete Abwanderung in die USA zumindest einzuschränken.

Auch auf diesem Sektor der Inhaltsquotierungen verfügt Canada über einzigartige - und überaus wechselvolle - Erfahrungen, die bislang in der aktuellen europäischen Quotendiskussion kaum zur Kenntnis genommen wurden. Die Analyse der Wirksamkeit der *Canadian Content Rules* (und vergleichbarer Bestimmungen für den Distributionssektor) steht im Mittelpunkt des zweiten Teils dieser Arbeit (Kap. 5-10).

3. Auf der Publikumsebene bestehen innerhalb einer demokratischen, auf Pluralismus gegründeten Gesellschaft die geringsten (und auch am wenigsten wünschenswerten) Möglichkeiten für regulierende Eingriffe. Maßnahmen auf den übergeordneten Ebenen, die System- und Angebotsstrukturen beeinflussen, haben letztlich nur geringe Wirkung auf das tatsächliche Rezeptionsverhalten. Hier gilt die Regel, daß in einer Angebotssituation, die (wie in Canada) von "Kanalvermehrung" und Publikumsfragmentierung gekennzeichnet ist (s. Kap. 8-10), die individuelle Nutzung als ein immer stärkerer Filter für die Wirksamkeit regulierender Eingriffe gelten muß.

Andererseits bieten sich auf dieser Ebene Möglichkeiten, gesellschaftliche Partizipationschancen im Rundfunk gezielt zu fördern und durch Bürgerbeteiligung auch - zumindest in Nischen des Systems - Teile der Network- und Angebotsstrukturen zu verändern. Canada verfügt auch auf diesem Sektor der sog. *Community Media* über reichhaltige Erfahrungen. Insbesondere im Radisoektor, aber auch im Kabelfernsehen, erfüllen *Community Radios* und *Community Channels* vor allem die Funktion, häufig sehr spezifische und regional definierte kulturpolitische Defizite der Rundfunkpolitik auszugleichen. Ethnische und sprachliche Minderheiten, die die anglocanadische Dominanz als eine ebenso starke Bedrohung empfinden wie den US-Einfluß, nutzen heute verstärkt "Bürgermedien" zur Artikulation ihrer kulturellen und sozialen Interessen (s. Kap. 5 u. 8).

Auf diesen vertikal strukturierten Regulierungsprozeß wirken auf der horizontalen Ebene die unterschiedlichsten Faktoren ein, die sich häufig nicht nur aus Problemen der Medienpolitik ableiten, sondern als Widerspiegelung politisch-sozialer Grundkonflikte der canadischen Gesellschaft (auch) auf die Medienpolitik Einfluß nehmen. Dahinter stehen in der Regel sehr reale Interessengegensätze der verschiedensten politischen und gesellschaftlichen Akteure. Die bedeutendsten dieser "Gegensatzpaare" sollen hier noch einmal kurz benannt werden:

<u>* Nationalismus vs. Kontinentalismus:</u> Dieses Gegensatzpaar beschreibt den zweifellos wichtigsten Konflikt in der politischen Kultur des anglophonen Canada. Die Frage, ob sich das Land als eigenständige Nation definieren und entwickeln soll oder als Teil des

(nordamerikanisch geprägten) Kontinents begreift, berührt den Kern der Legitimation jeglicher auf nationale und kulturelle Identität orientierten Medienpolitik. Die wechselnde Wirkungsintensität der einen oder der anderen Grundströmung hat maßgblich die unterschiedliche Konsequenz bestimmt, mit der in verschiedenen Phasen der Rundfunkentwicklung eine an kulturellen Vorgaben orientierte Medienpolitik betrieben wurde.

* Zentralismus vs. Regionalismus: Der "Gründungskonflikt" Canadas über die reale Ausgestaltung des föderalen Systems beherrscht nach wie vor große Tiele der medienpolitischen Diskussion. Er reicht vom wiederholten Anspruch der Provinzen auf größere (oder gar ausschließliche) medienpolitische Richtlinienkompetenz bis hin zum ständigen Vorwurf, die Medienlandschaft (insbesondere die CBC) spiegele mit ihrer Fixierung auf das canadische Zentrum im Osten die politischen und kulturellen Realitäten des Landes nur unzureichend wider.

* Anglocanadische vs. frankocanadische Kultur: Der Anspruch der Frankokanadier auf die Anerkennung ihres "distinktiven" Status'innerhalb Canadas hat sehr weitreichende Konsequenzen für die Medienpolitik. Frankocanadische Konzepte der Instrumentaliesierung von Hörfunk und Fernsehen für den Schutz der eigenen Kultur stehen national-integrativen Rundfunkkonzepten diametral entgegen.

Neben diesen genuin canadischen Interessengegensätzen finden sich auch all jene Konflikte wieder, die für die aktuelle Medienentwicklung westlicher Industrieländer heute kennzeichnend sind. Sie werden in den sich herausbildenden dualen Rundfunksystemen zunehmend von der prinzipiellen Frage überlagert, ob Medienpolitik primär ökonomischen oder sozio-kulturellen Interessen dienen soll. Das Beispiel Canada zeigt, wie unter extremen Konkurrenzbedingungen versucht wird, Elemente einer kulturorientierten Medienpolitik zu formulieren und - begleitet von wenigen Erfolgen und vielen Mißerfolgen - innerhalb des Rundfunksystems zu verankern.

3. Die Etablierung des dualen Rundfunksystems und seine Regulierung, 1919 bis 1968

3.1. Einführung

Dieses Kapitel zur Rundfunkgeschichte Canadas analysiert die Entstehungsbedingungen des Rundfunksystems und seine Regulierung von den Anfängen in den zwanziger Jahren bis zur Verabschiedung des geltenden Rundfunkgesetzes und der Gründung der *Canadian Radio-television and Telecommunications Commission* im Jahre 1968. Historische Bezüge spielen in der innercanadischen fachwissenschaftlichen und rundfunkpolitischen Diskussion bis heute eine überaus wichtige Rolle, da sich innerhalb der ersten knapp fünfzig Jahre die zentralen Strukturelemente des Rundfunkssystems herausgebildet haben:

* Die Etablierung und schließliche Dominanz des kommerziellen Rundfunks (zunächst Radio, später Fernsehen);

* die Gründung des öffentlichen Rundfunks (zunächst CRBC, später CBC) mit einem geographisch wie politisch definierten nationalen Programmauftrag;

* die dominierende Rolle der Bundesregierung als zentraler rundfunkpolitischer Akteur (Gesetzgebung, Finanzierung und Kontrolle des öffentlichen Rundfunks) gegenüber den Provinzen;

* die Einrichtung der ersten unabhängigen (daß heißt außerhalb der Regierung angesiedelten) Regulierungsinstanz;

* erste Ansätze einer *Canadian-Content*-Politik in den zwanziger und fünfziger Jahre zur Eindämmung des von Beginn an starken Einflusses US-amerikanischer Rundfunkprogramme - sei es durch den *Spillover* von Rundfunksignalen oder die Programmübernahme durch canadische Anbieter.

Die Darstellung orientiert sich an den wichtigsten rundfunkpolitischen Ereignissen und Entscheidungen und folgt in ihrer Untergliederung den einschneidenden Veränderungen auf der Network- und Regulierungsebene des Rundfunksystems:

1. Die Entwicklung des Radios bis zur Verabschiedung des ersten umfassenden Rundfunkgesetzes und der Gründung der *Canadian Broadcasting Corporation* (CBC) im Jahr 1936.

2. Die schrittweise Etablierung des dualen Systems und die zentrale Rolle des öffentlichen Rundfunks für die nationale Rundfunkversorgung. Diese Etappe endet mit der Einführung des Fernsehens 1951.

3. Die schließliche Durchsetzung des kommerziellen Sektors über das Medium Fernsehen und die Politik des *Board of Broadcast Governors* (BBG) auf der Network- und Programmebene bis zu seiner Auflösung 1968.

Im Mittelpunkt stehen dabei Politik und Interessengegensätze wechselnder medienpolitischer Institutionen und Akteuere, vor allem der Bundesregierung, der kommerziellen Anbieter und ihrer Interessenverbände, nationalistischer Lobbyorganisationen, des öffentlichen Rundfunks, rundfunkpolitischer Untersuchungskommissionen sowie der ersten Regulierungsbehörde BBG.

Zur Rundfunkgeschichte Canadas existieren bis heute nur sehr wenige Gesamtdarstellungen auschließlich canadischer Autoren. Als Standardwerk gilt die zweibändige Analyse der Rundfunkpolitik von Frank W. Peers, die sich sowohl der Entwicklung des Radios (Peers 1969) als auch der Frühzeit des Fernsehens widmet (Peers 1979b). Peers nimmt dabei als ehemaliges Mitglied des *Board of Directors* der CBC weitgehend die Positionen des öffentlichen Rundfunks ein. Eine zweite, ältere Darstellung, die sich ganz auf den Etablierungsprozeß und die Politik der CBC konzentriert, hat E. Austin Weir vorgelegt (Weir 1965). Weirs Arbeit beruht auf Erfahrungen, die er als Programmdirektor des ersten öffentlichen Radio-Networks in den zwanziger Jahren (CNR-Radio), in gleicher Position beim CBC-Vorläufer *Canadian Radio Broadcasting Commission* (CRBC) und bis Mitte der fünfziger Jahre als *Commercial Manager* der CBC sammeln konnte.

Einen weiteren, sehr viel knapperen Überblick bietet David Ellis in einer Auftragsarbeit des Kommunikationsministeriums *Department of Communications* (DOC), die bei inhaltlicher Anlehnung an Peers und Weir auf eine kritische Reflexion der Rolle staatlicher Instanzen bei der Durchsetzung des öffentlichen Rundfunks gerichtet ist (Ellis 1979). Die CBC selbst hat eine kurze Darstellung ihrer eigenen Geschichte vorgelegt (CBC 1975). Aus der Sicht der kommerziellen Anbieter hat T. James Allard, ehemaliger Präsident der

Canadian Association of Broadcasters (CAB), die Jahre zwischen 1918 und 1958 aufgearbeitet (Allard 1979).

Diese Arbeiten bilden das Gerüst für die Rekonstruktion der Ereignisabläufe. Im Mittelpunkt der Darstellung steht jedoch die Analyse von Originaldokumenten, insbesondere von Rundfunkgesetzen und Rundfunkrichtlinien, zu deren Bewertung jüngere und zeitgenössische Quellen und Einschätzungen herangezogen werden. Die Berichte und Empfehlungen rundfunk- und kulturpolitischer Untersuchungskommissionen, die häufig wesentliche Umschwünge in der Rundfunkpolitik eingeleitet haben (insbes. Aird Report 1929, Massey Report 1951, Fowler Report 1957, Fowler Report 1965) werden ebenfalls ausgewertet.

3.2. Rundfunk nach amerikanischem oder britischem Muster: Die Herausbildung des Public-Service-Gedankens, 1919 bis 1936

3.2.1. Kommerzielles Radio und erste Ansätze einer Rundfunkregulierung

Die Lizenzierung der ersten Radiostationen, die sich mit ihren Programmen an die allgemeine Öffentlichkeit richteten, erfolgte in Canada und in den USA nahezu gleichzeitig. In Canada erhielt der Sender XWA in Montréal im Jahre 1919 eine Sendelizenz (später CFCF) und nahm im Mai 1920 seinen Programmbetrieb auf (Verlesen wurde ein Beitrag der *Royal Society of Canada* zu Canadas Beteiligung am Ersten Weltkrieg). Die erste US-Station, KDKA in Pittsburgh, ging nur wenig später, im November 1920, auf Sendung (mit einem Bericht über die Ergebnisse der Präsidentschaftswahlen). Nicht nur die Programmstruktur beider Sender war so gut wie identisch - man übertrug Nachrichten, Wettermeldungen und Schallplattenmusik - auch die Besitzverhältnisse offenbarten ähnliche Intentionen. XWA und KDKA gehörten den führenden Herstellern von Radiogeräten (*Westinghouse* in Pittsburgh und *Canadian Marconi Company* in Montréal), die vor allem den Absatz von Empfangsgeräten fördern wollten.

Für die Erteilung von Rundfunklizenzen war das Marine- und Fischereiministerium zuständig - eine Rollenzuweisung als rundfunkpolitischer Akteur, die sich aus den spezifisch canadischen Anforderungen an die frühe Nutzung von Radiosignalen erklärt. Radio diente ursprünglich als Medium zur drahtlosen Überbrückung von Lücken im Telegraphensystem, dessen Ausbau besonders in abgelegenen und dünnbesiedelten Regionen mit großen Schwierigkeiten verbunden war. Um die Jahrhundertwende entstand in Kooperation zwischen der Bundesregierung und der *Canadian Marconi Company* die erste Kette von Radiosendern am Nordufer des Sankt-Lorenz-Stroms zur drahtlosen Übermittlung von Informationen für die Schiffahrt.

Schon diese ersten Sendestationen erfüllten mehrere Aufgaben: Ihr Programm bestand einerseits aus klassischen Seefahrtsmeldungen (Wetter, See- und Eisgang etc.), es enthielt anderseits aber auch schon Nachrichten über Finanzmärkte, Polizeiaktivitäten, Kriegsberichte und allgemeinpolitische Informationen. Dieses Angebot richtete sich gezielt an die Besatzungen und Passagiere von Schiffen aus Übersee, die auf der Atlantikroute Canada anliefen. Mit der Fertigstellung des Sendernetzes war Canada in der Lage, Überseeschiffe nach einer Atlantküberquerung volle zwei Tage früher wieder mit Informationen zu versorgen, als das beispielsweise in Boston oder New York der Fall gewesen wäre - ein wohlkalkulierter Standortvorteil, der die Entscheidung der Reeder für einen canadischen Nordamerika-Hafen beeinflussen und das Prestige des Landes als Handelsnation fördern sollte (Bird 1988: 3).

Das erste canadische Rundfunkgesetz überhaupt, der nur sechs Paragraphen umfassende *Wireless Telegraphy Act* von 1905, übertrug so durchaus folgerichtig die staatliche Radioaufsicht dem *Department of Marine and Fisheries* in Ottawa. Dieses hatte lediglich darauf zu achten, daß sich die Frequenzen der Stationen nicht überschnitten. Weitere Auflagen wurden nicht definiert, sie lagen allein in der Entscheidung des zuständigen Ministers (The Wireless Telegraphy Act 1905). Mit Ausnahme des Ersten Weltkrieges, in dem die Radioaufsicht direkt der Kriegsmarine unterstellt war, blieb das Marine- und Fischereiministerium noch bis 1932 die für Rundfunkfragen zuständige Regierungsinstanz.

Diese Entstehungsbedingungen des Rundfunks in Canada erklären nicht nur die starke Position der *Canadian Marconi Company* und anderer Gerätehersteller beim frühen Betrieb von Radiosendern, sie kennzeichnen ebenfalls das Aufsichtsverständnis des Ministeriums, das seine auf rein technische Fragen gerichtete Lizenzpolitik auch auf den neu entstehenden kommerziellen Radiosektor übertrug. Das Ministerium formulierte seine rundfunkpolitische Grundhaltung in einem Bericht, der 1923 von einer britischen Regierungskommission (Sykes Committee) angefordert worden war:

> "Practically no restrictions have been placed in the way of issue of licences, and while it might at first sight seem uneconomical to allow more than one station in any one area, since only one or, at most, two can work at the same time, nevertheless this policy has the advantage that the friendly competition between stations in regard to quality of transmission and quality of programmes has done much to develop the art, and has unquestionable functioned to the benefit of the broadcast listener" (Sykes Committee 1923. Zit.n.: Peers 1969: 17).

Dieser Bericht ist gleichzeitig ein frühes Beispiel canadischer "Rundfunkrhetorik", die, wie noch zu zeigen sein wird, die Rundfunkpolitik bis heute begleitet und selten identisch ist mit einer realistischen Situationsbeschreibung oder dem tatsächlichen Charakter getroffener Maßnahmen. Von "freundlichem Wettbewerb" zum Vorteil des Publikums konnte in den ersten Rundfunkjahren kaum die Rede sein: Sehr früh hatten die Radioveranstalter ihr kommerzielles Interesse nicht mehr nur auf den Absatz von Geräten konzentriert, sondern auch auf den Verkauf von Sendezeit - auf Rundfunkwerbung also. Die erste staatliche Rundfunkrichtlinie überhaupt, die allgemeinen Lizenzbedingungen des *Department of Marine and Fisheries* von 1923, hatten allerdings noch eine klare Absage an die kommerzielle Verwertung von Radioprogrammen enthalten. Dort hieß es unter Punkt 4:

> "No tolls, fees or other consideration shall be received, levied or collected by the licensee on account of any service performed by the licensed station" (Dept. of Marine and Fisheries 1923).

Doch bereits ein Jahr später wurde das Werbeverbot auf Druck der Veranstalter wieder aufgehoben. In einem Formschreiben des Ministeriums von 1924 - einer Standardantwort auf entsprechende Anträge - hieß es bezüglich des "Mietens von Radiostationen zu Werbezwecken", daß dieses nun einer schriftlichen Genehmigung bedürfe. Gleichzeitig enthielt es die erste Definition der bis heute üblichen Formen direkter und indirekter Werbung: Die Ausstrahlung von Werbespots (*direct advertising*) war nur während der Abendstunden zwischen 18.30 Uhr und 23.00 Uhr untersagt, Beschränkungen für Sponsorwerbung (*indirect advertising*, d.h. Nennung eines Programmsponsoren vor, während und nach der finanzierten Sendung) waren ausdrücklich nicht vorgesehen. Weitere Bestimmungen, etwa Trennung von Programm und Werbung oder die Festlegung der täglichen Gesamtwerbezeit, enthielt das Schreiben nicht (Dept. of Marine and Fisheries 1924). Damit war auch in Canada der Weg frei für kommerziellen Rundfunk nach US-amerikanischem Vorbild.

Was in dem Bericht an das *Sykes Committee* mit "Lizenzierung mehrerer Stationen in einem Sendegebiet" umschrieben wird, deutet auf ein zweites, nicht weniger wichtiges Strukturmerkmal der Rundfunkentwicklung hin: Kommerzielles Radio war von Beginn an dort am lukrativsten, wo mit geringer technischer Reichweite ein größtmögliches Publikum erreicht werden konnte. Die logische Folge war eine frühe Ballung von Radiosendern in den Großstädten des Südens, während die ländlichen Gebiete überhaupt nicht versorgt wurden.

Die Landbevölkerung, die schätzungsweise zur Mitte der zwanziger Jahre immerhin über knapp die Hälfte aller in Canada verkauften Radioempfänger verfügte, deckte ihren Programmbedarf so ausschließlich bei US-amerikanischen Stationen. Deren Zahl war nicht nur von Beginn an ungleich größer (1923: 556 US-Stationen gegenüber 34 canadischen) - aufgrund höherer Sendeleistung konnten die US-Programme in nahezu allen Südregionen Canadas direkt em-pfangen werden. Das Problem des *Spillover* US-amerikanischer Rundfunksignale, begünstigt durch die Unterversorgung großer Bevölkerungsteile mit canadischen Programmen, nimmt so bereits in den Gründerjahren des (kommerziellen) Rundfunks seinen Anfang. "From the beginning", so Peers, "Canadians listened to American stations more than to their own" (Peers 1969: 20).

Welche dominierende Rolle der US-amerikanische Rundfunk in diesen Jahren einnahm, wird auch an der frühen Entwicklung amerikanischer Hochleistungs-Sender deutlich. Eine sogenannte *Superstation*, mit der vor der Network-Bildung maximale technische Reichweiten erzielt werden sollten, war etwa von Salt Lake City, Utah, aus in der Lage, das Signal einer canadischen Station in Calgary, Alberta, vollständig zu überlagern (Starowicz 1985/b: 27). Die Bedeutung von US-*Superstations* für die innercanadische Kommunikation illustriert ein eher kurioses Beispiel: Selbst eine urcanadische Institution wie die *Royal Canadian Mounted Police* ("Mounties") war zum Aufbau einer technischen Kommunikations-Infrastruktur auf US-Sender angewiesen. In entlegenen Nordregionen erhielten die "Mounties" ihre täglichen Einsatzinformationen über die *Superstation* KDKA in Pittsburgh, da kein Sender in Canada über deren technische Reichweite verfügte (Thompson/Seager 1985: 185).

Der Druck aus den USA auf die canadische Radioentwicklung verstärkte sich zunehmend mit der dortigen Network-Integration vormals unabhängiger privater Sender. 1926 errichtete die *Radio Corporation of America* (RCA), ein Konsortium der Elektro- und Telephonkonzerne *Westinghouse, General Electric* und *AT&T*, mit der *National Broadcasting Company* (NBC) das erste kommerzielle Radio-Network der USA, gefolgt 1927 vom *Columbia*

Broadcasting System (CBS) und später der *American Broadcasting Company* (ABC). Die Networks sahen in Canada einen quasi natürlichen Bestandteil ihres Wirkungsgebietes - nicht nur durch den *Spillover* von Radiosignalen (und damit der Verbreitung US-amerikanischer Werbespots), sondern auch durch die formale Network-Einbindung canadischer Sender. Bis 1932 waren die fünf wichtigsten canadischen Stationen in Toronto, Montréal und Windsor den US-Networks NBC oder CBS direkt angeschlossen (ein Vorgang übrigens, der sich in den fünfziger Jahren bei der Entwicklung des Kabelfernsehens in Canada wiederholen sollte).

Das hieß, daß neben das direkte Einstrahlen nun auch die Übernahme US-amerikanischer Sendungen der Network-Gesellschaften durch die angeschlossenen canadischen Stationen trat. Ein typischer 16-stündiger Sendetag des Jahres 1931 der damals führenden canadischen Station CFCF Montréal (hervorgegangen aus Marconis XWA) wurde zu insgesamt fünf Stunden mit NBC-Übernahmen bestritten - vorwiegend Orchestermusik, die CFCF selbst nicht selbst produzierte, und konzentriert auf die morgendliche und abendliche *prime time* (CFCF Program Schedule, Feb. 16, 1931). Bereits Ende der zwanziger Jahre stammten so bereits rund 80 Prozent der in Canada rezipierten Radioprogramme aus den USA (Prang 1965: 4).

Durch die Einbindung der wirtschaftlich stärksten Stationen in die US-Networks fehlte in Canada auch ein wesentlicher Impuls zur Herausbildung eigener kommerzieller Networks (sie sollten sich erst in den sechziger Jahren mit der Entwicklung des privatwirtschaftlichen Fernsehens etablieren). Stattdessen gingen die ersten Initiativen dieser Art von einer öffentlichen Institution aus, der Eisenbahngesellschaft *Canadian National Railways* (CNR). Sie hatte bereits 1923 begonnen, ihre Züge mit Radioempfängern auszustatten. Von Montréal aus hielt sie so nicht nur Kontakt zum Zugpersonal, sondern strahlte gleichzeitig Unterhaltungssendungen für die Passagiere aus. Ein Jahr später waren die CNR-eigenen Stationen in Montréal und Ottawa per Drahtfunk zusammengeschaltet. Um den Plan eines transcanadischen Networks bis Vancouver verwirklichen zu können, war CNR allerdings auf US-amerikanische Unterstützung angewiesen, da die Verbindung zur Westküste nur über das ausgebaute amerikanische Telephonnetz zwischen Detroit und Seattle hergestellt werden konnte. 1927 wurden die CNR-Stationen ein letztes Mal zusammengeschaltet, bevor sie ihren Betrieb aus Kostengründen endgültig einstellten. Anlaß dieses letzten nationalen CNR-Programms war die landesweite Übertragung der Feierlichkeiten zum sechzigsten Gründungstag des *Dominion of Canada*. Organisator dieses ersten, genuin canadischen nationalen Medienereignisses war ein junger Journalist names

Graham Spry, der in den medienpolitischen Auseinandersetzungen der dreißiger Jahre eine Schlüsselrolle einnehmen sollte (s.u.)

Das CNR-Experiment hatte eines deutlich gezeigt: Eine annähernd landesweite Rundfunkversorgung (und die Ausstrahlung canadischer Programme) war nur durch den Einsatz öffentlicher Einrichtungen denkbar, nicht jedoch unter rein kommerziellen Bedingungen. Das kurzlebige CNR-Network stärkte die Position derjenigen, die sich für die Errichtung eines öffentlich kontrollierten Rundfunks nach Vorbild der *British Broadcasting Corporation* (BBC) aussprachen.

Die BBC, 1922 zunächst ebenfalls von Geräteherstellern als *British Broadcasting Company* gegründet, wurde 1927 vollständig entprivatisiert und mit dem Status einer nichtkommerziellen, gebührenfinanzierten "public corporation" versehen. Zu den Befürwortern des britischen Modells gehörte neben dem liberalen Premierminister Mackenzie King selbst auch der zuständige Marineminister Cardin, der dem *House of Commons* 1928 mitteilte, die Regierung erwäge, "whether or not it would be generally advantageous to adopt a policy of national broadcasting along the lines adopted in this respect by the British Government" (zit.n. Ellis 1979: 2-3).

3.2.2. Die Empfehlungen der Aird-Commission für einen öffentlichen Rundfunk

1928 berief das Kabinett auf Vorschlag Cardins die erste von zahlreichen rundfunkpolitischen Untersuchungskommissionen, die *Royal Commission on Radio Broadcasting* (Aird Commission), die Empfehlungen für die zukünftige Struktur des canadischen Rundfunksystems erarbeiten sollte. Der Anlaß war eher nebensächlich: Kirchenvertreter hatten vehement gegen die Programme von vier Radiosendern der "Zeugen Jehovas" protestiert, die sie als "unpratiotisch" und "beleidigend" bezeichneten (Bird 1988: 37). Allerdings ist dieser Vorfall auch symptomatisch für die Aufsichtspraxis des Marineministeriums in den zwanziger Jahren: Die auf technische Frequenzfragen reduzierte Lizenzierungspolitik mag zwar ein technisches Chaos im Äther verhindert haben, dagegen hat sie ein deutliches Chaos in den Programmen und in der Veranstalterstruktur produziert. Jeder solvente Interessent erhielt offenbar - soweit sich das heute rekonstruieren läßt - eine Rundfunklizenz: Gerätehersteller, Radiohändler, Einzelhandelsgeschäfte, Zeitungen, Kirchen, Sekten und Weizenmakler (Report from the Minister of Marine and Fisheries 1929). Die allgemeinen Lizenzbestimmungen von 1923 enthielten zwar eine Vorschrift, nach der den Beauftragten des Ministeriums über die Programmgestaltung Rechenschaft abzulegen sei - bis hin zur genauen Angabe der Wochentage und der Uhrzeit, zu der eine Untersuchung stattfinden durfte - inhaltliche Programmanforderungen als verbindlicher Bewertungsmaßstab fehlten dagegen völlig (Dept. of Marine and Fisheries 1923: § 12). Es ist sicher nicht übertrieben festzustellen, daß die überforderten Beamten der Rundfunkabteilung des Marineministeriums zu diesem Zeitpunkt den Überblick über das canadische Rundfunksystem weitgehend verloren hatten.

Die Kriterien für die Zusammensetzung der *Aird Commission* entsprachen damals bereits weitgehend denen, die auch an spätere Rundfunkkommissionen angelegt werden sollten: Parteipolitischer Proporz (wobei der Vorsitzende einer der Oppositionsparteien zuzurechnen ist), allgemeinpolitische Kompetenz und technischer Sachverstand, sowie die Berücksichtigung der Regionen, zumindest jedoch der anglophonen und frankophonen Bevölkerungsteile (Bird 1988: 30).

Mit dem Vorsitzenden John Aird, Präsident der *Canadian Bank of Commerce* und Charles Bowman, Herausgeber der Zeitung *Ottawa Citizen*, gehörten der *Aird Commission* zwei führende Vertreter der Privatwirtschaft an. Während Aird als Konservativer die damalige Opposition repräsentierte, zählte Bowman zu den engen Vertrauten des liberalen Premierministers und galt als entschiedener Befürworter eines öffentlichen Rundfunks (Peers 1983: 138). Drittes Mitglied war Augustin Frigon, Direktor der *Ecole Polytechnique de Montréal*, der nicht nur den technischen Sachverstand einbringen, sondern auch die Interessen der Frankokanadier vertreten sollte. Aird, Bowman und Frigon waren jedoch auch typische Vertreter des großstädtischen canadischen Zentrums - sie stammten aus Toronto, Ottawa und Montréal.

Die *Aird Commission* legte ihren gerade neun Seiten umfassenden Bericht Ende 1929 vor, nachdem sie in Europa (besonders in Großbritannien) und auch in den USA die dortigen Rundfunksysteme studiert hatte. Wie wenig im übrigen in den USA über die Bedeutung des wachsenden (Rundfunk)-Nationalismus in Canada reflektiert wurde, verdeutlicht ein Vorschlag, der der Kommission dort unterbreitet worden war: Vertreter der US-Networks hatten angeregt, die großen kommerziellen canadischen Stationen vollständig aufzukaufen und unter eigener Regie ein canadisches Radio-Network mit Sitz in New York aufzubauen (Spry 1971: 32-33).

Die *Aird Commission* sprach sich schließlich für die radikalste aller denkbaren Lösungen aus: Sämtliche kommerziellen Radiostationen sollten entprivatisiert und unter öffentliche

Kontrolle gestellt werden, um erstmals eine nationale Rundfunkversorgung sicherstellen zu können:

> "We are impelled to the conclusion that these interests (of the listening public and of the nation) can be adequately served only by some form of public ownership, operation and control behind which is the national power and prestige of the whole public of the Dominion of Canada" (Aird Report 1929: 4).

Im einzelnen empfahl die *Aird Commission* die Einrichtung einer der BBC ähnlichen *Crown Corporation*, die als *Canadian Radio Broadcasting Company* über ein landesweites Sendernetz verfügen und die existierenden privaten Schlüsselstationen übernehmen sollte. Alle übrigen kommerziellen Sender sollten schrittweise geschlossen werden. Bemerkenswert ist (neben der eindeutigen Absage an privatwirtschaftlich betriebenen Rundfunk) die starke Stellung, die für die Provinzen innerhalb der CRBC vorgesehen war: acht der zwölf Mitglieder des Leitungsgremiums sollten die Provinzen repräsentieren, jede Provinz sollte ein *Provincial Advisory Council on Radio Broadcasting* einrichten und gleichzeitig für die in ihrem Gebiet ausgestrahlten Programme juristisch verantwortlich sein. Gedacht war an ein Network-Modell, in dem selbstständige Stationen Programme untereinander austauschen und von einer Zentrale mit Sendungen von "nationalem Interesse" versorgt werden sollten (Aird Report 1929: Recommendations).

Für die *Aird Commission* war also eine nationale Lösung des Rundfunkproblems Canadas nicht gleichbedeutend mit der Errichtung zentralistischer Strukturen - eine Tatsache, die angesichts späterer stark zentralistischer öffentlicher Rundfunkmodelle kaum überbewertet werden kann.

Als Finanzierungsmodell schlug die Kommission ein gemischtes System aus Rundfunkgebühren, staatlichen Zuschüssen und Einkünften aus Sponsorwerbung (*indirect advertising*) vor, das etwa zu einem Viertel die anfallenden Ausgaben zu decken hätte. In diesem wesentlichen Punkt der teilweisen Werbefinanzierung wich die *Aird Commission* deutlich vom britischen Vorbild ab, da die BBC damals ausschließlich von Rundfunkgebühren getragen wurde. Diese Form der Finanzierung war in der Kommission nicht unumstritten. Frigon hatte sich gegen dieses Modell mit der Begründung ausgesprochen: "... you cannot mix up the interests of the man who wants to make money out of the equipment and the man who wants to render service to his country" (zit.n.: Weir 1965: 111).

3.2.3. Vom Aird Report zum ersten Rundfunkgesetz 1932 - Die Kampagne des "Nationalist Network"

Festzuhalten bleibt, daß es die Kernempfehlung der *Aird Commission* nach einer Nationalisierung und damit nach völliger Abschaffung des rein kommerziellen Rundfunks war, die die öffentliche Diskussion in den kommenden Jahren in einer Weise intensivieren und polarisieren sollte, wie es Canada seitdem nicht mehr erlebt hat. Vor allem die 1930 gegründete *Canadian Radio League* (CRL) übte immensen Druck auf die neue, seit demselben Jahr amtierende konservative Regierung Bennett aus, die Airds Nationalisierungspläne zunächst nicht weiter verfolgte. Der CRL gelang es binnen kürzester Zeit, eine große Zahl bedeutender Interessengruppen hinter sich zu bringen, die ein öffentliches Rundfunkmodell favorisierten: Gewerkschaften, Frauenorganisationen, Farmer- und Hochschullehrerverbände und die große Mehrheit derjenigen Zeitungsverlage, die über keine eigenen Rundfunkstationen verfügten. Über John Aird reichte der Einfluß der CRL bis in höchste Bankenkreise. Weitere Unterstützung kam von der anglikanischen und der katholischen Kirche und von führenden Repräsentanten der nun oppositionellen *Liberal Party* (Spry 1971).

Die intensive Lobbyarbeit der CRL und vor allem ihre Resonanz in großen Teilen der canadischen Bevölkerung läßt sich nur vor dem Hintergrund des einschneidenden Wandels begreifen, der die canadische politische Kultur in den zwanziger Jahren kennzeichnete. Der Erste Weltkrieg markierte den Wendepunkt im anglocanadischen Selbstverständnis, das die nationale und kulturelle Entwicklung des Dominions bis dahin als quasi naturwüchsige "extension of British society" verstand (Painchaud 1979: 131). Die Erfahrung, daß die eingeschränkte nationale Souveränität in Fragen der Außen- und Verteidigungspolitik (die erst 1931 mit dem *Statute of Westminster* aufgehoben wurde) letztlich bedeutete, nicht selbstständig über Krieg oder Frieden entscheiden zu können, hat diesen Wandel entscheidend mit herbeigeführt. Die canadische Kriegsteilnahme an der Seite Großbritanniens wurde in weiten Teilen der Öffentlichkeit als Eingeständnis begriffen, daß eine eigenständige nationalstaatliche Entwicklung im Rahmen des britischen Empires nicht möglich war:

> "World War I was a turning point in the emergence of a distinctive Canadian self-image. The realization that the country could not find its identity solely within an imperial framework, that it possessed elements which necessitated that it develops an awareness of itself outside this framework, called for the elaboration of a new image coinciding with new realities" (Painchaud 1979: 133).

Der Nationalismus, der sich negativ ebenso an britisch-imperialen Konzepten wie an der sich abzeichnenden kulturellen Dominanz der USA definierte, entwickelte sich in den zwanziger und dreißiger Jahren zur herrschenden ideologischen Grundströmung besonders unter anglocanadischen Intellektuellen. Er fand seinen kulturellen Ausdruck nicht nur in der Litertur, die sich jetzt verstärkt canadischen Themen und Sujets zuwandte (Woodcock 1985: 2-3), sondern auch in der Gründung oder Wiederbelebung zahlloser Debattierclubs, Verbände und akademischen Vereinigungen sowie in der Etablierung eigener Periodika wie *Canadian Nation* oder *Canadian Forum*, die politische und kulturelle Themen aus spezifisch canadischer Sicht behandelten. Bis zum Ende der zwanziger Jahre hatte sich in Canada ein zwar informelles, jedoch hocheffektives "Nationalist Network" (Vipond 1980) aus national gesinnten Künstlern, Geschäftsleuten und Intellektuellen etabliert. Seinen Kern bildeten die bereits 1892 gegründeten (und bis heute aktiven) *Canadian Clubs*, deren Zahl sich während dieser Dekade von 53 auf 115 mehr als verdoppelte und die um 1930 rund 40.000 Mitglieder zählten (Vipond 1980: 39).

Die Gründung der CRL im Jahr 1930 war eine direkte Initiative der Zentrale der *Association of Canadian Clubs* (ACC) in Ottawa, insbesondere ihres Generalsekretärs Graham Spry, der über die Genfer *International Labour Organization* zur ACC gestoßen war. Sein rundfunkpolitisches Engagement hatte Spry schon 1927 deutlich gemacht, als er die CNR-Übertragung der 60-Jahr-Feiern zur Gründung des *Dominions* organiserte. Die politische Bedeutung des Rundfunks wurde zu jener Zeit auch von anderen sozialen Gruppierungen entdeckt. Insbesondere in Alberta bediente sich die populistische *Social-Credit*-Bewegung des Mediums, um die verstreut lebende Farmer-Bevölkerung politisch zu mobilisieren. Der *Social-Credit*-Gründer William Aberhart gilt als einer der ersten canadischen Rundfunkpropagandisten überhaupt. Er begann 1925 mit der Ausstrahlung seiner religiös-politischen "Bible-Messages" über Sender in Calagary und Edmonton und erreichte innerhalb von zehn Jahren ein regelmäßiges Publikum von 500.000 Menschen in der Provinz Alberta (Boudreau 1978: 19).

Die 1930 einsetzende CRL-Kampagne für einen öffentlichen Rundfunk in Canada muß nicht nur als das herausragende Beispiel für Ausmaß und Effizienz der Lobbyarbeit des "Nationalist Network" zu dieser Zeit gelten (Vipond 1980: 39); ihr gelang es auch als eine der ersten "single-issue"-Bewegungen einen bis dahin "visionären, zum Teil auch illusionären Altruismus für eine canadische Nation" (Gillick 1985: 18) zu bündeln und politisch wirksam umzumünzen. Mit eingängigen Slogans, in denen die Alternative canadischer Rundfunkpolitik zwischen staatlichem Engagement oder Ausverkauf an US-amerikanische Interessen deutlich wurde (z.B. "Britannia rules the waves - shall Columbia rule the airwaves?" oder noch prägnanter: "The State or the United States"; McNeill/Wolfe 1982: 196), versuchte die CRL, die Empfehlungen der *Aird Commission* zur Richtschnur der Rundfungesetzgebung zu machen.

Allerdings war die CRL zur Errichtung eines möglichst breiten Bündnisses von zwei wesentlichen Forderungen der *Aird Commission* abgerückt: Zum einen lehnte sie den vorgesehenen starken Einfluß der Provinzen innerhalb eines nationalen Rundfunksystems ab, zum anderen forderte sie nicht die vollständige Nationalisierung der kommerziellen Anbieter, sondern wollte deren Aktivitäten auf rein lokale "low power stations" beschränken. Spry selbst bezeichnete beides rückblickend als primär taktische Manöver: Die Ablehnung von *Provincial Advisory Councils* sollte den zu erwartenden Widerstand der Bundesregierung gegen eine Schwächung der Zentralgewalt mildern; die Befürwortung kommerzieller Lokalsender diente dazu, einen Keil zwischen die privaten Radioanbieter zu treiben (Spry 1971: 26).

In der sich nun stark polarisierenden rundfunkpolitischen Auseinandersetzung formierten sich die kommerziellen Interessen um die *Canadian Association of Broadcasters* (CAB), die private *Canadian Pacific Railroad* (CPR), die selbst Radiosender betrieb und Pläne zum Aufbau eines kommerziellen Networks verfolgte, wenige große Zeitungen und nicht zuletzt um Tochterfirmen US-amerikanischer Konzerne (*Pepsodent, Wrigley's, Imperial Tobacco, Canadian National Carbon* u. a.). Allerdings gelang es den Lobbyisten des kommerziellen Rundfunks in dieser Phase nicht annähernd, eine ähnlich entscheidende Rolle in der rundfunkpolitischen Diskussion einzunehmen wie die CRL:

> "The Radio League's work resulted in resolutions from countless organisations at the national, regional and local levels, delegations to parliamentarians and strategic articles in the press. They had enormous influence. So influential was the Canadian Radio League, that many historians credit it with bringing the Conservative government of R.B. Bennett to result in legislative action" (Gillick 1985: 19).

Neben der intensiven Lobbyarbeit der CRL war es eine Entscheidung des *Privy Council of Great Britain* in London, durch die die konservative Regierung Bennett 1932 zum Handeln gezwungen wurde. Die oberste Gerichtsinstanz des *Dominions* hatte einen Antrag Québecs, Manitobas, Saskatchewans und New Brunswicks, die Regulierungskompetenz über den Rundfunk im Rahmen ihrer Kulturhoheit den Provinzen zu übertragen, abschlägig beschieden und diese ausschließlich dem Bund zugesprochen. Der *Privy Council* bestätigte damit eine Entscheidung des *Supreme Court of Canada* vom Juni 1931 gegen die Provinz

Québec, die in ihrer Auslegung des BNA argumentiert hatte, Bundeshoheit gelte eindeutig nur für den Betrieb von Telegraphennetzen (Supreme Court of Canada, June 1931). Diese Entscheidung, die - entgegen den politischen Intentionen der *Aird Commission* - eine politisch dezentrale Rundfunkstruktur in Canada faktisch unmöglich machte, setzte die konservative Bundesregierung jedoch auch unter Entscheidungsdruck bezüglich einer nationalen Rundfunkgesetzgebung.

In seiner seitdem immer wieder zitierten Rede vor dem *House of Commons*, die der Verabschiedung des ersten *Broadcasting Act* im Mai 1932 vorausging, schien Premierminister Bennett nicht nur die wesentlichen Argumente der CRL zu übernehmen, er legte zudem erstmals die nationalistisch-programmatischen Prinzipien jeder zukünftigen Rundfunkgesetzgebung dar:

> "First of all, this country must be assured of complete control of broadcasting from Canadian sources, free from foreign interference or influence. Without such control radio broadcasting can never become a great agency for communication of matters of national concern and for the diffusion of national thought and ideals, and without such control it can never be the agency by which national consciousness may be fostered and sustained and national unity still further strengthened (...) The use of the air (...) is a natural resource over which we have complete jurisdiction under the recent decision of the Privy Council (and) I cannot think that any government would be warrented in leaving the air to private exploitation and not reserving it for development for the use of the people" (Bennett 1932).

Gleichzeitig versicherte Bennett, der nationale Rundfunk werde den Staatshaushalt nicht belasten und keine unkontrollierbaren Folgekosten verursachen - eine Zusicherung, die sich in der weiteren Entwicklung zwar als unrealistisch erweisen sollte, vor dem Hintergrund der *Great Depression* der dreißiger Jahre jedoch notwendig schien, um überhaupt einen breiten parlamentarischen Konsens zu erzielen. Die Kosten für den öffentlichen Rundfunk sollten allein über Gebühren von zwei Dollar pro Jahr und Teilnehmer gedeckt werden. Bei rund 500.000 Rundfunkgeräten, so rechnete Bennett vor, läge der Rundfunketat bei einer Million Dollar jährlich. Von einer zusätzlichen Werbefinanzierung, wie sie die *Aird Commission* vorgeschlagen hatte, war zu diesem Zeitpunkt allerdings noch nicht die Rede (Bennett 1932).

3.2.4. "Public Service" als Kompromiß- Die Canadian Radio Broadcasting Commission

Die hohen Erwartungen, die durch Bennetts bis dahin ungewohnte nationale Rhetorik geweckt wurden (der Premierminister und ehemalige CPR-Manager galt als eindeutiger politischer Vertreter des "Big Business"; Neatby 1972: 65), löste der *Broadcasting Act* von 1932 jedoch nur teilweise ein: Statt einer der britischen BBC vergleichbaren öffentlichen Rundfunkgesellschaft wurde mit der *Canadian Radio Broadcasting Commission* (CRBC) lediglich ein dreiköpfiges Gremium eingerichtet, das sowohl die Regulierung des weiterhin bestehenden privaten Rundfunks übernehmen (mit Ausnahme der Lizenzerteilung, sie blieb in der Zuständigkeit des Marineministers) als auch selbst Rundfunk veranstalten sollte. Da die CRBC über keine eigenen Sendeeinrichtungen verfügte, war sie entweder gezwungen, bestehende Stationen aufzukaufen oder dort Übertragunszeiten zu mieten. Zwar wurde der CRBC juristisch das Recht zuerkannt, langfristig den gesamten canadischen Rundfunk zu übernehmen, doch vor dem Hintergrund einer völlig unzureichenden Finanzierung war dieses (im Kern kommerzielle) Nationalisierungskonzept von Beginn an zum Scheitern verurteilt. Der CRBC war es weder gestattet, die Rundfunkgebühren selbständig festzusetzen und direkt einzuziehen, noch Gelder auf dem Kapitalmarkt zu leihen. Werbeeinkünfte waren zwar mit Verabschiedung des Gesetzes möglich, sie wurden jedoch auf maximal fünf Prozent des Gesamtbudgets beschränkt. Die Einstellung von Mitarbeitern unterlag der Zustimmungspflicht der Regierung; die Haushaltsmittel mußten jährlich vom Parlament bewilligt werden (Broadcasting Act 1932: §§ 3-18).

Die Zusammensetzung der CRBC entsprach deutlich den Kriterien politischer und geographischer Ausgewogenheit, wie sie für *Royal Commissions* galt, nicht jedoch den Anforderungen an eine Rundfunkinstanz. Vorsitzender wurde Hector Charlesworth, Herausgeber der angesehenen liberalen (also oppositionellen) Zeitschrift *Saturday Night*, Stellvertreter war Thomas Maher, Forstingenieur und Geschäftsmann aus Québec mit engen Verbindungen zur Regierungspartei PCP, drittes Mitglied war Oberstleutnant A. W. Steele, Radiotechniker und bis dahin technischer Berater der Regierung. Keiner der drei verfügte über einschlägige Erfahrungen im Rundfunk (Bird 1988: 115).

In ihren 1933 verabschiedeten Regulierungsgrundsätzen konzentrierte sich die CRBC - wie schon das Marineministerium zehn Jahre zuvor (s.o.) - stark auf technische und organisatorische Probleme. Programmauflagen wurden kaum definiert. Für Rundfunkwerbung galt ein Maximum von fünf Prozent der Sendezeit, wobei die abendliche *prime time* zwischen 19.30 Uhr und 23.00 Uhr nach wie vor werbefrei bleiben sollte (CRBC 1933: §§ 99 und 100). Weitaus bemerkenswerter ist ein erster Versuch, den hohen ausländischen (d.h. US-amerikanischen) Programmanteil bei canadischen Stationen zu quotieren - ein früher Vorläufer der späteren *Canadian Content Rules*. Der Anteil importierter Programme wurde auf maximal 40 Prozent festgelegt - allerdings mit einer entscheidenden Einschränkung, die die Quote faktisch wieder aufhob: Enthielt ein ausländisches Programm Werbung für canadische Produkte und wurden Name und Adresse der einheimischen Herstellerfirma genannt, galt das Programm nicht mehr als importiert, sondern als canadisch (CRBC 1933: § 89). Das ökonomische Motiv, die hohen Einschaltquoten für US-Sendungen bei canadischen Stationen (die eben auch amerikanische Werbeeinblendungen enthielten) für die einheimische Rundfunk- und Werbewirtschaft zu nutzen, wird in dieser Bestimmung überdeutlich - auch wenn sie in der Praxis kaum durchführbar war.

In der damaligen Zeit waren live-Übernahmen amerikanischer Network-Programme die Regel. Niemand konnte im voraus wissen, wie lang eine Musiknummer war, wann und wie lange ein Werbespot eingeblendet wurde, der durch einen canadischen ersetzt werden mußte - eine Aufgabe, der sich ein damaliger CRBC-Techniker als überaus "nerve wracking" erinnert (McNeill/Wolfe 1982: 212). Diese Praxis des sogenannnten *commercial deletion* ist keineswegs nur eine Kuriosität aus den Pioniertagen des Rundfunks. Sie wurde in den siebziger Jahren bei der Regulierung des Kabelfernsehens wiederholt, als das DOC ebenfalls durchzusetzen versuchte, amerikanische Werbespots aus US-Programmen zu löschen und durch canadische zu ersetzen (s. Kap. 8).

Nicht nur personell und von ihrer sachlichen Kompetenz her, sondern vor allem finanziell war die CRBC von Beginn an deutlich überfordert, den Erwartungen an einen "nationalen Umbruch" in der Rundfunkpolitik auch nur annähernd gerecht zu werden. Zwischen 1933, als die CRBC ihren Programmbetrieb durch den Erwerb der ehemaligen CNR-Studios und Sendeanlagen aufnehmen konnte, und 1936, dem Gründungsjahr der *Canadian Broadcasting Corporation* (CBC), wuchs ihr Jahresbudget nur unwesentlich von anfangs einer Million auf 1,5 Millionen Dollar. Das entsprach weder den von der *Aird Commission* geschätzten 2,5 Millionen Dollar jährlich, noch den Beträgen, die die Regierung über die Rundfunkgebühren einnahm. Wie hart umkämpft in den ökonomischen Krisenjahren selbst diese Gelder waren, macht ein Vorfall vom Juni 1933 exemplarisch deutlich: Das Kabinett nutzte einen Aufenthalt des Premierministers in Großbritannien, um in einer Art Handstreich das CRBC-Budget eigenmächtig auf 500.000 Dollar zu kürzen - was schließlich nach der Rücktrittsdrohung des CRBC-Vorsitzenden Charlesworth und persönlicher Intervention Bennetts rückgängig gemacht wurde (Ellis 1979: 14).

Bis 1936 verfügte die CRBC so lediglich über acht eigene Radiostationen, während die Zahl der privaten Stationen bereits auf 67 angestiegen war (s. Tab. 3.2). Die Errichtung eines Netzes von landesweit sieben Hochleistungs-Verstärkeranlagen - schon von der *Aird Commission* als unabdingbar für eine nationale Rundfunkversorgung angesehen (Aird Report 1928: 6-8) - konnte nicht einmal in Angriff genommen werden. Die Notwendigkeit, Sendezeiten bei privaten Stationen zu mieten, führte zu der paradoxen Situation, daß diese, statt für die Programme zu bezahlen, noch zusätzlich zum Programm einen Pauschalbetrag für die Übertragung erhielten - eine Praxis, die nicht unwesentlich zur Konsolidierung des privaten Sektors beitrug, da gerade finanzschwächere Stationen sich dieser Zusammenarbeit bedienten.

Das CRBC-Experiment war gescheitert, ehe es richtig begann und es bedurfte nur noch eines politischen Anlasses, um ihm ein Ende zu bereiten. Dieser bot sich während des Bundes-Wahlkampfes 1936, als die CRBC, deren Unabhängigkeit gegenüber der Regierung nirgends eindeutig definiert war, in den Verdacht geriet, einseitig zugunsten der Konservativen eingegriffen zu haben. Die regierende PCP hatte eine Werbeagentur mit der Produktion von sechs Radio-Spots in Dialogform beauftragt, in denen ein Durchschnittsbürger ("Mr. Sage") die Vorzüge konservativer Politik pries (Typscript of "Mr. Sage" Broadcast, September 1935). Die Tatsache, daß diese Spots als Parteienwerbung nicht erkennbar waren, in CRBC Studios hergestellt und über einige CRBC-Sender verbreitet wurden, erweckte den berechtigten Eindruck, die CRBC beteilige sich einseitig am Wahlkampf einer Partei. Die politische Unabhängigkeit des öffentlichen Rundfunks avancierte erstmals zum bedeutenden Wahlkampfthema, das dem ehemaligen liberalen Premierminister Mackenzie King den Ansatzpunkt bot, einschneidende Strukturveränderungen im Rundfunk anzukündigen.

Allerdings mußte jetzt jede neue Rundfunkpolitik vor allem zwei entscheidende Faktoren berücksichtigen: Einen über knapp fünfzehn Jahre gewachsenen kommerziellen Sektor mit deutlichem Übergewicht und der nahezu vollständigen Verfügbarkeit US-amerikanischer Networkprogramme, die nicht nur eine feste canadische Stammhörerschaft besaßen, sondern auch zur Bildung kommerziell geprägter Hörgewohnheiten beigetragen hatten.

3.2.5. Resümee: Nationalismus und Rundfunk in den zwanziger und dreißiger Jahren

Mit der Herausbildung des dualen Systems aus öffentlichen und privaten Rundfunkanbietern markieren die zwanziger und dreißiger Jahre den entscheidenden Umschwung in der canadischen Rundfunkpolitik. Rundfunk wird nach einer Phase des ökonomischen *laissez faire* in der Lizenzierungs- und Regulierungspolitik (mit dem Ergebnis der Unterversorgung großer, nicht-lukrativer Verbreitungsgebiete) nun auch als ein wichtiges Instrument zur Förderung der nationalen und kulturellen Identität angesehen. Diese Neuausrichtung war vor allem von zwei Faktoren bestimmt:

1. Zum einen entwickelte sich der Nationalismus, der sich negativ sowohl an der alten Kolonialmacht Großbritannien als auch an der wachsenden Dominanz der USA definierte, zur beherrschenden politisch-kulturellen Grundströmung, die das Handeln und Denken der politischen, intellektuellen und zum Teil auch der ökonomischen Eliten maßgeblich bestimmte und eine gewisse Form von "Massenwirksamkeit" erfuhr. Der Erfolg der CRL-Kampagne für einen öffentlichen Rundfunk wäre ohne diese Strömung nicht zu erklären.

Das heißt aber auch, daß der Nationalismus das politische Leitmotiv der Rundfunkentwicklung war und nicht primär das eines inhaltlich "besseren Rundfunks". Die strukturellen Defizite des kommerziellen Rundfunks wurden zwar thematisiert, die Lösung des nationalen Identitätsproblems beherrschte jedoch in der gesamten Phase die rundfunkpolitische Diskussion. Deutlich wird dessen dominierende Rolle in einer Einschätzung Sprys aus dem Jahr 1935, in der er die wichtigsten Motive nennt, die aus seiner Sicht zur Verabschiedung des Rundfunkgesetzes von 1932 führten:

> "The first of these driving motives was the national motive, and it was predominant. The second motive was the free use of broadcasting by all sections of opinion. The positive aspect of the national motive was the use of broadcasting for the development of Canadian national unity, and the negative aspect was the apprehension of American influences upon Canadian nationality, particularly as it concerned public opinion" (Spry 1935, zit n. Peers 1983: 139).

Auch der *Aird Report* von 1928 reflektiert die dominierende ideologische Position des Nationalismus in dieser Periode. Die Rolle des kommerziellen Rundfunks wird primär an seinem Versagen definiert, eine geographische und programminhaltliche nationale Versorgung zu gewährleisten. Gleichzeitig betont Aird die zentrale Rolle des Staates, der diese

Defizite auszugleichen hätte. Crean bezeichnet rückblickend das Zusammenwirken von Nationalgefühl, Mißtrauen in die Logik des Kommerzialismus und das Vertrauen auf staatliche Regulierung als die konstituierenden Elemente des öffentlichen Rundfunks:

> "The Canadian public broadcasting system was created out of a national sentiment that stemmed partly out of a distrust of commercialism but also from a realization that broadcasting would have to be regulated if it was going to develop a broad and flexible communications system, capable of serving the diverse interests of all Canadians" (Crean 1976: 23).

Zu einem ähnlichen Urteil kommt auch Starowicz (*executive producer* der CBC) in einer jüngeren Einschätzung, in der er die Gründung des öffentlichen Rundfunks in Canada gleichsetzt mit den bedeutenden Entscheidungen der *National Policy* im 19. Jahrhundert:

> "We must understand, first of all, that national broadcasting in Canada was an act of the political will, and of a national consensus. We as a nation, in 1932, made an historic decision regarding the cultural sovereignty of the country, a decision as fundamental as the trans-continental railway and national tariffs were to economic sovereignty" (Starowicz 1985b: 28).

2. Die sich wandelnde Rolle des Staates in der Rundfunkpolitik ist als zweiter wesentlicher Faktor zu nennen. Die Funktion der Bundesregierung in der Förderung und Steuerung kultureller Angelegenheiten wächst generell in den zwanziger Jahren. Zuvor war Kulturförderung ausschließlich Aufgabe privater Organisationen, darunter auch US-amerikanischer Stiftungen (Painchaud 133-134). Gleichzeitig bildet sich in der Rundfunkpolitik auch die starke Tendenz zur politischen Zentralisierung ab. Die Bundeshoheit über das Rundfunksystem wird höchstrichterlich festgschrieben; Dezentralisierungsmodelle und eine bedeutende Rollenzuweisung an die Provinzen (wie von Aird favorisiert) haben seitdem politisch keine Realisierungschancen mehr. Die CRL-Kampagne, die sich dieser zentralistischen Tendenz bedient, ist so auch Ausdruck einer auf Bundesregierung und Parlament als wesentliche Akteure zielenden politischen Strategie. Die zwanziger und frühen dreißiger Jahre legen damit ebenfalls die Basis für die Abbildung der dominierenden Zentrum-Peripherie-Strukturen auch im öffentlichen Rundfunk. Die traditionellen *core regions* im Osten, vor allem Ottawa, Toronto und Montréal, sind gleichzeitig Zentren der Rundfunkentwicklung - Ansprüche auf eine angemessene regionale Beteiligung finden sich seitdem in einer defensiven Position.

Als weitere Strukturmerkmale, die sich in dieser Phase herausgebildet haben, sind zu nennen:

a) Die Definition der Regulierungskompetenzen und die mit der Einrichtung der CRBC bis heute weitgehend erhalten gebliebene strukturelle Teilung der Rundfunkaufsicht: Die Regierung nimmt (über wechselnde Ministerien) die politische Richtlinienkompetenz - und zunächst noch das Recht auf Lizenzerteilung - wahr, während eine außerhalb der Regierung angesiedelte Regulierungsinstanz die Lizenzausgestaltungs- und Überwachungskompetenzen erhält. Die weitere Entwicklung der Rundfunkregulierung kann seitdem als eine Ausdifferenzierung und Gewichtsverlagerung innerhalb dieser Zweiteilung verstanden werden. Als Kennzeichen der CRBC und im Grunde auch der folgenden Regulierungsinstanzen seit 1932 nennen McPhail/McPhail:

* Begrenzte politische Unabhängigkeit,
* Manadatserteilung durch das Bundesparlament,
* Entscheidungen sind Gegenstand der Überprüfung durch die Bundesregierung,
* Rechenschaftspflicht gegenüber dem Parlament durch den Vorsitzenden oder den zuständigen Bundesminister. (McPhail/McPhail 1988: 49)

b) Ein offenkundiger Widerspruch zwischen dem Mandat des öffentlichen Rundfunks (bzw. der Regulierungsinstanz) als wesentlicher Akteur einer nationalen Rundfunkpolitik und dessen völlig unangemesse finanzielle und personelle Ausstattung. Auch dieses Moment der Rundfunkpolitik bleibt in den kommenden Jahrzehnten bestimmend, wobei sich die Politik liberaler oder konservativer Regierungen nur in (zum Teil wichtigen) Nuancen, nicht jedoch prinzipiell unterscheidet.

c) Die strukturelle Defensive und damit der reaktive Charakter canadischer Rundfunkpolitik. Die rundfunkpolitischen Akteuere sehen sich von Beginn an gegenüber der dynamischen kommerziellen Entwicklung in den USA - und deren Tendenz zur Einbeziehung des canadischen Lebensraumes in ihr "natürliches Verbreitungsgebiet" - in einer Abwehrposition. Dem prinzipiell grenzüberschreitenden Charakter von Rundfunk ist mit den klassischen Instrumentarien der *National Policy* (Zollschranken, Stärkung der Ost-West-Austauschbeziehungen) ganz offensichtlich nicht mehr zu begegnen. Eine Stärkung des canadischen Elementes im Rundfunk kann so nur Ergebnis eigener Anstrengungen auf der Network-Ebene sein und nicht durch ein (technisch wie politisch) undurchführbares reales Zurückhalten einstrahlender US-Programme herbeigeführt werden.

3.3. Die CBC: Nationale Rundfunkversorgung und Regulierung des Radios, 1936 bis 1951

3.3.1. Die CBC als Instrument nationaler Rundfunkpolitik

Nur wenige Monate nach dem Wahlsieg der Liberalen Partei unter William Mackenzie King verabschiedete das *House of Commons* im Juni 1936 ein neues Rundfunkgesetz, das die Ablösung der CRBC durch die *Canadian Broadcasting Corporation* (CBC) vorsah, die landesweit Programme in englischer und französischer Sprache austrahlen sollte (Broadcasting Act 1936). An ihrer Spitze stand jetzt, nach dem Vorbild der BBC, ein neunköpfiger Aufsichtsrat (*Board of Governors*), dessen Mitglieder durch den *Governor in Council* (Premierminister und Kabinett) berufen wurden und die Regionen des Landes repräsentieren sollten. Die Besetzung der Schlüsselpositionen der neuen CBC war - als logische Folge ihrer kontroversen politischen Entstehungsbedingungen - erneut Gegenstand intensiver politischer Lobbyarbeit, an der sich die CRL wiederum überaus effektiv beteiligte (Spry 1971: 27, Peers 1983: 139).

Mit dem Kron-Anwalt Leonard Brockington wurde ein politisch unabhängiger Konsenskandidat zum Vorsitzenden des CBC-*Board of Governors* ernannt. Doch bereits in den Kandidaturen für den zweithöchsten Posten des *General Manager* spiegelten sich auch personell die beiden Grundströmungen wider, die das Rundfunksystem von Beginn an beherrschten. Mit Reginald Brophy favorisierten die kommerziell orientierten Kräfte um die CAB einen leitenden Mitarbeiter des US-Networks NBC. Die CRL konnte allerdings ihren Kandidaten durchsetzen, den BBC-PR-Manager Gladstone Murray. Murray war schon für die Bennett-Regierung als rundfunkpolitischer Gutachter tätig gewesen und galt als Befürworter eines starken öffentlichen Rundfunks. Sein Stellvertreter wurde mit Augustin Frigon ein ehemaliges Mitglied der *Aird Commission*, der dort zu den entschiedenen Gegnern jeglichen kommerziellen Rundfunks zählte (s.o.). Mit der Berufung des liberalen Parlamentsabgeordneten René Morin zum Stellvertretenden CBC-*Board*-Vorsitzenden und Alan Plaunts, neben Spry Mitbegründer der CRL, in den *Board of Governors* konnten sich die Liberalen und die CRL in allen Schlüsselpositionen durchsetzen (Spry 1971: 27).

Das *Nationalist Network* war mit seinen Kampagnen also überaus erfolgreich gewesen. Spry bezeichnet rückblickend die drei wegweisenden Entscheidungen in der Rundfunkpolitik - das Urteil des *Privy Council* für die bundesstaatliche Rundfunkkompetenz und die beiden Rundfunkgesetze von 1932 und 1936 - als die wichtigsten Kampagnen, die von der CRL gewonnen wurden (Spry 1971: 26). Die Erwartungen an die CBC als Instrument zur Entwicklung einer "nationalen Meinung" waren hoch gesteckt, ohne daß damit konkrete Programmvorstellungen verbunden gewesen wären. Daß die CBC primär als eine Institution angesehen wurde, die Defizite anderer nationaler Institutionen kompensieren sollte, wird in einer Bewertung der CBC-Gründung durch Spry 1936 deutlich:

> "Here is an agency which may be the final means of giving Canada a national opinion, of providing a basis for public thought on a national basis, such as provincial school systems, local newspapers, theatres, motion pictures, and even our parliamentary system (...) have yet to give us" (Spry 1936. Zit.n. Melody 1987: 25).

Der *Board of Governors* der CBC war nicht nur für die eigene Programmpolitik verantwortlich, er sollte, wie zuvor die CRBC, die Aufsichtsfunktion über das gesamte canadische Rundfunksystem ausüben. Die Tatsache, daß der *Broadcasting Act* von 1936 detailliert das Verhältnis der CBC zum privaten Rundfunk regelte, war jedoch auch ein deutlicher Hinweis auf die starke und irreversible Position, die sich der kommerzielle Sektor mittlerweile erobert hatte. Von einem ausschließlich öffentlich veranstalteten Rundfunk, wie ihn noch die *Aird Commission* gefordert hatte, war nun nicht mehr die Rede. In die Zuständigkeit der CBC fiel die Festlegung von Werbezeiten und Werbepreisen (*advertising rates*), die Überwachung politischer Programme und die Formierung privater Networks. Für die Lizenzierung privater Stationen, die Festlegung von Übertragungsfrequenzen und Sendeleistungen war weiterhin der Marineminister verantwortlich. Der CBC wurde hier allerdings das Recht auf vorherige Konsultation eingeräumt. Darüber hinaus erhielt die CBC weitgehende Eigenverantwortlichkeit bei der Errichtung neuer Stationen und der Aushandlung von Kooperationsverträgen mit bestehenden privaten Sendern, bei Produktion und Ankauf von Programmen, sowie in Fragen der Personaleinstellung. Die Festsetzung der Rundfunkgebühren fiel zwar weiter in die Kompetenz des Marineministers, sie flossen jedoch von nun an zusammen mit den Lizenzgebühren der Privatsender direkt in den CBC-Haushalt. Mit den Rundfunkgebühren (die 1937 auf 2,50 Dollar jährlich pro Empfänger angehoben wurden) verfügte die CBC bis zu deren vollständiger Abschaffung im Jahr 1953 zumindest über eine gesicherte finanzielle Grundausstattung. Abgeschafft wurden ebenfalls ab 1936 die parlamentarischen Bewilligungsverfahren des Jahresetats. Zusätzliche Finanzmittel, die vor allem für die Ausweitung der technischen

Versorgungseinrichtungen nötig waren, sollten von Fall zu Fall durch zinslose Regierungsdarlehen bereitgestellt werden (Broadcasting Act 1936: §§ 3-26).

Die *Task Force on Broadcasting Policy* mißt 50 Jahre später die rundfunkpolitische Bedeutung des *Broadcasting Act* von 1936 vor allem daran, daß er erstmals jene Prinzipien gesetzlich fixierte, die bis heute die normative Basis der canadischen Rundfunkpolitik bilden:

* Rundfunkfrequenzen sind öffentliches Eigentum; ihre Nutzung gilt als Privileg, das öffentlichen Interessen untergeordnet ist.
* Das Rundfunksystem soll von Canadiern ökonomisch kontrolliert werden.
* Alle Bürger haben gleichermaßen Anspruch auf die Versorgung mit Rundfunkleistungen.
* Die Rundfunkfinanzierung erfolgt aus öffentlichen und privaten Quellen.
* Die Programme sollen hohen Qualitätsstandards genügen und vorwiegend canadischen Ursprungs sein, das Angebot wird ergänzt durch anspruchsvolle Programme aus dem Ausland (Task Force 1986: 8-9).

Besonders das letzte von der *Task Force* genannte Kriterium der Programm-Charakteristika muß jedoch deutlich eingeschränkt werden: Das Rundfunkgesetz enthielt keinen Passus, der auf eine besondere Berücksichtigung oder Förderung canadischer Programme hinweist. Erst in einem *Amendment* aus dem Jahr 1951 findet sich eine Ergänzung, in der es nun bezüglich der programmlichen Regulierungskompetenzen der CBC heißt:

> "(The Corporation may make regultions)
>
> (f) to promote and insure the greater use of Canadian talent by Corporation and private stations; and
>
> (g) requiring licencees of private stations to furnish to the Corporation such information in regard to their programme activities as the Corporations considers necessary for the proper administration of this Act" (An Act to amend the Canadian Broadcasting Act 1936, 1951: § 7).

Die - wenn auch sehr rudimentären, widersprüchlichen und nie ernsthaft durchgesetzten - Anfänge einer *Canadian Content-* Politik durch die CRBC wurden also im ursprünglichen Gesetzestext 1936 nicht weiter verfolgt und auch im Gesetzeszusatz von 1951 nur in einer Form definiert, die weit davon entfernt war, die Förderung und Ausstrahlung canadischer Programme zu einem wesentlichen Kriterium der Lizenzpolitik zu erklären.

3.3.2. Aufbau der CBC im Widerstreit mit kommerziellen Interessen

Im Mittelpunkt der Rundfunkpolitik der dreißiger und vierziger Jahre stand zweifellos der Aufbau der CBC zu einer nationalen öffentlichen Rundfunkgesellschaft. Die CBC als neuer rundfunkpolitischer Akteur befand sich juristisch, personell und finanziell in einer deutlich stärkeren Ausgangsposition als die CRBC. Das Konzept stieß zunächst auf breite Zustimmung auch bei der konservativen Opposition und der Mehrheit der Zeitungsverleger, die eine vorwiegend gebührenfinanzierte CBC als schwächeren Konkurrenten auf dem Anzeigenmarkt ansahen. Dennoch mußte die Einrichtung der CBC den Interessengegensatz zwischen den Befürwortern eines kommerziellen und eines öffentlichen Rundfunks weiter polarisieren. Schon 1934 hatte sich mit der Gründung der *Canadian Newspaper Radio Association* (CNRA) eine Spaltung der Zeitungsverleger angedeutet.

Die CNRA, ein Zusammenschluß zeitungseigener Radiostationen, trat in der Folgezeit prinzipiell für privaten Rundfunk in Canada ein und entwickelte sich neben der CAB zur bedeutendsten kommerziellen Lobbyorganisation. Ihr gehörten auch die Sender der einflußreichsten canadischen Verlagsgruppen *Southam* und *Sifton* an, die noch 1932 die Kampagne der CRL unterstützt hatten. Das Sprachrohr der Verlegerkampagne war die französischsprachige Montréaler Zeitung *La Presse* (Thompson/Seager 1985: 181) - ein Hinweis darauf, daß die Frankokanadier von einem privatwirtschaftlichen Rundfunksystem offenbar einen geringeren anglocanadischen Einfluß befürchteten als durch eine zentralistische CBC mit Sitz in Ottawa. Smythe bewertet den Frontenwechsel der Großverlage als die entscheidende strukturelle Stärkung des privaten Sektors in dieser Periode (Smythe 1981: 170).

Trotz der deutlichen Aufwertung des öffentlichen Rundfunks durch die Gründung der CBC darf ebenfalls nicht übersehen werden, daß auch sie sich von Beginn an deutlich in der Defensive befand. Das manifestierte sich besonders in dem technischen Reichweitenvorsprung der kommerziellen canadischen und US-amerikanischen Konkurrenz, der zunächst einmal aufgeholt werden mußte. Vordringliches Ziel des ersten CBC-*Board of Governors* war daher die Ausstattung der bestehenden Sendeeinrichtungen mit größerer technischer Reichweite. Innerhalb von drei Jahren sollte die Versorgung von mindestens 84 Prozent der Bevölkerung sichergestellt sein.

Der Empfang der leistungsschwachen ehemaligen CRBC-Stationen war nicht nur durch starke private Sender in Toronto, Montréal und Calgary erheblich gestört, sondern auch durch *Superstations*, die von Mexiko und Kuba aus bis weit nach Canada hineinstrahlten. Sie sendeten dabei auf Frequenzen, die Canada durch ein amerikanisch-canadisches Abkommen zustanden, das von Kuba und Mexiko jedoch nicht unterzeichnet worden war. Zusätzlich zur Erhöhung der Leistung bestehender Sender sollten eigene Stationen in den Atlantikprovinzen und in Saskatchewan, vor allem aber in Toronto und Montréal errichtet werden. In diesen beiden größten Städten des Landes war die CRBC bisher überhaupt nicht präsent gewesen, sondern auf die Zusammenarbeit mit privaten Stationen angewiesen, die sich zudem vertraglich an das US-Network NBC gebunden hatten.

Die Finanzierungsbereitschaft der liberalen Regierung stellte sich jedoch als ähnlich gering heraus wie die der konservativen Vorgängerin. Der für die Lizenzierung zuständige Marineminister C.D. Howe - in der Regierung Mackenzie King einer der einflußreichsten Repräsentanten der Privatwirtschaft (u.a. hatte Howe bei der Besetzung der Position des CBC-*General Managers* den NBC-Manager Brophy unterstützt; Peers 1983: 139) - bewilligte zunächst nur 500.000 Dollar für den Bau der Stationen in Montréal und Toronto, statt der von der CBC geforderten 2,7 Millionen Dollar. Um die beantragte CBC-Station in Saskatchewan entbrannte bereits 1936 die schärfste Auseinandersetzung mit dem Marineminister, der dort für die Lizenzierung einer weiteren privaten Station eintrat. Dazu E. Austin Weir, damals *Commercial Manager* der CBC:

> "The Minister's opposition, although based on principle, coincided with pressures from other sources anxious to stop the Corporation in its tracks. At that time a powerful group within the Liberal Party was also seeking higher power for another station in the Prairies" (Weir 1965: 217-218).

Wie hart die Auseinandersetzungen seinerzeit geführt wurden, geht unter anderem daraus hervor, daß nicht nur der gesamte *Board of Governors* mit Rücktritt drohte, sondern die Rücktrittsgründe inklusive der Weigerungsmotive Howe's über alle CBC-Stationen verbreitete. Premierminister Mackenzie King sah sich nach diesem Vorfall gezwungen, wie schon fünf Jahre zuvor Bennett im Fall der CRBC-Budgetkürzungen, persönlich zu intervenieren und Howe zur Bereitstellung der benötigten Gelder aufzufordern.

Vorausgegangen war im selben Jahr eine weitere Kontroverse, gleichfalls symptomatisch für die Grundhaltung des Marineministers und für die Hartnäckigkeit des CBC-*Board*: Ein neues nordamerikanisches Frequenzabkommen, dem jetzt auch Kuba und Mexiko beigetreten waren, sicherte Canada die Belegung von insgesamt 61 Radiofrequenzen zu, von denen 14 mit landesweiter, 41 mit regionaler und sechs mit lokaler Reichweite genutzt werden sollten. Erklärte Politik der CBC war es, bis zur Ratifizierung des Vertrages 1941 alle 14 Hochleistungsfrequenzen durch eigene Stationen belegt zu haben, wodurch der Privatsektor langfristig in den regionalen und lokalen Versorgungsbereich abgedrängt werden sollte. Sie forderte die Regierung daher auf, keine kommerziellen Sender mehr zu lizenzieren, deren Sendeleistung die 1000-Watt-Grenze überschritten. Die Auseinandersetzung zog sich bis Oktober 1937 hin, bis Howe schließlich dem CBC-Antrag, befristet bis 1941, nachgab. In ihrem Verlauf legte Brockington vor dem *House of Commons* seine grundsätzliche Haltung dar, die zwar eine Weiterexistenz der privaten Stationen einschloß, jedoch für den Ausbau der CBC deutliche Priorität beanspruchte:

> "Anybody who occupies the public domain enjoys a franchise that is in the nature of a public utility. The principle of public utility ownership is that it shall be highly regulated and that there shall be limitations of profit with surplus profit going back for the improvement of the public service. (...) Now the CBC does not want, and I am sure nobody else wants, to prohibit private radio stations making a reasonable profit. But I think the essential interests of the community demand that there shall be no profiteering in private radio. I am going to suggest (...) some legislation whereby the profits of holders of franchise being part of the public domain should be limited rather than increased" (Zit.n. Weir 1965: 220).

Die Politik der CBC führte, zusammen mit der letztlich durchgesetzten 1000-Watt-Beschränkung für private Neuzulassungen, zum Erreichen des angestrebten Zieles der 84-Prozent-Versorgung bis Mitte 1939. Tabelle 3.1. zeigt jedoch, daß die CBC ihr relatives Übergewicht nicht durch ein quantitatives Zurückdrängen kommerzieller Stationen erlangt hatte, sondern zunächst durch den deutlichen Anstieg der technischen Reichweite der wenigen eigenen, zumeist großstädtischen Stationen:

Tabelle 3.1:

Verhältnis von CBC- und privaten Stationen, 1936 - 1939			
	Nov. 1936	März 1938	Juni 1939
Private Stationen	67	72	78
Sendeleistungen/ges.	64,3 Mw	69,2 Mw	74 Mw
CBC-Stationen	8	8	10
Sendeleistungen/ges.	14,2 Mw	112,2 Mw	212,2 Mw

(Quelle: Peers 1969: 240)

Doch allein durch technische Kapazitätsausweitungen konnte die CBC eine nationale Rundfunkversorgung nicht sicherstellen, zumal das landesweite Verstärkernetz erst rund 10 Jahre später, 1948, fertiggestellt wurde. Sie war also bei der Verbreitung ihrer Programme, wie zuvor die CRBC, auf die Zusammenarbeit mit zahlreichen Privatsendern angewiesen.

Von den (1939) 78 kommerziellen Stationen war mit 60 die Mehrzahl vertraglich an die CBC gebunden: 25 galten als sogenannte Basisstationen, die pro Tag durchschnittlich acht der insgesamt 16 CBC-Programmstunden übernahmen, 35 waren kommerzielle angeschlossene Stationen (*private affiliated stationes*), die nur bestimmte Sendungen ausstrahlten - oft auf den gezielten Wunsch des jeweiligen Programm-Sponsors. Hier wurden die Grundlagen für eine Distributionsstruktur gelegt, die nicht nur damals einzigartig war, sondern später auch für das Fernsehen übernommen wurde und bis heute typisch für die CBC geblieben ist.

In diese frühe Periode fällt ebenfalls die Herausbildung weiterer Strukturmerkmale, die vor allem die Programmpolitik der CBC betreffen: die zunehmende Durchdringung der Programminhalte mit Werbespots und gesponsorten Sendungen und vor allem die Übernahme attraktiver US-Network-Programme, die zur abendlichen Hauptsendezeit (*prime time*) zwischen den selbstproduzieren Bestandteilen verteilt wurden. Besonders von dieser letzten Maßnahme versprach sich die CBC den Einbruch in die Stammhörerschaft der US-

Networks und eine engere Hörerbindung an die eigenen Stationen (Weir 1965: 224-225). In zahlreichen ländlichen Regionen Ontarios, der Atlantik- und Prairieprovinzen und ganz besonders in British Columbia waren die CBC-Stationen die ersten canadischen Anbieter überhaupt, die jetzt empfangen werden konnten. Die Hörgewohnheiten waren zuvor also vollständig durch US-Programme geprägt worden (Crean 1976: 45).

Gleichzeitg wäre die Ausweitung der täglichen Sendezeit von (1936) 6 Stunden auf (1939) 16 Stunden ausschließlich mit Eigenproduktionen allein aus Kostengründen nicht möglich gewesen. Hier erklärt sich auch die aggressive kommerzielle Strategie der CBC, die nicht nur auf dem canadischen Werbemarkt zum Tragen kam, sondern sich sehr gezielt an US-amerikanische Anzeigenkunden richtete. Die CBC nutzte dabei die Tatsache aus, daß sie als einziges Radio-Network eine annähernd landesweite Verbreitung von Werbespots sicherstellen konnte:

> "Canadian branches of American-owned enterprises could reach the most concentrated population centres and the most profitable areas of Canada at very little additional cost. Many American sponsors were ready to extend their coverage over the less densely settled areas of Canada, provided it could be done at reasonable additional cost. The task ahead of the CBC was to induce these advertisers to extend their programs across the country and share of the programming of the entire network. (...) Commercials were important in the network schedule, not only for revenue alone but perhaps even more for the hours they filled with popular audience-building programs. This relieved the Corporation of the obligation of filling a great deal of time with what, in many cases, due to the CBC's limited budget, must inevitably have been mediocre production" (Weir 1965: 224-225).

Auch diese Politik, die aus Gründen von Kostenersparnis und Publikumsbindung zumindest teilweise auf gleichzeitig attraktive und "werbefreundliche" US-Programminhalte setzt, sollte sich später in der Programmgestaltung des CBC-Fernsehens wiederholen.

Eine Schätzung aus dem Jahr 1946 geht davon aus, daß damals rund 40 Prozent aller werbefinanzierten CBC-Radio-Programme US-amerikanischen Ursprungs waren, mit denen der größte Teil der Gesamtwerbeeinnahmen erwirtschaftet wurde (Hodgetts 1946: 460-461). Die aggressive Werbestrategie der CBC führte erneut zu scharfen Konflikten mit den Zeitungsverlagen. In den vierziger Jahren starteten sie nun ihrerseits eine nationalistisch inspirierte Pressekampagne gegen die "Amerikanisierung der Meinungen und des Geschmacks" durch die CBC, griffen jedoch vor allem an, daß der öffentliche Rundfunk eine Zusage von 1938 nicht eingehalten hatte, seine Werbeeinkünfte auf maximal 500.000

Dollar zu beschränken und so zu einem ökonomischen Konkurrenten der Zeitungen avanciert war (Hodgetts 1946: 460, Anm. 30).

Trotzdem darf der kommerzielle Aspekt in der Gesamtbewertung der CBC nicht überbewertet werden. Für die dreißiger und vierziger Jahre galt in besonderem Maße, daß die CBC große Anstrengungen unternahm, durch anspruchsvolle Eigenproduktionen ihren Programmen einen eigenen, unverwechselbaren Charakter zu verleihen, in dem das kommerzielle Moment letztlich nicht dominierte. Sie erreichte das nicht nur durch den absoluten Anstieg der Produktionsaufwendungen, sondern ebenfalls durch interne Mittelumschichtungen, die besonders die Verwaltungs- und Übertragungskosten senkten und gleichzeitig die Sendezeitmieten bei privaten Stationen drastisch zurückgehen ließen. Die folgenden Grafiken geben einen exemplarischen Überblick über die veränderte Ausgabenstruktur in den Jahren 1936 und 1938:

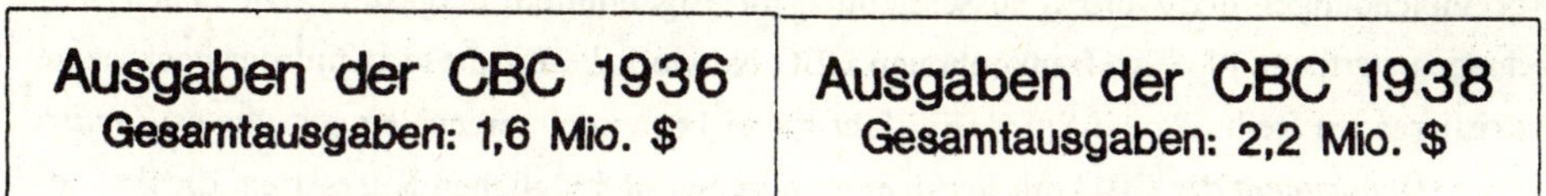

Die Periode bis in die frühen fünfziger Jahre wird übereinstimmend als das "Golden Age" des öffentlichen Rundfunks in Canada angesehen. Erstmals hatten einheimische Schriftsteller, Komponisten und andere Kulturschaffende eine echte Gelegenheit, für ein relativ breites, durch den Rundfunk geschaffenes Publikum zu produzieren (Boyle 1982: 138-139). Auf große Resonanz stießen die Hörspielproduktionen der CBC, die 1938 aufgenommen wurden und allein in den ersten vier Jahren mit rund 350 Ausstrahlungen ein wesentlicher Bestandteil des Abendprogramms waren. In der canadischen Literaturwissenschaft wird diese frühe Hörspielarbeit der CBC heute als wichtigster Impuls für die Herausbildung einer einheimischen Tradition der dramatischen Darstellung bewertet (Woodcock 1985: 5).

Noch erfolgreicher und von deutlich national-integrativer Intention getragen waren die *special interest* Programme der CBC, mit denen sie sich gezielt an die lange Zeit unterversorgte Landbevölkerung richtete, deren Interessen weder von den privaten canadischen noch von den US-Stationen berücksichtigt wurden (Boyle 1982: 138-139, Hodgetts 1946: 461). Ebenso wie die Hörspiele waren die CBC-*Farm-Radio*-Sendungen frei von Werbeeinblendungen und wurden ausschließlich mit Eigenmitteln hergestellt. Die ersten Sendungen starteten 1938 im frankophonen CBC-Network *Radio-Canada* mit der noch heute existierenden Reihe *Reveil Rural*. Ein Jahr später begann ein eigens eingerichtetes *English Farm Department* der CBC mit Serviceprogrammen und täglichen Kurzserien, die den besonderen Problemen der Landbevölkerung gewidmet waren.

Angeregt durch diese Sendungen und unterstützt durch die *Canadian Association for Adult Education*, den Farmerverband *Canadian Federation of Agriculture* und das Landwirtschaftsministerium in Ottawa bildeten sich im ganzen Land zunächst lose Hörergruppen, die sich bereits Ende 1939 im *Farm Radio Forum* zusammenschlossen. Zur Unterssttützung gab die CBC zusammen mit den anderen genannten Organisationen eine Begleitpublikation, den *Farm Forum Guide* heraus. Die Zahl der Hörergemeinschaften nahm in den folgenden Jahren beständig zu und erreichte mit insgesamt 1600 bis 1950 ihren Höhepunkt. Die einsetzende Nachkriegskonjunktur auch in der Landwirtschaft und besonders das Aufkommen des Fernsehens bewirkten von nun an eine rückläufige Tendenz. Insgesamt waren die *Farm Radio*-Sendungen so erfolgreich, daß sie noch 1954 von der UNESCO als weltweit vorbildlich für ähnliche Projekte hingestellt wurden (Nicol/Shea/Simmons 1954: 11 ff. und 70).

Parallel zur Entwicklung der CBC hatte sich auch der private Sektor endgültig etabliert, nicht zuletzt mit der Durchsetzung des Rundfunks als anerkanntes Anzeigenmedium neben der Presse. Allein zwischen 1938 und 1941 hatten sich die gesamten Werbeeinkünfte des Rundfunks annähernd verdreifacht (von 2,5 Mio. auf rund 6 Mio. Dollar), wovon mehr als zwei Drittel entweder direkt in den privaten Sektor flossen oder von der CBC an die angeschlossenen kommerziellen Stationen abgeführt wurden (Peers 1969: 346).

Durch die frühe Aufhebung der 1000-Watt-Beschränkung für private Neuzulassungen mußte das ursprüngliche Konzept der CBC, die kommerziellen Stationen langfristig in den lokalen Bereich abzudrängen, zwangsläufig scheitern. 1948, als die CBC durch die Errichtung von zwei weiteren 50 kw Sendern in Manitoba und Alberta, sowie ein Jahr später mit der Übernahme der Sendeanlagen der *Newfoundland Public Broadcasting Corporation* ihre nationale Versorgungskette (20 Jahre nach der entsprechenden Aird-Empfehlung) endlich schließen konnte, sendeten in Toronto, Montréal und Windsor bereits drei private Schlüsselstationen ebenfalls im 50 kw Bereich. Das canadische Rundfunksystem hatte sich bis zu diesem Zeitpunkt, entgegen aller politischen Erklärungen, zu einem dualen System entwickelt, in dem der öffentliche und der private Sektor als Konkurrenten auftraten.

3.3.3. Die Kampagne der CAB gegen die CBC-Regulierungskompetenz in den Kriegsjahren

Die kommerziellen Stationen hatten die Doppelfunktion der CBC als Rundfunkveranstalter und Regulierungsinstanz nie akzeptiert. In der Tat hatte sich diese Funktionsballung besonders in den Jahren des Zweiten Weltkrieges als nicht unproblematisch erwiesen. So erließ die CBC im Juli 1939 eine Richtlinie zur Regelung von "political and controversial broadcasting", die vor allem die Ausstrahlung bezahlter politischer Werbespots verbot und stattdessen die kostenlose Parteienwerbung in Wahlkampfzeiten einführte - eine Regelung, die bis heute existiert und sich deutlich von US-amerikanischen Praktiken abhob (Nolan 1985: 184-186).

Die Richtlinie enthielt jedoch auch eine Reihe weiterer, äußerst restriktiver Vorschriften: z.B. ein generelles Verbot jeglicher politischer Berichterstattung drei Tage vor und während eines Wahltages, die deutliche Bevorzugung der großen nationalen Parteien bei der Zuteilung von kostenloser Sendezeit für Wahlwerbung, detaillierte und eng gesteckte Vorschriften für die formale Gestaltung der Wahlwerbung u.a.m. (CBC 1944). Der Wahlkampf im Kriegsjahr 1940 war der erste, in dem die Parteien das Radio als politisches Medium voll erkannt und genutzt hatten. Der spätere konservative Premierminister Diefenbaker (1958 - 1963) erinnert sich in seinen Memoiren an die damals strenge Kontrolle von Wahlkampfreden im Radio:

> "The regulations governing its (the radios, d. Verf.) employment, however, were stringent, to say the least (...). You had to have a full script of your proposed remarks examined in advance by the authorities to determine whether or not it contained any matter that was contrary to the Defence of Canada Regulations or that might in any way be used or encouraged or give solace to the enemy. Once it was approved, you had to follow it carefully, without digression" (Diefenbaker 1975: 186).

Die CBC selbst steckte sich in ihrer politischen Berichterstattung enge Grenzen. So wechselte sie zum Beispiel ständig ihre Kommentatoren aus, um den Eindruck politischer Einseitigkeit zu vermeiden (Hodgetts 1946: 461). Die von Diefenbaker genannten *Defence of Canada Regulations* stellten ab 1939 Presse und Rundfunk unter Kriegsrecht (*War Measures Act*). Für den Rundfunk bedeutete dies, daß zeitweilig nur noch Nachrichtenmaterial der einheimischen Agentur *Canadian Press* (CP) verarbeitet werden durfte. Seit Sommer 1940 sind auch auf allen privaten Sendern ausschließlich Nachrichten gesendet worden, die von der CBC zusammengestellt wurden (Swindler 1942: 448-449). Die Tatsache, daß die überall empfangbaren Nachrichten der US-Radiostationen (zumindest bis zum Kriegseintritt der USA) weit geringeren Restriktionen unterlagen, mußte in Teilen der Öffentlichkeit den Eindruck erwecken, die CBC betätige sich nicht als öffentliche Rundfunkanstalt, sondern als Instanz zur Durchsetzung von Regierungsbeschlüssen.

Die CAB, deren Antrag auf Errichtung eines landesweiten kommerziellen Radio-Networks 1942 von der CBC abgelehnt worden war, nutzte nach dem Krieg die Kritik an der CBC-Politik für eine scharfe Kampagne zur Einrichtung einer unabhängigen, außerhalb der CBC angesiedelten Regulierungsbehörde. Sie erreichte ihren vorläufigen Höhepunkt 1947, als der Dachverband der kommerziellen Stationen durch massive Anzeigenkampagnen in Presse und Rundfunk, unterstützt durch zahlreiche Leitartikel in den konservativen Zeitungen, versuchte, einen allgemeinen Stimmungsumschwung zu seinen Gunsten herbeizuführen. Im Juni 1947 legte die CAB ihren Forderungskatalog dem *House of Commons Broadcasting Committee* vor, in dem sie eine Novellierung des Rundfunkgesetzes nach folgenden Kriterien verlangte:

> "1. That freedom of speech on the air should be a matter of RIGHT."

> "2. That such freedom should be properly safeguarded by having the regulation of radio broadcasting in the hands of a licensing and regulatory body which should be as independent as possible of the "government-of-the-day", and which should be appointed directly by and be responsible directly to Parliament itself."
>
> "3. That the functions of such a body should be clearly defined by Parliament, and that its funds should be supplied by Parliament."
>
> "4. That the CBC should be a Corporation operating a national broadcasting system, as was originally intended, but deprived of regulatory power over independent stations" (CAB 1947: 3-4).

Diese Kampagne, in deren Verlauf die CAB das bald gängige Schlagwort von der CBC als "cop and competitor" prägte, war immerhin so erfolgreich, daß im selben Jahr der Parteikonvent der PCP einen bindenden Beschluß faßte, der nicht nur eine solche Funktionstrennung befürwortete, sondern zusätzlich die völlige Abschaffung der Rundfunkgebühren anstrebte. Das bedeutete, daß der ursprüngliche Grundkonsens von Liberalen und Konservativen, die noch 1932 das erste Rundfunkgesetz gemeinsam verabschiedet hatten, nun auch formell aufgekündigt war.

3.3.4. Rundfunk und Kultur: Die Massey Commission

Eine letzte eindeutige Unterstützung des bestehenden Regulierungskonzeptes, verbunden mit einer nachhaltigen Befürwortung des öffentlichen Rundfunkgedankens, wurde 1951 durch den Bericht der *Royal Commission on National Development in the Arts, Letters and Sciences* (*Massey Commission*) ausgesprochen. Die nach ihrem Vorsitzenden benannte *Massey Commission* war im April 1949 von der liberalen Regierung Louis St. Laurent eingesetzt worden, um die kulturelle Gesamtsituation Canadas zu untersuchen und erstmals Empfehlungen für eine umfassende staatliche Kulturpolitik zu erarbeiten (Massey Report 1951. Für eine zusammenfassende Darstellung s. Shea 1952).

Hintergrund des Untersuchungsauftrages war das immer deutlicher hervortretende kulturelle Gefälle zwischen Canada und den USA nach dem Zweiten Weltkrieg. In dem Maße, wie sich die USA nun nicht nur zur politischen und militärischen, sondern auch zur kulturellen Hegemonialmacht entwickelten, wuchs die kulturelle Penetration Canadas. Während US-amerikanische Stiftungen wie die *Rockefeller Foundation* und die *Carnegie*

Corporation in der ersten Hälfte des Jahrhunderts allein rund 20 Millionen Dollar in canadische Kulturprojekte investiert hatten, existierte in Canada selbst keinerlei koordinierte Kulturförderungspolitik. Der canadische Markt für Periodika hatte sich zu einem Appendix der US-Verlage entwickelt - mit rund 86 Millionen Exemplaren wurden Anfang der fünfziger Jahre bereits mehr als doppelt soviele amerikanische wie canadische Zeitschriften im Lande vertrieben (Shea 1952: 14).

In den USA und in Großbritannien waren wissenschaftliche und künstlerische Produkte aus Canada nach wie vor mit dem Stigma der Minderwertigkeit behaftet. Canadische Wissenschaftler etwa, die im anglophonen Ausland publizieren wollten, wurden von ihren Verlagen in aller Regel darauf hingewiesen, daß ein Verweis auf ihre Verbindung zu einer canadischen Universität von vornherein negative Rezensionen und geringe Auflagen bewirken würde (Creighton 1959/1971: 268). Das Klima für die Entwicklung einer eigenständigen Kultur war in den Nachkriegsjahren derart ungünstig, daß sich immer mehr Intellektuelle und Künstler entschlossen, das Land zu verlassen. Der sogenannte "brain drain", die kulturelle Emigration von Wissenschaftlern und Kulturschaffenden vor allem in die USA lag in dieser Zeit bei geschätzten 2500 Personen pro Jahr (Shea 1952: 14; s. auch Exkurs, Kap. 6).

Zur allgegenwärtigen Abhängigkeit der canadischen Kultur von der US-amerikanischen Kulturindustrie stellte die *Massey Commission* fest:

> "A vast and disproportionate amount of material coming from a single alien source may stifle rather than stimulate our own creative effort; and, passively accepted without any standards of comparison, this may weaken critical faculties. We are now spending millions to maintain a national independence which would be nothing but an empty shell without a vigorous and distinctive cultural life. (...) We have made important progress, often aided by American generosity. We must not be blind, however, to the very present danger of permanent dependence" (Massey Report 1951: 381).

Ein unmittelbarer rundfunkpolitischer Anlaß für die *Massey*-Untersuchung lag in der rapiden Entwicklung des Fernsehens in den USA gegen Ende der vierziger, Anfang der fünfziger Jahre. US-Fernsehprogramme breiteten sich - wie rund 25 Jahre zuvor das US-Radio - sofort in den grenznahen kanadischen Metropolen aus. Im Erscheinungsjahr des *Massey-Reports*, in dem es noch keine einzige canadische Fernsehstation gab, dürfte die Zahl der TV-Empfangsgeräte in Canada bereits bei über 100.000 gelegen haben (Weir 1965: 255). Wieder befand sich Canada bei der Ausbreitung eines neuen Mediums in der Defensive gegenüber den USA, wieder reagierte die Regierung darauf auf nun schon gewohnte Weise mit der Einsetzung einer *Royal Commission*. Gleichzeitig markiert die *Massey Commission* jedoch auch den entscheidenden Umschwung hin zu einer Ausweitung der zentralstaatlichen Kompetenz in kulturpolitischen Fragen. Der *Massey Report* führte direkt zur Einrichtung einer bundesstaatlichen Kulturförderungsinstanz (*Canada Council*), deren Programme zunehmend alle Bereiche des kulturellen Lebens beeinflussen sollten (Painchaud 1979: 134-135; Task Force 1986: 10).

Schließlich repräsentierte die *Massey Commission* in ihrer Zusammensetzung eindeutig die kulturelle und intellektuelle Elite des Landes - wenn auch mit einer nun stärkeren Berücksichtigung der Regionen. Ihr Vorsitzender Vincent Massey, Kanzler der *University of Toronto* und später erster nicht-britischer Generalgouverneur Canadas, war eindeutig ein Vertreter des *Nationalist Network* der dreißiger und vierzger Jahre. Bereits 1948, nach einem (für canadische Wissenschaftler damals typischen) mehrjährigen Aufenthalt an britischen Universitäten, veröffentlichte er mehrere kulturpolitsiche Essays (*On Being Canadian*, 1948), in denen er u.a. das Rundfunksystem Canadas als einen politischen Kompromiß der britischen und amerikanischen Vorbilder erkannte, das jedoch immer vom Ziel nationaler Einheit beherrscht sein müsse:

> " When the Government of Canada entered the field of radio control and set up the necessary organization, the primary motive was to harness this tremendous force in the interest of national unity. (...) Private enterprise must not be excluded from this field. We have rightly accepted in Canada a compromise between the British and American systems, but should we ever abandon the principle of broadcasting as a national responsibility, we shall have destroyed a vital instrument of national unification" (Massey 1948: 59-60).

Neben Massey gehörten der Kommission (bis auf den Montréaler Ingenieur Arthur Surveyer) ausschließlich renommierte Universitätsvertreter an: Norman MacKenzie, Präsident der *University of British Columbia*; Georges-Henri Levesque, *Dean of Social Siciences* der *Laval University* Québec; Hilda Neatby, Professorin für Geschichte an der *University of Saskatchewan*. Daß es in dieser Kommission einen deutlichen "bias" zugunsten der CBC und ihres integrativ-kulturellen Programm- und Regulierungsauftrages gab, während die ökonomischen Zwänge der Werbefinanzierung und der Programmkäufe nur am Rande thematisiert wurden, ist daher wenig überraschend: "Essantially, the CBC emerged from the Massey examination smelling like roses" (Task Force 1986: 9).

In der politisch zugespitzten Frage der Rundfunk-Regulierungskompetenz lehnte die *Massey Commission* die Forderung der CAB nach einer Funktionstrennung mit dem Hinweis ab, sie würde die Einheit des nationalen Rundfunksystems zerstören:

> "We have considered these proposals and find that they would either divide and destroy, or merely duplicate the present system of national control. Legislation to set up a separate regulatory body would alter the present national system and would result in two independent groups of radio broadcasting stations, one public and on private. (...) A completely separate body treating public and private radio broadcasting with judical impartiality could not fail to destroy the present system upon which we depend for national coverage with national programmes" (Massey Report 1951, Part 2, Chap. 18, § 36).

Trotz dieser eindeutigen Befürwortung des "single-system"-Rundfunkgedankens hatte sich die Trennung des öffentlichen und privaten Sektors in zwei nach eigenen Zielvorstellungen operierende Bereiche de facto jedoch längst vollzogen. Die grundsätzliche Einschätzung der *Massey Commission* über den einheitlichen Charakter des canadischen Rundfunksystems und die untergeordnete, dienende und weitgehend rechtlose Rolle der privaten Stationen lag so schon damals weit neben der Realität:

> "We believe that Canadian radio broadcasting legislation contemplates and effectively provides for one national system; that the private stations have been licensed only because they can play a useful part within that system; and that the CBC control (...) over matters related to radio broadcasting is a proper expression of the power of the CBC to exercise control over all radio broadcasting policies and programmes in Canada (...). The principal grievance of the private broadcasters is based on a false assumption that broadcasting in Canada is an industry. Broadcasting in Canada, in our view, is a public service directed and controlled in the public interest by a body responsible to Parliament (...). Private citizens are permitted to engage their capital and their energies in this service (...) but that they enjoy any vested right to engage in broadcasting as an industry, or that they have any status except as part of the national broadcasting system, is to us unadmissable" (Massey Report 1951, Part 2, Chap. 18, §§ 29 und 30).

Die eigentliche Bedeutung des *Massey Report* lag so auch schon damals eher in der Stimulierung einer intensiven und anhaltenden Diskussion - zumindest innerhalb der kulturellen und politischen Eliten - über die kulturelle Omnipräsenz der USA, einer Befürwortung staatlicher Verantwortung zum Schutz canadischer Kultur sowie in der erneuten Definition des Rundfunks als integraler Bestandteil natonalstaatlich-kulturpolitischer Strategien (zur zeitgenössischen Rezeption vgl. Shea 1952, Körner 1954: 180 ff., Park 1958, Creighton 1959/1971: 266 ff.).

Was die CBC betraf, forderte die Kommission neben ihrer strikten parteipolitischen Unabhängigkeit vor allem eine erkennbare qualitative Verbesserung des Programmangebotes: deutliche Beschränkungen bei der Übernahme kommerzieller US-Programme, die Ausweitung der französischsprachigen Rundfunkleistungen, eine stärkere Berücksichtigung regionaler Programme, Sicherung von Wortprogrammen, die bessere Information der Hörer über die CBC-Politik sowie den völligen Verzicht auf das lokale Werbegeschäft - letzteres das einzige Zugeständnis an die Forderungen der kommerziellen Anbieter (Massey Report 1951, Part 2, Chap. 18. Recommendations a, h, m, n, p-u).

Zum Ausgleich für den teilweisen Werbeverzicht sollten nicht nur die Rundfunkgebühren beibehalten, sondern innerhalb von Fünfjahresplänen zusätzliche Mittel in Höhe von zunächst 14,2 Millionen Dollar bereitgestellt werden. Eine Anhebung der Rundfunkgebühren auf die von der CBC geforderten fünf Dollar pro Jahr und Teilnehmer lehnte die *Massey Commission* allerdings mit der Begründung ab, eine solche Entscheidung sei überaus "unpopulär" (Massey Report 1951, Part 2, Chap. 18, §§ 60-65) - ein erstes sicheres Indiz für die wachsenden Legitimationsprobleme des gebührenfinanzierten öffentlichen Rundfunks innerhalb eines privatwirtschaftlich geprägten Rundfunksystems, in dem das kommerzielle in- und ausländische Angebot scheinbar umsonst zur Verfügung steht.

Die Gebührenfrage stand auch in unmittelbarem Zusammenhang mit der Entwicklung des Fernsehens. Solange die CBC über keine eigenen TV-Sender verfügte, war eine Erhebung von Fernsehgebühren politisch nicht zu vermitteln. Dennoch empfahl die *Massey Commission*, die Veranstaltung von Fernsehprogrammen in englischer und französischer Sprache ausschließlich der CBC zu übertragen. Keine kommerzielle TV-Station sollte lizenziert werden, bevor die CBC nicht eine nationale Fernsehversorgung sichergestellt hatte. Und auch dann hätten die privaten Anbieter der strikten Aufsicht der CBC zu unterliegen und seien verpflichtet, deren nationale Programme zu verbreiten (Massey Report, Part 2, Televison. Recommendations a, b, c, h).

Nicht nur formal, auch von der inhaltlichen Ausrichtung her blieb die Kommission den Vorstellungen von Rundfunk verhaftet, wie sie sich in der Radio-Ära herausgebildet hatten. Besondere Anforderungen an canadische Fernsehprogramme wurden nicht formuliert, stattdessen sollten ihre Vorschläge bezüglich der CBC-Radioprogramme weitgehend auf das Fernsehen übertragen werden. Die besonderen Herausforderungen an ein canadisches Fernsehen, das sich aufgrund hoher Produktionskosten und geringer Reichweite zu einem Medium zur Verbreitung kommerzieller US-Programme entwickeln konnte, wurden in ihren Konsequenzen erst ansatzweise erkannt. Eine Neubelebung etwa des *Canadian Con-*

tent-Gedankens findet sich im *Massey Report* nur in äußerst allgemeiner Form - der Forderung nach Wahrung des "guten Geschmacks" gleichgestellt:

> "...most of what we have said about radio programmes will apply to television. Again, television may develop and come to concentrate on its more immediately popular capacities (...) leaving more serious programmes to radio and films. For such television programmes it will be essential to ensure the maintainance of good taste and a suitable and adequate use of Canadian material and Canadian talent. (...) We do, however, consider it essential that the Board of Governors excercises the greatest care to control excessive commercialism and other possible abuses both in its own programmes and in the programmes of private stations" (Massey Report 1951, Part 2, Television, §§ 8 und 9).

Die *Massey Commission* war sich der Schwächen ihres Berichtes im Bereich Fernsehen allerdings soweit bewußt, daß sie spätestens drei Jahre nach Einrichtung canadischer TV-Stationen eine erneute unabhängige Untersuchung dieses Komplexes empfahl (Massey Report 1951, Part 2, Television, Recommendation i).

Sechs Monate nach Entgegennahme des Berichtes durch die liberale Regierung St. Laurent verabschiedete das *House of Commons*, trotz der Proteste der CAB, der PCP und der negativen Haltung des Senates, einen Zusatz zum Rundfunkgesetz. Er bekräftigte erneut die Rolle der CBC als Rundfunkveranstalter und Regulierungsinstanz, die Rundfunkgebühren sollten beibehalten und durch staatliche Darlehen ergänzt werden, die mit jährlich 6,25 Millonen Dollar jedoch weit hinter den Massey-Empfehlungen zurückblieben (An Act to Amend the Canadian Broadcasting Act 1936, 1951). Die weitere kostenintensive Entwicklung des Fernsehen ließ jedoch besonders die finanziellen Zugeständnisse sehr bald wieder hinfällig werden.

3.3.5. Resümee: Das "Golden Age" der CBC und die Unterschätzung des Fernsehens

Die Phase zwischen 1936 und 1951 wird eindeutig vom Aufbau der CBC zu einer nationalen öffentlichen Rundfunkeinrichtung bestimmt. Allerdings vollzog sich ihre Etablierung von Beginn an in Konkurrenz zu einem wachsenden kommerziellen Sektor (von dessen Abschaffung nun nicht mehr die Rede ist) und unter vielfältigen politischen Restriktionen. Sie fanden ihren Ausdruck einerseits in der politischen Vermittlung kommerzieller Interessen über maßgebliche Teile der liberalen Partei (insbes. über den zuständigen Minister Howe), andererseits in der mangelnden Finanzierungsbereitschaft seitens der Regierung. Wie schon im Fall der CRBC unter konservativer Ägide standen das hochgesteckte national-kulturelle Mandat und die reale politische Absicherung der CBC nicht in einem angemessenen Verhältnis - auch wenn die ökonomische Basis durch eine kontinuierliche Gebührenfinanzierung gemessen an späteren Jahren als relativ gesichert gelten konnte.

Dennoch manifestiert sich im Rundfunkgesetz von 1936 und in der Ablösung der CRBC durch die CBC in den Jahren der ökonomischen Depression ein hohes Maß an politischem Gestaltungswillen seitens der Liberalen, der historisch nur mit dem rundfunkpolitischen Aufbruch zu Beginn der Trudeau-Ära 1968 (neues Rundfunkgesetz, Einrichtung der CRTC) vergleichbar ist. Generell spiegelt sich in der Entscheidung für die CBC auch jene politisch-kulturelle Grundhaltung wider, die Hardin als "Canadian Public Enterprise Culture" bezeichnet - die historisch gewachsene Grunderkenntnis, daß wesentliche Bereiche des canadischen nationalen Zusammenhaltes nur durch staatliche Initiative und nicht (allein) durch privates Engagement sichergestellt werden können (Hardin 1974: 136-140).

Die Gründung der CBC muß auch als eindeutiger Höhepunkt der gezielten Kampagnen des *Nationalist Network* verstanden werden, die sich in dieser politischen Intensität und Wirksamkeit nicht wiederholen sollten. Der hohe nationale Anspruch an den öffentlichen Rundfunk, Integrationsdefizite anderer nationaler Institutionen auszugleichen, ist daher eines der konstituierenden Elemente der CBC. Zwar stand dieser Anspruch einerseits, wie gezeigt, häufig im Widerspruch zu ihren realen Möglichkeiten und Strukturbedingungen (manifestiert in einer vergleichsweise aggressiven kommerziellen Politik und der Übernahme US-amerikanischer Programme zur Kostensenkung und Publikumsbildung), andererseits verschaffte er dem öffentlichen Rundfunk eine normative Legitimationsbasis, mit der er seine nationale Unverzichtbarkeit in zahllosen tagespolitischen Konflikten begründen konnte. Auch dieses Element wird sich in späteren Auseinandersetzungen um den öffentlichen Rundfunk wiederfinden.

Auf der Programmebene ist es der CBC zweifellos gelungen, ein genuin canadisches Element einzubringen, ganz besonders als Arbeitsfeld und Verbreitungsmedium für einheimische Kulturschaffende sowie mit ihren Programmen für die Landbevölkerung, die erstmals die hochwirksamen Zentrum-Peripherie-Strukturen im Rundfunk aufzubrechen versuchten. Die CBC hatte mit diesen Programmen nicht nur bewiesen, daß auch nicht-kommerzielle Sendungen ein, wenn auch spezielles, Massenpublikum erreichen konnten - sie leistete mit dem *Farm Radio* zudem den ersten signifikanten Beitrag des Rundfunks zur Förderung des *nation building*. Smythe hebt in einer Gesamteinschätzung der ersten zwanzig CBC-Jahre diesen Aspekt besonders hervor:

> "Thanks to the astuteness of the Board and management of CBC and to the dedication of the people they employed, CBC-programming did perform a nation-building role. (...) Regarded as a whole, CBC's public service radio programming between 1936 and the mid-1950s was at least comparable to that of the BBC and state-operated radio service in Europe. Nothing resembling came from the United States commercial system and it would not have happened in Canada if left to the private sector. (...) All in all, CBC-radio from 1936 to the mid-1950s was a battlefield on which the Canadian people made progress toward cultural hegemony, only to find their never-achieved economic hegemony limiting the extent and duration of their cultural offensive" (Smythe 1981: 174-175).

Gleichzeitig ist nicht zu übersehen, daß der rundfunkpolitische Regulierungsauftrag der CBC die politischen Konflikte zwischen Befürwortern und Gegnern des öffentlichen Rundfunks in hohem Maße polarisiert hat. Vor allem die erfolgreiche Verhinderung eines zweiten, kommerziellen Networks und die restriktive Regulierungspolitik in den Kriegsjahren erweckte in Teilen der Öffentlichkeit und unter den Interessenvertretern der privaten Anbieter den Eindruck, die CBC fungiere als eine "Regierungsinstanz", die sich aufgrund ihrer Machtposition gleichzeitig unliebsame kommerzielle Konkurrenz vom Leibe hielt. Der Druck, der in dieser Phase von den kommerziellen Anbietern aufgebaut wurde, sollte später maßgeblich zur Trennung von Programm- und Regulierungskompetenz und zum Aufbau kommerzieller Fernseh-Networks beitragen.

Als herausragendes Ereignis in dieser Periode muß zweitens der Bericht der *Massey Commission* gewertet werden, durch den das Prinzip des Rundfunks als *public service* in einer Zeit deutliche Rückenstärkung erfuhr, in der die wachsende Dominanz der USA auf allen gesellschaftlichen Ebenen eine allgemeine "Atmosphäre der kulturellen Krise" (Black 1975: 57) herbeigeführt hatte. Die Bedeutung dieses Berichtes, durch den die canadische Kulturpolitik entscheidende Impulse erhielt und der bis 1983 die einzige umfassende Kulturanalyse blieb, kann kaum überschätzt werden.

In zwei wichtigen Aspekten muß der *Massey Report* jedoch kritisch bewertet werden:

1. Seine Empfehlungen zielten im Kern auf eine Stärkung der Zentralgewalt in Bildungs- und kulturpolitischen Entscheidungsbereichen (besonders augenfällig in der Einrichtung des *Canada Council* als zentraler Instanz der Kulturförderung), was neue Konflikte mit den Provinzen heraufbeschwor. Besonders Québec sah hier, wie bereits in den frühen dreißiger Jahren vor der Verabschiedung des ersten Rundfunkgesetzes, einen Bruch des BNA,

der diese Politikfelder explizit in die Kompetenz der Provinzen übertragen hatte. Als Antwort auf den *Massey Report* berief Québec nun seinerseits eine *Royal Commission of Inquiry on Constitutional Problems*, die einen extensiven Katalog "kultureller Verfassungsbrüche" Ottawas zusammenstellte (Black 1975: 57). Der Graben zwischen anglophoner und frankophoner Bevölkerung vertiefte sich also paradoxerweise ausgerechnet durch die Empfehlungen einer hochangesehenen Kommission, deren explizites Bestreben in einer Stärkung der gesamten canadischen Kultur gegenüber fremder Dominanz gelegen hatte. Die zumindest theoretische Chance, beide Gründungsnationen kulturell auf gemeinsame Ziele zu verpflichten, wurde durch die zentralistische Ausrichtung des *Massey Reports* nicht wahrgenommen.

2. Die zunehmende Bedeutung der populären Massenkultur - und hier insbesondere die zukünftige Rolle des Fernsehens - wurde deutlich unterschätzt. Obwohl die Ausbreitung des Fernsehens einer der Gründe für die Einrichtung der *Massey Commission* gewesen war, verschob sie dessen Bewertung auf eine spätere Untersuchung. Hier, wie rückblickend Allard, den "high-brow-approach" und ein "britisch-aristokratisches" Kulturverständnis der überwiegend zur kulturellen Elite zählenden Kommissionsmitglieder maßgeblich verantwortlich zu machen (Allard 1979: 211), läßt sich nicht ganz von der Hand weisen.

Massenkultur galt unter der intellektuellen Elite des Landes in jenen Jahren als etwas genuin US-amerikanisches und damit "uncanadisches". In der Tat spiegelte sich nicht nur in der Zusammensetzung, sondern auch im Untersuchungsauftrag der *Massey Commission* eine sehr traditionelle Kulturdefinition wider. Bumstead verweist in einer Untersuchung des US-amerikanischen und canadischen Kulturverständnisses in den fünfziger Jahren auf die weit verbreitete "feindselige" Haltung gegenüber dem neuen kulturellen Phänomen:

> "The attitude was one of critical hostility, based either on an open dislike of popular culture as inconsequential and irrelevant. Both views pervade the Massey Report on `National Development in the Arts, Letters and Sciences', the very phrase given the bias away" (Bumstead 1980: 59).

Selbst Harold Innis, dessen "Bias of Communications" im selben Jahr wie der *Massey Report* erschien, sah die neuen Kommunikationstechnologien (hier vor allem Kino und Radio) generell als Instrumente zur Überbetonung des Vergänglichen, Kurzlebigen und Oberflächlichen. Besonders das Radio, so Innis, "has done more than its share to debase our intellectual standards" (Innis 1951: 82-83). Daß das Fernsehen als "Kulturträger" zu Anfang der Dekade nicht ernst genommen wurde, läßt sich möglicherweise noch mit seiner relativ kurzzeitigen Existenz erklären. Doch noch Anfang der sechziger Jahre leitete W.L. Morton in seiner damals einflußreichen Arbeit "The Canadian Identity" die Unterschiede US-amerikanischer und canadischer Kultur ohne Berücksichtigung des Fernsehens aus der Verbreitung populärer Zeitschriften und *Comic Strips* ab - auch diese für Morton ein "uncanadisches" Phänomen (Morton 1961: 81). Nicht vor 1962 mit dem Erscheinen von Marshall MacLuhans "The Gutenberg Galaxy" hat ein canadischer Intellektueller überhaupt die Notwendigkeit erkannt, das Fernsehen als eigenständiges Medium zu analysieren. Auch Massey hielt es für hinreichend, auf das "neue Medium" schlicht die Programmstandards des "alten" öffentlichen Radios zu übertragen.

Selbst wenn diese wenigen Hinweise sicher nicht ausreichen, die Grundhaltung der canadischen Eliten in dieser Zeit adäquat zu umschreiben, so geben sie doch einen Hinweis darauf, daß sich das Fernsehen in Canada in einer Atmosphäre etablierte, in der seine zukünftige Rolle innerhalb des Mediensystems an einflußreicher Stelle kaum angemessen thematisiert wurde.

3.4. Die Anfänge des Fernsehens: Kommerzialisierung, Amerikanisierung und Regulierung, 1951 bis 1968

Die Einführung des Fernsehens vollzog sich in Nordamerika ebenso ungleichmäßig wie in den frühen zwanziger Jahren die Entwicklung des Radios. In den USA begann die Lizenzierung der ersten kommerziellen Fernsehstationen schon 1941; bis 1948 lag ihre Zahl bereits bei 46. Nach einem vorübergehenden Lizenzierungsstop durch die US-Aufsichtsbehörde FCC im selben Jahr, in dem ein nationaler Plan zur gleichmäßigen Vergabe der VHF- und UHF-Kanäle erstellt wurde, stieg die Zahl der Fernsehstationen ab 1952 rapide an: Von 198 (1953) über 458 (1955) auf 583 (1961) (Kleinsteuber 1990: E97-E98).

Als schließlich im September 1952 die erste zweisprachige TV-Station der CBC in Montréal ihren Sendebetrieb aufnahm (das erste und einzige Experiment mit zweisprachigem Fernsehen überhaupt), standen die rundfunkpolitischen Akteure Canadas bereits unter starkem externen Entscheidungsdruck, was die Formulierung einer nationalen Fernsehpolitik betraf. Drei Faktoren waren es vor allem, welche die Verantwortlichen zu raschem Handeln zwangen:

* Anfang 1953 verfügten bereits acht Prozent der canadischen Haushalte über einen Fernsehempfänger, die ihren Bedarf ausschließlich mit US-amerikanischen Programmen deckten und damit schon frühzeitig an die US-Networks gebunden wurden (Peers 1979b: 46).

* Seit Mitte 1952 operierten in den Grenzstädten Montréal, London und Vancouver die ersten canadischen Kabelsysteme, die Fernsehsignale von jenseits der Grenze mit Großantennen auffingen und an eine wachsende Zahl von Haushalten verteilten. Schon 1955 waren zum Beispiel in Montréal rund 58.000 Haushalte ans Kabel angeschlossen (Hollins 1984: 84; s. ausführlich Kap. 8).

* Nicht zuletzt wuchs der Druck der Elektronik-Industrie auf die Bundesregierung, ihre zunächst restriktive Haltung in der Frage der einheimischen Programmversorgung aufzugeben und damit den canadischen Markt für den Absatz von TV-Empfangsgeräten zu öffnen (Weir 1965: 256).

3.4.1. Kommerzielles Fernsehen statt öffentliches Monopol

Die liberale Bundesregierung hatte sich im Einklang mit den Massey-Empfehlungen zunächst festgelegt, den Aufbau eines nationalen TV-Versorgungssystems ausschließlich der CBC zu übertragen. Die CBC ihrerseits hatte bereits 1947 einen 15-Jahres-Plan zur Entwicklung und Finanzierung eines eigenen Fernsehnetworks vorgelegt, der allerdings nie realisiert wurde (CBC 1986a). Die Erfahrungen in den USA zeigten sehr bald, daß der Betrieb von Fernsehsendern rund zehnmal teurer sein würde als der von Radiostationen. Das hieße aber, der CBC weit mehr Mittel zur Verfügung zu stellen als die für die Aufrechterhaltung des Radiobetriebes bewilligten Summen.

Bereits Ende 1952, als erst zwei CBC-Stationen in Montréal und Toronto in Betrieb waren, rückte die Regierung von ihrem ursprünglichen Konzept ab. Verbunden mit der Aufforderung an die CBC, weitere TV-Sender in Halifax, Ottawa, Winnipeg und Vancouver zu errichten, begann sie schon im folgenden Jahr mit der Lizenzierung kommerzieller TV-Stationen. Unter dem Druck der rapiden Einbindung Canadas in das US-amerikanische TV-Versorgungssystem stand nun nicht mehr die rundfunkpolitische Dominanz der CBC im Mittelpunkt, sondern die möglichst zügige geographische Ausdehnung eines einheimischen TV-Systems. Obwohl die Rundfunk-Lizenzierungskompetenz seinerzeit beim *Department of Transport* lag, war es der damalige Finanzminister, der dem *House of Com-*

mons im Dezember 1952 die Grundzüge dieser Politik erläuterte - ein deutlicher Hinweis darauf, daß trotz nationaler Rhetorik und Verweisen auf die Massey-Empfehlungen die Frage der CBC-Finanzierung letztlich den Ausschlag gegen ein CBC-Fernsehmonopol gegeben hat:

> "The objective will be to make national television service available to as many Canadians as possible through co-operation between private and public enterprise. Under this plan the private stations licensed will carry national program service, besides having time for programming of their own. (...) Since the objective will be to extend services as widely throughout Canada as is practible, no two stations will be licensed at the present to serve the same area" (Minister of National Revenue 1952. Debates: 409-410).

Das hier angekündigte *single station*-Konzept, nach dem in keiner Stadt oder Gemeinde mehr als eine Fernsehstation betrieben werden sollte, solange nicht eine angemessene nationale Versorgung gewährleistet sei, hatte nicht nur für die CBC, sondern für das gesamte Rundfunksystem einschneidende Konsequenzen: Die kommerziellen Stationen konzentrierten sich - wie in der Frühzeit des Radios - nach rein marktwirtschaftlichen Kriterien sofort auf die lukrativen großstädtischen Märkte (darunter acht der zehn Provinzhauptstädte), was die CBC dort am Aufbau eigener Stationen hinderte. Lediglich Toronto und Montréal blieben im alleinigen Einzugsbereich der CBC.

Bereits 1955 besaßen die privaten TV-Anbieter ein deutliches Übergewicht in der Fernsehversorgung. Tabelle 3.2. gibt einen Überblick über die quantitative Entwicklung der TV-Stationen bis zum Jahr 1960:

Tabelle 3.2:

CBC-eigene und private TV-Stationen, 1953 - 1960				
Jahr	CBC/engl.	CBC/frz.	Privat/engl.	Privat/frz.
1953	1	(1)	-	-
1954	4	1	4	-
1955	6	1	17	2
1956	6	2	22	3
1957	6	2	26	4
1958	6	2	31	5
1959	6	2	34	7
1960	7	4	37	8

(Quelle: Peers 1979 b: 46)

Die Übersicht zeigt deutlich, daß die nationale Fernsehversorgung in hohem Maße dem privaten Sektor überlassen wurde: Während die CBC die Zahl ihrer Stationen zwischen 1955 und 1960 lediglich von sieben auf elf erhöhen konnte - bei völliger Stagnation in den Jahren 1956 bis 1959 - erlebten die kommerziellen Sender in eben dieser Stagnationsphase einen rapiden Anstieg.

Hinzu kam, daß die CBC nicht nur durch technische Unterstüzung und Personalschulung die privaten Veranstalter maßgeblich in ihrem Aufbau unterstützte (Weir 1965: 260) - die landesweite Verbreitung von CBC-Programmen konnte nur in intensiver Kooperation mit den kommerziellen Stationen erfolgen. Die Zusammenarbeit war dabei noch enger als im Hörfunkbereich: 1956 waren sämtliche privaten TV-Sender der CBC angeschlossen (*affiliated*). Das bedeutete, daß die CBC dort Sendezeit mietete, während die privaten Sationen die CBC-Programme kostenlos übernehmen konnten. Noch 1965 arbeiteten 44 der nun 59 Privatstationen mit der CBC zusammen (Peers 1979b: 284). Die Fernsehpolitik der Bundesregierung hatte innerhalb weniger Jahre dazu geführt, daß die CBC ihre ehemals dominierende Stellung innerhalb des canadischen Rundfunksystems einbüßte.

Die fünfziger Jahre markierten auch das Ende der Rundfunkfinanzierung über Teilnehmergebühren, für die sich in dem nun deutlich kommerziell geprägten System keine

Legitimationsgrundlage mehr fand. Bereits 1953, ein Jahr nach dem Sendestart des CBC-Fernsehens, hatte die Bundesregierung eine 15-prozentige Verkaufssteuer auf Fernsehgeräte eingeführt, deren Erlöse direkt in den CBC-Haushalt fließen sollten. Dabei wurde allerdings nicht berücksichtigt, daß der anfängliche Verkaufsboom bei TV-Empfängern sehr bald seinen Höhepunkt überschritten haben würde, wenn die Versorgung der großstädtischen Bevölkerung weitgehend erreicht war. Tabelle 3.3. zeigt, daß bereits ab 1957 der erste Einbruch beim Geräteabsatz zu verzeichnen war:

Tabelle 3.3:

Versorgung der Haushalte mit Fernsehgeräten, 1953 - 1960			
Jahr	Haushalte (Prozent)	Zuwachs (Prozentpunkte)	Versorgungsgrad (Prozent)
1953	8	0	26
1954	17	9	43
1955	34	17	66
1956	51	17	72
1957	57	6	78
1958	67	10	82
1959	73	6	85
1960	78	5	87

(Quelle: Peers 1979 b: 46)

Die frühe Fernsehentwicklung in Canada verlief erkennbar nach einem Muster, das von keinem der rundfunkpolitischen Akteuere je akzeptiert worden war: Die Bundesregierung fand sich durch die Abschaffung der Rundfunkgebühren und das frühe Scheitern der Gerätesteuer-Politik in der Position des Hauptfinanziers der CBC - und das nur rund 20 Jahre nach Bennetts Versicherung, ein nationales Rundfunksystem würde den Staatshaushalt nicht belasten. Die CBC geriet dadurch nicht nur in eine enge Abhängigkeit von finanzpolitischen Entscheidungen der Regierung, sondern war gezwungen, ihr Budget durch Werbeeinkünfte und Programmeinkäufe zu stablisieren. Über die Mittel, die zur Errichtung einer dominierenden Position im canadischen Fernsehen nötig gewesen wären, hat sie in dieser Phase nie verfügt. Den kommerziellen Fernsehanbietern schließlich mußte ein Regulierungssystem immer weniger akzeptabel erscheinen, das ihnen zwar private Investitionen ermöglichte, in dem sie andererseits unter der faktischen Kontrolle eines Konkurrenten auf dem Werbemarkt standen.

Vor diesem Hintergrund soll ein Aspekt nicht unerwähnt bleiben, der in der damaligen Diskussion allerdings so gut wie gar nicht berücksichtigt wurde: Trotz ungesicherter finanzieller Basis kam der CBC in der Entwicklung der Rundfunktechnologie (und damit in der industriellen Entwicklung insgesamt) eine entscheidende Rolle zu. Anders als die kommerzielle Konkurrenz leistete sie einen signifikanten Beitrag zu technologischer Forschung und Entwicklung und war der weitaus wichtigste Kunde für canadische Rundfunk-*Hardware*. Als einziger Veranstalter mit einem nationalen Versorgungsauftrag finanzierte sie nahezu ausschließlich den Aufbau des canadischen Telekommunikations-Networks. Bis 1958 existierten zur Verbreitung der CBC-Programme 4.200 Meilen Richtfunkstrecken zwischen Atlantik und Pazifik, deren Errichtung der einheimischen Telekommunikationsindustrie Aufträge im Wert von rund 50 Millionen Dollar einbrachten (Gillick 1985: 21-22). Wenn die Telekommunikationsindustrie Canadas heute auch international eine Spitzenstellung einnimmt, so verdankt sie das nicht unmaßgeblich dieser industriellen "take off"-Phase, für die der öffentliche Rundfunk die bei weitem wichtigsten Impulse gab.

3.4.2. Der Fowler Report 1957: Aufwertung des kommerziellen Sektors

Die liberale Regierung Louis St. Laurent entschied sich in Übereinstimmung mit der Empfehlung des *Massey Reports* im Dezember 1955 für die Einsetzung einer weiteren *Royal Commission on Broadcasting* (unter dem Vorsitz des Industriellen Robert Fowler) - der dritten Untersuchungskommission in weniger als 30 Jahren, die grundlegende Vorschläge für eine Umstrukturierung des Rundfunksystems erarbeiten sollte. Wie die früheren Rundfunkkommissionen nahm auch die *Fowler Commission* ihre Tätigkeit aus einer deutlichen Position der rundfunkpolitischen Defensive heraus auf:

> "The Fowler Commission was now formed against a background of considerable dissatisfaction with the existing broadcasting system and a feeling that things had to be sorted out before television developed too far" (Task Force 1986: 11).

Die Zusammensetzung der *Fowler Commission* fällt deutlich aus dem üblichen Rahmen, den frühere und auch zahlreiche spätere Kommissionen steckten. Sie war weit weniger akademisch und von politischem Proporz geprägt, dabei stärker privatwirtschaftlich orientiert und regierungsnäher als ihre Vorläuferinnen. Robert Fowler war Mitglied der regierenden Liberalen Partei, hatte schon vorher in regierungsnahen Einrichtungen und Kommissionen gearbeitet und war zum Zeitpunkt seiner Ernennung Vorsitzender der *Canadian Pulp and Paper Association*, dem Interessenverband der bedeutenden canadischen Papierindustrie. Als zweites Mitglied wurde der damalige (frankophone) canadische Botschafter in Kolumbien, Edmonde Turcotte, berufen. Hinzu kam James Stewart, wie John Aird Präsident der canadischen Handelsbank (McCormack 1959: 93-94, Bird 1988: 250).

Auch in Sprache und Aufbau entspricht der *Fowler Report* nicht den üblichen Maßstäben eines politischen Untersuchungsberichtes. Statt durch einen klar abgegrenzten und eindeutigen Katalog von Empfehlungen zeichnet er sich durch einen halbliterarischen, eher am gewählten Ausdruck denn an Klarheit orientierten Stil aus (McCormack 1959: 93). Eine Tatsache, die besonders in der strittigen Frage der Rundfunkregulierung zu widersprüchlichen und fast beliebigen Interpretationen Anlaß geben sollte.

Insgesamt ist der *Fowler Report* von 1957 durch eine deutliche Aufwertung des privaten Sektors innerhalb des Rundfunksystems geprägt, über dessen Investitionen nicht mehr (wie im geltenden Gesetz vorgesehen) das Damoklesschwert der möglichen Enteignung schweben sollte. Die rundfunkpolitische Rolle der CBC wird dagegen unübersehbar schwächer definiert, verglichen mit dem Tenor des *Massey Report*. So erkennt der *Fowler Report* in seiner durchaus widersprüchlichen Kernpassage einerseits die Existenz des "gemischten Rundfunksystems" an, spricht jedoch gleichzeitig von der Weiterexistenz des *single system*, über das bisher die Regulierungskompetenz der CBC legitimiert wurde:

> "...it should be recognized by everyone
>
> 1. that the mixed system of public and private ownership is here to stay;
>
> 2. that the state agency may grow, as Canada grows, but its functions are not to be extended to do the whole job of providing radio and television services to Canadians;
>
> 3. that private stations should individually be required to justify the continued grant of a valuable public franchise and that some may lose their licenses because of a shabby performance, but private operators should stop worrying about the bogey of nationalization that has filled them with suspicion and fear in the past; and

4. that, for the forseeable future, we will continue to have a single broadcasting system in which all Canadian radio and television stations, public and private, present and future, will be integral parts, regulated and controlled by an agency representing the public interest and responsible to Parliament" (Fowler Report 1957, Vol. 1: 13.).

Damit war spätestens jetzt das "Schreckgespenst" einer Nationalisierung des privaten Rundfunks durch eine "Staatsagentur", wie es in der Terminologie der kommerziellen Betreiber ausgedrückt wird, endgültig gebannt. Andererseits bedeutete dies lediglich die explizite Anerkennung einer politischen Realität, in der von Nationalisierung längst nicht mehr die Rede war und wo die CBC ihre dominierende Rolle zuletzt durch die staatliche Fernsehpolitik deutlich eingebüßt hatte.

In der überaus strittigen und beherrschenden Frage der CBC-Regulierungskompetenz über den gesamten Rundfunk kommt der *Fowler Report* den Forderungen der kommerziellen Anbieter nach einer Funktionstrennung sehr weit entgegen. Neben dem *Board of Governors* der CBC wird ein weiteres Gremium vorgeschlagen, das als *Board of Governors of Canadian Broadcasting* die Regulierungsfunktionen sowohl über den öffentlichen als auch über den privaten Sektor wahrnehmen soll. Obwohl Fowler hier recht eindeutig davon spricht, daß dieses Gremium nicht mit der CBC identifiziert werden und allein dem Parlament gegenüber verantwortlich sein soll (Fowler Report 1957, Vol. 1: 92), bleiben Rechtsform und Kompetenzen weitgehend im Unklaren. Je nach politischem Standort interpretierten die kommerziellen Anbieter diese Regelung als die lange geforderte, endgültige Funktionstrennung nach Programmverantwortung der CBC und Regulierungspolitik, während die Befürworter des *single-system*-Gedankens die Entstehung einer Art "CBC-*Superboard*" herauslasen (Bird 1988: 251). Die Klärung dieser Widersprüche sollte sich erst durch die Verabschiedung eines neuen Rundfunkgesetzes im Jahr 1958 ergeben.

Ein weiteres entscheidendes und nach wie vor ungelöstes Problem war die gesicherte Finanzierung der CBC. Eine Rückkehr zur Gebührenfinanzierung wurde einhellig abgelehnt. Der *Fowler Report* schlug für die Berechnung des Finanzbedarfes zunächst eine Trennung von Grundkapitalausstattung und laufenden Betriebskosten vor, wobei die erste von Darlehensbasis auf jährlich vom Parlament zu bewilligende Zuschüsse umgestellt werden sollte. Um dennoch einen kontinuierlichen und politisch unbeeinflußten Anstieg der Finanzen sicherzustellen, sollten die Mittel zur Deckung der laufenden Betriebskosten proportional zum allgemeinen Wirtschaftswachstum angehoben werden und pro Jahr einem Prozent des Bruttosozialproduktes entsprechen (Fowler Report 1957, Vol 1: 247-253).

3.4.3. Die "friedliche Invasion der canadischen Wohnzimmer"

Bemerkenswert am *Fowler Report* von 1957 ist unter anderem die erstmalige Einbeziehung der jungen canadischen Kommunikationswissenschaft in die Untersuchung. In einem Anhang lieferte Dallas Smythe die erste Programmanalyse von Radio und Fernsehen in Canada (Smythe 1957). Sie zeigt, daß sich einige der bis heute vorherrschenden Strukturelemente der Programmgestaltung bereits in den fünfziger Jahren herausgebildet haben.

Das Radio war nach dieser Analayse deutlich auf dem Weg zum Begleitmedium, das statt anspruchsvoller Hörspiele u.ä. nun überwiegend Musik und Nachrichten sendete. Wenige Jahre zuvor hatte die *Massey Commission* in der vermuteten programmlichen Abgrenzung des Radios zum primär unterhaltenden Fernsehen noch das Gegenteil prognostiziert (s.o.). Der Musikanteil lag für alle Programme bei durchschnittlich 56,5 Prozent, Nachrichten ("news programming") bei 10,8 Prozent; die dominierende Musikkategorie war "popular and dance" mit 39,6 Prozent. Die Programme der damals drei CBC-Networks (*Trans-Canada English, Dominion English, French*) wichen von diesem Schema nur insofern ab, als sich dort jeweils unterschiedliche Gewichtungen nach Unterhaltungsmusik und ernster Musik zeigten (Smythe 1957: 135-152). Eine Differenzierung nach canadischen und nicht-canadischen Musikanteilen war aufgrund der zwar gesetzlich vorgeschriebenen, jedoch überaus mangelhaften Programmaufsicht nicht möglich. Vor dem Hintergrund des von Smythe ermittelten rund 99-prozentigen Anteils von Schallplattenmusik im Radio kann jedoch davon ausgegangen werden, daß der weit überwiegende Teil nicht aus Canada stammte, da vor allem populäre canadische Musik auf Platten schlicht nicht verfügbar war (Bumstead 1980: 68).

Für das Fernsehen konnte eine Unterscheidung in canadische und nicht-canadische Programmanteile indes vorgenommen werden. Danach waren 48,5 Prozent aller Programme, die von canadischen TV-Stationen ausgestrahlt wurden, einheimische Produktionen, 47,9 Prozent stammten aus den USA und 3,6 Prozent aus anderen Ländern. Bei englischsprachigen Stationen lag der US-Anteil mit 53,1 Prozent über dem Durchscnitt, während französischsprachige Sender lediglich 8,4 Prozent ihres Angebotes aus den USA importierten und 80,5 Prozent mit einheimischen Produktionen bestritten (Smythe 1957: 69; zum frankophonen Fernsehen s. ausführlich Kap. 7). Diese Werte berücksichtigen jedoch nicht das tatsächlich empfangbare Gesamtangebot (inklusive US-Stationen) und die Programmunterschiede von CBC und privaten Anbietern. Smythe hebt jedoch hervor, daß in Canada nahezu sämtliche "seriösen" Programme der Sparten Kultur, Musik, Fernsehspiel/Fernsehserie (drama) sowie der größte Teil der Sportsendungen hergestellt wurde - in diesem Fall überwiegend von der CBC. Im Bereich der reinen Unterhaltung dominierten im TV-Angebot der canadischen Stationen jedoch deutlich US-amerikanische Produktionen, wie die folgende Grafik zeigt:

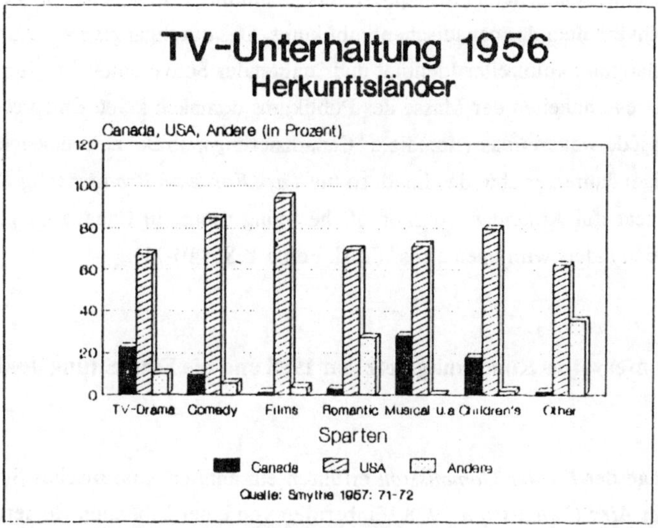

US-Unterhaltungssendungen beherrschten nicht nur prozentual das Gesamtangebot canadischer TV-Stationen, sie ballten sich zudem überwiegend auf die abendliche *prime time*, in der die höchsten Einschaltquoten und Werbeeinkünfte erzielt werden (Weir 1965: 374-375).

Smythe hatte 1957 lediglich das Angebot canadischer Stationen untersucht, nicht jedoch die tatsächliche Sehbeteiligung für einheimische und US-amerikanische Programme. Mit dem Einsetzen regelmäßiger Einschaltquotenmessungen im Jahr 1960 zeigte sich, daß die Sehbeteiligung bei US-Programmen insgesamt deutlich über deren Anteil am innercanadischen Gesamtangebot lag. Für Toronto wurde beispielsweise ermittelt, daß 68 Prozent der Gesamtsehdauer auf US-amerikanische Sender entfiel und noch einmal 11 Prozent auf amerikanische Programme bei canadischen Stationen. Im nördlicher gelegenen Edmonton, wo damals ausschließlich einheimische Sender zu empfangen waren, widmeten die Zuschauer immerhin noch 66 Prozent der Fernsehzeit amerikanischen Programmen. Und selbst in Montréal, das über ein dominierendes französischsprachiges Angebot verfügte (s.o.) und wo eine natürliche Sprachbarriere vermutet werden könnte, überstieg die Sehdauer bei US-Stationen noch die 50-Prozent-Marke (Bumstead 1980: 65). Ein wesentlicher Anteil der Sehbeteiligung für US-Programme dürfte dabei auf die Nutzung der Kabelfernsehens entfallen sein, das sich, wie gezeigt, besonders in den grenznahen Großstädten rasant entwickelt hatte und vornehmlich mit US-Programmen gespeist wurde (s. Kap. 8).

Der Konsum amerikanischer Fernsehprogramme dominierte also schon in den fünfziger Jahren das Sehverhalten des canadischen Publikums. Das durchgängige rundfunkpolitische Motiv der Erlangung kultureller Identität und "nationaler Souveränität im Äther" findet in den Einschaltgewohnheiten der Masse des Publikums demnach keine Entsprechung - eine Tatsache, die jede weitere massenmediale "Canadisierungspolitik" zu brücksichtigen hatte. In den fünfziger Jahren erlebte das Land, so die *Task Force on Broadcasting Policy* 1986, "a veritable peaceful American invasion of the living rooms in Canada - and Canadians welcomed the invaders with open arms" (Task Force 1986: 10-11).

3.4.4. Das konservative Rundfunkgesetz von 1958 und die Einrichtung des BBG

Die Vorschläge der *Fowler Commission* erfuhren ein ähnliches politisches Schicksal wie diejenigen der *Aird Commission* 1928: Einberufen von einer Liberalen Regierung war die Realisierung der Empfehlungen Sache der Konservativen. Im März 1958 übernahm die PCP, erstmals seit 1936, wieder die Regierung - ausgestattet mit einer absoluten Mehrheit im *House of Commons*.

John Diefenbaker, der neue Premierminister, galt bereits in den vierziger Jahren als entschiedener Unterstützer der CAB-Kampagne für eine Trennung von CBC-Programmpolitik und allgemeiner Regulierungskompetenz. Rundfunkpolitik war eines der beherrschenden Themen des Wahlkampfes, in dem der konservative Spitzenkandidat die Verabschiedung eines neuen Rundfunkgesetzes ankündigte, dessen Kern die Einrichtung einer Regulierungsinstanz außerhalb der CBC sein sollte. In einer Wahlkampfrede Diefenbakers von 1958 hieß es diesbezüglich:

> "We intend to bring in legislation for a semi-judical body (...) so that radio and television will have the justice which is the essence of our system. The time is long overdue for private stations that their cases shall be judged by an independent body, instead of as in the past by those in national competition acting as both judge and jury" (Zit.n. Ellis 1979: 43-44)

Auch Diefenbaker bediente sich in der Begründung seiner Politik nationaler (und zum Teil antikapitalistisch erscheinender) Argumente, wie sie in der Rhetorik der beiden vorherrschenden Parteien seit jeher gängig waren. In seinen Memoiren beklagt er das künstlerische und intellektuelle "dumping" durch die USA in den fünfziger Jahren und macht Radio und Fernsehen für die "Überschwemmung mit kulturellen und politischen Werten" des südlichen Nachbarn mitverantwortlich. Die kommerziellen Stationen, ausgestattet mit Rundfunklizenzen der Liberalen, hätten dafür ebenso die Verantwortung zu übernehmen wie die CBC, die vollständig von der liberalen Ideologie des "Kontinentalismus" indoktriniert gewesen sei. Um die "Erosion des Nationalbewußtseins" zu stoppen, sei es daher unbedingt notwendig gewesen, die nationale Rundfunkpolitik einer Instanz zu übertragen, die nur dem Parlament und den "Bedürfnissen der canadischen Nation" gegenüber verantwortlich sei (Diefenbaker 1976: 304).

Ein neues konservatives Rundfunkgesetz wurde sofort nach der Amtsübernahme auf den Weg gebracht und bereits ein halbes Jahr nach dem Wahlsieg, im September 1958, vom Parlament verabschiedet. Für die CBC bedeutete das Gesetz die nun völlige Abhängigkeit vom Finanzierungswillen der Mehrheitsfraktion im *House of Commons*. Ihr Budget muß seit 1958 Jahr für Jahr vom Bundesparlament bewilligt werden, wie es eine Teilempfehlung der *Fowler Commission* vorgesehen hatte. Der zweite, weitaus wichtigere Teil dieses Finanzierungsvorschlages, die progressive Finanzierung der Betriebsaufwendungen orientiert an den Steigerungsraten des Bruttosozialproduktes nämlich, findet sich im Rundfunkgesetz dagegen nicht wieder (Broadcasting Act 1958, Part 2, §§ 33-35). Für den CBC-*Board Chairman* Davidson Dunton war dieses neue Rundfunkgesetz Anlaß zum sofortigen Rücktritt (Bird 1988: 268).

Der CBC-*Board of Governors* wurde aufgelöst und durch ein Präsidialsystem ersetzt. Präsident und Vizepräsident der CBC (Amtszeit sieben Jahre) sowie neun Direktoren (drei Jahre) wurden sämtlich vom Bundeskabinett (*Governor in Council*) eingesetzt und konnten von diesem auch wieder abberufen werden. Die Befugnisse der CBC-Führung beschränken sich seitdem auf Programmgestaltung und Verwaltung (Broadcasting Act 1958, Part 2, §§ 22-30). Die CBC wurde damit endgültig zu einer der für Canada typischen "arms-lengths-institutions" - eine zwar formal unabhängige Einrichtung, die jedoch innerhalb der Reichweite von Regierungsentscheidungen operiert. Die Umstrukturierung war so weitreichend, daß Diefenbaker zu Recht davon sprechen konnte, bei dieser CBC handelte es sich um eine neue Rundfunkeinrichtung, die nur den alten Namen beibehalten hätte (Diefenbaker 1976: 305).

Die privaten Stationen erhielten, trotz im Wahlkampf vorgetragener Kritik an ihrer Programmgestaltung, implizit das lange geforderte Recht auf die faktische Nutzung von Rundfunkfrequenzen als Privateigentum, da diese nun nicht mehr als öffentliches Eigentum definiert wurden. Ein entsprechender Passus, wie er noch im Gesetz von 1936 enthalten war (Broadcasting Act 1936, § 15/5), wurde nicht wieder aufgenommen.

Kern des Rundfunkgesetzes war die angekündigte Einrichtung einer außerhalb der CBC angesiedelten Regulierungsinstanz, des *Board of Broadcast Governors* (BBG), der sowohl für die CBC als auch für den kommerziellen Sektor zuständig war. Die Regulierungskompetenz erstreckte sich ausdrücklich nur auf "broadcasting by means of Hertzian waves" (Broadcasting Act 1958, § 2), also nicht auf das Kabelfernsehen, das sich auch unter der Ägide des BBG ungehindert und ohne Rechtsaufsicht als Verbreitungsmedium für US-Programme entwickeln konnte. Das Recht auf Lizenzerteilung und Lizenzentzug verblieb weiterhin beim *Department of Transport* der Bundesregierung. Der BBG hatte jedoch die Möglichkeit, Empfehlungen in Lizenzfragen zu unterbreiten. Allerdings hatte jeder Empfehlung eine öffentliche Anhörung vorauszugehen, zu der die CBC in jedem Fall geladen werden mußte und an der jeder interessierte Lizenzhalter oder Lizenzbewerber teilnehmen konnte (Broadcasting Act 1958, § 12).

Dieses Prinzip der öffentlichen Verhandlung lizenzrelevanter rundfunkpolitischer Probleme ist seitdem fester Bestandteil der Rundfungesetzgebung und erklärt zu einem Teil, warum in Canada Rundfunkfragen öffentlich sehr viel intensiver und kontroverser diskutiert werden als etwa in der Bundesrepublik Deutschland.

Die Regulierungskompetenzen des BBG waren weitgehend mit denen des *CBC-Board of Governors* identisch (zeitliche und inhaltliche Regelung von Werbung, Bildung und Betrieb von Networks, Entwicklung von Programmstandards, Wahlkampfwerbung politischer Parteien). Hinzu kam jedoch das Recht, Vorschriften für die Förderung und Sicherung der stärkeren Nutzung von "Canadian talent" in Radio und Fernsehen zu entwickeln (Broadcasting Act 1958: § 11/e) - ein Passus, der dem Gesetzeszusatz von 1951 entlehnt ist, jedoch nun in die Kompetenz eines Aufsichtsgremiums übertragen worden war.

Der BBG bestand aus drei hauptamtlichen (*full time*) und zwölf ehrenamtlichen (*part time*) Mitgliedern, die vom *Governor in Council* für eine Amtszeit von sieben, resp. fünf Jahren berufen wurden. Vorsitzender wurde mit Andrew Stewart der Präsident der *University of Alberta*, ihm beigeordnet waren mit Roger Duhamel und Carlyle Allison zwei Zeitungs-Chefredakteure (*La Patrie*, Montreal und *Winnipeg Tribune*) (Bird 1988: 284). Die übrigen

Mitglieder wurden offenbar überwiegend nach parteipolitischen und ansonsten "wenig durchschaubaren Kriterien" ausgewählt (Ellis 1979: 48-49). Sie genügten wohl den formalen - vor allem regionalen - Vielfaltsanforderungen, hatten jedoch keinerlei rundfunkpolitische Kompetenz vorzuweisen. Vor dem Hintergrund der tiefgreifenden Strukturprobleme des canadischen Rundfunks und Diefenbakers Versicherung, "that this body would become the means of the kind of national broadcasting system the nation deserved" (Diefenbaker 1976: 305), kann die Zusammensetzung des BBG nur als kurios bezeichnet werden. Neben Stewart saßen im BBG: drei Zeitungsvertreter, ein Baptistenpfarrer, der Forschungsdirektor des *Canadian Labour Congress*, drei Juristen, ein Universitätspräsident, ein ehemaliger Bürgermeister, ein Blumenhändler aus Vancouver, der Leiter eines Postamtes in Cape Breton, der Direktor der *Canadian Arthritis and Rheumatism Society*, sowie zuguterletzt die Zahnärztin des Premierministers (McCormack 1959: 100; Bird 1988: 284). Ein Gremium, wie Diefenbaker sich erinnert, "truly representative of all areas and sectors of the nation" (Diefenbaker 1976: 305).

In die Amtszeit dieses offenbar recht willkürlich zusammengetzten Gremiums fallen zwei Entscheidungen, die die Struktur des canadischen Rundfunksystems und die zukünftige Regulierungspraxis maßgeblich beeinflussen sollten: Die Verabschiedung der ersten echten *Canadian Content*-Bestimmungen und die Zulassung kommerzieller Fernseh-Networks.

3.4.5. Canadian-Content-Bestimmungen des BBG und die Zulassung kommerzieller Fernseh-Networks

Nachdem die ursprüngliche Version der *BBG Broadcasting Regulations* vom Juli 1959 bis auf wenige Änderungen mit denen des *CBC-Board of Governors* identisch waren, erließ der BBG im Dezember des selben Jahres erstmals gesonderte Bestimmungen für den Fernsehsektor. Diese *Radio (TV) Broadcasting Regulations* enthielten die ersten detaillierten Quotenregelungen zur Festlegung des Verhältnisses einheimischer und ausländischer Programmanteile. Nach einer Übergangszeit von 15 Monaten war ab April 1961 ein genereller Mindestanteil von 45 Prozent für canadische Programme ("programs that are basically Canadian in content and character") bei allen Fernsehstationen vorgeschrieben, der nach einem weiteren Jahr auf 55 Prozent angehoben werden sollte. Bemessungsgrundlage war ein festgelegter Zeitraum von vier Wochen im April jeden Jahres (Radio (TV) Broadcasting Regulations 1959: § 6).

Vor dem Hintergrund der von Smythe 1957 ermittelten Daten über den US-Anteil im canadischen Fernshen schienen Eingriffe in die Programmgestaltung selbst unter konservativer Führung unabwendbar:

> "Even a government very sympathetic to the concerns of private enterprise realized that content regulations were absolutely indispensable to the health, the very existence, of a domestic program production industry, if not the broadcasting system taken as a whole" (Ellis 1979: 49).

Der Kriterienkatalog zur Festlegung des besonderen "canadischen Charakters" einer Sendung erwies sich allerdings als überaus weitmaschig. Als canadisch galten danach folgende Programme:

* Alle Sendungen, die ein einheimischer Lizenznehmer selbst herstellt;
* sämtliche Nachrichten und Kommentare;
* Übertragungen von Ereignissen außerhalb Canadas, an denen Canadier teilnehmen oder die von allgemeinem Interesse für das canadische Publikum sind;
* Programme, die innerhalb des *Commonwealth* oder in französischsprachigen Ländern hergestellt wurden;
* Filme solcher Produktionsgesellschaften, die canadischem Recht unterliegen und über eine Mehrheit von canadischen Direktoren verfügten;
* alle Programme, die auf besonderen Antrag eines Lizenzhalters vom BBG als canadisch eingestuft werden (Radio (TV) Broadcasting Regulations 1959, § 6).

Die generelle Einbeziehung etwa solcher Programme in die *Canadian Content*-Definition, die aus dem *Commonwealth* oder aus frankophonen Ländern importiert wurden, mochte zwar der Beschränkung des US-Einflusses dienen, nicht jedoch der notwendigen Stärkung des einheimischen Produktionssektors. Vor allem aber die *general interest*-Klausel brachte diese Kriterien an den Rand der Beliebigkeit und legen die begründete Vermutung nahe, daß es sich hier primär um einen Akt symbolischer Politik handelte: Als Ereignisse von "allgemeinem Interesse", deren Übertragung zu 100 Prozent als *Canadian Content* angerechnet wurde, galten beispielsweise eine Rede des US-Präsidenten, Spiele amerikanischer Eishockey-Teams im Rahmen der *World Series* oder auch die Übertragung der Oscar-Verleihung in Hollywood. Die Beurteilung dieser frühen *Canadian Content*-Bestimmungen sind in der Literatur eindeutig negativ - sie reichen von der bündigen Feststellung, das ganze sei ein "joke" (Crean 1976: 50) bis hin zur abgewogeneren Einschätzung, der

BBG hätte große Schwierigkeiten gehabt, seinen Quotenregelungen die "angemessene Bedeutung" zu verleihen (Task Force 1986: 12).

Hinzu kommt, daß diese Bestimmungen zwischen 1960 und 1964 insgesamt dreizehnmal modifiziert, verändert, eingeschränkt oder ergänzt wurden. Die wichtigsten dieser Änderungen sind die Aussetzung des angestrebten 55-Prozent-Anteils bis in das Jahr 1965 hinein (BBG 1964), die Verringerung der Quote auf 40 Prozent in der *prime time* zwischen 18.00 Uhr und 24.00 Uhr (BBG 1962) und die Erlaubnis, innerhalb als canadisch definierter Sendungen maximal 20 Prozent mehr Werbung als üblich ausstrahlen zu dürfen (BBG 1962).

Trotz dieser überaus inkonstistenten Praxis rief allein die Tatsache, daß das neue Aufsichtgremium überhaupt in die wirtschaftliche Dispositionsfreiheit von Rundfunkunternehmen einzugreifen beabsichtigte, den scharfen Protest der kommerziellen Stationen und der werbetreibenden Wirtschaft hervor. Als symptomatisch für deren Haltung mag ein Schreiben gelten, das der Präsident des damals bedeutendsten TV-Anzeigenkunden, *Proctor & Gamble Canada*, an eine private Station in Winnipeg richtete:

> "I can confidently assure you that if new regulations force up the already high cost per thousand of television, Canada's biggest television advertiser will not hesitate to switch into media that offer better value of money. I am, of course, implying that the proposed regulations may seriously damage the economic health of the television broadcasting business; and I therefore believe that it is vitally in your interest to put up, individually or through C.A.B., the strongest possible fight against the B.B.G.'s proposals" (Zit.n.: Ellis 1979: 49-50).

Auf der Gegenseite formierte sich der Widerstand gegen die BBG-Version der *Canadian Content*-Bestimmungen um die 1960 gegründete *Association of Canadian Television and Radio Artists* (ACTRA). Hier organisieren sich seitdem Autoren, Schauspieler, Sprecher und andere Medienschaffende, für die wirksame Quotenregelungen gleichbedeutend sind mit Erhalt und Einrichtung von Arbeitsmöglichkeiten in Canada. Wenn auch nicht vergleichbar mit den Kampagnen der CRL dreißig Jahre zuvor leistete die ACTRA eine nicht unwesentliche Lobbyarbeit in den sechziger Jahren zugunsten einer effektiven Quotierungspolitik (Crean 1976: 50). In einer Stellungnahme aus dem Jahr 1964 beklagte die ACTRA, daß canadische Rundfunkanbieter nach wie vor große Summen für den Einkauf US-amerikanischer Programme ausgaben, statt die Gelder im Lande selbst zu investieren und damit das immer noch gravierende Problem der massiven Abwanderung von Kulturschaffenden in die USA einzudämmen:

> "Canada spends millions of dollars in foreign exchange every year for the importation of television films. Most of the foreign exchange is spent in the United States (...). In other words we are virtually subsidizing the American television film industry, neglecting our own, importing large quantities of television programs and exporting that precious and irreplaceable commodity, our Canadian artist" (Zit.n. Crean 1976: 50-51).

Bedeutender noch als die Implementierung der ersten *Canadian Content*-Bestimmungen war in dieser Phase der Rundfunkpolitik die weitere Stärkung des kommerziellen Sektors: Im Oktober 1961 lizenzierte der BBG in Einklang mit der seit Jahrzehnten vorgetragenen CAB-Forderung ein zweites national operierendes Network, das kommerzielle *Canadian Television Network* (CTV) mit englischsprachigem Programm. CTV ermöglichte den Zusammenschluß von neun privaten Fernsehstationen in den wichtigsten canadischen Großstädten (Vancouver, Calgary, Edmonton, Winnipeg, Toronto, Ottawa, Montréal und Halifax), die nun bei dem Versuch der Bindung eines nationalen Publikums direkt mit der CBC in Konkurrenz traten. Zwei Jahre später folgte die Zulassung eines weiteren privaten Networks, des in Ostkanada (vor allem Québec und New Brunswick) regional operierenden *Réseau des Télédiffuseurs Associées* (TVA) in französischer Sprache. Gleichzeitig hob das *Department of Transport* in Übereinstimmung mit dem BBG das *single station*-Konzept bei Neulizenzierungen generell auf, was unmittelbar dazu führte, daß in acht Großstädten zusätzliche kommerzielle Fernsehsender entstanden.

Die CBC sah sich nun einer deutlichen Publikumssegmentierung gegenüber, die zu einem direkten Verlust an Einschaltquoten führte. Eine Untersuchung der *prime time*-Zuschaueranteile aus dem Jahr 1967 zeigt für sechs Großstädte, daß die CBC bereits dort, wo sie mit nur einer kommerziellen Fernsehstation konkurrieren mußte (Halifax, St. John's, Edmonton) mit Einschaltquoten zwischen 39 Prozent und 43 Prozent gegenüber den populären privaten Programmen durchgängig an zweiter Stelle rangierte. In Vancouver und Toronto, wo schon fünf kommerzielle Fernsehsender operierten, sank der Zuschaueranteil der CBC auf 27 Prozent, bzw. 26 Prozent und rangierte damit in etwa gleichauf mit der jeweils beliebtesten Privatstation (Stewart 1970: 93).

Für die CBC bedeutete das eine zusätzliche Schwächung ihrer rundfunkpolitischen Position. Der Aufbau zweier Fernseh-Networks und die Aufrechterhaltung des nationalen, zweisprachigen Radiobetriebes hatten die CBC finanziell über die Maßen beansprucht. Die neue TV-Konkurrenz mußte unweigerlich zu einer weiteren Fragmentierung des Publikums und damit zu einem Rückgang der Werbeeinnahmen führen: "The corporation was exhausted, starved and beaten" (Gillick 1985: 22), so die bildhafte Beschreibung des Zustandes der CBC zu Beginn der sechziger Jahre.

Ein Ereignis aus dem Jahr 1962 wirft zudem ein Schlaglicht auf das völlig ungeklärte und nicht minder gestörte politische Verhältnis zwischen der CBC und dem BBG: Als das neugegründete CTV-Network seine erste wirklich massenattraktive Sendung - die gesponsorte Übertragung des *Grey-Cup-Football*-Finales - landesweit ausstrahlen wollte, fehlten ihr dazu die nötigen technischen Übermittlungseinrichtungen. Der BBG forderte daraufhin die CBC auf, über ihre Richtfunkstrecken die CTV-Übertragung sicherzustellen. Die CBC lehnte ab und stellte damit massiv die Regulierungskompetenz der Aufsichtsinstanz in Frage (Bird 1988: 307).

3.4.6. Neue Untersuchungen des Rundfunksystems: Glassco Commission und "Troika"-Bericht

Dieser Vorfall gab den Ausschlag für eine erste Untersuchung der internen Organisation und Aufgabenstruktur der CBC seit Bestehen des öffentlichen Rundfunks. Die *Royal Commission on Government Organization* (*Glassco Commission*) kam Anfang 1963 zu dem Ergebnis, die existierende Aufsichtsstruktur habe zu einem "Politikvakuum" geführt, das sowohl die CBC als auch der BBG mit sehr unterschiedlichen Definitionen über die Erfordernisse einer nationalen Rundfunkpolitik auszufüllen versuchten. Die CBC erfülle ihr Mandat zur nationalen Rundfunkversorgung nach selbstgesteckten Kriterien ohne jede politische Führung. Die Tatsache, daß die hierfür verantwortlichen Poltiker gleichzeitig dazu neigten, die Programmgestaltung der CBC bis in Details hinein zu kritisieren, erzeuge eine defensive und feindselige Atmosphäre innerhalb der CBC, die einen großen Teil jener Energien absorbiere, die für die Verbesserung von Management und Programm nötig wären. Hinzu käme die Planungsunsicherheit durch das Fehlen langfristiger Finanzierungsmodelle. Abschließend stellte die *Glassco Commission* fest, daß der Begriff des *single system* für ein Rundfunksystem jeder Logik entbehre, in dem private Rundfunkveranstalter die CBC nach Anzahl und Sendeleistung bereits weit überhohlt hätten (Glassco Commission 1963, Vol. 4: 25-32).

Bemerkenswert an der Untersuchung der *Glassco Commission* (die im übrigen keinen Empfehlungskatalog enthält) ist neben ihren Ergebnissen besonders die Tatsache, daß sie als Einrichtung zur Analyse der Regierungsorganisation überhaupt ein Manadat erhielt, sich den internen Strukturen der CBC zu widmen - ein Hinweis darauf, wie kurz die "arms length" tatsächlich war, in der der öffentliche Rundfunk im Verständnis der Bundesregierung operierte.

Dem *Glassco Report* erging es wie vielen seiner Vorläufer: er fiel mit einem erneuten Regierungswechsel zusammen und hatte daher keine unmittelbaren Konsequenzen. Die Diefenbaker-Ära, die das Rundfunksystem mit der Einrichtung des BBG und dessen konsequenter Kommerzialisierungspolitik entscheidend umgestaltet hatte, ging 1963 nach nur fünf Jahren zu Ende und hinterließ eine rundfunkpolitische Kompetenzstruktur, der es vor allem an klaren Abgrenzugen mangelte. Die liberale Nachfolgeregierung Lester Pearson übertrug zunächst die ministerielle Rundfunkverantwortung vom Transportministerium auf das Innenministerium (*Department of State*) und reagierte in der nun schon gewohnten Weise mit der Einsetzung einer neuen Untersuchungskommission. Dieses *Special Consultative Committee on Broadcasting Policy* ist vor allem wegen seiner Zusammensetzung interessant, da es die ungeklärten Kompetenzverhältnisse jener Jahre auf überdeutliche Weise reflektiert: Mit dem BBG-Vorsitzenden Andrew Stewart, dem CBC-Präsidenten Alphonse Ouimet und dem Präsidenten des CAB, Don Jamieson, saßen nun die Vertreter der konkurrierenden und auseinanderdriftenden rundfunkpolitsichen Machtzentren beisammen.

Die sogenannte "Troika" benötigte immerhin ein ganzes Jahr, um ein zwölfseitiges Konsenspapier zusammenzustellen, daß sich für die Anerkennung eines "Two Board System" (CBC und BBG) ausspricht, eine rundfunkpolitische Rahmenrichtlinie (*White Paper*) der Regierung fordert und ansonsten Klärung verlangt, wie genau die Weisungskompetenz zwischen CBC und BBG denjenigen privaten Stationen gegenüber geregelt werden sollte, die mit der CBC bei der Programmverbreitung zusammenarbeiteten (Special Consultative Committee on Broadcasting Policy 1964: 4-10). Daß hier nicht, wie vielleicht von der liberalen Regierung beabsichtigt, der entscheidende rundfunkpolitische Konsens von den Beteiligten selbst herbeigeführt wurde, zeigt u.a. der Umfang, in dem die abweichenden Meinungen dokumentiert wurden: Stewart lieferte 23 Seiten, Ouimet 47 und Jamieson legte auf 89 Seiten seine abweichenden Ansichten dar - "one illustration of how difficult it was for Parliament to decide who was to be the single boss of the `single system'" (Bird 1988: 319).

3.4.7. Grundzüge einer neuen liberalen Rundfunkpolitik: Der zweite Fowler Report und das White Paper on Broadcasting

Auch dieses Papier der "Troika" lieferte nur den Anlaß für eine weitere Untersuchung des gesamten Komplexes der Rundfunkaufsicht, der CBC-Finanzierung und der Lizenzierung neuer kommerzieller Stationen. Daß es nun jedoch nicht mehr um eine unabhängige Analyse des Rundfunksystems, sondern primär um die Vorformulierung einer neuen liberalen Rundfunkpolitik ging, zeigte sich an der Auswahl der Experten: Vorsitzender des Untersuchungsausschusses, des *Committee of Broadcasting*, wurde erneut Robert Fowler, der bereits in den fünfziger Jahren die *Royal Commission on Broadcasting Policy* geleitet hatte und jetzt zu den engen Beratern des neuen Premierministers Lester Pearson zählte. Das zweite Mitglied, der Montréaler Jura-Professor Marc Lalonde, gehörte zusammen mit dem späteren Premierminister Pierre Trudeau zu einer Gruppe prominenter Frankokanadier, die sich angesichts wachsender Separatismustendenzen in Québec für eine Stärkung der canadischen Zentralgewalt engagierte. Lalonde war in den folgenden 20 Jahren Minister unter Pearson und Trudeau. Ernest Steele schließlich, drittes Komitee-Mitglied, diente als Unterstaatssekretär im Innenministerium, das direkt für die Rundfunklizenzierung zuständig war (Bird 1988: 237, Hardin 1985: 11).

Folgerichtig konzentrierte sich der zweite *Fowler Report* auf die Ebene der politischen Entscheidungsstrukturen, insbesondere auf die Rolle des Parlamentes, dem er die Hauptverantwortung für die "Verwirrung" innerhalb des Rundfunksystems attestierte. Wesentliches Problem sei das Fehlen einer klaren und eindeutigen Definition von Aufgaben und Zielen der canadischen Rundfunkpolitik, das mehr als alles andere die bestehende Unzufriedenheit verursacht hätte:

> "In the past, Parliament has not stated the goals and purposes for the Canadian broadcasting system with sufficient clearity and precision, and this has been more responsible than anything else for the confusion in the system and the continuing dissatisfaction which has led to an endless series of investigations of it. (...) Parliament should state firmly and clearly what it expects the broadcasting system to be and to do; and should set explicit goals, for both the public and the private sectors of Canadian broadcasting..." (Fowler Report 1965: 91 u. 94).

Rundfunkpolitik wird hier also primär als ein Problem politischer Normensetzung begriffen. Dem BBG wurde ein generelles Scheitern bei der Kontrolle und Durchsetzung von Programmauflagen (*Canadian Content*) und Lizenzbedingungen bescheinigt. Die Programmgestaltung privater Anbieter weise nur eine überaus geringe Übereinstimmung mit den Versprechungen auf, die sie dem BBG gegenüber gemacht hätten. Der *Fowler Report* forderte deshalb die rechtliche Verbindlichkeit der Auflagen als Teil der Rundfunklizenz:

> "A promise made by a broadcaster to obtain a license (...) should be an enforcable undertaking, and not a theoretical exercise in imagination or a competitive bid in an auction of unrealistic enthusiasm" (Fowler Report 1965: 107).

In der Tat waren besonders die *Canadian Content*-Bestimmungen von den privaten Veranstaltern nahezu vollständig ignoriert worden. Die Programmsituation, wie sie sich in den sechziger Jahren darstellte, analysierte Roy Faibish in einer zusätzlichen Untersuchung von Fernsehinhalten und Publikumsakzeptanz, bezogen auf einheimische und ausländische Sendungen. Die tatsächliche Sehbeteiligung für canadische Sendungen aller herkömmlich empfangbaren Fernsehstationen (CBC-eigene, private canadische und US-Stationen) lag danach in der abendlichen *prime time* bei nur rund 30 Prozent. In den sieben größten Städten des Landes bestritt eine durchschnittliche CBC-eigene TV-Station immerhin 57 Prozent des *prime time*-Angebotes mit canadischen Sendungen (bei durchschnittlich 53 Prozent Sehbeteiligung), während kommmerzielle canadische Sender hier nur 34 Prozent *Canadian Content* anboten (bei 23 Prozent Sehbeteiligung) (Peers 1979b: 302 f.). Eine Einbeziehung des Kabelfernsehens, das vom Untersuchungsauftrag des *Fowler Committee* erneut explizit ausgeschlossen worden war, hätte sicher noch höhere Werte für Angebot und Einschaltquoten von US-Programmen ergeben.

Insgesamt wird die Politik der Bundesregierung und des BBG, in den großen Städten zusätzliche private TV-Stationen zuzulasssen, negativ bewertet. Die Hoffnung, weitere canadische Sender würden Angebot und Einschaltqouten canadischer Programme automatisch heben, hat sich nicht erfüllt - im Gegenteil:

> "The advent of private Canadian stations in areas where the CBC formerly provided the only service might have been expected to increase the availability of programs of Canadian origin. In fact (...) it has worked in the opposite direction" (Fowler Report 1965: 34).

Im Programmangebot der privaten Stationen dominierte der US-amerikanische *prime time*-Anteil also noch zwei Jahre nach Einführung der *Canadian Content*-Bestimmungen mit rund drei Vierteln eindeutig, während die CBC nach dieser Untersuchung nur knapp oberhalb der ursprünglich anvisierten 55-Prozent-Quote lag. Isoliert man zudem die Programkategorie "drama" (Fernsehspiel/Fernsehserie) - die Sparte also, die zweifellos die wesentlichen Impulse zur Entwicklung eines einheimischen Produktionssektors gibt - muß der Erfolg der *Canadian Content*-Politik des BBG noch weit negativer beurteilt werden: In den CBC-Programmen waren zu dieser Zeit nur rund 16 Prozent des "drama"-Angebotes canadisch, bei den Privaten lag die Quote gar nur bei zwei bis vier Prozent (Crean 1976: 50).

Andere Quellen weisen darauf hin, daß im privaten Fernsehen nicht nur US-amerikanische Sendungen die *prime time* beherrschten, sondern daß deren gesamtes Programmschema US-amerikanischen Mustern folgte und auch der *Canadian Content* nur einen überaus geringen Impuls für erwähnenswerte Eigenproduktionen gab:

> "Private television is falling into the same general pattern as radio - news, sports, weather, local church and other similar pickups; quizzes and prize contests, with prizes contributed by gropus of sponsors, one-man interviews, a few network-shows, but very, very little that could be considered creative or requiring any marked production éfforts" (Weir 1965: 379).

Faibish beklagt in seiner Begleitstudie zum *Fowler Report* zusätzlich einen Trend zur Konformität der Fernsehprogramme, ausgelöst und befördert durch den wachsenden Konkurrenzdruck zwischen CBC und kommerziellen Anbietern. Beide griffen zur Sicherung von Einschaltquoten auf US-Material zurück und importierten so die Wertvorstellungen des kommerziellen US-Fernsehens:

> "The argument put forward by CBC and private programers that they must compete in kind because that is what the majority of their audiences demands usually results in a decision to conform. (...) The advent of competitive television in Canada has been major goad to popular `sensationalism'. There is not likely to be any halt if matters are left to take their normal commercial course. (...) As long as the CBC and second stations find it necessary or desireable to use a preponderance of U.S.-material then we must concern ourselves with the values operative in the U.S. tv-industry" (Faibish 1965. Zit.n. Peers 1979b: 301).

Die Empfehlungen des *Fowler Committee* konzentrieren sich jedoch nicht auf die offensichtlichen Defizite des zunehmend kommerziell geprägten Fernsehens, sondern - ganz im Einklang mit seinen politischen Entstehungsbedingungen - auf eine vollständige Neuordnung der administrativen Aufsichts- und Lizenzierungsstruktur und damit auf die politische Entscheidungsebene. Im Kern sehen die Empfehlungen die Einrichtung einer unabhängigen, mit weitgehenden Rechten und Kontrollinstrumentarien ausgestatteten Aufsichtsbehörde, einer *Canadian Broadcasting Authority*, vor. Auch wenn die Fowler-Empfehlungen nicht vollständig realisiert wurden, so haben sie doch maßgeblich den Rahmen für die bis heute bestehende *Canadian Radio-television and Telecommunications Commission* gesteckt, des wichtigsten rundfunkpolitischen Akteurs in der liberalen Trudeau-Ära von 1968 bis 1984 und darüber hinaus.

Die vorgeschlagenen Kompetenzen einer zukünftigen *Canadian Broadcasting Authority* wurden in den Empfehlungen detailliert benannt:

* Verantwortung für das Rundfunksystem als Ganzes;

* Entwicklung einer koordinierten Rundfunkpolitik für öffentliche und private Anbieter, in deren Mittelpunkt Ausgewogenheit, Vielfalt und hohe Qualität ("balance, variety and excellence") der Programme stehen soll;

* Übernahme der Führungsrolle in der technologischen und sozial orientierten Rundfunkforschung;

* Darstellung und Verteidigung des Rundfunksystems in der Öffentlichkeit als wichtige "public relations"-Aufgabe;

* Festlegung einer allgemeinen Rundfunkpolitik für die CBC;

* Regulierung, Beaufsichtigung und Kontrolle des privaten Sektors mit dem Ziel, Kooperation zu fördern und das Programmangebot zu verbessern;

* Vergabe und inhaltliche Ausgestaltung von Rundfunklizenzen, die individuell auf jeden einzelnen privaten Rundfunkveranstalter zugeschnitten sein sollen;

* Ein abgestuftes Sanktionsinstrumentarium bis hin zum Recht auf Lizenzentzug zur Ahndung von Verstößen gegen das Rundfunkgesetz und einzelne Lizenzauflagen (Fowler Report 1965: 118-120).

Diese umfassenden Kompetenzempfehlungen wurden durch weitere Vorschläge ergänzt, die eine angemessene finanzielle und personelle Ausstattung der *Authority* sicherstellen sollten. Vorgesehen waren 15 regelmäßige Mitglieder (ein Vorsitzender und 14 *part time members*), ausgewählt vom *Governor in Council* auf Empfehlung des Premierministers und dem Parlament gegenüber rechenschaftspflichtig. Offenbar vor dem Hintergrund der willkürlichen Zusammensetzung des BBG fehlt in den Empfehlungen nicht der Hinweis, daß die Auswahl der Mitglieder wesentlich den Erfolg der *Authority* bestimmen werde (Fowler Report 1965: 118-120).

Die vorgeschlagene Einrichtung einer Aufsichtsinstanz, die sowohl rundfunkpolitische Richtlinienkompetenz erhalten, die Grundlagen der CBC-Politik festlegen und den privaten Anbietern Lizenzbedingungen auferlegen sollte, stieß sofort auf vehemente Kritik: Die CBC fürchtete den Verlust dessen, was ihr an Autonomie geblieben war; der BBG stemmte sich gegen seine Auflösung (Bird 1988: 352) und die CAB verglich die geplante Authority gar mit einer staatlichen Zensurbehörde. In einem Editorial des CAB-Organs *Canadian Broadcaster* und in einer CAB-Presseerklärung hieß es, Fowler hätte "Rundfunkdiktatur und Zensur" empfohlen. Programmauflagen jeder Art seien ein Eingriff in die Meinungsfreiheit durch einen "Rundfunkzaren"; das gesamte Kontrollsystem sei "gefährlicher" als jenes zwischen 1936 und 1958, als die Regulierungskompetenzen noch bei der CBC lagen (ein Hinweis darauf, daß die kommerziellen Veranstalter den BBG offenbar nie als ernstzunehmende Instanz akzeptiert hatten). Im übrigen, so die CAB, seien 13 Millionen Radioempfänger und rund fünf Millionen verkaufter Fernsehgeräte Beweis genug, daß in den Augen der canadischen Öffentlichkeit das bestehende Rundfunksystem erfolgreich sei. Die privaten Veranstalter könnten sich nicht vorstellen, daß diese oder eine nachfolgende Regierung solch extremen Vorschlägen folgen werde (CAB 1965a u. 1965b).

Tatsächlich machte die Regierung in einem programmatischen *White Paper on Broadcasting* bereits ein Jahr nach der Entgegennahme des *Fowler Report* deutlich, daß sie nicht allen Empfehlungen folgen wollte. Vor allem behielt sie sich eine generelle Richtlinienkompetenz in der Rundfunkpolitik vor, eine Verlagerung auf eine Instanz außerhalb der Regierung wurde abglehnt. Auch sollte die Regierung in Streitfällen bei der Vergabe und Ausgestaltung von Rundfunklizenzen die letzte Entscheidungsgewalt erhalten. Die von Fowler vorgeschlagenen weitgehenden Kompetenzen der *Broadcasting Authority* gegenüber der CBC wurden ebenfalls abgelehnt - hier insbesondere der Entzug der Rundfunklizenz oder die Verhängung von Bußgeldern. Zwei weitere Passagen des *White Paper* sind bemerkenswert: Zum einen wird erstmals angkündigt, auch Kabelfernsehsysteme als "broadcasting receiving untertakings" der Rundfunkgesetzgebung zu unterstellen. Zum anderen wird die Etablierung eines Bildungsfernsehens auf Bundesebene angeregt (Government of Canada 1966) - eine Maßnahme, die eine erneute deutliche Schwächung der Bildungs- und Kulturhoheit der Provinzen bedeuten würde und bereits erste Hinweise auf die starke Bereitschaft der liberalen Regierung gibt, sich im Konflikt mit den Provinzen auf zentralistische Politikansätze zu konzentrieren.

Insgesamt zeichnet sich dieses *White Paper* weniger durch eine klare Definition der Kompetenzen unterschiedlicher Rundfunkkontrollinstanzen aus als vielmehr durch einen stark zentralistisch orientierten Politikansatz, der vor allem vor dem Hintergrund wachsender Separatismustendenzen in Québec zu erklären ist (s. Kap. 4 u. 7). Der Rundfunk wurde, wie schon in den zwanziger und dreißiger Jahren, also erneut primär als Instrument des *nation building* begriffen, was in diesen Jahren ganz praktisch den physischen Bestand der Nation bedeutete.

Im März 1968, nach dem erneuten Wahlsieg der Liberalen unter Pierre Trudeau, legte die zuständige Innenministerin Judy La Marsh schließlich die Prinzipien der neuen Rundfunkpolitik dar, deren Kern nun deutlich auf den kulturellen, sozialen, politischen und ökonomischen Zusammenhalt Canadas gerichtet war:

> "The most important of these principles is surely that which established that airwaves, which must be shared between public and private broadcasters, are public property and that they constitute a single broadcasting system. It is impossible to exaggerate the importance of broadcasting as a means of preserving and strengthening the cultural, social, political and economic fabric of Canada, and the system therefore has to be effectively owned and controlled by Canadians" (Zit.n. Ellis 1979: 69).

3.4.8. Resümee: Kommerzialisierung und Regulierung in der Etablierungsphase des Fernsehens

Die Periode zwischen 1951 und 1968 wurde im wesentlichen von drei parallel laufenden Entwicklungen bestimmt:

1. Die quantitative Ausdehnung und rundfunkpolitische Aufwertung des kommerziellen Sektors mit der Einführung des Fernsehens und damit einhergehend die Dominanz amerikanischer Programme im canadischen Fernsehangebot. Dieser Trend wurde durch die unkontrollierte Ausbreitung des Kabelfernsehens weiter verstärkt.

2. Die schrittweise Schwächung der CBC-Position innerhalb des Rundfunksystems durch die weitgehende Übertragung der nationalen Fernsehversorgung auf den kommerziellen

Sektor, die Abschaffung der Rundfunkgebühren ohne adäquaten, langfristigen Ersatz und die schließliche Verlagerung der Regulierungskompetenz auf den BBG.

3. Die Einrichtung des BBG als erster unabhängiger Regulierungsinstanz, die sich weder personell noch administrativ den politischen Anforderungen gewachsen zeigte und als deren strukturell einschneidendste Maßnahme die weitere Stärkung des kommerziellen Sektors durch die Lizenzierung von CTV und TVA bezeichnet werden muß. Die Ansätze einer *Canadian Content*-Politik tragen in ihrer Ausgestaltung und mangelhaften Durchsetzung Züge symbolischer Politik und können nicht als ernsthafter Versuch gewertet werden, den canadischen Programmanteil zu erhöhen.

Auffällig an dieser Phase ist, daß auf Seiten der politisch dominierenden Liberalen Partei, die bis auf die Diefenbaker-Jahre zwischen 1958 und 1963 die Regierungen stellte, keinerlei konsistentes rundfunkpolitisches Konzept existierte, das den Herausforderungen der Fernsehentwicklung annähernd gerecht wurde und auch nur ansatzweise an die Traditionen der Partei in den dreißiger Jahre anknüpfte. Während die PCP in nur fünf Regierungsjahren mit einer eindeutigen, auf die Schwächung der CBC, die Schaffung neuer gesetzlicher Grundlagen und die Stärkung des kommerziellen Sektors gerichteten Politik das Rundfunksystem entscheidend umgestaltete, hatten die Liberalen dem nichts vergleichbares entgegenzusetzen.

Ihre Politik zeichnete sich durch ein Konzept aus, das die *Task Force on Broadcasting Policy* später (nicht ohne Selbstironie) als "strategy of leadership by inquiry" bezeichnete (Task Force 1986: 17): Allein fünf Untersuchungskommissionen erarbeiteten zwischen 1951 und 1968 grundlegende Empfehlungen für die Rundfunkpolitik; die beiden Fowler-Kommissionen lieferten zudem eindrucksvolle Daten über den Niedergang der einheimischen Programmproduktion und -Rezeption. Die liberale Partei benötigte jedoch fast zwanzig Jahre, um mit dem *White Paper* ihr erstes Fernsehkonzept vorzulegen. Dieses Strategiepapier konzentriert sich im Wesentlichen auf die Neuordnung der Aufsichtsstruktur und die Rundfunkgesetzgebung und läßt die gewachsenen Network-Strukturen unangetastet.

Smythe kommt in einer rückblickenden Bewertung der ersten Fernsehjahre zu dem Schluß, daß es durchaus Möglichkeiten gegeben hätte, der sich über das Fernsehen abzeichnenden totalen kulturellen Dominanz durch die USA entgegenzuwirken. Er nennt zum einen die bewußte Übernahme technischer Fernsehnormen aus Europa statt aus den USA. Ein vollständiges Verkaufsverbot für US-amerikanische Empfangsgeräte hätte es ermöglicht, gezielt einzelne US-Programme zu übernehmen und in Canada zu verbreiten. Diese Schritte wären zumindest bei der Einführung des Farbfernsehens denkbar gewesen, die in beiden Ländern etwa zur Mitte der sechziger Jahre zeitgleich verlief. Die zweite Maßnahme, so Smythe, wäre die vollständige Übertragung der Fernsehversorgung auf die CBC gewesen, was auch den Betrieb von Kabelfernsehsystemen hätte einschließen müssen:

> "All these measures were adopted by some European countries. None of them was considered worthy of discussion nor adopted in Canada. The integration of Canada's culture (...) has progressed so far as to make such protective measures laughably impossible" (Smythe 1981: 176-177).

Der Verweis auf die Option, andere als US-amerikanische Fernsehnormen zu übernehmen und den Verkauf US-amerikanischer Geräte zu verbieten, muß bei näherer Betrachtung als unrealistisch gewertet werden. Zum einen waren bereits US-Geräte in Canada in großer Zahl verbreitet, als es noch gar kein einheimisches Fernsehangebot gab. Zum anderen ist der Versuch, durch inkompatible technische Standards den Empfang ausländischer Sendungen zu verhindern, langfristig kaum möglich. Ein prominentes Beispiel bietet die DDR, die mit der Einführung der französischen Farbfernsehnorm SECAM anstelle des westdeutschen PAL-Systems ähnliches versucht hat, damit jedoch vollständig gescheitert ist. Schon die zweite Gerätegeneration arbeitete in beiden Systemen.

Wichtiger ist Smythe's Hinweis auf die Übertragung der Fernsehverantwortung allein auf die CBC - eine Forderung, die schon die *Massey Commission* aufgestellt hatte. Doch anders als in Europa (etwa in der Bundesrepublik Deutschland oder Großbritannien) existierte in Canada bereits vor der Einführung des Fernsehens ein starker kommerzieller Rundfunksektor, dessen ökonomische Interessen nun nicht mehr unberücksichtigt bleiben konnten. Und während der kommerzielle Sektor seine Interessen in den Jahren der CBC-Regulierungskompetenz immer auch gegen die politische Position des öffentlichen Rundfunks formulieren mußte, existierte in den fünfziger und sechziger Jahren keine politische Kraft, die sich mit ähnlicher Vehemenz für die Stärkung der CBC eingesetzt hätte.

Eine den zwanziger und dreißiger Jahren vergleichbare nationalistische Grundströmung, die in canadischer Tradition eine Kampagne für ein "nationales" öffentliches Fernsehen hätte tragen können, war in den fünfziger Jahren nicht vorhanden. Die Dekade zeichnete sich im Gegenteil dadurch aus, daß der Nationalismus weit weniger virulent war als in anderen Umbruch-Perioden der canadischen Geschichte. Eine Gallup-Umfrage von 1957 erbrachte beispielsweise für die Aussage, der "Canadian way of life" sei durch die USA nicht übermäßig beeinflußt, den sehr hohen Zustimmungswert von 57 Prozent. 1951 und 1961 lagen die Vergleichswerte nur bei 48 Prozent, bzw. 49 Prozent (Schwartz 1967: 70). Damit fehlte zweifellos einer der wesentlichen Impulse für eine an nationalen Wertkategorien ausgerichteten Rundfunkpolitik. Und selbst, wenn auf Seiten der Eliten wie in den zwanziger und dreißiger Jahren der politische Wille zu drastischen Maßnahmen, wie sie Smythe vermißt, vorhanden gewesen wäre, hätten sie sich vor diesem Hintergrund kaum legitimieren lassen.

4. Juristischer und administrativer Rahmen des Rundfunksystems seit 1968

4.1. Das Rundfunkgesetz von 1968

Das neue liberale Rundfunkgesetz, das am 1. April 1968 in Kraft trat und bis heute unverändert Gültigkeit besitzt, weist bereits im Titel auf seine breit definierte rundfunkpolitische Intention hin: statt, wie 1958, "An Act respecting Broadcasting" heißt es jetzt: "An Act to implement a Broadcasting Policy for Canada". Den Fowler-Empfehlungen von 1965 entsprechend werden erstmals Grundlagen und Ziele einer canadischen Rundfunkpolitik formuliert und als integraler, in sich geschlossener Bestandteil in den Gesetzestext aufgenommen (Broadcasting Act 1968/1978, chap. B-11, § 3). Unter "Broadcasting Policy for Canada" heißt es in Paragraph 3:

> "3. It is hereby declared that
>
> (a) broadcasting undertakings in Canada make use of radio frequencies that are public property and such undertakings constitute a single system, herein referred to as the Canadian broadcasting system, comprising public and private elements;
>
> (b) the Canadian broadcasting system should be effectively owned and controlled by Canadians so as to safeguard, enrich and strengthen the cultural, political, social and economic fabric of Canada;
>
> (c) all persons licensed to carry on broadcasting undertakings have a responsibility for programs they broadcast but the right to freedom of expression and the right of persons to receive programs, subject only to generally applicable statutes and regulations, is unquestioned;
>
> (d) the programming provided by the Canadian broadcasting system should be varied and comprehensive and should provide reasonable, balanced opportunity for the expression of differing views on matters of public concern, and the programming provided by each broadcaster should be of high standard, using predominantly Canadian creative and other resources;
>
> (e) all Canadians are entitled to broadcasting service in English and French as public funds become available;
>
> (f) there should be provided, through a corporation established by Parliament for the purpose, a national broadcasting service that is predominantly Canadian in content and character;"

und bezüglich der CBC als national broadcasting service wird im selben Paragraphen ausgeführt:

"(g) the national broadcasting service should

(i) be a balanced service of information, enlightment and entertainment for people of different ages, interests and tastes covering the whole range of programming in fair proportion,

(ii) be extended to all parts of Canada as public funds become available,

(iii) be in English and French, serving the special needs of geographic regions, and actively contributing to the flow and exchange of cultural and regional information and entertainment, and

(iv) contribute to the development of national unity and provide for a continuing expression of Canadian identity;

(h) where any conflict arises between the objectives of the national broadcasting service and the interests of the private element of the Canadian broadcasting system, it shall be resolved in the public interest but paramount consideration shall be given to the objectives of the national broadcasting service;

(i) facilites should be provided within the Canadian broadcasting system for educational broadcasting; and

(j) the regulation and supervision of the Canadian broadcasting system should be flexible and readily adaptable to scientific and technical advances;
and that the objectives of the broadcasting policy for Canada enunciated in this section can best be achieved by providing for the regulation and supervision of the Canadian broadcasting system by a single independent public authority" (Broadcasting Act 1968/1978, chap. B-11, § 3).

Die Tatsache, daß diese rundfunkpolitischen Rahmenrichtlinien Teil des Gesetzes sind und nicht etwa in einer Präambel vorangestellt oder zum Gegenstand politischer Begleiterklärungen gemacht wurden, wertet sie insgesamt auf. Andererseits bleiben sie in der Formulierung oft vage und interpretationsbedürftig, während einige Absätze direkt problematisch sind oder der Realität des Rundfunksystems nicht entsprechen.

Bereits die unter (a) erneut getroffene Festlegung, öffentliche und private Rundfunkveranstalter bildeten gemeinsam ein *single system*, kann vor dem Hintergrund der geschilderten historischen Entwicklung kaum als Beschreibung des faktischen Zustandes gewertet werden. Die Wiederaufnahme dieser Formulierung in das neue Gesetz deutet eher darauf hin, daß über den *single system*-Gedanken generell die zentralstaatliche Regulierungskompetenz über den gesamten Rundfunk legitimiert wird. Die formale Anerkennung eines dualen Rundfunksystems hätte bedeutet, auch formal die Eigengesetzlichkeiten des kommerziellen Sektors anzuerkennen und seine Rolle politisch neu zu definieren. Für diese Sicht spricht auch, daß ebenfalls in Absatz (a) das Prinzip des öffentlichen Eigentums von Rundfunkfrequenzen - wie es zuletzt im Rundfunkgesetz von 1936 formuliert worden war - erneut aufgenommen wird. Allerdings fehlt der damals explizit formulierte Hinweis, daß einmal erworbene Rechte zur Nutzung einer Frequenz entschädigungslos entzogen werden können.

Kernbestimmung von § 3 ist eindeutig Absatz (b), der dem canadischen Rundfunksystem insgesamt eine sozio-kulturelle Verantwortung auferlegt, wobei allerdings Schutz, Bereicherung und Stärkung der kulturellen, politischen, sozialen und ökonomischen Struktur des Landes als gleichberechtigte Ziele nebeneinander stehen. Der hier gewählte Begriff "fabric" kann auch mit "Zusammenhalt" übersetzt werden. Die Probleme, die insbesondere in der Verbindung von kulturellen und ökonomischen, sprich: kommerziellen Kriterien für die Lizenzierungs- und Regulierungspolitik auftreten werden, sind in dieser Formulierung bereits angelegt.

Eines der Probleme deutet sich in Absatz (e) bereits an: Die Versorgung der Bevölkerung mit Rundfunkprogrammen in beiden Landessprachen - in der Vergangenheit Gegenstand aller Kommissionsempfehlungen - wird zum gesetzlich verbrieften Recht jedes Canadiers. Tatsächlich jedoch wird die Rundfunkausweitung von der Verfügbarkeit öffentlicher Gelder abhängig gemacht - was implizit nur heißen kann, daß die kommerziellen Veranstalter nach wie vor nicht in gleichem Maße verpflichtet werden wie die CBC.

Insgesamt räumt das Rundfunkgesetz die Definitionsschwierigkeiten der Rolle des *public element* (also der CBC) innerhalb des *single system* nicht aus: Einerseits ist die CBC gleichberechtigter Teil des Rundfunksystems nach Absatz (a), andererseits wird sie unter (f) - (h) als "national broadcasting service" eindeutig als Sonderfall mit spezifischen Aufgaben behandelt. Eine solche Spezifizierung der Rolle des kommerziellen Sektors fehlt dagegen - sie wird nur im Zusammenhang mit den Aufgaben des Gesamtsystems definiert.

Zweideutig bleibt auch die Verpflichtung zur inhaltlichen Ausgewogenheit bei der Programmgestaltung. Absatz (d) spricht hier lediglich von "reasonable, balanced opportunity for the expression of different views", wobei der einschränkende Nachsatz ("matters of public concerns") den Interpretationsspielraum sehr groß hält. Die entsprechende Formulierung die CBC betreffend (Absatz (g)/i) ist ebenfalls mißverständlich: Unklar bleibt, ob in der Aufzählung "balanced service of information" für sich steht oder ob "balanced service of information, enlightment and entertainment" bedeuten soll, daß innerhalb von

Vollprogrammen informative und unterhaltende Bestandteile in einem abgewogenen Verhältnis zueinander enthalten sein müssen. Diese Unterscheidung scheint auf den ersten Blick nicht sehr wesentlich, sie ist jedoch für jede Art von *Canadian Content*-Politik von Bedeutung, die sich nicht nur an prozentualen Gesamtanteilen orientiert, sondern gezielte Auflagen für einzelne Programmsparten (insbes. "drama") durchsetzen will.

Eindeutig problematisch ist das erneute Fehlen expliziter Finanzierungsmodalitäten und Garantien für die CBC, was sich nicht nur als beständiger Unsicherheitsfaktor erwiesen hatte, sondern in der Vergangenheit immer wieder ein entscheidender Hebel für tagespolitische Einflußnahme gewesen war. Im Gegensatz zum *White Paper on Broadcasting* von 1966, das noch langfristige Finanzierungsrichtlinien enthielt, sollte jetzt ein separates Finanzierungsgesetz für die CBC erarbeitet werden (CBC 1975: 20).

Zuletzt verpflichtet Absatz (g)/iv den "national broadcasting service" - also ausschließlich die CBC - explizit, zur Entwicklung nationaler Einheit beizutragen. Dieser Passus muß, wie bereits erwähnt, vor dem Hintergrund der äußerst akuten Sezessionsbestrebungen der Provinz Québec gesehen werden, die sich in wachsenden Wahlerfolgen der separatistischen *Parti Québecois* (P. Q.) artikulierten. Es gibt deutliche Hinweise, daß der "national unity"-Absatz auch als gezielter Disziplinierungsparagraph gegen *Radio Canada*, das französisch-sprachige Network der CBC, gerichtet war. Es sah sich seinerzeit Verdächtigungen ausgesetzt, es würde nicht nur einseitig berichten, sondern offen mit der P. Q. sympathisieren. Kritik an diesem Paragraphen wurde vor allem von Seiten der sozialdemokratischen NDP geäußert. Ihr Debattenredner, Prittie, formulierte seine Bedenken, das neue Rundfunkgesetz könne irgendwann einmal eine "Hexenjagd" auslösen, bereits während der Lesung des Gesetzes:

> "... there is one fear in the back of my mind. I have noticed that on the part of members of this house, French speaking members in particular, there has been a great deal of criticism of the French network of the CBC. We hear the charge that it is riddled with separatism and that these people are promoting disunity in the country. This may or may not be true. (...) But I would not want to see a witchhunt started because there is something in the bill saying that national unity must be promoted which would enable the government to go to anyone who was not doing exactly what was wanted and say: You are not promoting national unity; you are a separatist and therefore you are out" (Zit.n. Ellis 1979: 70-71).

Tatsächlich sollten sich die Befürchtungen des NDP-Abgeordneten acht Jahre später, nach dem Wahlsieg der P. Q. in Québec, bestätigen. Die CBC erlebte danach eine der umstrittendsten Untersuchungen ihrer Programmgestaltung, die dem öffentlichen Rundfunk bescheinigte, in allen wesentlichen Bereichen sein "nationales Mandat" nicht erfüllt zu haben (s. Kap. 7)

Im Schlußsatz von § 3 heißt es, daß zur Aufsicht und Regulierung des Rundfunksystems und zur Durchsetzung der rundfunkpolitischen Ziele eine einzige, unabhängige Instanz eingerichtet werden soll. Diese Aufgaben werden seit 1968 von der *Canadian Radio Television Commission* (CRTC) wahrgenommen, die 1976 auch die Regulierung des Telekommunikations-Sektors übernahm. CRTC steht seitdem für *Canadian Radio-television and Telecommunications Commission.* Im Einklang mit den Fowler-Empfehlungen ist die CRTC nun ein Regulierungsinstrument mit weitreichenden Kompetenzen.

4.2. Die Canadian Radio-television and Telecommunications Commission (CRTC)

4.2.1. Struktur und Zusammensetzung

Teil II des Rundfunkgesetzes regelt die Einrichtung und Kompetenzen der Aufsichtsbehörde CRTC (Broadcasting Act 1968/1978, part II, §§ 4-32). Die CRTC, die ihre Tätigkeit gleichzeitg mit Inkrafttreten des Rundfunkgesetzes am 1. April 1968 aufnahm, ähnelt in ihrem formalen Aufbau zunächst eher dem BBG und weniger dem von Fowler vorgeschlagenen "super board", der *Canadian Broadcastung Authority.* Neun hauptamtliche (*full-time*) Mitglieder (ursprünglich fünf, erweitert 1976, s.u.) bilden gemeinsam mit dem Vorsitzenden das Exekutivkomitee. Sie werden vom *Governor in Council* für eine maximale Amtszeit von sieben Jahren berufen.

Daneben werden für eine Amtsdauer von fünf Jahren zehn ehrenamtliche (*part-time*) Mitglieder eingesetzt, die in ihrer Zusammensetzung die Regionen des Landes repräsentieren sollen. Die ehrenamtlichen Mitglieder müssen in allen Fragen konsultiert werden, während das Exekutivkomitee die alleinige Entscheidungsgewalt auf sich vereinigt. Ausnahmen bilden allerdings die Verabschiedung von Regulierungsbestimmungen und der Lizenzentzug kommerzieller Rundfunkveranstalter. Hier ist die Zustimmung aller CRTC-Mitglieder erforderlich. Eine letzte Entscheidungskompetenz der Bundesregierung ist in diesen Fragen nicht mehr vorgesehen. Jede Entscheidung der CRTC kann auf dem Rechtsweg bis zur letzten Instanz, dem *Supreme Court of Canada*, angefochten werden.

Die CRTC genießt im Rahmen der gesetzlich übertragenen Aufgaben weitgehende Entscheidungsfreiheit. Das Bundeskabinett hat jedoch nach § 27 (1) des Rundfunkgesetzes das Recht, "von Zeit zu Zeit" allgemeine Rahmenrichtlinien zu erlassen, wobei die konkrete Ausgestaltung und Umsetzung Sache der CRTC bleibt. Statt einer Entscheidungsgewalt in spezifischen Lizenzfragen hat sich die Bundesregierung also, wie bereits im *White Paper on Broadcasting* angekündigt, die allgemeine rundfunkpolitische Richtlinienkompetenz vorbehalten.

Die Auswahl der ersten *full time members* der CRTC unterschied sich deutlich von früheren Ernennungspraktiken. Schon das *Fowler Committee* hatte angesichts negativer Erfahrungen darauf hingewiesen, daß eine kompetente Zusammensetzung maßgeblich den Erfolg der Kommission bestimmen werde (s.o.). Erster Vorsitzender wurde mit dem Frankokanadier Pierre Juneau ein ausgewiesener Experte in Film- und Rundfunkfragen. Bevor er nach dem Regierungswechsel 1966 bereits im Hinblick auf einen späteren CRTC-Vorsitz zum stellvertretenden Vorsitzenden des BBG berufen wurde, war Juneau langjähriger Leiter der frankophonen Sektion des *National Film Board of Canada* (NFB), eingerichtet 1939 zur Förderung des canadischen Films (s. Exkurs, Kab. 6). Juneau war CRTC-Vorsitzender bis 1976 und zwischen 1983 und 1989 Präsident der CBC. Stellvertretender CRTC-Vorsitzender wurde Harry Boyle, Programmdirektor des anglophonen CBC-Networks.

Die anderen drei *full time members* waren Pat Pearce, Medienkritiker des *Montrâl Star*, Réal Therrien, Rundfunk- und Kommunikations-Consultant aus Québec (später Vorsitzender einer Kommission zur Untersuchung der technischen Kommunikationsstrukturen im canadischen Norden) und schließlich Hal Dornan, ehemaliger Pressesprecher von Premierminister Pearson (zur Zusammensetzung s. Hardin 1985: 14). Unter den *part time members* fanden sich renommierte Persönlichkeiten der canadischen *cultural community* wie der Schriftsteller und Literaturwissenschaftler Northrop Frye sowie Jacques Hébert, ein Montréaler Verleger und späterer Co-Vorsitzender des *Federal Cultural Policy Review Committee*, des ersten Komitees zur Untersuchung canadischer Kulturpolitik seit der *Massey Commission* in den fünziger Jahren. Trotz deutlicher Nähe der CRTC-Mitglieder zur regierenden liberalen Partei konnten sie doch auf weit größere fachliche Kompetenzen verweisen als ihre Vorgänger im BBG.

Gemessen an ihren Vorläuferinnen ist die CRTC nicht nur juristisch mit weitreichenderen Kompetenzen ausgestatten, sie kann auch über ein Vielfaches an Personal und Finanzen verfügen. 1968 beschäftigte die CRTC rund 160 Mitarbeiter; der Jahresetat lag bei 1,9

Millionen Dollar. Heute liegt die Zahl der Mitarbeiter bei 409, davon 394 am Hauptsitz in Hull, Québec und 15 in Regionalbüros in Vancouver, Winnipeg, Montréal und Halifax. Der Jahresetat ist auf 28,4 Millionen Dollar gestiegen (CRTC Annual Report 1988: 14 u. 73).

4.2.2. Rundfunkpolitische Kompetenzen

Mit der Einrichtung der CRTC wurde erstmals das Recht auf Erteilung, Erneuerung und Entzug von Rundfunklinzenzen an eine Instanz außerhalb der Regierung vergeben. Unter ihr Mandat fällt seit 1968 nicht nur die Lizenzvergabe für Hörfunk- und Fernsehstationen, sondern auch für Kabelsysteme, die das Rundfunkgesetz als "broadcasting receiving undertakings" erstmals in den Geltungsbereich einbezieht (Broadcasting Act 1968/1978, chap. B-11, § 2). Anfang der achtziger Jahre kam die Lizenzierung von Pay TV und satellitengestützter Networks hinzu. Lizenzbedingungen werden entweder individuell oder in übergeordneten Lizenzklassen für einen jeweiligen Rundfunk- oder Distributionssektor festgelegt.

Die Lizenzdauer beträgt maximal fünf Jahre, wobei die Erteilung und Erneuerung grundsätzlich Gegenstand öffentlicher Anhörungsverfahren ist, die in der Region des Bewerbers stattfinden und in denen Organisationen wie Einzelpersonen Einwände geltend machen können. Bei der Lizenzerteilung und der Festlegung von Lizenzklassen genießt die CRTC einen relativ großen Ermessensspielraum, sie ist dabei nur zur Wahrung und Förderung der in § 3 des Rundfunkgesetzes erklärten Politikziele verpflichtet. Einzige explizite Ausnahme bildet die CBC: Die Erneuerung der CBC-Lizenz unterliegt zwar denselben Prozeduren wie bei kommerziellen Veranstalten, sie darf ihr jedoch nicht entzogen werden. Hier hat, wie in allen anderen die CBC betreffenden Streitfragen, die Bundesregierung die letzte Entscheidungsgewalt.

Die Regulierungskompetenzen in Bezug auf die Programmgestaltung sind dagegen in § 16 weitaus präziser gefaßt. Danach ist die CRTC generell zur Erteilung von Programmauflagen berechtigt, die sich aus § 3 (d) des Rundfunkgesetzes herleiten, insbesondere aus der Formulierung:

> "... the programming provided by each broadcaster should be of high standard, using predominantly Canadian creative and other resources (Broadcasting Act 1968/1978, chap. B-11, § 3 d).

Die CRTC hat auf dieser Grundlage, wie zuvor der BBG, Quotenregelungen (*Canadian Content Rules*) erlassen, die den Anteil canadischer Eigenproduktionen in Hörfunk- und Fernsehprogrammen festlegen und die Rangfolge der Programme bestimmen, die in Kabelnetze eingespeist oder von canadischen Satelliten abgestrahlt werden. Sie sind sowohl Gegenstand der unterschiedlichen Lizenzklassen (Hörfunk, Fernsehen, Pay TV, Kabelfernsehen, Satelliten-Networks) als auch Teil der individuellen Lizenz jedes einzelnen Veranstalters. Auf Ausgestaltung und Effektivität der Bestimmungen wird detailliert im jeweiligen Sachzusammenhang einzugehen sein. Darüber hinaus legt die CRTC nach § 16 Art und Umfang der Werbeanteile, Kennzeichnung und Ausmaß parteipolitischer Werbung, die Bedingungen für den Betrieb kommerzieller Networks sowie die Höhe der Lizenzgebühren fest.

Während die regulative Tätigkeit der CRTC - und hier besonders die *Canadian Content*-Bestimmungen - ein Höchstmaß an öffentlicher Aufmerksamkeit erfahren, besteht die Haupttätigkeit der Kommission in der Bewältigung der formalen Vorgänge, die mit Lizenzierungsfragen zusammenhängen. Der wesentliche Ablehnungsgrund von Lizenzanträgen liegt in der mangelnden finanziellen Ausstattung der Bewerber, was auch Anlaß der wenigen Fälle von Lizenzentzug war. Eine Untersuchung von 1980 hat beispielsweise nachgewiesen, daß in den ersten zwölf CRTC-Jahren nur in einem Fall einer Kabelgesellschaft die Lizenz entzogen wurde, in drei weiteren verweigerte die CRTC die Lizenzerneuerung wegen finanzieller Schwierigkeiten der Bewerber. Die Antragsteller entgehen dem drohenden Genehmigungsentzug zumeist durch Verkauf der Stationen an kapitalkräftigere Inhaber gültiger Lizenzen (Johnston 1980: 136).

In jüngerer Zeit widmet sich die CRTC auch verstärkt medienrelevanten gesellschaftspolitischen Problemen, insbesondere der stereotypen Darstellungen von Frauen und ethnischen Minderheiten in Fernsehprogrammen und Werbespots - ein Mandat, daß sie aus dem breit definierten "Ausgewogenheits-Paragraphen" des Rundfunkgesetzes ableitet (CRTC 1981).

4.2.3. Kompetenzen im Telekommunikations-Sektor

Mit der Verabschiedung des *CRTC-Act* am 1. April 1976 wurden die Kontroll- und Regulierungsbefugnisse über die Telekommunikations-Sektor, die bis dahin von der *National Transport Commission* und der *National Railway Commission* wahrgenommen worden waren, ebenfalls der CRTC übertragen. Gleichzeitig wurde die Mitgliederzahl des

Exekutivkomitees von bisher fünf auf neun aufgestockt; CRTC steht seitdem für *Canadian Radio-television und Telecommunications Commission.* Mit dieser Kompetenzerweiterung war die Formierungsphase der Aufsichtsbehörde abgeschlossen; weitere Strukturveränderungen gab es seitdem nicht.

Die Kompetenzen, die hier ausschließlich durch das Exekutivkomitee wahrgenommen werden, sind jedoch nicht annähernd so weitreichend wie jene im Rundfunkbereich. Sie beschränken sich weitgehend auf Festlegung und Kontrolle der Gebühren, die die Telekommunikationsgesellschaften für ihre Dienstleistungen erheben. Der Regulierungsrahmen wird durch die §§ 320 und 321 des *Railway Act* gesteckt, wonach die Gebühren "justice and reasonable" sein sollen und keine Gesellschaft für vergleichbare Dienstleistungen unterschiedliche Gebühren berechnen darf. Darüber hinaus gilt der Gleichbehandlungsgrundsatz gegenüber allen Kunden: Keine Einzelperson oder Kundengruppe darf in ungerechtfertigter Weise diskriminiert oder bevorzugt werden. Daneben ergibt sich aus § 69 des *National Transportation Act* von 1967, daß überregionale Zusammenschlüsse von Telekommunikationssystemen ebenfalls der CRTC-Kontrolle unterliegen (Canadian Radio-television and Telecommunications Commission Act 1975, Johnston 1980: 45-46).

Der CRTC-Act ist demnach kein umfassendes und geschlossenes Gesetzeswerk wie das Rundfunkgesetz von 1968 - es wurden lediglich bereits bestehende Kompetenzen gebündelt und auf die CRTC übertragen. Auffällig ist ebenfalls, daß dieses Gesetz keine allgemeinpolitischen Rahmenbestimmungen enthält, nach denen der Sektor Telekommunikation reguliert werden soll. Eine implizite politische Bedeutung kommt hier allerdings dem Gleichbehandlungsgrundsatz zu. Er verbietet, daß etwa die CBC oder private Rundfunkveranstalter bei der Nutzung technischer Übermittlungseinrichtungen (Richtfunkstrecken, Kabelsysteme, Satellitenkanäle), die in Canada von privaten, staatlichen und halbstaatlichen Gesellschaften betrieben werden, ungleich behandelt werden.

Hintergrund der damaligen Entscheidung, die CRTC im Sektor Telekommunikation als Regulierungsinstanz einzusetzen, war einerseits die sich abzeichnende Veränderung in der Rundfunk-Distributionsstruktur, andererseits das Bestreben, die Dienstleistungen und Tarife der unterschiedlichen Telekommunikationsgesellschaften einander anzugleichen. Drittens mußte endgültig geklärt werden, ob die Regulierungskompetenz auf Bundes- oder Provinzebene angesiedelt werden sollte. Nach wie vor ist Heterogenität in Besitz und Kontrolle ein wesentliches Strukturmerkmal des canadischen Telekommunikations-Sektors: Von den insgesamt 19 Gesellschaften ist die Mehrzahl der regional operierenden in Privatbesitz, die übrigen haben entweder den Status einer *Crown Corporation* oder sind, wie die beiden einzigen bundesweit aktiven Gesellschaften (TELESAT Canada und CN/CP Telecommunications) Mischformen aus öffentlichen und privaten Unternehmen (CRTC Annual Report 1988: 69-70).

Auch haben sich die Provinzregierungen einen erheblichen Einfluß auf Besitz und Kontrolle der regional operierenden Telekommunikationsgesellschaften gesichert: Die Westprovinzen Alberta, Manitoba und Saskatchewan betreiben eigene *Crown Corporations*, die übrigen Provinzen verfügen über eigene Instanzen zur Kontrolle der privaten Gesellschaften innerhalb ihres Territoriums. Edmonton schließlich, die Provinzhauptstadt Albertas, betreibt und kontrolliert das einzige rein städtische Telephonsystem des Landes.

Diese Struktur ist Ergebnis der vor 1976 nur unzureichend definierten Kompetenzen auf Bundesebene durch mehrere Gesetze und Kommissionen, was den Provinzen ein hohes Maß an administrativer Unabhängigkeit im Telekommunikations-Sektor verschaffte. Insofern ist der CRTC-Act von 1976 auch als weitere Zentralisierung der Zuständigkeiten über einen wichtigen Sektor der Kommunikations-Infrastruktur zu begreifen.

4.3. Das Department of Communications (DOC)

Mit dem *Department of Communications* (DOC), dem Kommunikationsministerium der Bundesregierung, ist seit 1969 ein weiterer rundfunk- und kulturpolitischer Akteur aktiv, dessen Bedeutung tendenziell zunimmt. Ursprünglich diente es primär als zentralstaatliches Instrument zur Koordinierung der Telekommunikationspolitik und zur Förderung kommunikationstechnologischer Forschung und Entwicklung. Zu seinen wichtigsten Aktivitäten gehörte bis zur Mitte der siebziger Jahre die Neuordnung der Aufsichtsstrukturen über den Telekommunikationssektor in direkter politischer Konkurrenz zu den Regulierungsansprüchen der Provinzen. So war die Übertragung der Regulierungskompetenzen auf die CRTC 1976 Ergebnis langjähriger politischer Auseinandersetzungen mit den Provinzregierungen, in denen sich das zentralstaatliche Konzept des DOC schließlich mit der Entwicklung einer verbindlichen Rahmenrichtlinie 1975 durchsetzen konnte (DOC 1975). Das DOC ist seitdem zuständig für sämtliche Sektoren der technischen Kommunikationsinfrastruktur (Satellitennutzung und Entwicklung, Festlegung von Radio- und Fernsehfrequenzen, Individual- und Computerkommunikation, Teletext-Systeme, kommunikationstechnologische Forschung u.a.m.).

Gleichzeitig verfügt es über die Richtlinienkompetenz in rundfunkpolitischen Grundsatzfragen, die früher von verschiedenen fachfremden Ministerien (Marine- und Fischereiministerium, Transportministerium, Innenministerium) wahrgenommen wurde. Damit ist es auch der CRTC gegenüber gemäß §§ 27 und 28 des *Broadcasting Act* berechtigt, "von Zeit zu Zeit" allgemeinverbindliche Rahmenrichtlinien zu erlassen. Die letzte dieser programmatischen Richtlinien wurde 1983 verabschiedet (DOC 1983b). Auf die zum Teil erheblichen Konflikte, die angesichts unterschiedlicher rundfunkpolitischer Ansätze zwischen DOC und CRTC ausgetragen wurden, wird besonders Zusammenhang mit der Nutzung von Rundfunksatelliten (Kap. 9) und der Lizenzierung von Pay-TV (Kap. 10) eingegangen. Die Auseinandersetzung um die Zulassung satellitengestützter Pay-TV-Anbieter etwa zog sich über die gesamte zweite Hälfte der siebziger Jahre hin und führte letztlich zum Rücktritt des damaligen CRTC-Vorsitzenden John Meisel (CRTC 1978d; Therrien-Committee 1980: 84-85). Auch der CBC gegenüber genießt das DOC das Recht der allgemeinpolitischen Richtlinienkompetenz, von dem es zuletzt 1983 mit einer umfassenden Neudefinition des CBC-Mandates Gebrauch machte (DOC 1983c). Noch bedeutsamer für die CBC ist das Recht des DOC, dem Parlament die Höhe der jährlichen Staatszuschüsse für den Sendebetrieb vorzuschlagen. Damit kommt dem Ministerium die entscheidende Schlüsselrolle für Art und Umfang des CBC-Sendebetriebes zu.

Mit Beginn der letzten liberalen Regierungsperiode unter Trudeau 1980 ist das DOC zu einem zentralstaatlichen Kulturministerium ausgebaut worden, das sämtliche kulturpolitischen Kompetenzen auf sich vereinigt, die nicht von den Provinzregierungen wahrgenommen werden. Dahinter stand offenbar die rasante Entwicklung der "Kulturindustrien" zu einem bedeutenden Wirtschaftsfaktor, dessen Förderung nun nicht mehr allein den Provinzen überlassen bleiben sollte. Mit mehr als 300.000 Beschäftigten - soviel wie in der Landwirtschaft und etwa dreimal soviel wie in der gesamten Forstindustrie - ist der Kultursektor heute der viertgrößte Arbeitgeber des Landes. Mit einem Gesamtumsatz von rund zehn Mrd. Dollar jährlich rangiert er heute gleichauf mit der Metallindustrie und dem Bergbau (Statistics Canada 1989: 15.1).

Das DOC ist seit seiner Kompetenzerweiterung zuständig für sämtliche Kultureinrichtungen auf Bundesebene (*Canada Council, National Film Board, CBC, National Library, National Museums, Public Archives, National Arts Centre* u.a.) und legt spezifische Förderungsprogramme für diejenigen Sektoren der Kulturindustrie auf, die besonders der allgegenwärtigen Konkurrenz aus den USA ausgesetzt sind. Die wichtigsten dieser Programme sind die Förderung einheimischer Fernsehfilme mit 60 Millionen Dollar pro Jahr über *Telefilm Canada*, ein zusätzliches 200-Millionen-Dollar-Programm zur Unterstützung des Film-Vertriebssektors, von Koproduktionen und Synchronisationen (s. Exkurs, Kap. 6). Hinzu kommen 13 Millionen Dollar jährlich zur Unterstützung canadischer Buchverlage, Kompensationszahlungen an die Post für den verbilligten Versand canadischer Zeitungen und Zeitschriften, Steuernachlässe bis zu 100 Prozent für einheimische Kinofilm-Produktionen, ein 25-Millionen-Dollar-Programm zur Förderung der Schallplatten-Industrie, sowie jährlich 1,2 Millionen Dollar für die Kulturforschung (DOC 1982: 11 ff.; Statistics Canada 1989: 15.1-15.3).

4.4. Liberale Rundfunkpolitik: Normensetzung und konkurrierende Institutionen

Das Rundfunkgesetz von 1968 stellt nach fast zwanzigjährigen Bemühungen der Liberalen Partei um eine eigenständige Rundfunkpolitik zweifellos einen entscheidenden Umbruch dar: Erstmals werden die normativen Bewertungsmaßstäbe einer nationalen Rundfunkpolitik als integraler Bestandteil der Gesetzgebung formuliert; erstmals wird auch das Kabelfernsehen - bis dahin ein unkontrolliertes Einfallstor für US-Fernsehprogramme - einer rundfunkrechtlichen Aufsicht unterstellt. Wie das Rundfunkgesetz von 1936 ist es ein deutlicher Reflex eines wiederauflebenden Nationalismus, der sich nun nicht mehr nur negativ an US-amerikanischer Dominanz definiert, sondern ganz direkt am drohenden Auseinanderbrechen der canadischen Nation durch den Separatismus Québecs. Erneut - und hier liegt die auffälligste Parallele zu den zwanziger und dreißiger Jahren - wird dem Rundfunk (insbesondere dem öffentlichen Sektor) eine national-integrative Funktion zugewiesen, die offensichtlich Defizite anderer Institutionen kompensieren soll. Was die CBC betrifft, bedeutet das Gesetz einerseits die nun schon traditionelle national-kulturelle Überfrachtung des Mandates bei gleichzeitiger Vermeidung eindeutiger Finanzierungsrichtlinien. Andererseits wird zu zeigen sein, daß die CBC bis heute aus eben dieser Rollenzuweisung als wichtiger Akteur einer neuen *National Policy* in hohem Maße ihre Legitimation innerhalb eines zunehmend kommerziell geprägten Rundfunksystem bezieht. Das umso mehr, als das Rundfunkgesetz von 1968 keinerlei Eingriffe in die gewachsene kommerzielle Network-Struktur vorsieht. Aus dieser Normensetzung leitet sich ebenfalls das Mandat der CRTC als zentraler Regulierungsinstanz ab.

Mit der Einrichtung der CRTC, die über weitreichendere Kompetenzen als sämtliche ihrer Vorläuferinnen verfügt, besteht seit 1968 einerseits zwar die Möglichkeit rundfunkpolitische Zielsetzungen in Lizenzauflagen und Rahmenbestimmungen umzusetzen und deren Einhaltung zu kontrollieren. Lizenzerteilung und Lizenzentzug sind erstmals einer Instanz außerhalb der Bundesregierung übertragen.

Andererseits hat sich mit dem *Department of Communications* schrittweise ein zweites bedeutendes Machtzentrum in der Rundfunkpolitik herausgebildet. Die Richtlinienkompetenz auch gegenüber der CRTC liegt damit bei einem Ministerium, dessen Entstehungsbedingungen deutliche Prioritäten in der Förderung der Rundfunktechnologie und damit der "Hardware-Industrie" vermuten lassen. Die CRTC dagegen bezieht ihr Mandat aus der Regulierungskompetenz über die Rundfunkveranstalter und konzentriert sich daher sowohl auf die Einhaltung von Programmauflagen als auch auf eine generelle Fürsorgepflicht gegenüber dem "Software-Sektor". Interessenkonflikte beider Institutionen sind so zum Beispiel dort vorgezeichnet, wo etwa eine industriepolitisch gewollte Ausweitung technischer Übermittlungseinrichtungen nicht Schritt hält mit den tatsächlichen Möglichkeiten zur Auslastung dieser Kapazitäten. In der Tat wird zu zeigen sein, daß sich besonders im gesamten Problemfeld der Satellitennutzung schwere Interessenkollisionen beider Instanzen ergeben haben.

Die Ausweitung der DOC-Kompetenzen auf den bundesstaatlichen Kultursektor muß diese Konflikte noch verschärfen, da die CRTC ebenfalls über ein kulturpolitisches Manadat verfügt, das sich aus der sozio-kulturellen Normensetzung des Rundfunkgesetzes ableitet. Maßnahmen etwa, die zu einer Förderung des Produktionssektors (Schallplattenproduktion, Fernsehfilm u.a.) aus Bundesmitteln beitragen, fallen in den Aufgabenbereich des DOC, obwohl die Politik der CRTC unmittelbar beeinflußt wird.

Letztlich markiert die Erweiterung der DOC-Kompetenzen ebenso wie die Einrichtung der CRTC einen weiteren Schritt zur Zentralisierung der Rundfunk- und Kulturverantwortung auf die Bundesregierung bei gleichzeitiger Schwächung der Provinzen. Ihre rundfunkpolitische Rolle beschränkt sich seitdem auf die Veranstaltung von Bildungsfernsehen, dessen Lizenzierung ebenfalls der CRTC untersteht. Die ursprüngliche Vorgabe des *White Paper on Broadcasting*, auf Bundesebene ein landesweites Bildungsfernsehen einzurichten, ist als einzige wesentliche Zentralisierungsmaßnahme am Einspruch der Provinzen gescheitert.

5. Struktur und Regulierung des Radios: CBC-Networks, kommerzieller Sektor und Community Radio

5.1. Einführung

Mit der Entwicklung des Fernsehens hat das Radio in Canada, wie in anderen westlichen Industrieländern auch, seine einst dominierende Rolle als Informations- und Unterhaltungsmedium, als Werbeträger und damit auch als wesentlicher rundfunkpolitischer Faktor eingebüßt. Die canadische Hörfunkentwicklung weist jedoch einige Besonderheiten auf, die sich aus den spezifischen Anforderungen und den vielfältigen Wandlungsprozessen der Rundfunkpolitik erklären:

* Das Radio wurde seitens der CRTC von Beginn an als Instrument begriffen, über das die Entwicklung einer einheimischen Tonträgerindustrie und damit die Existenz eines canadischen Musikangebotes gesichert und gefördert werden soll. Canadischen Kulturschaffenden, insbesondere Musikern und Komponisten, soll zu einer kontinuierlichen Präsenz in den Radioprogrammen verholfen werden. Diesem Ziel dienen eine generelle *Canadian Content*-Quote von 30 Prozent (später ausdifferenziert nach unterschiedlichen Programmformaten), sowie Sonderregelungen für den FM (UKW)-Bereich, die die Entwicklung eines gegenüber AM (Mittelwelle) eigenständigen Programmangebotes sicherstellen sollen.

* Zum zweiten läßt sich am canadischen Beispiel exemplarisch studieren, wie sich die CBC als öffentlicher Anbieter auf die nun übermächtige ökonomische Konkurrenz und die durch eine Vielzahl von Veranstaltern hochgradig fragmentierten Märkte eingestellt hat. Während etwa in der Bundesrepublik die Neuausrichtung der ARD-Radioprogramme (in bewußter Konkurrenz zu den neuen kommerziellen Anbietern) noch in ersten Anfängen steckt, hat sich die CBC vollständig zu einem Komplementärmedium entwickelt, das sich mit anspruchsvollen Wort- und Musikprogrammen ausschließlich an spezifische Teilpublika richtet.

* Zum dritten hat sich gezeigt, daß sowohl der öffentliche als auch der kommerzielle Hörfunk mit seinen Ausdifferenzierungen nach klar identifizierbaren Programmformaten Nischen eröffnet hat, in denen sich seit Ende der sechziger Jahre ein weiterer Radiotypus eta-

blieren konnte: die *community radios*. Diese überwiegend nicht-kommerziellen, von Inuit und Indianern sowie sozialen und sprachlich-kulturellen Minderheiten getragenen Sender gewinnen für die Radioversorgung zunehmend an Bedeutung und werden in der rundfunkpolitischen Diskussion in jüngster Zeit stärker berücksichtigt. Sie sind heute zweifellos das innovativste Element des canadischen Radiosektors.

Die folgende Darstellung gibt zunächst einen Überblick über die Entwicklung des öffentlichen und des kommerziellen Hörfunks, sowie über die spezifischen Regulierungsbemühungen der CRTC, bevor abschließend der Sektor *community radios* betrachtet wird. Eine Fallstudie des bedeutendsten anglophonen Radios dieses Typus, *Coop Radio Vancouver*, ermöglicht einen exemplarischen Einblick in die besonderen Strukturbedingungen und Arbeitsweisen eines großstädtischen *community radios* - ein Anbietertyp, der in fast allen westlichen Industrieländern verbreitet ist, in dieser Form in der Bundesrepubik Deutschland jedoch bislang nicht existiert (für eine umfassende Bestandsaufnahme s. Kleinsteuber et al. 1989).

Gegenwärtig werden in Canada auf FM und AM insgesamt 716 Radiostationen betrieben, davon sind 101 im Vollbesitz der CBC. Dem stehen 485 kommerzielle Stationen gegenüber, von denen nur noch 27 mit der CBC zusammenarbeiten (*affiliated stations*) und Teile der CBC-Networkprogramme übernehmen. Der kommerzielle Sektor hat seine dominierende Position also kontinuierlich ausbauen können und beherrscht heute (von wenigen Ausnahmen abgesehen) die lokalen und regionalen Märkte. Immerhin 140 Radiostationen lassen sich nicht eindeutig diesen beiden Hauptkategorien zuordnen. Unter ihnen bilden die großstädtischen und ländlichen *community radios* mit 86 die größte Gruppe, gefolgt von 33 *student radios*, die zumeist von den Universitäten getragen und von Studenten in eigener Regie geführt werden. Acht private Stationen sind ganz auf die Bedürfnisse ethnischer Minderheiten gerichtet, drei weitere übertragen Bildungsprogramme in den Provinzen Alberta und Ontario (CRTC Annual Report 1988: 65).

Alle 716 Stationen gelten als *originating stations*; das heißt, sie produzieren und verbreiten selbständig Programme oder Programmbestandteile. Daneben existieren noch 865 sogenannter *rebroadcasting stations*, meist unbemannte und mit geringer Sendeleistung ausgestattete Stationen, die die Programme der *originating stations* auf lokaler Ebene verbreiten. Durch dieses kombinierte System kann heute von einer Radiovollversorgung gesprochen werden. Schon bei Amtsantritt der CRTC konnte nahezu jeder Bürger drei verschiedene AM-Radioprogramme empfangen und zwei Drittel hatten Zugang zu mindesten neun Programmen (CRTC Annual Report 1988: 28).

5.2. Die CBC-Radio-Networks

5.2.1. Programmangebot und Nutzung

Von Toronto und Montréal aus betreibt die CBC insgesamt vier Radio-Networks - je ein anglophones und ein frankophones Network mit unterschiedlichen Programmen in beiden Wellenbereichen (AM und FM). Hinzu kommt mit *Radio Canada International* ein internationaler Kurzwellensender, der sich in englischer und französischer Sprache sowohl an Canadier im Ausland wendet und zusätzlich Informationen in zwölf weiteren Sprachen weltweit verbreitet. Der *Northern Service* der CBC produziert und verbreitet im Yukon Territory, in den Northwest Territories und im Norden Québecs spezielle Programme in sieben Sprachen der canadischen Ureinwohner (CBC Annual Report 1988: 16-18). Der Betrieb eines weiteren anglophonen Networks für die Kerngebiete Canadas, das *Dominion Network*, ist bereits 1958 eingestellt worden.

Innerhalb des AM-Sendegebietes, das durch 73 eigene und 18 angeschlossene private Stationen abgedeckt wird, leben jeweils 99 Prozent der Bevölkerung beider Hauptsprachgruppen (CRTC Annual Report 1988: 65). Im FM-Bereich ist dagegen noch keine Vollversorgung erreicht; hier verfügt die CBC über eine maximale technische Reichweite, mit der nur knapp drei Viertel der Bevölkerung versorgt werden können. Die Gründe liegen zum einen in der geringeren Zahl der FM-Stationen (28), wobei sich die CBC beim Aufbau des Sendernetzes, anders als bei AM, stärker auf eigene Kapazitäten stützt und nur neun private Stationen mit Teilprogrammen versorgt (davon allein fünf in den Northwest-Territories). Andererseits hat die aufwendigere FM-Technik, die ein weitaus engeres Netz von Übertragungseinrichtungen erfordert, die Ausbreitung im Flächenland Canada bisher wenig begünstigt - was ähnlich auch für die USA zutrifft. Zwar gehen erste Versuche mit FM-Radio in Canada auf das Jahr 1930 zurück, die allmähliche Ausbreitung erfolgte jedoch erst seit Mitte der sechziger Jahre (CRTC 1979c: 75). Tabelle 5.1. zeigt die geographische Verteilung der CBC-eigenen und angeschlossenen kommerziellen Stationen:

Tabelle 5.1:

CBC-eigene und angeschlossene Radiostationen nach Provinzen, 1988

	CBCO-eig. (AM)	CBC-ang. (AM)	CBC-eig. (FM)	CBC-ang. (FM)
Nfld	4	-	2	-
P.E.I.	2	-	1	-
N.S.	2	-	2	1
N.B.	5	1	3	-
Que.	6	8	6	2
Ont.	7	3	6	1
Man.	3	1	1	-
Sask.	1	-	2	-
Alta.	23	-	2	-
B.C.	15	5	2	-
Yukon	1	-	-	-
N.W.T.	4	-	1	5

(Quelle: CRTC Annual Report 1988: 65)

Statt einer weiteren Ausdehnung des terrestrischen Netzes setzt die CBC bei FM verstärkt auf die Nutzung der Satellitenübertragung. Seit Frühjahr 1984 bietet sie als einziger canadischer Hörfunkveranstalter ihre nun auf 24 Stunden täglich erweiterten FM-Programme per Satellit zusätzlich allen Kabelstationen an und rechnet seitdem mit einer potentiellen Verfügbarkeit für 86 Prozent der Gesamtbevölkerung. Damit betreibt die CBC weltweit als einziger Rundfunkanbieter ein FM-Network, dessen Programme landesweit zu empfangen sind.

Die Produktion und Verbreitung von Radioprogrammen hat für die CBC nach wie vor einen hohen Stellenwert. Mit (1988) 234,7 Mio. Dollar schlugen die reinen Produktions- und Verbreitungskosten mit knapp einem Viertel der programmbezogenen CBC-Gesamtausgaben von 1,1 Mrd. Dollar zu Buche (CBC Annual Report 1988: 28-29).

Neben den reinen Network-Programmen, die in beiden Sprachen landesweit ausgestrahlt werden, hat die CBC den Anteil ihrer regional produzierten Programme kontinuierlich ausgeweitet. Ein Teil dieser Regionalsendungen wird zusätzlich in die Networkprogramme aufgenommen. Im englischprachigen Programm machen die Produktionskosten für Regionalprogramme mit 73,2 Mio. Dollar bereits mehr als die Hälfte der Gesamtproduktionskosten von rund 120 Mio. Dollar aus. Im französischsprachigen Programm liegen sie mit 35,3 Mio. Dollar nur knapp unter dem Network-Etat von 38,6 Mio. Dollar (CBC Annual Report 1988: 29).

In ihrer Struktur unterscheiden sich die Programme auf AM und FM deutlich. Die Tabellen 5.2. und 5.3. zeigen ein jeweils repräsentatives Wochenprogramm der CBC auf AM und FM. Da beide Networks ihre Spartenanteile unterschiedlich aufschlüsseln, ist ein direkter Vergleich zwischen anglophonem und frankophonem Programm nur bedingt möglich. Allgemein ist jedoch erkennbar, daß AM sowohl in englischer als auch in französischer Sprache durch einen überwiegenden Anteil von Nachrichten, Informationsmagazinen und Features geprägt wird, während in den FM-Stereoprogrammen eindeutig die Musik dominiert. Insgesamt ist das englischsprachige Programm etwas stärker differenziert als das französischsprachige, in dem in beiden Wellenbereichen die charakteristischen Bestandteile (klassische Musik und Kultur) noch stärker dominieren:

Tabelle 5.2:

Repräsentatives Wochenprogramm, englische CBC-Radio-Networks (AM und FM), 1988

Sparte	Anteil AM (%)	Anteil FM (%)
News	11,5%	6,4%
Current Affairs	20,6%	----
Drama/Features	7,5%	3,1%
Music	5,0%	57,4%
Variety	24,0%	31,3%
Sports	1,3%	0,5%
Other	0,3%	0,1%
Total Network	71,2%	98,8%
Local/Regional	28,8%	1,2%
Total	100,0%	100,0%

(Quelle: CBC Annual Report 1988: 13)

Tabelle 5.3:

Repräsentatives Wochenprogramm, französische CBC-RadioNetworks (AM und FM), 1988		
Sparte	Anteil AM (%)	Anteil FM (%)
News	8,7%	1,9%
Public Affairs	15,0%	-----
General Interest	15,3%	7,4%
Cultural/Religious	7,1%	12.2%
Drama	-----	0,6%
Serious Music	0,9%	70,1%
Variety/Jazz	21,9%	7,8%
Sports	6,6%	-----
Total Network	75,5%	100,0%
Local/Regional	24,5%	-----
Total	100,0%	100,0%

(Quelle: CBC Annual Report 1988: 15)

An beiden Networkprogrammen fällt auf, daß die lokalen und regionalen Programmbestandteile auf den AM Bereich konzentriert werden, wo doch FM mit seiner geringeren technischen Reichweite für diese Angebote prädestiniert wäre. Schon hier wird der komplementäre Charakter des heutigen CBC-Angebotes deutlich: Das lokale und regionale Publikum wird eindeutig den kommerziellen Anbietern überlassen, die von sehr wenigen Ausnahmen abgesehen (s.u.) keine überregionalen Programme anbieten. Ein regional und lokal ausgerichtetes CBC-Programmangebot existiert zwar, jedoch nicht auf dem qualitativ attraktiveren FM-Band. FM in Stereo wird überwiegend als Verbreitungsmedium für Musik genutzt, wobei im frankophonen Programm die Sparte E-Musik gesondert aufgeführt wird und eindeutig dominiert.

Der primär informative Charakter des AM-Angebotes dagegen wird noch dadurch verstärkt, daß hier während der morgendlichen *prime time* zwischen 50 Prozent (französisch) und 60 Prozent (englisch) des Programms aus Informationssendungen besteht (Juneau 1987b: 17). Zwei der Hauptinformationsmagazine der CBC, *As It Happens* und *Sunday Morning* werden zudem seit Anfang der achtziger Jahre auch über den spendenfinanzierten öffentlichen Rundfunk der USA, *National Public Radio*, ausgestrahlt - der einzige regelmäßige Programmexport Canadas in die Vereinigten Staaten (Fulford 1982b: 9).

Mit diesem insgesamt sehr anspruchsvollen Programmangebot, das in seiner Struktur den ARD-Spartenprogrammen in der Bundesrepublik ähnelt (etwa NDR 3 und NDR 4), visiert die CBC heute kein Massenpublikum mehr an. Anders als in der Bundesrepublik vollzieht sich die strukturelle Wandlung der CBC-Programme nicht nach der Trennung in qualitativ hochwertige Informations- und Musiksendungen einerseits bei gleichzeitiger Ausrichtung einer werbefinanzierten "Servicewelle" (etwa NDR 2, SWF 3 u.ä.) auf ein Massenpublikum - sie ist mit dem vollständigen Verzicht auf Massenattraktivität sehr viel weitreichender. Bereits seit April 1975 ist das CBC-Radioangebot frei von Werbeeinblendungen; nur ein sehr geringer Teil wird durch Sponsorwerbung finanziert (CBC 1983: 21).

Dadurch unterscheidet sich CBC-Radio noch deutlicher vom Angebot der kommerziellen canadischen und US-Stationen und setzt voll auf die Befriedigung partikularer Interessen bestimmter Hörergruppen, die durch die kommerziellen Programme nicht abgedeckt werden. Das Publikum weist so einen hohen Anteil von Akademikern und Pensionären auf, während Jugendliche so gut wie gar nicht erreicht werden. Aus einer CBC-Umfrage von 1983 unter Hörern des französischsprachigen Networks geht hervor, daß die Programme hauptsächlich wegen ihres informativen Charakters eingeschaltet werden; 52 Prozent der Befragten gaben an, das CBC-Programm verlange "hohe Aufmerksamkeit", immerhin 41 Prozent zeigten sich unzufrieden mit dem stark auf E-Musik ausgerichteten Musikangebot (CBC Annual Report 1984: 25).

So verwundert es nicht, daß der Höreranteil der CBC heute nur noch bei durchschnittlich zehn Prozent liegt. Gemessen an der einst dominierenden Position des CBC-Radios in den fünfziger Jahren ein deutlicher Verlust an Einschaltquoten. Allerdings ist es bemerkenswert, daß die CBC seit ihrer konsequenten Ausrichtung auf wechselnde Minderheiten ihren Höreranteil wieder schrittweise anheben konnte. Die Position des englischsprachigen CBC-Radios hat sich im Laufe der letzten 20 Jahre zwar nur graduell, jedoch kontinuierlich verbesssert: Mit lediglich 4,9 Prozent durchschnittlicher Hörerbeteiligung war 1970 der absolute Tiefpunkt erreicht (Task Force 1986: 121). Für zahlreiche Sendungen des AM-Programms lagen die Einschaltquoten unterhalb der Meßbarkeitsgrenze, so daß ernsthaft erwogen wurde, den Betrieb des AM-Networks völlig aufzugeben (Robertson 1981: 14). In einem relativ stetigen Wachsumsprozeß, der im wesentlichen auf den Ausbau des FM-Networks zurückzuführen ist, kletterte die durchschnittliche Hörbeteiligung auf heute immerhin 11,2 Prozent (CBC Annual Report 1988: 12). Dieser Anstieg ist umso bemerkenswerter, als sich im selben Zeitraum die Gesamtzahl der Radiostationen mehr als verdoppelt hat.

Die CBC selbst wertet diese Hörerbeteiligung vor dem Hintergrund eines hochgradig fragmentierten Publikums als Erfolg. Innerhalb der großstädtischen *major markets*, in denen bis zu 25 einheimische und in unmittelbarer Grenznähe auch US-Stationen miteinander konkurrieren, rangierte die CBC bereits zur Mitte der achtziger Jahre in der Regel wieder unter den ersten fünf Anbietern mit den höchsten Einschaltquoten (CBC 1984a: 14).

5.2.2. Vom nationalen Instrument zum Komplementärmedium

Die Ausgestaltung der canadischen Hörfunklandschaft hätte sich in den achtziger Jahren jedoch auch sehr viel stärker zugunsten des öffentlichen Sektors entwickeln können, wäre die CRTC den einschneidenden Vorschlägen der CBC zur Ausweitung ihres FM-Networks gefolgt: Anfang 1979 unterbreitete die CBC der CRTC ihren *long-range radio plan*, der u. a. vorsah, innerhalb der nächsten 20 bis 30 Jahre den gesamten eigenen Radiobetrieb auf FM umzustellen. Sie forderte daher nicht nur die Reservierung von landesweit 500 zusätzlichen FM-Frequenzen, sondern gleichzeitig ein generelles Einfrieren der Privatlizenzen auf den Stand von 1979 - eine erkennbare Parallele zu den gescheiterten Plänen in den fünfziger Jahren, der CBC die gesamte Fernsehversorgung zu übertragen (CRTC Annual Report 1983: 31-32)

Die CRTC schien diesen Plan anfangs unterstützen zu wollen und verhängte im April 1979 einen landesweiten Lizenzierungsstop. Doch bereits ein Jahr später, im März 1980, hob sie diese Verfügung wieder auf und beschränkte das Zulassungsverbot nur noch auf die Ballungsgebiete in Süd-Ontario, um Vancouver und Montréal. Nach einer öffentlichen Anhörung im April 1982 und einer Intervention seitens des DOC zugunsten der privaten Veranstalter forderte sie die CBC auf, ihren Radio-Plan zu revidieren und weniger weitreichende Vorschläge zu präsentieren. Im Mai 1984 schließlich entschloß sich die CRTC, den Lizenzierungsstop auch in den restlichen Regionen aufzuheben, ohne die Vorlage neuer CBC-Pläne abzuwarten (CRTC Annual Report 1983: 31-32; CRTC Annual Report 1984: 33). Damit ist der CBC - wie schon im Hörfunk der dreißiger und im Fernsehen der fünziger Jahre - ein zumindest teilweises Verbreitungsmonopol verweigert worden.

Trotz einer Regulierungspolitik, die den FM-Bereich und die lukrativen Ballungsgebiete weitgehend den kommerziellen Anbietern überließ, hat sich die CBC eine zwar untergeordnete, jedoch recht stabile Position in der canadischen Hörfunklandschaft zurückerobert. Die Ausrichtung als anspruchsvolles Komplementärmedium ist dabei nicht allein als Ergebnis der ökonomischen Konkurrenz zwischen öffentlichem und privatem Sektor zu begreifen - sie dient ebenso als Instrument der politischen Legitimation für die staatliche Finanzierung. In einem System, in dem immerhin rund 90 Prozent der Hörbeteiligung auf die kommerziellen Anbieter entfallen, kann das CBC-Radio seine Existenz und Finanzierung offenbar nur dann langfristig sichern, wenn sich das Angebot deutlich abhebt und sich gleichzeitig erkennbar an der Erfüllung übergeordneter rundfunkgesetzlicher Zielsetzungen orientiert. Es wäre daher verfehlt, die rundfunkpolitische Rolle des CBC-Radios allein an der Höhe der Einschaltquoten zu messen.

Vor dem Hintergrung drastischer Kürzungen der jährlichen staatlichen Zuschüsse zur Mitte der achtziger Jahre (s. Kap. 7) warnte CBC-Präsident Juneau vor drohenden Qualitätseinbußen im Programm. Der Erfolg des CBC-Radios, so Juneau vor dem *Canadian Club* in Winnipeg, basiere gerade auf seinem komplementären Charakter, dem hohen *Canadian Content*-Anteil und seinem wiedererlangten qualitativen Niveau:

> "Why is CBC Radio successful? Because it is two radio networks, AM and FM, which offer a service that is broad enough to interest a large diversity of Canadians. Because it is a highly Canadian service and highly different from other stations. It responds to a real need for unbiased and enlightening information and discussion, a constant investigator of the world of ideas and a rich provider of the immense treasures of the great literature and music of the world and of Canada. CBC Radio, therefore, is not just a convenience, it is a necessity" (Juneau 1985: 16).

Die CBC ist in der Tat faktisch identisch mit dem canadischen Radio-Produktionssektor. Mit Ausnahme eines Teils der ausgestrahlten Schallplattenmusik ist das Musikprogramm weit überwiegend canadischen Ursprungs. Das umfangreiche Angebot an Informationssendungen, Hörspielen und Features wird ausschließlich mit Beiträgen fester und freier CBC-Mitarbeiter bestritten. Ein vergleichbarer kommerzieller Hörfunkproduktionssektor existiert dagegen bis heute nicht (Task Force 1986: 279). Live-Übertragungen von Konzerten, Opernaufführungen und Jazz-Festivals sind heute ebenso die Stützen des Programmangebotes beider Networks wie regelmäßige Wettbewerbe junger Musiker und Komponisten, denen allein die CBC die Chance bietet, einem nationalen Publikum bekannt zu werden. Zu Recht stellte die CBC gegenüber der *Task Force on Broadcasting*

Policy fest, daß sich zwischen der CBC und der "artistic community" Canadas innerhalb der letzten 50 Jahre ein "symbiotisches Verhältnis" entwickelt habe, in dem beide Seiten hochgradig voneinander abhängig seien (CBC 1985: 49).

Die derzeitige Programm- und Entwicklungspolitik der CBC setzt daher voll auf den weiteren Ausbau als anspruchsvolles Komplementärmedium, die effektivere Nutzung vorhandener Kapazitäten und die Erschließung neuer Übertragungswege. In ihrem letzten Strategiepapier vom Dezember 1985 hat sie - soweit die nötigen Finanzen zur Verfügung gestellt werden - u.a. folgende Ziele formuliert (CBC 1985: 47-63):

* *Canadian Content*: Ausweitung der live-Übertragungen von E-Musik um 30 Prozent und der klassischen Schallplattenmusik um 15 Prozent. 50 Prozent mehr Sendezeit für Werke canadischer Komponisten; Anhebung des Gesamtanteils populärer canadischer Musik auf 40 Prozent. Diese Ziele sollen bis Ende 1990 erreicht sein.

* Nutzung des umfangreichen CBC-Tonarchives von Live-Mitschnitten insbesondere in den Sparten Klassik und Jazz für den Aufbau, bzw die Ausweitung der eigenen Schallplatten- Produktion. Damit wäre die CBC der einzige Anbieter eines canadischen Klassik-*labels*. Gleichzeitig sollen Schallplattenlizenzen an unabhängige Produzenten vergeben werden.

* Ausbau und stärkere Regionalisierung der Nachwuchsförderung von Komponisten, Schriftstellern und Schauspielern (im Hörspiel).

* Einrichtung vier neuer Spezial-Programmdienste, die sich größtenteils mit dem effektiveren Einsatz von vorhandenem Material und Personal betreiben ließen:
- *Canadian Classical Music Service* (Digitalqualität),
- *Canadian News and Information Service* (24 Std. *all news*),
- *Canadian Youth Service,*
- *Canadian Arts and Entertainment Service.*

Jeder dieser Spezialdienste soll per Satellit an Kabelsysteme oder per Parapolantenne direkt an die Privathaushalte abgegeben und gleichzeitig als Programmpakete interessierten privaten Stationen zur terrestrischen Verbreitung angeboten werden. Damit wäre die CBC einer der wichtigen Anbieter neuer *specialty services* (CBC 1985: 47-63). Die Umsetzung dieser Pläne wird allerdings entscheidend davon abhängen, ob sich die CBC mit ihren Finanzierungsvorstellungen gegenüber der Regierung und politisch gegen die Interessen privater Anbieter durchsetzen kann, die - mit ausdrücklicher Unterstützung der CRTC - ihrerseits den Aufbau eigener *specialty services* betreiben (s.u.)

Zuletzt durch die *Task Force on Broadcasting Policy* erhielt die CBC ein beachtliches Maß an Unterstützung für den weiteren Ausbau ihrer Radiodienste. Generell soll das CBC-Mandat zur Veranstaltung von Radioprogrammen gesetzlich festgelegt werden (ein Hinweis auf den großen politischen Legitimationsdruck, der auf CBC-Radio lastet); die Radiodienste sollen von möglichen Budget-Kürzungen explizit ausgeschlossen bleiben. Weiter fordert die Task Force:

* von der Bundesregierung ausreichende finanzielle Mittel, die es der CBC erlauben, angeschlossene private Stationen schrittweise durch eigene zu ersetzen;

* von der CRTC die Ergänzung ihrer Kabelrichtlinien durch eine generelle Verpflichtung der Kabelgesellschaften zur Verbreitung der CBC-Networkprogramme;

* ein Sonderprogramm von 13 Mio. Dollar zur Ausweitung des lokalen und regionalen Nachrichtenangebotes in solchen Regionen, die bisher nur über eine CBC-*rebroadcasting station* mit den nationalen Programmen versorgt werden;

* weitere 10 Mio. Dollar zur technischen Vervollständigung der beiden FM-Networks;

* von der CBC (statt der Entwicklung eigener *specialty services*) den stärkeren Ausbau des Syndication-Prinzips, d.h. den Verkauf von Programmpaketen an kommerzielle Anbieter (Task Force 1986: 283-296).

Die Vorschläge der *Task Force* orientieren sich erkennbar an dem Ziel, die Kosten für die Entwicklung des CBC-Radios so gering wie möglich zu halten. Weitergehende Forderungen werden politisch offenbar für nicht durchsetzungsfähig gehalten.

Auch durch die CRTC erhält die CBC für ihre Pläne, sich künftig verstärkt im Angebot von *specialty services* zu engagieren, offenbar keine Unterstützung. Während der letzten Lizenzerneuerung im März 1988 (der ersten übrigens, die ausschließlich für die Radio-Networks vorgenommen wurde und nicht, wie sonst üblich, für den gesamten CBC-Betrieb) wurden Auflagen formuliert, die sich ganz auf die geographische Ausdehnung der

Network-Versorgung und die teilweise Veränderung der Programmstruktur konzentrieren. Im einzelnen fordert die CRTC:

* Beibehaltung von Umfang und Qualität der Nachrichten und Informationsprogramme auf beiden Networks;

* Anhebung des *Canadian Content* in den AM-Musikprogrammen von derzeit 30 Prozent auf 50 Prozent bis Ende 1990;

* Ausweitung der französischsprachigen AM-Programme im anglophonen Teil des Landes zur besseren Versorgung der dort lebenden frankophonen Bevölkerung;

* mehr regionale Programmelemente in den AM-Networks sowie einen festen Sendeplatz zur Behandlung von *native issues*:

* Eine Untersuchung, ob die Ausdehnung der AM-Radioversorgung auf sämtliche Ortschaften möglich ist, in denen nur 200 bis 500 Menschen leben;

* Einrichtung von mindestens 20 neuen FM-Stationen in unterversorgten Regionen in den Atlantik- und Prairieprovinzen sowie im Norden Ontarios und Québecs (CRTC Annual Report 1988: 32-33).

Die Lizenzauflagen sind ein deutlicher Beleg, daß die CRTC neue, kabelgestützte Spezialangebote ganz offensichtlich privaten Anbietern überlassen will. Konkurrenz durch die CBC, die nach ihren eigenen Darlegungen gegenüber der *Task Force on Broadcasting Policy* solche Programme größtenteils aus eigenen Ressourcen bestreiten könnte, soll es auf diesem Sektor nicht geben. Dagegen ist offenkundig, daß CBC-Radio noch stärker als bisher Versorgungsaufgaben übernehmen soll, die für kommerzielle Veranstalter nicht lukrativ sind. *Canadian Content*-Defizite sollen ebenfalls durch die CBC ausgeglichen werden. Die CRTC läßt offen, wie die geforderten technischen und inhaltlichen Aufgaben finanziert werden können. Die Lizenz der CBC-Radio-Networks ist darüberhinaus nicht für die üblichen fünf Jahre, sondern nur für drei Jahre bis März 1991 verlängert worden, da es die CBC versäumt habe, für den Radiobetrieb "präzise und angemessene" Entwicklungspläne vorzulegen. Die Verpflichtung zur Ausarbeitung solcher Pläne ist damit ebenfalls Gegenstand der geltenden Rundfunklizenz.

Obwohl die Radiodienste der CBC nach wie vor ein überaus bedeutsamer kultureller Faktor in Canada geblieben sind, ohne die weite Teile der *cultural community* keine oder keine angemessenen Arbeits- und Ausdrücksmöglichkeiten fänden, bleibt doch festzuhalten, daß sie im besonderen Maße ein für Canada historisch nicht durchgängiges Verständnis von öffentlichem Rundfunk reflektieren, der sich nun als Medium zur Befriedung von Partikularinteressen kleiner, meist intellektueller Publikumsteile begreift. Eine direkte Konkurrenz mit dem kommerziellen Radiosektor um ein Massenpublikum findet nicht mehr statt und wird von seiten der CRTC auch politisch nicht mehr gewünscht. Damit weist die Entwicklung von CBC-Radio einen der möglichen und sehr wahrscheinlichen Entwicklungswege auf, die der öffentliche Hörfunk unter wachsendem ökonomischen und rundfunkpolitischen Druck auch in den Ländern Westeuropas nehmen kann. Derzeit zu beobachtende Strategien, die auf eine weitgehende Angleichung öffentlicher Radioangebote an die der kommerziellen Konkurrenz gerichtet sind, werden sich möglicherweise nur als Übergangslösungen auf dem Weg zu einem primär komplementären Programmverständnis erweisen.

5.3. Der kommerzielle Radiosektor

5.3.1. Ökonomische Struktur und geographische Merkmale

Das Prinzip kommerziellen Radios ist - im Gegensatz zu seiner rundfunkgesetzlichen Einbindung in ein *single system* - von dem der CBC grundsätzlich verschieden und folgt denselben Kriterien wie das privatwirtschaftliche Fernsehen:

> "The business of private radio and television (...) is to sell audiences to advertisers, thereby earning the revenue which enables them to broadcast programs and make a profit. (...) elaborate means of of measuring audiences have been developed so that the advertiser will know the size, location and a good deal about the social makeup of the audience which is to be exposed to the advertising message" (Task Force 1986: 383).

Das Verständnis von Publikum reduziert sich auf das des Warenkonsumenten, der in möglichst großer Zahl dem Anzeigenkunden "zum Kauf" angeboten wird. Programme sind notwenige Investitionen und orientieren sich generell an dem Ziel der Publikumsmaximierung. Je größer das Publikum, desto höher sind die erzielten Preise für den Verkauf von Werbezeiten. Wie auch immer geartete kulturelle oder normativ-politische Ansprüche sind dem kommerziellen Radio fremd und können, wenn überhaupt, nur durch regulative Eingriffe in die wirtschaftliche Dispositionsfreiheit der Unternehmen umgesetzt werden.

Für Canada hatte das kommerzielle Prinzip, dessen Durchsetzung historisch zunächst nicht mit adäquaten Mitteln verhindert und das später politisch ausdrücklich gefördert wurde, vor allem zwei Konsequenzen: Erstens die Ballung der kommerziellen Radiostationen auf die lukrativen großstädtischen Märkte, in denen mit geringem technischen Aufwand ein größtmögliches Publikum erreicht werden kann; und zweitens ein dominierender Anteil kostengünstiger, massenattraktiver US-Programme im Gegensatz zu aufwendigen Eigen- oder Auftragsproduktionen. Eine Besonderheit in der canadischen Hörfunkentwicklung ist allerdings die langjährige Verhinderung kommerzieller Radio-Networks während der CBC-Regulierungskompetenz, wodurch private Radios bis heute weit überwiegend auf den lokalen und subregionalen Raum beschränkt sind. Tabelle 5.4. zeigt die geographische Verteilung der unabhängigen und der mit der CBC kooperierenden kommerziellen AM und FM-Stationen:

Tabelle 5.4:

Verteilung kommerzieller Radiostationen nach Provinzen, 1988				
	AM Radios	FM Radios	CBC-ang.(AM)	CBC-ang.(FM)
Nfld.	18	3	-	-
P.E.I.	3	1	-	-
N.S.	16	5	-	1
N.B.	11	6	1	-
Que.	56	32	8	2
Ont.	84	54	3	1
Man.	13	8	1	-
Sask.	17	6	-	-
Alta.	36	12	-	-
B.C.	51	22	5	-
Yukon	1	2	-	-
N.W.T.	1	-	-	5

(Quelle: CRTC Annual Report 1988: 65)

Das ökonomische Kernproblem kommerzieller Radiostation liegt heute - wie oben bereits angedeutet - in der starken Fragmentierung der wenigen großstädtischen Märkte und ihrer, im Vergleich zum Fernsehen, geringen Bedeutung als nationales Anzeigenmedium. Während sich die Gesamtzahl der privaten Stationen zwischen 1960 und 1988 von 193 auf 458 mehr als verdoppelte (Burns Fry Ltd. 1983: 2; CRTC Annual Report 1988: 65), ist der Anteil an den gesamten canadischen Werbeeinkünften nicht gestiegen, sondern liegt über den gesamten Zeitraum relativ konstant bei ca. zehn Prozent (Task Force 1986: 384). Zusätzlich hat sich die Zusammensetzung der Einnahmen deutlich verschoben: Lag der Anteil aus dem nationalen Anzeigengeschäft (*national advertising*), der vorwiegend aus den großen Werbetats der Markenartikler bestritten wird, 1972 noch bei 35 Prozent, sank er auf heute ca. 25 Prozent (AM) bis 28 Prozent (FM) (Task Force 1986: 395). Der Gewinner im Anzeigengeschäft ist (wenig überraschend) das Fernshen, das seinen Anteil an den Gesamtwerbeeinnahmen zwischen 1960 und 1984 nahezu verdoppeln konnte (Task Force 1986: 384).

Das bedeutet, daß diese Verluste nur auf dem lokalen Anzeigenmarkt (*retail advertising*) wettgemacht werden können, der nicht nur von den Tageszeitungen und zahlreichen Stadtmagazinen hart umkämpft ist, sondern auch stärker auf Konjunkturschwankungen reagiert und damit wirtschaftlich unsicherer ist. Als Folge dieser Entwicklung verstärkt sich der Trend zur Zusammenballung kommerzieller Stationen auf die Metropolen und die bevölkerungsreichsten Provinzen, da hier nicht nur der lokale Markt größer ist, sondern je nach Bevölkerungsdichte naturgemäß auch der Anteil der nationalen Markenartikelwerbung steigt. Das Verhältnis von nationalem und lokalem Anzeigenaufkommen stellt sich nach einer Untersuchung von 1983 am günstigsten in Ontario (70 % : 30 %) dar, gefolgt von Québec (69 % : 31%) (Burns Fry Ltd. 1983: 4). Da auch die *Task Force* die ökonomischen Grunddaten bestätigt (Task Force 1986: 395), dürften diese Verhältniszahlen auch heute noch zutreffen.

5.3.2. Networkbildung und Besitzkonzentration

Die Konzentration auf die Kernprovinzen Québec und Ontario bewirkt zudem, daß sich hier am ehesten Ansätze zur Network-Bildung und Programm-*syndication* feststellen lassen. Diese Entwicklung ist relativ jung; ein aktueller und vollständiger Überblick über den Stand der Programmkooperation existiert bislang nicht. Die letzte von der Radioindustrie selbst in Auftrag gegebene Untersuchung stammt aus dem Jahr 1983 und nennt insgesamt sechs regelmäßig oder zweitweilig zusammengeschaltete Networks: In Québec *Telemedia* mit 40 und *Radiomutuel Network* mit 15 angeschlossenen Stationen. In Ontario betreibt *Telemedia* mit *Maple Leaf* und *Blue Jay* zwei weitere Zusammenschlüsse, bei denen eine unterschiedliche Zahl von Stationen je nach Attraktivität der Programme variabel zusammengeschaltet werden; pro Sendung liegt ihre Zahl bei mindestens 55. Nach demselben Prinzip betreibt *Telemedia* ein zeitweiliges nationales Sport-Network mit dem Namen *World Series Baseball*. (Burns Fry Ltd. 1983: 15; Task Force 1986: 219-220)

Einziges kommerzielles Radio-Network mit regelmäßiger nationaler Verbreitung ist das ausschließlich auf Nachrichten spezialisierte *CKO All-News Radio Network* mit Sitz in Toronto. Es verfügt landesweit allerdings nur über acht eigene FM-Stationen und steckt finanziell noch in den roten Zahlen (Task Force 1986: 127).

Die Zukunft dürfte jedoch in satellitengestützten nationalen und regionalen Networks und in der Übermittlung von Programmpaketen liegen, die sich heute bereits in der Sparte Nachrichten und Information abzeichnet. In British Columbia liefert beispielsweise die FM-Station *CKNW Vancouver* Nachrichten- und Informationsprogramme an 15 Stationen in der Pazifikprovinz, die sich zum *Western Information Network* zusammengeschlossen haben. Seit Ende 1985 produziert *Broadcast News*, eine Tochter der Nachrichtenagentur *Canadian Press*, Informationsprogramme und Teletext-Dienste, die über bisher ungenutzte Frequenzbereiche von Fernsehsignalen via Satellit verbreitet und rund 100 interessierten Radiostationen angeboten werden. Ein weiterer Anbieter von Programmpaketen ist die *Electronic News Group Inc.*, ein Zusammenschluß großer privater Radio- und TV-Veranstalter (Task Force 1986: 127). Seit 1986 existiert mit *RadioNet 1* ein weiterer satellitengestützter Radioanbieter für Sport- und Unterhaltungsprogramme, der mit Hörfunkstationen in sechs Großstädten zusammenarbeitet (Reidegeld 1986: 4-5). Da auch die CBC in dieselbe Richtung denkt, liegt in dieser Form satellitengestützer Programm-Syndication höchstwahrscheinlich die größere Herausforderung für den lokalen Charakter kommerzieller Radios als in der klassischen Network-Bildung.

Eine weitere offensichtliche Tendenz zur Entlokalisierung kommerzieller Radiostationen zeigt sich im Bereich der Besitz- und Kapitalkonzentration. Die letzte im Oktober 1978 vorgelegte Studie der CRTC über die Besitzverhältnisse innerhalb des privaten Rundfunksektors (die *Task Force* lieferte hier keine neuen Daten) kommt zu dem Ergebnis, daß die kommerziellen Radios unter allen elektronischen Medien des Landes schon vor zehn Jahren die höchste Konzentrationsrate aufwiesen: Danach waren nur noch 19 Prozent der Radiostationen in individuellem Besitz (*single owned*), während die übrigen 81 Prozent unter der Kontrolle von Mediengruppen (*group owned*) standen. 1968, zum Zeitpunkt der ersten Untersuchung, lag dieses Verhältnis noch bei 36 Prozent *single owned* gegenüber 64 Prozent *group owned* (CRTC 1978a: 3.).

Hinter diesen *group-owned*-Stationen stehen zumindest in den lukrativen großstädtischen Märkten die beiden Medien-Mischkonzerne *Southam Selkirk Group* und *Maclean Hunter Ltd.*, die vornehmlich im Zeitungs- und Kabelgeschäft aktiv sind (s. auch Kap. 8). Beide haben den Markt faktisch unter sich aufgeteilt und machen sich damit gegenseitig keine Konkurrenz. Während sich *Southam Selkirk* mit Radiostationen besonders in den Metropolen British Columbias (4 Stationen) und der Prairieprovinzen (7 Stationen) engagiert und nur einen Sender in Ontario unterhält, konzentrierte sich *Maclean Hunter* auf Ontario (6 Stationen), die Atlantik-Provinzen (2 Stationen) und den Mittleren Westen (3 Stationen). Spitzenreiter unter den kommerziellen Radiogruppen ist mit 15 Sendern *CHUM Ltd.*, ebenfalls mit Schwerpunkt in Ontario und den Prairie-Provinzen (Burns Fry Ltd. 1983: 3). *CHUM Ltd.* hält darüberhinaus sechs Fernsehlizenzen und betreibt zwei TV-*specialty services* via Kabel (CNF 1985d).

Diese Entwicklung zeigt deutlich, daß im selben Maße, wie die CRTC den US-Einfluß auf Besitz und Kontrolle canadischer Radioanbieter zurückdrängen konnte, der innercanadische Konzentrationsprozeß zugenommen hat. US-Besitz an canadischen Radiostationen, der 1968 bei insgesamt 11 Stationen oberhalb der seitdem angestrebten Marke von maximal 20 Prozent lag, ist heute so gering, daß er zuletzt statistisch für das Jahr 1977 ausgewiesen wurde (CRTC 1979c: 79-80). Seitdem sind die kommerziellen Radiosender zwar, wie es das Rundfunkgesetz vorschreibt, "effectively owned and controlled by Canadians", jedoch, wie gezeigt, nur von einigen wenigen.

Als ebenfalls unbedeutend wird heute das ehemals beherrschende Problem des direkten und unkontrollierten *Spillover* US-amerikanischer Radiosignale angesehen, was kaum überrascht. Mit dem Aufkommen des Fernsehens ist das Interesse, canadische Märkte über Hörfunk-Werbung abzudecken, tendenziell rückläufig. Für Québec gab die CRTC bereits 1978 die Verfügbarkeit US-amerikanischer Radioprogramme mit Null Prozent an (CRTC 1979c: 61 und 70). Im Landesdurchschnitt schätzt die *Task Force on Broadcasting Policy* die Hörerbeteiligung bei US-Radiosendern auf einen seit Anfang der achtziger Jahre stabilen Wert unter vier Prozent (Task Force 1986: 124). Das Problem hat sich quasi von selbst lokalisiert und beschränkt sich auf wenige Metropolen wie Vancouver (6 Prozent Hörerbeteiligung) sowie die Städte Windsor, St. Catherines und Sarnia in Ontario, die auf canadischer Seite sozusagen als Vororte direkt an die US-Städte Detroit, Buffalo und Port

Huron angrenzen. In St. Catherines zum Beispiel erreichen US-Stationen eine durchschnittliche Hörerbeteiligung von 25 Prozent, in Windsor im äußersten Südzipfel Canadas sind es beachtliche 60 Prozent (Task Force 1986: 124). Hier haben sich die canadischen Stationen jedoch gleichzeitig einen relativ großen Publikumsanteil unter den US-amerikanischen Hörern sichern können (Burns Fry Ltd. 1983: 12), so daß das *Spillover*-Phänomen im Radio den Charakter US-amerikanischer Dominanz verloren hat.

Mit einem Jahresumsatz von rund 659 Mio. Dollar - das sind immerhin fast zwei Drittel des Umsatzes des kommerziellen Fernsehens mit 1,07 Mrd. Dollar (CRTC Annual Report 1988: 35) - ist privatwirtschaftliches Radio in Canada ein profitables Geschäft. Dazu haben Protektionsmaßnahmen der CRTC, insbesondere der Schutz des AM-Sektors, der einen ruinösen Wettbewerb mit der Wachstumsbranche FM-Radio verhindert hat, maßgeblich beigetragen (s.u.). Andererseits teilt sich der Radiomarkt entlang der ausgeprägten Zentrum-Peripherie-Grenzen des Landes in deutliche Gewinner und ebenso deutliche Verlierer. Von den 437 kommerziellen Radios, die von der *Task Force on Broadcasting Policy* untersucht wurden, erzielten 261 Gewinne vor Steuern von insgesamt 69 Mio. Dollar. 176 Stationen erwirtschafteten dagegen Verluste von zusammen 167 Mio. Dollar (Task Force 1986: 398). Berücksichtigt man zusätzlich, daß allein die 64 Radiostationen in den Metropolen Vancouver, Toronto und Montréal über einen Einzugsbereich von 30 Prozent der canadischen Bevölkerung verfügen und durchschnittlich 43 Prozent der tatsächlichen Hörerbeteiligung auf sich vereinigen (Task Force 1986: 120-122), wird deutlich, daß einer relativ kleinen Zahl von profitablen großstädtischen Radiounternehmen eine große Zahl meist kleinstädtischer und ländlicher Stationen gegenüber steht, die bestenfalls ausgeglichene Bilanzen aufweist oder - wie gezeigt - erhebliche Verluste macht.

Die Regulierungspolitik der CRTC hat diese unterschiedlichen ökonomischen Voraussetzungen bislang kaum berücksichtigt. Sie differenziert in ihren Lizenzauflagen nach allgemein gültigen Lizenzklassen (AM und FM) und Musikformaten, wobei im letzten Fall für die Höhe der *Canadian Content*-Quote nicht die wirtschaftliche Situation und der Einzugsbereich des jeweiligen Senders entscheidend sind, sondern die Verfügbarkeit canadischer Titel einer bestimmten Musikkategorie. Bis heute sind daher Forderungen nicht verstummt, die Auflagen stärker auf die Bedingungen einzelner Sender zuzuschneidern, was einer generellen Quotenpolitik den Boden entziehen würde. Die Auflagen der CRTC und deren Wirksamkeit sollen im folgenden diskutiert werden.

5.4. Regulierungspraxis der CRTC: Canadian Content und Neugestaltung des FM-Sektors

Zu den ersten Aufgaben der CRTC im kommerziellen Hörfunk (wie auch im Fernsehen) gehörte die Überführung der Mehrheitsanteile an canadischen Stationen in die Hände einheimischer Besitzer, da anders die Handlungsspielräume für eine wirksame Regulierungspolitik von vornherein überaus eng gesteckt wären. Auf der Grundlage des neuen Rundfunkgesetzes, daß dem *Governor in Council* das Recht zuerkannte, bestimmten Bewerbergruppen eine Rundfunklizenz zu verweigern (Broadcasting Act 1968: § 22/1/iii), erließ die Bundesregierung im Oktober 1968 eine *Order-in-Council* zur Begrenzung des ausländischen Kapitalanteils bei canadischen Rundfunkunternehmen. Danach hatten zukünftig mindestens vier Fünftel der Kapital- und Stimmrechtsanteile in canadischen Händen zu liegen (Government of Canada 1968: Order-in-Council, § 3).

Diese *Order-in-Council* ist insofern überaus bemerkenswert, als sie die einzige jemals realisierte Maßnahme zur Zurückdrängung bereits investierten Auslandskapitals in einem canadischen Wirtschaftssektor darstellt - ein deutlicher Hinweis auf die politische Bedeutung, die der Rundfunk in der ersten Jahren der Trudeau-Regierung einnahm. Alle späteren Schutzmaßnahmen zur Beschränkung ausländischen Kapitalbesitzes (*Foreign Investment Review Act* 1974, *National Energy Programm* 1980) in ökonmisch weit wichtigeren Sektoren zielten allein auf die Begrenzung von Neuinvestitionen und nicht auf die Zurückdrängung bereits investierten Kapitals (Wiesner 1989: 150-153).

5.4.1. Inhaltsquotierungen für AM-Radio

Nach dieser "Canadisierung" von Besitz und Kontrolle, die bereits 1972 weitgehend abgeschlossen war, bestand das zweite strukturelle Problem in der "Canadisierung" der Programme, wovon naturgemäß weniger die Wortbeiträge, sondern weit stärker die Musikbestandteile betroffen waren. Die CRTC schätzte damals, daß eine durchschnittliche kommerzielle AM-Station ihr Programm zwischen 6.00 Uhr und 24.00 Uhr zu ca. 50 Prozent mit Musik bestritt. Die heutigen *Canadian Content*-Kriterien zugrunde gelegt, stammten 1968 jedoch nur vier bis sieben Prozent des Musikprogramms aus einheimischer Produktion (CRTC 1979c: 74).

Im Oktober 1970 setzte die CRTC zunächst ihre *Canadian Content Rules* für den AM-Hörfunk in Kraft. Jede AM-Radiostation ist seitdem verpflichtet, mindestens 30 Prozent ihres Musikprogramms zwischen 7.00 Uhr und 23.00 Uhr mit einheimischen Titeln zu bestreiten. Die formalen Kriterien, nach denen der canadische Charakter eines Musikbeitrages seitdem bemessen wird, gelten in ihrem Grundsatz noch heute. Danach gilt ein Musikbeitrag dann als canadisch, wenn mindestens zwei der folgenden Kriterien gleichzeitig erfüllt sind (für eine Übergangszeit von einem Jahr galt zunächst, daß nur eines dieser Kriterien erfüllt sein mußte):

- die Musiker, oder
- der Komponist, oder
- der Texter sind Canadier, oder
- die Musik wird in Canada auf Tonträger aufgenommen oder live von einer Veranstaltung innerhalb Canadas übertragen (CRTC 1970a: 3).

Bisher ist die CRTC nur in einem Fall von diesen Definitionsgrundlagen abgerückt: Im Sektor der reinen Instrumentalmusik hat sie diese Bestimmungen Mitte 1984 dahingehend modifiziert, daß im Falle einer canadischen Komposition dieses Kriterium allein ausreicht, um den Musikbeitrag als *Canadian Content* zurechnen zu können (CRTC 1984i). Sie trägt damit offenbar der Tatsache Rechnung, daß Komponisten in Canada besonderer Förderung bedürfen, da ihre Beschäftigung besonders durch die CBC (vor allem durch die Abschaffung der Hausorchester und besonderer Förderinstitutionen wie der CBC *Commission of Composers*) kontinuierlich zurückgegangen ist (Schafer 1984: 17).

Die 30-Prozent-Quote gilt für die gesamte tägliche Sendezeit, die Nachtstunden sind ausgenommen. Es besteht für die Veranstalter keinerlei zusätzliche Verpflichtung, festgelegte Musikanteile auf die Einschalt-Spitzenzeiten (etwa die morgendliche *breakfast prime time*) zu plazieren. Es heißt in den Bestimmungen lediglich, daß canadische Musik in "angemessener Weise" ("reasonable manner") über die tägliche Gesamtsendezeit verteilt werden soll (CRTC 1979c: 74). Ein deutliches Zugeständnis an die Betreiber, die Sendezeiten mit den potentiell höchsten Werbeeinnahmen mit attraktiven nicht-canadischen Titeln zu füllen. Die ursprünglich vorgesehene Regelung, den *Canadian Content* in Vier-Stunden-Intervallen zu berechnen und so zum Beispiel zwischen 6.00 Uhr und 10.00 Uhr, 10.00 Uhr und 14.00 Uhr usw. jeweils 30 Prozent canadische Musiktitel zu verlangen, scheiterte schon in der Implementierungsphase am Einspruch der Veranstalter (CRTC 1970b).

Der Widerstand der kommerziellen Betreiber gegen eine Neuauflage der *Canadian Content*-Politik war erheblich. Allerdings konzentrierte er sich vornehmlich auf die gleichzeitig erlassenen Quotenregelungen im Fernsehen, die deutlich im Mittelpunkt der politischen Kontroversen Anfang der siebziger Jahre standen. Besonders die CAB als Dachverband der kommerziellen Anbieter wandte sich prinzipiell gegen jede Art von Quotenauflagen (s. Kap. 6). Im Hörfunk konzentrierte sich die Kampagne besonders gegen die Richtlinien zur Neugestaltung des FM-Sektors, die weit einschneidender waren als die vergleichsweise moderaten Programmauflagen für AM-Radios.

5.4.2. Neugestaltung des FM-Radiosektors

Als besonderes Problem erwies sich für die CRTC die Regulierung der FM-Radiostationen, die bis zum Ende der sechziger Jahre kein eigenständiges Programmprofil entwickelt hatten, sondern lediglich als HiFi-Übertragungseinrichtungen für die Musikprogramme der AM-Stationen genutzt wurden. FM-Stationen, die nicht ausschließlich der Simultanübertragung von AM-Programmen dienten (*simulcasting*) , waren die absolute Ausnahme. Die Situation, wie sie sich 1968 für die CRTC darstellte, war zudem organisatorisch geprägt von sogenannten *joint ownerships*. Das heißt, die Besitzer von FM-Lizenzen waren identisch mit den Betreibern von AM-Stationen - was die Entwicklung von FM-Radio zu einem eigenständigen Programmveranstalter weitgehend verhinderte (CRTC 1979c: 74).

Die CRTC sah in dieser Praxis nicht nur einen eindeutigen Verstoß gegen § 3 (d) des Rundfunkgesetzes, der jeden Rundfunkveranstalter zur Programmvielfalt verpflichtet - sie stellte simultan übertragene Musikprogramme, die keinerlei Beziehung zum jeweiligen lokalen Verbreitungsgebiet herstellten, auf eine Stufe mit der Hintergrundmusik in Supermärkten:

> "There is little hope of excellence in radio if, for instance, a station simply retransmits material originated elsewhere which has little or no significance for its audience. There is an absence of life, of identity, of authenticity where creative individuals do not actively communicate with their audience. Commercial background music in a supermarket may or may not be calming and useful, but it hardly qualifies as a radio service as envisaged by the Broadcasting Act" (CRTC 1975a: 3).

Die Ausarbeitung von gesonderten Bestimmungen für den FM-Sektor, die diesen Zustand beenden und FM-Radio zu einem eigenständigen lokalen Programmanbieter entwickeln sollten, scheiterte zunächst am hartnäckigen Widerstand der kommerziellen Betreiber. Zwischen der Vorlage eines ersten Regulierungsentwurfs 1969 und seiner Verabschiedung im Jahr 1975 lagen immerhin sechs Jahre und drei öffentliche Anhörungsverfahren (1969, 1973 und 1975), bis die endgültigen Richtlinien erstellt waren. Ihre Verabschiedung wurde dann noch einmal vom Zeitpunkt der Veröffentlichung im Juli 1975 um mehr als ein Jahr hinausgezögert, bis sie im September 1976 schließlich in Kraft treten konnten.

Die Radiobesitzer hatten sich bis zuletzt gegen die ihrer Ansicht nach enge Auslegung des Rundfunkgesetzes gesperrt, Radioprogramme hätten "vielfältig und umfassend" (*varied and comprehensive*) zu sein (Broadcasting Act: § 3 d). Die CRTC verband damit nämlich die Verpflichtung, daß sich die Programme jeder einzelnen Radiostation in Lizenzgebieten, in denen mehr als ein Sender operiert, von denen der anderen inhaltlich zu unterscheiden hätten, was erhebliche Programminvestitionen nach sich zog. Die CRTC setzte sich schließlich durch und verfügte ab 1976 ein generelles *simulcasting*-Verbot zwischen 6.00 Uhr und 24.00 Uhr für diejenigen Betreiber, die innerhalb eines Sendegebietes gleichzeitig Inhaber von AM- und FM-Lizenzen sind (CRTC 1975a: 3ff.).

Dieses absolute Verbot wurde nur einmal durch einen Zusatz vom 9. Oktober 1980 für eng begrenzte Fälle eingeschränkt, die jedoch nicht die allgemeine Programmstruktur betreffen. Danach können Ausnahmen in Fällen von "öffentlichem Interesse" gemacht werden, z. B. in Notstandssituationen und bei der Übertragung von Wahlberichten, Thronreden, Reden und Ankündigen des Premierministers und des Ministerpräsidenten der Provinz. (CRTC 1980).

Mit der Verabschiedung der FM-Bestimmungen 1975 traten auch zwei weitere einschneidende Bestimmungen in Kraft, die das allgemeine Niveau der FM-Programme heben sollen:

1. Die Differenzierung nach *background-* und *foreground-formats* innerhalb des Programms. Als *foreground formats* werden Wort- und Musikbeiträge definiert, die vom Hörer ein höheres Maß an Aufmerksamkeit verlangen (*audience-involving format*). Dazu zählen beispielsweise Konzertmitschnitte und live-Übertragungen, Nachrichten und politische Informationssendungen sowie themenorientierte Magazinsendungen. Ihr Anteil am Gesamtprogramm muß mindestens bei 16 Prozent liegen, in Fällen von *joint ownership* innerhalb eines Lizenzgebietes bei 25 Prozent. Über die Plazierung während der täglichen

Sendezeit werden allerdings keine Auflagen gemacht. Diese Regelung wurde im August 1984 dahingehend ergänzt, daß Musikbeiträge mindestens 15 Minuten und Wortbeiträge 30 Minuten frei von Werbeeinblendungen bleiben müssen (CRTC 1984i; Task Force 1986: 126)

2. Die wöchentlich erlaubten maximalen Werbezeiten wurden geringer angesetzt als bei den AM-Stationen: Statt 1500 Minuten pro Woche dürfen die Programme unabhängiger FM-Stationen nur 1050 Minuten enthalten. Für die in *joint ownership* befindlichen FM-Stationen waren ursprünglich nur 840 Minuten Werbung erlaubt, was täglich immerhin eine Stunde weniger als bei AM-Stationen ausmachte (CRTC 1984j). Die CRTC zeigte sich schließlich im Januar 1984 in diesem letzten Fall nachgiebig, indem sie die wöchentlichen Werbezeiten aller FM-Stationen, unabhängig von den Besitzverhältnissen, auf den Stand von 1050 Minuten anglich. Eine generelle Anhebung auf AM-Niveau lehnte sie jedoch nach wie vor ab. (CRTC 1984a).

Die Regulierungspolitik gegenüber dem FM-Radiosektor ist also überaus einschneidend, da sie die gewachsene Struktur eines ganzen Rundfunkbereiches von Grund auf umgestaltete und zu einem eigenständigen Programmanbieter entwickelte. Gleichzeitig hat sie dazu geführt, daß der AM-Bereich nach eigenen Kriterien weiterexistiert und nicht völlig verdrängt wurde. Die Verpflichtung, Nachrichten und *foreground programs* auszustrahlen, hat überdies eine Entwicklung wie in den USA verhindert, wo heute Schätzungen davon ausgehen, daß nach dem Einsetzen der umfassenden Rundfunk-Deregulierung 1981 nur die Hälfte der insgesamt rund 9000 Radiostationen überhaupt noch Nachrichten sendet (Task Force 1986: 126).

Primär hat sich FM-Radio durch Fernsehkonkurrenz und veränderte Nutzungsgewohnheiten jedoch auch in Canada zu einem musikorientierten Begleitmedium entwickelt. Die große Zahl der zugelassenen Sender und die Auflagen der CRTC nach unterscheidbaren Programmangeboten hat schließlich dazu geführt, daß sich die Radiostationen mit wachsender Publikumsfragmentierung über abgegrenzte Musikformate voneinander absetzen. Da der Sektor E-Musik weitgehend von der CBC abgedeckt wird, konzentrieren sich die kommerziellen Stationen - wie in den USA auch - überwiegend auf den publikumsattraktiven Bereich der Pop-Musik. Zur Klassifizierung einer Lizenz (mit unterschiedlichen *Canadian Content* Auflagen) dienen vier Teilkategorien, sogenannte *station formats*:

Group I : "Middle-of-the-Road" (MOR) (Soft Rock, instrumental, easy listening etc.).
Group II : Rock, hard rock, harder popular music.
Group III: Country music.
Group IV : Other kinds of popular music (folk- and jazz- oriented etc.).

Eine Zuordnung zu einer dieser Gruppen erfolgt dann, wenn mindestens 70 Prozent des Musikangebotes der jeweiligen Kategorie zuzurechnen ist. Für jede dieser Gruppen gelten unterschiedliche *Canadian Content*-Auflagen, die sich an der tatsächlichen Verfügbarkeit canadischer Musiktitel orientieren:

> *Group I*: 20 Prozent, wenn mehr vokal- als Instrumentalmusik gespielt wird, andernfalls nur 10 Prozent.
> *Group II*: 20 Prozent.
> *Group III*: 30 Prozent.
> *Group IV*: Zwischen 20 und 30 Prozent je nach Musikmischung.
> (Task Force 1986: 124-125)

Auch hier gilt die Regel, daß der *Canadian Content* in "angemessener Weise" über den Sendetag verteilt werden soll. Allerdings hat die *Task Force on Broadcasting Policy* in ihrer Untersuchung festgestellt, daß besonders in Großstädten mit ausgeprägter Konkurrenz die Tendenz besteht, canadische Musik in die einschaltschwachen Sendezeiten nach 22.00 Uhr abzudrängen. Im Dezember 1987 gab es einen der wenigen Fälle von Lizenzentzug bei einer kleinstädtischen kommerziellen Station in Québec, die ihre Lizenzauflagen konstant ignoriert hatte (CRTC Annual Report 1988: 34). Die CRTC beschränkt sich jedoch in der Regel auch bei hartnäckigen Verstößen dieser Art - wie 1985 im Fall zweier Stationen in Toronto - auf die Aufforderung, die Programmpraxis zu ändern und in einem festgelegten Zeitraum die Änderungen nachzuweisen (Task Force 1986: 125).

5.4.3. Begrenzte Wirksamkeit von Quotenregelungen

Die Definitionskriterien des *Canadian Content* machen ebenso wie die Ausrichtung der FM-Quoten am verfügbaren Musikangebot deutlich, daß es der CRTC nicht allein um die Förderung der canadischen Tonträgerindustrie geht, sondern auch und vor allem darum, einheimischen Künstlern überhaupt Zugang zum Radio zu verschaffen und so deren Bekanntheistgrad zu erhöhen. Ein Beispiel: Spielt ein Sender einen Titel des auch international populären canadischen Rockgitarristen, Texters und Komponisten Jeff Healy, erfüllt er damit mühelos gleich drei *Canadian Content*-Kriterien, auch wenn sich das finanziell zunächst einmal bei dessen US-Plattenfirma CBS auswirken wird.

An der Tatsache, daß nahezu sämtliche von den kommerziellen Stationen gespielte Schallplatten von den sechs weltweit führenden Plattenkonzernen produziert werden (CBS, WEA, RCA, MCA aus den USA, Capitol EMI/Großbritannien und Polygram/Bundesrepublik Deutschland und Niederlande; Task Force: 1986: 125), reflektiert deren dominierende Position, an der auch Inhaltsquotierungen nichts ändern können. Andererseits deutet die in jüngster Zeit wachsende Zahl canadischer Rockmusiker mit internationalem Renommee und Markterfolg - etwa Jeff Healy, Corey Hart oder Bryan Adams - daraufhin, daß ein garantierter Zugang zum einheimischen Radioprogramm durchaus stimulierend für einen Erfolg sein kann.

Eine Analayse der generellen Wirksamkeit von Inhaltsquotierungen im Radio existiert bislang nicht. Nur einzelne Sektoren, die zu den klassischen canadischen Domänen zählen (etwa *Country Music* und der frankophone Chanson) und in denen offenkundige Schwierigkeiten mit der Musikverfügbarkeit auftreten, sind untersucht worden. Im Bereich der *Country Music*, in dem die höchsten Quotenauflagen existieren - hat sich zum Beispiel herausgestellt, daß zwar einerseits die Zahl der *Country*-Radiostationen zwischen 1970 und 1984 von ca. 65 auf ca. 120 angewachsenen ist. Gleichzeitig ist die Verfügbarkeit neuproduzierter *Country*-Langspielplatten, auf denen ausschließlich oder auch nur teilweise canadische Interpreten vertreten sind, von jährlich rund 150 auf nur noch 50 gesunken. *Country*-Radios beklagen sich zunehmend, sie müßten auch Material von geringer Qualität ausstrahlen, um die Qotenauflagen erfüllen zu können (CRTC 1986b: 21, 27 u. 43).

Ein ähnliches Problem existiert im Bereich der französischsprachigen Musik. Auch hier sank nach einer letzten CRTC-Untersuchung von 1985 die Zahl der jährlich verfügbaren LP-Neuerscheinungen von 242 im Jahr 1977 auf 132 im Jahr 1983 (CRTC 1985a: 18). Insbesondere das traditionelle frankocanadische Chanson ist durch die Dominanz anglophoner Rock- und Popmusik auch in Québec stark in Mitleidenschaft gezogen worden. Die CRTC hatte zum Schutz dieses Genres ursprünglich verfügt, daß mindestens 65 Prozent aller Vokalmusik, die von frankophonen Stationen ausgestrahlt wird, französischsprachig sein muß. Die Klagen der Veranstalter, sie müßten hier zunehmend auf alte Platten zurückgreifen, haben schließlich Anfang 1986 dazu geführt, daß die Quote auf 55 Prozent reduziert wurde (Task Force 1986: 126).

Ein letzter offensichtlicher Problembereich sind die sogenannten *ethnic stations*, also jene sechs AM- und zwei FM-Stationen, die ausschließlich Sendungen für ethnische Minderheiten in anderen Sprachen als englisch, französisch oder in Ureinwohnersprachen ausstrahlen. Auch hier haben die Veranstalter vorgebracht, daß Musiktitel aus canadischer Produktion etwa in chinesischer, italienischer, deutscher oder anderen Minderheitensprachen so gut wie nicht vorhanden seien. 1985 entschloß sich die CRTRC schließlich, hier die *Canadian Content*-Auflagen drastisch zu senken, da anders das ökonomische Überleben der Sender nicht gesichert sei. Zwar wurde der vorgeschriebene Anteil der *ethnic language*-Programme der als *ethnic stations* lizenzierten Radiosender von 40 auf 60 Prozent angehoben, der Canadian Content am Gesamtprogramm muß jedoch nur noch sieben Prozent betragen (CNF 1985c; CRTC Annual Report 1986: 28-29).

Eine generelle Senkung der Radio-Quoten ist derzeit nicht wahrscheinlich. Allein die Reduzierungen in den o.a. Sektoren haben den Protest der Künstlerorganisationen ACTRA und *Union des Artistes* sowie der *Canadian Independent Record Production Association* (CIRPA) hervorgerufen (Task Force 1986: 409). Die kommerziellen Radios haben sich ihrerseits in der Mehrzahl mit den Musikauflagen arrangiert, da ihnen - anders als im Fernsehen - durch die *Canadian Content Rules* keine unmittelbaren Kosten entstehen.

Der Blick auf die ausgesprochenen Problembereiche kann jedoch nicht darüber hinwegtäuschen, daß sich vor allem in der populären Musik während der vergangenen zwanzig Jahre - wie das o.a. Beispiel international renommierter Rockmusiker zeigt - durchaus eine vitale einheimische Musikszene etablieren konnte. Dennoch ist ebenfalls deutlich geworden, daß Quotenregelungen allein weder übergeordnete Musiktrends (etwa das abnehmende Interesse für *Folk Music* oder Chansons) konterkarieren noch die strukturellen Nachteile des vergleichsweise kleinen canadischen Marktes ausgleichen können. Finanzielle Subventionen und gezielte Förderungsprogramme werden die Quotenauflagen zukünftig stärker flankieren müssen. Die *Task Force* stellt in ihrer Bewertung fest:

> "Content quotas are the foundation stone for the development of Canadian musical expression. In order that quotas be fulfilled, however, there must be a strong Canadian musical production industry. Broadcast content quotas alone will be ineffective if they are not accompanied by effective government policies for the development of Canadian sound recordings and the Canadian sound recording industry" (Task Force 1986: 408).

Bereits 1982 richteten einige größere anglophone Radiostationen mit FACTOR ein Programm zur Förderung populärer canadischer Musik ein, daß innerhalb der ersten drei Jahre bereits rund 800.000 Dollar an Produktionsbeihilfen investierte. Mit *Music-Action* existiert mittlerweile ein Pendant im frankophonen Bereich. Möglich wäre hier eine Pflichtabgabe aller Stationen an beide Organisationen, wie sie die *Task Force on Broadcasting Policy* vorgeschlagen hat (Task Force 1986: 409). Gleichzeitig regt sie die Erhöhung der staatlichen Subventionen für die Musikindustrie an, die sich im Rahmen eines Fünfjahres-Programmes des DOC bis 1991 auf fünf Mio. Dollar summiert haben werden, allerdings nahezu ausschließlich zugunsten kommerziell erfolgreicher Musik. Die dringend notwendige Entwicklung weniger populärer Sparten, etwa Jazz und Klassik, erfordert nach Schätzungen der Task Force noch einmal mindestens fünf Mio. Dollar (Task Force 1986: 410).

5.5. Der nicht-kommerzielle Radiosektor: Community Radio

Die oben skizzierte allgemeine Richtung der CRTC-Politik im FM-Bereich (Aufbau eines eigenständigen Programmangebotes, *simulcasting*-Verbot, Festlegung von *audience-involving*-Formaten, Verpflichtung zur Nachrichtengebung u.ä.) sowie das Fehlen regionaler Angebote in den FM-Network-Programmen der CBC erklären, warum es in Canada während der vergangenen zwei Jahrzehnte ein relativ günstiges Klima für solche lokalen Anbieter gibt, von denen sich die CRTC sowohl inhaltlich als auch in ihrer geographischen und sozialen Zielgruppenorientierung Alternativen zum bestehenden Programmangebot versprechen kann. So konnte sich seit Ende der sechziger Jahre in den geographischen und programmlichen Nischen, die das Angebot der CBC und der kommerziellen Stationen eröffnete, ein dritter, weitgehend nicht-kommerzieller lokaler Radiotyp etablieren: Die *community radios*.

Der Begriff der *community* bezeichnet im englischen Sprachgebrauch nicht allein die geographisch definierte Gemeinde, das Dorf oder die Stadt als gemeinsamen Lebensraum. Er bezieht sich ebenso auf Gemeinschaften, deren Identitäten sich aus gleichgelagerten Interessen, sozio-kulturellen Bedingungen oder ethnischen Gruppenzusammenhängen bilden. Überschneidungen sind dabei eher die Regel als die Ausnahme, etwa, wenn sich Immigrantengruppen auf bestimmte Lebensräume konzentrieren, wenn die ethnische Minderheitensituation gleichbedeutend ist mit geographischer Abgeschiedenheit (wie im Fall der nördlichen Ureinwohner Canadas, der *Inuit*), oder wenn - wie in Québec - die Grenzen einer Provinz weitgehend den Siedlungsraum einer sprachlich-kulturellen Großgruppe abstecken.

Entsprechend heterogen sind die Wurzeln und Entwicklungsstränge der *community radios* in Canada. Ein einheitliches Konzept für deren Aufbau gab es nicht. Seit Ende der sechziger Jahre entstanden landesweit rund 140 Radiostationen, deren Gemeinsamkeit vor allem darin besteht, daß sie sich nicht in das bestehende duale Rundfunksystem einordnen lassen: Von Studenten betriebene und den Universitäten getragene Campus-Radios, Großstadtsender mit nur geringem Werbeaufkommen und freiwilligen Programmitarbeitern und vor allem zahlreiche Stationen in den unterversorgten Nordregionen, wo sich kommerzielle Sender nicht rentieren und in denen das Radio als *message carrier* häufig andere Kommunikationsmittel ersetzen muß. Tabelle 5.5. zeigt die Verteilung nach städtischen (community), ländlichen und von Ureinwohnern betriebene *community-radios* (remote community and native) und Studenten-Radios (student).

Tabelle 5.5:

Community- und Student-Radios (AM und FM) nach Provinzen, 1988

	community	remote community and native	student
Nfld.	-	6	1
P.E.I.	-	-	1
N.S.	-	1	4
N.B.	1	-	3
Que.	20	19	3
Ont.	3	14	14
Man.	-	3	-
Sask.	-	6	-
Alta.	-	1	3
B.C.	1	1	4
Yukon	-	3	-
N.W.T.	-	7	-

(Quelle: CRTC Annual Report 1988: 65)

5.5.1. Native und Ethnic Broadcasting

Einen wichtigen Anstoß erhielt die *community radio*-Entwicklung durch die canadischen Ureinwohner, die Indianer und *Inuit* (Eskimos). Heute gibt es in Canada 53 verschiedene Gruppen, die ihre Sprachen, Kulturen und Traditionen durch den Assimilierungsdruck der anglo- und frankophonen Bevölkerungsmehrheit bedroht sehen (vgl. bes. Müller-Wille 1990: 460-467). Der größte Teil lebt in den isolierten Regionen des Nordens in Gemeinden mit weniger als 1000 Einwohnern - ein für kommerzielle Radioveranstalter gänzlich uninteressanter Markt. Der *Northern Radio and Television Service* der CBC ist der einzige konventionelle Anbieter, der, neben den herkömmlichen Network-Programmen, Rundfunkleistungen in Sprachen der Ureinwohner verbreitet. Dieser Dienst - 1957 eingerichtet - entwickelte sich aufgrund der geographischen Bedingungen jedoch nur schleppend. So arbeiteten noch 1970 im gesamten Norden Québecs, im Yukon und in den Northwest-Territories gerade 25 *rebroadcasting stations* mit einem jeweiligen Aktionsradius von maximal zwölf Meilen. Richtfunkstrecken zur Heranführung der Programme existierten ebenfalls nicht. Die Radioübermittlung erfolgte seinerzeit noch über rund 5000 Meilen Telephonleitungen (für einen Überblick: Koebberling 1984 u. 1989; Canadian Commission for UNESCO 1988).

Die Situation änderte sich schlagartig mit dem Einsatz des ersten canadischen Kommunikationssatelliten *ANIK* A1 im Jahr 1973, über den die CBC nun nicht nur ihre Hörfunkprogramme, sondern auch täglich 17 Stunden Fernsehprogramm in den Norden übertragen konnte (s. auch Kap. 9). Diese unvermittelte Einbeziehung in das Kommunikationssystem des industrialisierten Südens stieß bei den Ureinwohnern jedoch nicht auf ungeteilte Zustimmung. Besonders die plötzliche Präsenz des Fernsehens wurde als Invasion einer fremden Kultur verstanden - gleichgültig, ob die Programminhalte nun canadischen oder amerikanischen Ursprungs waren. Hinzu kam, daß der satellitengestützte *Accelerated Coverage Plan* der CBC von 1974 keine lokalen und regionalen Programmelemente vorsah. In einigen Gemeinden griffen die Bewohner in den frühen siebziger Jahren zur Selbsthilfe: *rebroadcasting stations* der CBC wurden kurzerhand besetzt, das Network-Programm zeitweilig ausgeblendet und durch eigene, selbstproduzierte Programme in den Sprachen der Ureinwohner ersetzt (vgl. bes. Koebberling 1989: 502-507).

Was anfangs durch die CBC, die CRTC und das DOC stillschweigend geduldet wurde - nicht zuletzt, weil sich eine wirksame Kontrolle der nördlichen Sendeeinrichtungen kaum durchsetzen ließ - ist heute offizielle Politik: Zur Zeit garantiert die CBC in 31 ihrer nördlichen Übertragungseinrichtungen regelmäßigen Zugang für lokale Programmgestalter (*local community access programming*) und bildet viele von ihnen in regionalen Trainingszentren im Umgang mit der Radiotechnik aus. Parallel dazu stieg die Zahl der sogenannten *remote and native stations* in den vergangenen 15 Jahren sprunghaft an: Mit insgesamt 61 (davon mit 19 die Mehrzahl im Norden Québecs) bilden sie heute die größte Gruppe unter den rund 140 canadischen *community radios* (CRTC Annual Report 1988: 65). Die meisten dieser Stationen finanzieren sich durch Spenden und Unterstützung der Kommunen. Ihre Programme - gewöhnlich eine Mischung aus Wortbeiträgen in den jeweiligen Sprachen der Ureinwohner, Lokalnachrichten, persönlichen Hörerbotschaften, Musik und dem Hörerspiel *radio bingo* - werden in der Regel in freiwilliger Mitarbeit der *community*-Mitglieder gestaltet.

Ohne staatliche Unterstützung wird das *native community radio* allerdings kaum im bestehenden Ausmaß überleben können. Die meisten Gemeinden sind in ihren finanziellen Möglichkeiten stark eingeschränkt; die Arbeitslosenquote liegt in einigen Kommunen bei 50 Prozent. Zwischen 1983 und 1987 flossen im Rahmen der *Northern Broadcasting Policy* und des *Native Broadcasting Access Program* rund 40 Mio. Dollar an Bundesmitteln in den Norden, um die Entwicklung von Radio- und Fernsehprogrammen in den Sprachen der Ureinwohner zu stimulieren. Mit diesem Geld finanzieren sich heute 13 sog. *native broadcasting societies*, die pro Woche 150 Stunden Radioprogramm (und zehn Stunden Fernsehprogramm) produzieren und den *community radios*, dem *Northern Service* der CBC und zwei unabhängigen Networks anbieten (Task Force 1986: 515-525).

Mit dem Auslaufen dieser Förderung sehen sich die *native broadcasting societies* in ihrer Existenz gefährdet. Die *Task Force on Broadcasting Policy* hat vor diesem Hintergrund die sehr weitreichende Empfehlung gegeben, *community radio* generell als dritten Radiosektor neben der CBC und den kommerziellen Anbietern in ein neues Rundfunkgesetz aufzunehmen. Gleichzeitig sollen die Sprachen der Ureinwohner rundfunkrechtlich den zwei dominierenden Sprachgruppen gleichgestellt werden. Das hieße, daß die Versorgung mit Rundfunkleistungen in den traditionellen Sprachen ebenso zu einem gesetzlich verbrieften Recht jedes Bürgers gehört, wie das Angebot englisch- und französischsprachiger Programme (Task Force 1986: 502 u. 519). Die *native broadcasting societies* könnten sich mit dieser Aufwertung innerhalb des Rundfunksystems nicht zuletzt weiteren Zugang zu öffentlichen Mitteln erhoffen.

Eine vergleichbare Entwicklung in Richtung auf *community radios* hat es im Bereich des *ethnic broadcasting* nicht gegeben. Als *ethnics* wird im canadischen Sprachgebrauch das Bevölkerungsdrittel bezeichnet, das weder der anglophonen, frankophonen, noch der Gruppe der Ureinwohner zuzurechnen ist. Viele sind Immigranten der ersten und zweiten Generation, stammen aus West- und Osteuropa und in wachsender Zahl aus dem asiatischen Raum (für nicht-weiße *ethnics* hat sich der Begriff der *visible minorites* eingebürgert).

Obwohl sich Canada als multikulturelle Gesellschaft versteht, die sich dem Schutz und der Förderung des multikulturellen Erbes verpflichtet fühlt, sind konkret erkennbare Auswirkungen auf den Rundfunk gering geblieben. Das liegt zum einen daran, daß offensichtlich in den großstädtischen Zentren (und damit den Niederlassungszentren von Neueinwanderern) der Assimilierungsdruck und auch die Assimilierungsbereitschaft ungleich stärker wirken als in den isolierten Gemeinden des Nordens. Zum anderen entdeckten einige kommerzielle Anbieter die *ethnics* schon relativ früh als Zielgruppe und strahlen seit den fünfziger Jahren Teile ihres Programms in Minderheiten-Sprachen aus. Ihre Zahl liegt heute landesweit bei ca. 60 Stationen (Canada Reports 1987a: 11). Ein weiterer Grund liegt in den sehr regen Presseaktivitäten der *ethnic communities*, die eine Hinwendung zum *community radio* weniger nötig erscheinen lassen, als das etwa in den Nordregionen der Fall ist. Die ethnische Presse hat eine über achtzigjährige Tradition, die zahllose kleine, aber auch landesweite Blätter hervorgebracht hat. Allein im Großraum Toronto existieren heute ca. 110 Periodika für die verschiedensten ethnischen Gruppen (Canada Reports 1987b: 10).

Die erste mehrsprachige Minderheiten-Radiostation wurde 1962 in Montréal lizenziert. Heute existieren in ganz Canada nur acht vollständig ethnische Radiostationen, sechs auf AM und zwei auf FM. Es handelt sich jedoch ausschließlich um kommerzielle Sender, die eine aktive Einbeziehung der jeweiligen *community* in die Programmgestaltung nicht praktizieren. Erst 1985 wandte sich die CRTC diesem Problemfeld zu und verabschiedete eine Politikrichtlinie (*A Broasdcasting Policy Reflecting Canada's Linguistic and Cultural Diversity*), deren erstes Ergebnis regelmäßige Einschaltquotenmessungen für ethnische Radio- und Fernsehprogramme sind. Das Konzept setzt damit zuerst auf verbesserte und gezieltere Werbemöglichkeiten für Anzeigenkunden, um so die Existenz ethnischer Programme zu sichern, und nicht auf eine Übertragung des *community radio*-Modells.

5.5.2. Québec als Zentrum der Community-Radio-Entwicklung

Die frankophone Provinz Québec ist das eindeutige Zentrum städtischer *community radios* in Canada. Nach einer letzten Erhebung der CRTC vom April 1987 werden hier allein 25 der landesweit 28 städtischen *community radios* betrieben. Hinzu kommt eine weitere französischsprachige Station in der angrenzenden Provinz New Brunswick (CRTC 1987h: 11-12). Die Gründe für diese dominierende Position liegen vor allem in der sprachlich-kulturellen Sonderentwicklung Québecs. Im Zuge der bis heute anhaltenden rapiden Umwandlung der Provinz von einer ländlich-klerikalen in eine moderne Industriegesellschaft mit deutlichem Bevölkerungswachstum in den urbanen Zentren entwickelt sich ein neues Selbstbewußtsein vor allem unter den intellektuellen Eliten, von deren *Révolution Tranquille* in den sechziger Jahren starke Impulse für die Belebung der frankophonen Kultur ausgingen. Neben Literatur, Film und Video erfuhr vor allem die relativ billige und leicht beherrschbare Radiotechnik großen Zuspruch .

Diese Entwicklung wurde vom Kommunikationsministerium Québecs, dem einzigen auf Provinzebene neben dem DOC, seit 1973 im Rahmen eines *Community Media Assistance Program* finanziell unterstützt (Québec DOC 1979) - nicht nur, um französische Sprache und Kulturtraditionen zu erhalten und zu fördern, sondern auch, um ein Gegengewicht zur zentralistischen Kommunikationspolitik Ottawas zu schaffen. Québec ist damit die einzige canadische Provinz, die ein eigenes Programm zur Förderung von *community media* (Zeitungen, Radio und Fernsehen) aufgelegt hat. Zwar wurde in einer Ergänzung des Programms 1985 noch einmal ausdrücklich bekräftigt, daß Lizenzbewerber die Fähigkeit zu finanzieller Eigenständigkeit nachweisen müssen (Québec DOC 1985-1986: 20), dennoch machen Zuschüsse der Provinzregierung und zum kleineren Teil auch der Kommunen bis heute den Löwenanteil am jährlichen Gesamtetat der *community radios* aus. Nach einer letzten Erhebung für die *Task Force on Broadcasting Policy* im Fiskaljahr 1984/85 werden rund 54 Prozent der Gesamtausgaben von 3,8 Mio. Dollar durch öffentliche Mittel gedeckt, ca. 38 Prozent werden aus dem Verkauf von Werbezeit bestritten (Task Force 1986: 498).

Nach einer Übersicht des Dachverbandes der *community radios* in Québec, der *Association des Radiodiffuseurs Communitaires du Québec* (ARCQ), produziert jede Station durchschnittlich 120 Programmstunden wöchentlich. Insgesamt werden rund zweihundert bezahlte und 2000 freiwillige Mitarbeiter beschäftigt. Die Trägergesellschaften der *commu-*

nity radios zählen ca. 12.000 individuelle und 1000 Organisations-Mitgliedschaften, darunter auch örtliche Handelskammern und Gewerkschaften.

In seiner Gesamtheit bietet das Programmangebot ein äußerst vielfältiges Bild: Umweltschutz- und Verbraucherthemen, Service- und Ratgeber-Programme, Regional- und Stadtgeschichte, lokale Ereignisse in Politik, Kultur und Sport, Presseschauen, kirchliche Sendungen, zum geringeren Teil auch Hörspiele, Lesungen und Zielgruppenprogramme für Senioren und Jugendliche. Einige großstädtische Stationen kooperieren eng mit den ansässigen Universitäten. So arbeiten etwa bei der *community*-Station CIBL in Montréal regelmäßig Studentengruppen der *Université du Québec* an eigenen Programmen. Eine dieser Sendungen, *Rock et Belles Oreilles*, wurde später von einer kommerziellen Station übernommen und entwickelte sich dort zum beliebtesten Jugendprogramm (Task Force 1986: 493-494) - ein nicht untypischer Vorgang, da erfolgreiche *community*-Programmgestalter häufig zur CBC oder zu kommerziellen Sendern wechseln (siehe auch Fallstudie Coop-Radio).

Dieser positive Gesamteindruck der Situation in Québec relativiert sich indes durch die Programmpraxis einiger Sender, die in ihrem Verbreitungsgebiet zumeist als Alleinversorger auftreten und sich in ihrem Angebot kaum oder gar nicht von herkömmlichen kommerziellen Radiosendern unterscheiden. Als beispielsweise im Juni 1986 Lizenzverlängerungen für zwölf der 25 *community radios* anstanden, erhielt nur eine einzige Station die maximale Sendegenehmigung für weitere fünf Jahre. Drei Stationen wurden für vier Jahre lizenziert, eine Station für drei Jahre, sechs für zwei Jahre, drei Sender sogar nur für ein weiteres Jahr - im letzten Fall verbunden mit der Auflage, innerhalb von sechs Monaten ein neues Sendekonzept vorzulegen und dessen Umsetzung zu garantieren (CRTC 1986d). 1987 wurde schließlich die Lizenz dreier *community radios* nicht erneuert, die wiederholt gegen ihre Lizenzauflagen verstoßen hatten (CRTC Annual Report 1988: 34).

Zu den schwerwiegendsten Verstößen gegen die ursprünglichen Lizenzbedingungen zählt die CRTC bei den Stationen in Québec: Ein zu geringer Wortanteil; lokale Ereignisse werden nicht angemessen berücksichtigt; zuwenig Nachrichten; Abdrängen von Themensendungen in einschaltschwache Tageszeiten; zu geringe Einbeziehung der *community* in die Programmgestaltung; Ausweitung der Sendezeit ohne neue Programmangebote, dadurch Konzentration auf populäre Musik zulasten von *foreground*- und Mischprogrammen. Zusätzlich stellte die CRTC ein zu geringes Interesse der Festangestellten für die aufwendige *community*-Arbeit fest, die allein den freiwilligen Mitarbeitern überlassen bleibe. Zudem vernachlässigten viele Sender die Erschließung zusätzlicher Geldquellen und verließen sich ausschließlich auf den Verkauf von Werbezeit (CRTC 1986d).

Allerdings hat die CRTC durch ihre unklare Definition des *community radio*-Sektors und nicht zuletzt durch jüngste Tendenzen zur Deregulierung (s.u.) einen Teil der Verantwortung für die nun beklagte Kommerzialisierung selbst zu übernehmen.

5.5.3. Die CRTC-Politik im Community-Radio-Sektor

Wie gezeigt, entwickelten sich die *community radios* in Canada in erster Linie vor dem Hintergrund regionaler und kultureller Besonderheiten, zum Teil völlig spontan und nicht nach einem einheitlichen Konzept der Aufsichtsbehörde. In ihrer Grundsatzerklärung zur FM-Politik von 1975 hatte die CRTC nur einen sehr allgemeinen Rahmen gesteckt. Dort hieß es lediglich:

> "...that community FM radio should provide a complement to private radio being different in its objectives, ownership and financing. (It is) also to be innovative in its programming and its relationship with its audience and to surpass the minimum programming requirements outlined in the (FM) policy" (CRTC 1975a: 15).

Bereits drei Jahre zuvor, 1972, hatte sich die CRTC zur Zulassung von Werbung in den Programmen der damals acht *community radios* entschlossen - allerdings in äußerst restriktiver Form: Markenartikelwerbung war generell verboten, erlaubt dagegen war die Nennung eines Sponsors, in der Regel eines lokalen Geschäftes, und die Kurzbeschreibung der dort erwerbbaren Produkte, individuelle Kleinanzeigen (*classified advertising*) sowie Informationen nicht-kommerzieller *community*-Organisationen (Task Force 1986: 499). Diese Beschränkungen wurden jedoch - wie das Beispiel Québec zeigt - häufig nicht eingehalten. 1983 leitete die CRTC einen landesweiten Konsultationsprozeß mit den *community radios* ein, der schließlich 1985 in eine differenzierte Definition dieses Radiotyps mündete:

> "This station is characterized by its ownership, programming, and the market it is called to serve. It is owned and controlled by a non-profit organization whose structure provides for membership, management, operation, and programming primarily by members of the community at large. Its programming should be based on community access and should reflect the interests and special needs of the listeners it is licensed to serve" (CRTC 1985c: 9).

Obwohl hier der nicht-kommerzielle Charakter der Trägerorganisationen und der Programmzugang für *community*-Mitglieder stärker hervorgehoben wird als noch 1975, liegt die einschneidendste Neuregelung auf dem Gebiet der Werbung: Sämtliche Restriktionen, die bisher für die Inhalte der Werbeeinblendungen galten, wurden aufgehoben. Seitdem ist Reklame für Markenartikel ebenso gestattet wie die Übernahme vorproduzierter Werbespots von Herstellern und Agenturen (*national advertising*). Gleichzeitig wurde unter den *community radios* nach zwei Typen differenziert: Als Typ A gelten solche Stationen, die in ihrem Sendegebiet als Alleinversorger auftreten, also mit keinem kommerziellen Anbieter konkurrieren. Was den Umfang der Werbezeiten angeht, wurden Typ A-Stationen mit den kommerziellen Radios auf eine Stufe gestellt. Erlaubt sind - je nach täglicher Sendedauer - zehn Minuten Werbung pro Stunde (bei 24-stündigem Sendebetrieb). Als Typ B werden diejenigen, meist großstädtischen *community radios* eingestuft, die mit einem oder mehreren Privatanbietern konkurrieren. Hier gelten im Tagesdurchschnitt vier Minuten Werbung pro Stunde (CRTC 1985c: 14).

Offenbar hofft die CRTC dadurch, Kürzungen in den Kulturbudgets der Provinz Québec ebenso abzufangen wie das Auslaufen der Bundesförderung für *community*-Sender in den Nordregionen (s.o.). Die Klassifizierung in Typ A und B muß dabei jedoch auch als Schutzklausel für die kommerziellen Anbieter gesehen werden, die man durch den Wegfall der inhaltlichen Werberestriktionen im *community*-Sektor nicht übermäßiger Konkurrenz aussetzen will.

Der Gefahren, die der mögliche Kommerzialisierungsdruck für den Charakter der *community radios* bedeutet, ist sich die CRTC allerdings bewußt: Sie fordert die Sender daher explizit auf,

> "... to continue to seek funding for their operations from a diversity of sources, particularly from within the community, as a means to ensure the continued interest and support of the community and to lessen the effect of advertising on programming" (CRTC 1985c: 15).

Der Nachweis dieser Bemühungen ist damit Gegenstand jedes einzelnen Lizenzerneuerungs-Verfahrens.

Das ursprüngliche Ziel der CRTC, in den Programmen einen generellen Wortanteil von mindestens 30 Prozent festzulegen, scheiterte am Widerstand der Veranstalter. Für Typ B-Stationen hält sie allerdings 35 Prozent für einen "angemessenen Zielwert" ("useful target"), Typ A-Stationen werden individuell behandelt. Für alle Stationen gilt, daß *foreground format*-Programme mindestens 33 Prozent der wöchentlichen Sendezeit ausmachen. Die Musikauswahl soll ein Höchstmaß an unterschiedlichen Stilrichtungen berücksichtigen, wobei lokale Musiker - etwa durch live-Übertragungen - besonders gefördert werden sollen (CRTC 1985c: 15-18).

Die folgende Fallstudie soll am Beispiel von Coop-Radio Vancouver die spezifischen Charakteristika, die Programmstruktur, die Finanzierung und die Art des öffentlichen Zugangs einer großstädtischen *community radio*-Station exemplarisch darstellen.

5.5.4. Community Radio im anglophonen Canada: Fallstudie Vancouver Cooperative Radio

5.5.4.1. Entstehungs- und Rahmenbedingungen

Vancouver Cooperative Radio (kurz: Coop Radio) ist - neben *Wired World* in Kitchener, Ontario, das Sendezeit an interessierte Organisationen und Einzelpersonen vermietet - die einzige großstädtische *community station* im anglophonen Teil Canadas. Die Initiative zur Gründung ging 1973 von zwei bürgerinitiativ-ähnlichen Gruppen aus: *Neighbourhood Radio* (das Hörfunkbeiträge über lokale Themen für die CBC und private Anbieter produzierte) und den sog. *Muckrakers* (die in der Tradition des investigativen Journalismus Material über kommunale Mißstände sammelten, um es Bürgerinitiativen und Medien für deren Recherchen zur Verfügung stellen). Beide Gruppen wurden von der CRTC ermutigt, einen Radio-Lizenzantrag zu stellen. Die Lizenz wurde im Mai 1974 erteilt und bisher dreimal, 1978, 1983 und 1988, verlängert (zur Entstehungsgeschichte vgl. Widlok 1983, Bussche 1984).

Für eine Fallstudie bietet sich Coop Radio besonders deshalb an, weil der Sender seitens der CRTC als Modell für eine funktionierende, sich weitgehend selbst tragende Radiostation dieses Typus eingeschätzt wird (Interview mit Peter Fleming, *Director Radio Policy* der CRTC, September 1987).

Mit 1,6 Millionen Einwohnern im Großraum Vancouver existiert für Coop Radio - trotz starker Publikumsfragmentierung durch 17 weitere Radioanbieter - ein ausreichendes Einzugsgebiet. Die Pazifik-Metropole gilt traditionell als weltoffen und liberal, beherbergt zwei bedeutende Universitäten (*University of British Columbia*, UBC, und *Simon Fraser University*, beide mit eigenen Campus-Sendern) und ist Anziehungspunkt für Einwanderer besonders aus dem asiatischen Raum. Mit rund 100.000 Bürgern stellen die Chinesen die größte ethnische Minderheit. Vancouvers *China Town* gilt (nach San Francisco) als zweitgrößte chinesische *community* außerhalb Asiens - ein Umstand, der sich in der Programmgestaltung von Coop Radio deutlich widerspiegelt.

5.5.4.2. Organisation und Finanzierung

Coop Radio hat die Form einer Genossenschaft, in der jeder Interessierte über 16 Jahre für zwei Dollar einen Anteilschein erwerben kann. Hinzu kommt ein jährlicher Mitgliedsbeitrag von 35 Dollar. Anteilseigner mit nur geringen Einkommen zahlen 20 Dollar, Organisationen 100 Dollar, eine lebenslange Mitgliedschaft kostet 500 Dollar. Beiträge und Spenden werden an die gemeinnützige *Community Radio Education Society* (CRES) gerichtet und sind auf diesem Wege steuerlich absetzbar. CRES überweist die Gelder wiederum als Spende an Coop Radio. Jedes Mitglied erhält kostenlos die monatliche Programmzeitschrift *Radio Waves*. Zur Zeit der Lizenzerteilung hatte die Kooperative 231 Mitglieder; heute sind es ca. 2000, die regelmäßig Beiträge zahlen.

Die interne Organisationsform hat sich während des Bestehens mehrfach verändert. Das basisdemokratische Modell, nach dem eine monatliche Versammlung von Mitgliedern, freiwilligen Programmitarbeitern und Festangestellten (*Worker's Council*) sowohl über die Programmpolitik entscheiden als auch den täglichen Sendebetrieb koordinieren sollte, hat sich (vor allem wegen des abnehmenden interesses der Mitglieder) als nicht tragfähig erwiesen. Die heutige Struktur besteht seit 1982: Die jährliche Mitgliederversammlung wählt für ein Jahr den neunköpfigen *Board of Directors*, der als Lizenznehmer gegenüber der CRTC auftritt. Der *Board* bildet unter Einbeziehung freiwilliger und festangestellter Mitarbeiter Ausschüsse für Programmfragen, Instandhaltung des Sendergebäudes, Finanzen, *fundraising*, Programmzeitschrift und Personalfragen. Eine vierteljährliche Versammlung der freiwilligen Mitarbeiter übernimmt beratende Funktion.

Zur Zeit beschäftigt Coop Radio auf viereinhalb Stellen fünf feste Mitarbeiter: Einen Stations-Koordinator (zuständig für das tägliche Management, Mitglieder und Programmzeitschrift), einen Programm-Koordinator (Programmablauf und -entwicklung, Training von Freiwilligen), einen Finanzbeauftragten (Buchführung, Büro-Management), einen *Fundraiser* (Erschließung zusätzlicher Geldquellen), sowie einen Techniker (Wartung und Einsatz der technischen Ausrüstung). Drei der fünf Mitarbeiter sind Frauen; das Monatsgehalt für eine volle Stelle beträgt 1760 Dollar. Der eigentliche Sendebetrieb wird von rund dreihundert freiwilligen, unbezahlten Programmgestaltern aufrechterhalten (s.u.).

Der Jahresetat liegt bei rund 200.000 Dollar - also nur ein Bruchteil dessen, was kommerzielle Stationen aufwenden. 110.000 Dollar werden durch Mitgliedsbeiträge und Spenden gedeckt, rund 64.000 Dollar stammen aus *sponsorships* (Coop Radio 1987b). Jedes Programm soll mindestens einen regelmäßigen Sponsoren haben. Im Gegensatz zur Neuregelung der Werberichtlinien der CRTC (die Werbung generell erlaubt) verzichtet Coop Radio nach wie vor auf die Einblendung von herkömmlichen Werbespots, sondern hält sich an die früher geltenden weit restriktiveren Richtlinien. Eine typische Coop-Werbung, die nicht vom Moderator gesprochen, sondern von vorproduzierten Bändern eingespielt wird, klingt so:

> "We would like to recognize the regular financial support of Earthrise Home And Garden Centre. Forty one eleven Macdonald Street in Vancouver. Phone seven three six - eight four o four. Please support Coop Radio's supporters" (Coop Radio 1985a: 31).

Eine solche Durchsage kostet pro Sendung 15 Dollar. 1987 verfügte Coop Radio über 39 regelmäßige Sponsoren - zumeist Einzelhandelsgeschäfte, Buchläden, Reiseagenturen - die zusätzlich zur Erwähnung im Programm mit Namen und Anschrift in *Radio Waves* genannt werden (Coop Radio, Radio Waves, div. Ausg.).

Weitere Einnahmen (30.000 bis 40.000 Dollar) erwirtschaften spezielle Werbeaktionen wie *Marathon* und *Autumn Airlift*: Jeweils im Frühjahr und im Herbst wird für eine Woche rund um die Uhr ein Sonderprogramm gesendet, in dem die Hörer aufgerufen werden, telephonisch Spendenerklärungen abzugeben. Aus dem Verkauf von T-Shirts, aus Veranstaltungen u.ä. stammen noch einmal rund 10.000 Dollar pro Jahr. Öffentliche Mittel machen im Haushaltsjahr 1987/88 - im Gegensatz zu den Stationen in Québec - lediglich 14.000 Dollar aus und müssen zweckgebunden verwendet werden. Mit 5000 Dollar unterstützt zum Beispiel die Stadt Vancouver die live-Berichterstattung aus dem Rathaus; das staatliche Kulturinstitut *Canada Council* finanziert derzeit mit 9000 Dollar die Stelle eines Mitarbeiters des *Native Education and Tutoring Centres*, der für Coop Radio spezielle Programmangebote für Ureinwohner entwickelt.

Coop Radio residiert auf zwei Etagen eines ehemaligen Bankgebäudes (Jahresmiete 16.000 Dollar) zwischen Hafen und *China Town* im *East End* der Innenstadt - einem der ärmsten Viertel Vancouvers. Man verfügt dort über zwei Sendestudios (von denen eines für live-Auftritte geeignet ist), zwei Misch-und Kontrollräume sowie Arbeitsräume für Programm-Mitarbeiter, Techniker, Graphiker und das festangestellte Personal. Die technische Ausrüstung wurde gebraucht von der CBC gekauft und ist zwar funktionstüchtig, zum Teil jedoch stark überaltert. Für Investitionen in der Technik fehlen die Mittel. Coop Radio begann mit einer Sendeleistung von 3700 Watt. Da - wie sich erst später herausstellte - eine direkte Sichtverbindung zwischen der Station und dem Übertragungsmast im Vorort Burnaby nicht existierte, konnte keine Richtfunkstrecke eingerichtet werden. Die Programme wurden anfangs vorproduziert, ein Mitarbeiter fuhr morgens mit dem Bus nach Burnaby und spielte die Bänder dort direkt in die Sendeanlage ein. Diese "sophisticated technology" (Coop) wurde später durch eine Telephon-Standleitung ersetzt. Seit 1982 existiert eine direkte Übertragungsmöglichkeit zum neuen, 5500 Watt starken Sender im Norden der Stadt. Diese Leistung reicht jedoch nach wie vor nicht aus, um das gesamte Stadtgebiet abzudecken und die Programme in Stereo auszustrahlen (Coop Radio 1985a). Allerdings werden die Programme seit 1979 auch über Kabel verbreitet. Das Verbreitungsgebiet konnte seitdem in 39 Ortschaften auf den gesamten Süden der Provinz British Columbia ausgedeht werden.

5.5.4.3. Programm und Bürgerbeteiligung

Das Programmangebot von Coop Radio hat sich in den knapp eineinhalb Jahrzehnten Sendebetrieb nach Art und Umfang stark verändert: Wurden zu Beginn lediglich zwei bis drei Stunden täglich Wortprogramme gesendet (Musik gab es anfangs überhaupt nicht!), strahlt Coop heute täglich 19 Stunden Programm aus, das vom *Board of Directors* in insgesamt neun Kategorien unterteilt wird:

(1.) *Women's culture, commentary and music*;
(2.) *Public affairs - local, regional and international*;
(3.) *Minority group programming - gay and lesbian*;
(4.) *Labour programming*;
(5.) *Musical studies - from early to new, classic to punk*;
(6.) *Live local music*;
(7.) *Rock, folk, jazz, country, blue grass, blues*;
(8.) *Spoken word - readings, "drama", documentaries*;
(9.) *Ethnic programming - language, music, news.*

Dahinter stehen rund sechzig verschiedene, in ihrer inhaltlichen Ausrichtung stark zielgruppenorientierte Programme: Etwa *Ecowatch* (Umweltschutz), *Radio Peace* (Friedensbewegung), *Women do this every day* (Frauenthemen), *Coming out* und *The Lesbian Show* (Homosexuelle), *Union Made* (Arbeitswelt und Gewerkschaften), *Instructions Not Included* (Kindersendung), *Vancouver Extract, Pigeon Park Review* und *Main and Hastings* (Stadt-, bzw. Stadtteilthemen).

Nachrichten und Analysen zur lokalen, nationalen und internationalen Politik bringt *The Rational* werktäglich zwischen 9 Uhr und 9.30 Uhr und von 19.00 Uhr bis 19.30 Uhr (Der Titel der Sendung ist übrigens eine Anspielung auf die Hauptnachrichtensendung *The National* des CBC-Fernsehens). Der Samstagvormittag wird von 9.00 Uhr bis 12.00 Uhr vom Politik-und Kulturmagazin *Redeye* bestimmt. Einzigartig für Vancouver ist die Sendung *Live from City Hall*, eine vierstündige live-Übertragung aus dem Rathaus während der Sitzungsperiode des Stadtparlaments, donnerstags von 14.00 Uhr bis 18.00 Uhr. (Diese Sendung wird von der Stadt Vancouver bezuschußt, s.o.) Der größte Teil der englischsprachigen Sendungen folgt dem Magazin-Format, einer Mischung aus Interviews, Diskussionsrunden, *phone-ins* und Musik.

Ethnic language-Programme machen heute 12,5 Prozent der Gesamtsendezeit aus. Ihr Anteil ist in den vergangenen Jahren stark angestiegen, da sich Coop Radio auf diesem Sektor am deutlichsten von anderen Anbietern absetzen kann - mit dem positiven Effekt starker Hörerbindung innerhalb der entsprechenden Minderheiten. Gesendet wird in Spanisch, Chinesisch, Hindi, Punjabi, Armenisch, Italienisch und seit kurzem auch in Farsi und einer Indianersprache. Die längste Laufzeit haben *America Latina al Dia*, eine zweisprachige Informationssendung über Südamerika, sowie *Chinese Ethnic Voice* (samstags 13.00 Uhr bis 15.00 Uhr) und *Morning Voice* in chinesischer Sprache (werktäglich 7.00 Uhr bis 9.00 Uhr). Damit ist Coop Radio der einzige Sender in Vancouver, der für die größte ethnische Minderheit ein regelmäßiges Informations- und Kulturprogramm ausstrahlt, und zwar zur besten Sendezeit, der *breakfast-prime-time*. *Morning Voice* hat sich, neben Spenden und Mitgliedsbeiträgen, zur bedeutendsten Einnahmequelle entwickelt: Mit mehr als 50.000 Dollar pro Jahr bestreitet die *chinese community* heute 25 Prozent des Coop-Jahresetats und allein 80 Prozent aller Einnahmen aus *sponsorships* (Coop Radio 1987b). Unter den 39 regelmäßigen Sposoren des Senders sind allein rund 15 chinesische Einrichtungen und Geschäfte, darunter auch die Niederlassung der Hong Kong Bank (Radio Waves, div. Ausg.).

Musikprogramme machen rund 60 Prozent des wöchentlichen Gesamtangebotes aus. Damit bewegt sich Coop Radio unterhalb des CRTC-Richtwertes von 65 Prozent für Typ B-Stationen. Zwei Zielsetzungen bestimmen die Musikauswahl: Zum einen die Förderung der lokalen und regionalen Musikszene durch live-Übertragungen, Konzertaufzeichnungen und Schallplattenauswahl. Seit 1976 sendet Coop Radio z.B. als einziger Radiosender in Vancouver live-Konzerte aus zwei Jazzclubs, die mit der Station über eine Standleitung verbunden sind. Anfang der achtziger Jahre initiierte Coop Radio die nicht-kommerzielle *Coastal Jazz and Blues Society*, die bisher drei hochkarätig besetzte internationale Jazzwochen in Vancouver veranstaltet hat.

Das zweite Standbein sind themenorientierte, an unterschiedlichen Stilen und Genres ausgerichtete Musiksendungen, die gleichzeitig informieren und unterhalten sollen - etwa *Newsounds Gallery* (Experimentalmusik), *Rubymusic* (Frauenmusik), *Jazzblu*, *Blues in* the *dark*, *Rock Talk*, *Sounds of Africa*, *Yugoslav Sounds* oder *Kaleidoscope of Classics*. Jede dieser Sendungen hat einen festen Sendeplatz und oft auch eine feste Hörergemeinde, die nur dieses Programm gezielt einschaltet. Um eine engere Hörerbindung an das Gesamtangebot der Station zu erreichen, bemüht sich die Programmkoordination, den Programmfluß so zu gestalten, daß verwandte Genres - etwa Jazz, Blues, Reggae - aufeinanderfolgende Sendeplätze einnehmen. Auf eine durchgängige Magazinierung der Musikprogramme verzichtet man jedoch ebenso wie auf die Berücksichtigung der jeweiligen Neuerscheinungen der Plattenindustrie.

Programmübernahmen sind die Ausnahme. Auf dem Musiksektor arbeitet Coop bei Sendungen, die sich an ein jüngeres Publikum richten (z.B. Rock und Punk) mit Moderatoren der zwei Campus-Radios in Vancouver zusammen. In der Wortsendung *The Brown Bagger* übernimmt die Station Vorträge und Essays von Gastreferenten der Universitäten (etwa zu Themen wie *World Hunger and the World Economy* oder *Enlightment in the Mass Media Age*, Sept. 1987), die von den Studentensendern produziert werden. Das gesamte Programm wird einmal monatlich in der Zeitschrift *Radio Waves* veröffentlicht. Neben einer Programmübersicht und inhaltlichen Erläuterungen zu den einzelnen Sendungen enthält die ca. zwanzig Seiten starke Zeitschrift Themenbeiträge zu Politik und Kultur in Vancouver, Hörerzuschriften und Artikel aus dem `Innenleben' des Senders. Da *Radio Waves*, die allen Mitgliedern kostenlos zugeschickt und in Biliotheken, Buchläden, Universitäten und Kulturzentren ausgelegt wird, das einzig regelmäßige Werbemittel des Senders ist, soll zukünftig der Aspekt der Selbstdarstellung stärker berücksichtigt werden (Interview Allan Jensen, Programm-Koordinator, August 1987).

Die tragende Säule von Coop Radio sind die rund dreihundert freiwilligen Programmitarbeiter. Trotz dieser großen Zahl versteht sich der Sender nicht als *public access station*, die im Sinne eines Offenen Kanals lediglich die Technik bereitstellt. Die Zugangshürden sind relativ hoch. Interessenten müssen spätestens sechs Wochen vor Sendebeginn ihren Antrag schriftlich auf einem vorformulierten Fragebogen einreichen, der Angaben über Art, Umfang und Finanzierung des Programms sowie über die persönlichen Voraussetzungen der Antragsteller enthält. Der *Board of Directors* entscheidet dann nach Beratung mit dem Programmkoordinator und dem Programmkomitee nach folgenden Kriterien: Wie fügt sich die neue Sendung in die allgemeine Programmpolitik ein? Wie groß ist die Notwendigkeit für das neue Programm (wird es z.B. so oder ähnlich schon von anderen Stationen angeboten)? Bestehen die technischen Möglichkeiten? Welche Qualität haben die miteingereichten Demonstrationsbänder? Welche Erfahrungen bringen die Antragsteller mit? Coop Radio seinerseits unterstützt die Interessenten durch Basiskurse in Radiotechnik (die jeder Mitarbeiter durchlaufen muß) sowie durch umfangreiches Lehr- und Informationsmaterial.

Bei Wortsendungen und vor allem bei *ethnic language*-Programmen geht Coop Radio oft den umgekehrten Weg. Wird die Ausweitung des Angebots auf bisher nicht berücksichtigte Minderheiten für notwendig erachtet, wendet sich der Programmkoordinator direkt an Vertreter der entsprechenden *community* (Vereine, Kulturinstitutionen, Initiativen u.ä.), um die konkrete Umsetzung einer Programmidee zu diskutieren. Auf diese Weise ist z.B. kürzlich ein Programm in Farsi für iranische Immigranten entwickelt worden.

Mit seiner eher restriktiven Auslegung des *community access*-Begriffes sieht sich Coop Radio in Übereinstimmung mit der Mehrheit der kanadischen *community radios*. So heißt es in einer Stellungnahme des Dachverbandes *National Campus/ Community Radio Organization* (NCRO) gegenüber der CRTC:

> "Access alone suffices only to serve the particular programmer gaining access. Access to a media vehicle like community radio is nothing unless the ideas being presented are actually communicated to an interested listener or listeners. For this reason, it is very important that community radio continue to strive for a reasonable level of quality, both technical and in production, in order that the programming on community radio will be intersting, creative, useful, and most important, listenable" (NCRO 1985: 2).

Hat ein Programm einmal die Eingangshürden genommen, wird es in der Regel über mehrere Jahre hinweg ausgestrahlt - solange es dem ursprünglichen Konzept entspricht. Viele der freiwilligen Programmitarbeiter haben sich so Fachkompetenz und Routine angeeignet, die denen professioneller Radiomacher in nichts nachstehen. Private Archive von mehreren tausend Platten und Bändern, intensive Programmvorbereitung und das regelmäßige Auswerten relevanter Fachzeitschriften sind für langjährige Mitarbeiter selbstverständlich. Bleiben so zwar Qualität und Kontinuität im Programm gewahrt, besteht die Gefahr, daß die Station auf Veränderungen in ihrem Umfeld eher unflexibel reagiert. Hinzu kommt, daß einige der besten Mitarbeiter in den professionellen Radiosektor abwandern - zumeist zur CBC, aber auch zu kommerziellen Anbietern. In Gesprächen mit Programmgestaltern hat sich jedoch auch gezeigt, daß Coop Radio für sie der einzige Sender ist, in dem sie ihre inhaltlichen Vorstellungen voll verwirklichen können.

Über Reichweiten und Hörerakzeptanz existieren keine validen Daten. Die letzte Hörerbefragung, die zwischen März und Juli 1985 auf der Basis von Fragebögen in *Radio Waves* durchgeführt wurde, gibt jedoch einigen Aufschluß über die Zusammensetzung der Hörerschaft, deren Hörgewohnheiten, Vorlieben und Abneigungen (Rücklauf: 175):

* Rund zwei Drittel der Hörer sind Männer, ein Drittel Frauen; die Mehrheit (137) verfügt über einen College- oder Universitätsabschluß und über ein Jahreseinkommen von unter 20.000 Dollar pro Jahr (83). 32 verdienen bis zu 30.000 Dollar, nur acht liegen darunter (Rest: keine Angaben).

* Die größte Gruppe (85) ist zwischen dreißig und 39 Jahre alt; nur 13 sind älter als fünfzig. Unter Jugendlichen spielt Coop Radio keine Rolle: Lediglich ein Hörer war jünger als zwanzig Jahre.

* Coop-Hörer sind sozial aktiv: Die Mehrzahl (126) ist in Berufsverbänden, Gewerkschaften, Parteien, Initiativen o.ä. organisiert.

* Ein Drittel hört den Sender länger als fünf Jahre; knapp die Hälfte (72) schaltet Coop Radio für fünf bis zehn Stunden pro Woche ein, 41 hören weniger als fünf, 56 mehr als zehn Stunden. Am Abend (bei starker Fernsehkonkurrenz) erreicht das Programm die meisten Hörer (169), tagsüber sind es 111 der Befragten.

* Die beliebtesten Sendungen sind die *public affairs*-Programme *The Rational* und *Redeye*. Unter den Musiksendungen führt das Frauenprogramm *Rubymusic*, ansonsten haben diejenigen Sendungen mit der längsten Laufzeit (z.B. *Blues in the Dark*, *Rock Talk*, *What the Folk*) die treuesten Hörergemeinden.

* Unter den *ethnic language*-Programmen führt das zweisprachige *America Latina al Dia* (dreißig Nennungen). Insgesamt liegt diese Programmkategorie in ihrer Beliebtheit über ihrem prozentualen Anteil am Gesamtprogramm (12,5%) (Radio Waves 1985, July/August: 28 f.).

5.5.4.4. Bewertung der Erfahrungen von Coop Radio

Von seiner Entstehungsgeschichte her ist der Sender ein typisches "Initiativenradio", das sich aus den spezifischen Kommunikations- und Politikbedürfnissen einer großstädtischen, weitgehend studentischen Minderheit entwickelte. Diese Entstehungsbedingungen spiegeln sich bis heute in der Organisationsstruktur und in der Programmgestaltung von Coop Radio wider. Rundfunkpolitisch ist bemerkenswert, daß die canadische Lizenzierungspraxis der organischen Entwicklung des Senders (und auch anderer *community radios*) dadurch entgegenkommmt, daß nicht (wie etwa in der Bundesrepublik) die Ausschreibung einer Lizenz den Zeitpunkt der Sendergründung bestimmte, sondern die Initiative der späteren Betreiber.

Insgesamt erweist sich Coop Radio als aussagekräftiges Beispiel, wie ein weitgehend nicht-kommerzielles Großstadtradio aussehen und trotz erheblicher finanzieller Probleme auch langfristig existieren kann:

* Die Organisationsform der Kooperative kann als tragfähiges Modell einer gesicherten Basisfinanzierung angesehen werden. Es garantiert zudem die Einbeziehung interessierter Personen und Gruppen in die Radioarbeit, auch wenn von den ursprünglichen basisdemokratischen Vorstellungen Abstriche gemacht werden mußten. Für die Wahl dieser Organi-

sationsform ist sicher auch von Bedeutung, daß der Kooperativen-Gedanke in der politischen Tradition West-Canadas (besonders durch die Farmerbewegungen der zwanziger Jahre) tief verwurzelt ist.

* Die maßgebliche Einbeziehung kompetenter, freiwilliger Programmitarbeiter macht den Kern der Coop Radio-Erfahrungen aus. Die Form des `geregelten' öffentlichen Zugangs hat dabei entscheidend zu Qualität und Kontinuität im Programm beigetragen. In der Praxis ergeben sich jedoch auch Probleme: Die freiwilligen Mitarbeiter sind nur schwer für die tägliche Kleinarbeit im Sender zu interessieren; man kennt sich untereinander kaum oder gar nicht; die Treffen von Programmgestaltern und Festangestellten sind nur schlecht besucht; die Kommunikation innerhalb der Station läuft über Unmengen von Papier. Diese Defizite werden bei Coop Radio zwar gesehen, für den Bestand des Senders jedoch in Kauf genommen (Interview Allan Jensen, Programmkoordinator, August 1987).

* Coop Radio beweist, daß die angestebte Befriedigung unterschiedlicher Hörererwartungen nicht in Nivellierung und Magazinisierung des Programmangebots münden muß. Zwar gibt es, wie die zitierte Umfrage zeigt, eine gewisse Homogenität unter der Hörerschaft, sie führt jedoch nicht zu einem Angebot nach dem Prinzip `zu jeder Zeit für jeden etwas'. Dadurch steigen die Anforderungen an Konzepte zur Hörerbindung. Die Mittel von Coop Radio sind zum einen die ständige Arbeit am Programmfluß, zum anderen die Herausgabe einer monatlichen Programmzeitschrift, die nicht nur Informationen vermitteln, sondern auch den regelmäßigen Kontakt zwischen Station und Hörern aufrechterhalten soll.

* Auf die besondere Situation Vancouvers als Einwandererstadt reagiert Coop Radio zunehmend mit Angeboten für ethnische Minderheiten, die auch direkt ermutigt werden, an der Programmgestaltung aktiv teilzunehmen. Damit übernimmt der Sender zumindest für Teilbereiche der multikulturellen großstädtischen Gesellschaft eine nicht unerhebliche Integrationsfunktion, wie sie weder von der CBC noch von den kommerziellen Radiostationen wahrgenommen werden können.

5.5.5. Zur Rolle des Community Radios in der Rundfunkpolitik

Entwicklung und Bedeutung des *community radios* sind untrennbar verbunden mit den spezifischen, weitgehend einzigartigen Rahmenbedingungen des Rundfunks in Canada: Die durchgängige Tendenz, das eigene Rundfunksystem gegen die Allgegenwart US-amerikanischer Medieninhalte aufbauen zu müssen, hat sich günstig für solche lokalen Veranstalter ausgewirkt, die Defizite der konventionellen Rundfunkanbieter abzudecken versprechen und so das canadische Element insgesamt stärken. Was Québec betrifft, wäre ohne dessen traditionelle Isolierung, verbunden mit verbreiteter Ignoranz der anglophonen Bevölkerungsmehrheit gegenüber den kulturellen Eigenheiten der frankophonen Minderheit, die Dynamik der dortigen *community radio*-Szene ebensowenig zu erklären wie die Bereitschaft der Provinzregierung zu großzügiger Förderung.

Die Erfahrungen der *native community radios* im Norden sind ebenfalls eng mit der geographischen Situation und der historischen Entwicklung des Landes verknüpft. Sie zeigen deutlich, daß eine annähernd gleichwertige Rundfunkversorgung isolierter Landesteile und Bevölkerungsgruppen bis heute ohne ein hohes Maß an Eigeninitiative der Betroffenen nicht gesichert ist. Weder die CBC noch die kommerziellen Anbieter sind in der Lage oder gewillt, geographische oder ethnisch-kulturelle Defizite in ihrem Angebot soweit zu beseitigen, daß auf mittlere Sicht *community radios* an Bedeutung für den Norden verlieren könnten.

Anderseits zeigen die Erfahrungen der letzten zwei Jahrzehnte, daß das *community radio* in Canada weit davon entfernt ist, sich finanziell selbst zu tragen. Sowohl in Québec als auch in den Nordterritorien spielt eine kontinuierliche staatliche Unterstützung eine erhebliche, wenn nicht existenzsichernde Rolle. In Québec hat das erkennbar dazu geführt, daß die finanzielle Verankerung der Sender in den *communities* vernachlässigt wurde. Angesichts knapper werdender Mittel und einer daraus resultierenden Lockerung der Auflagen für die Werbefinanzierung seitens der CRTC wächst nun der Kommerzialisierungsdruck - mit absehbaren Konsequenzen für den nicht-kommerziellen Charakter der Radios.

Im Norden bewirkt das vorläufige Ende der Bundesförderung einen Trend zur Network-Bildung und gemeinsamen *broadcasting societies* zur Programm-*syncication*. Hier sind die Auswirkungen auf den lokalen Charakter der *native community radios* noch kaum abzuschätzen. Nicht zuletzt aufgrund dieser Entwicklungen lehnt z.B. Coop Radio eine laufende Subventionierung ab. Staatliche Unterstützung hält man dort nur bei Anfangsinvestitionen vor allem in die technische Grundausstattung für sinnvoll und wünschenswert (Interview mit Allan Jensen, Programmkoordinator August 1987). Im anglophonen Landesteil, wo es eine laufende Finanzierung bisher nicht gab und auch in absehbarer Zukunft nicht geben wird, können sich *community radios* bislang nur in zwei großstädtischen Zentren tragen (Vancouver, B.C. und Kitchener, Ont.).

Daß das rundfunkpolitische Klima für *community radios*, trotz Deregulierungstendenzen und deutlicher konservativer Präferenzen für den kommerziellen Sektor nach wie vor nicht ungünstig ist, zeigt u.a. der Untersuchungsbericht der *Task Force on Broadcasting Policy* von 1986. Hier wird erstmals in der Geschichte canadischer Rundfunkuntersuchungen die Empfehlung ausgesprochen, daß *non-for-profit community elements* neben dem öffentlichen und kommerziellen Sektor als gleichberechtigter dritter Sektor des Rundfunksystems gesetzlich verankert werden sollen. An die CRTC geht die Aufforderung, in ihrer Regulierungspolitik die Notwendigkeit eines fairen Zuganges vielfältiger ethnischer, kultureller und sonstiger "interest and opinion groups" zum Rundfunk sowohl in ländlichen Gemeinden als auch in großstädtischen Zentren anzuerkennen. Der Bundesregierung wird empfohlen, künftig landesweit finanzielle Unterstützungsprogramme in Koordinatition mit den Provinzregierungen und Territorialverwaltungen zu bündeln und zur Weiterentwicklung des *community*-Sektors "angemessene Maßnahmen" zu treffen (Task Force 1986: 501-505). In der Begründung heißt es:

> "Community Broadcasting can serve to preserve people's cultural heritage and sense of belonging to recognizable local communities and interest groups. In a sense, it is a matter of restoring the close and rewarding human relations in the oldfashioned village within the distant and impersonal contacts of the gobal village" (Task Force 1986: 506).

Die weitreichenden Empfehlungen der *Task Force* finden sich in dem Entwurf eines neuen Rundfunkgesetzes von 1988 jedoch nur in äußerst abgeschwächter Form wieder. In einem Zusatz zum Paragraphen 3 des geltenden Gesetzes, der die allgemeinen Programmrichtlinien formuliert, heißt es jetzt:

> "...the programming provided by the Canadian broadcasting system should (...) be drawn from local, regional, national and international sources" (DOC 1988: 41).

Damit, so das DOC in seiner Begründung, werde die Bedeutung lokaler oder *community*-Programme anerkannt, "wherever and however produced" (DOC 1988: 41). Eine rundfunkrechtliche Definition oder gar eine juristische Gleichstellung des *community*-Sektors wird so jedoch vermieden. Stattdessen erhalte die CRTC durch diesen Passus den "klaren Auftrag", mit der Lizensierung von *community* oder Campus-Radios fortzufahren, allgemein den öffentlichen Zugang zur Veranstaltung von Radioprogrammen zu fördern und von konventionellen Veranstaltern die Produktion und Ausstrahlung lokaler Programmbestandteile zu verlangen (DOC 1988: 41-42).

Faktisch hat sich das Radio-System Canadas in den vergangenen zwanzig Jahren von einem dualen in ein "triales" System verwandelt, deren einzelne Sektoren sich weitgehend komplementär zueinenander verhalten:

* Das nationale, zweisprachige Programm der CBC für Information und "gehobene" Unterhaltungsansprüche und nur geringen regionalen und lokalen Elementen;

* der kommerzielle, profitorientierte Sektor mit massenattraktiven, nach Sparten und Programmformaten stark ausdifferenzierten Angeboten für den regionalen und lokalen Raum;

* Zuletzt die *community radios* mit einem bislang nur geringen Kommerzialisierungsgrad und vielfältigen, an spezifischen Interessen orientierten Kommunikations- und Kulturaufgaben.

6. Struktur und Regulierung des Fernsehens: Amerikanisierung, "Canadisierung" und der kommerzielle Sektor

6.1. Einführung

Anders als der canadische Radiosektor, der weitgehend in einem "geschlossenen Markt" operieren kann, sieht sich das Fernsehsystem bis heute einer scharfen Konkurrenz durch Angebote und Anbieter aus den USA ausgesetzt, die mit der technischen Ausweitung der Übertragungskanäle und dem damit einhergehenden wachsenden Programmbedarf tendenziell noch zunimmt. Seit der Frühzeit der Fernsehentwicklung ist Canada der klassische *Spillover*-Markt für die US-amerikanische Medienindustrie. Während sich der US-Einfluß im Radiosektor parallel zu dessen relativem Bedeutungsrückgang als Informations-, Unterhaltungs und Werbemedium auf ein Maß zurückentwickelt hat, der vergleichbar ist mit dem in anderen Industrienationen, wächst die Durchdringung des Landes mit US-amerikanischen Fernsehinhalten kontinuierlich. Die kommerziellen amerikanischen Networks verfügen in Canada derzeit über einen regelmäßigen Publikumsanteil von über 30 Prozent und haben sich damit eindeutig als Marktführer etabliert (s.u.). Der beherrschende Einfluß amerikanischer Fernsehprogramme - sei es durch das direkte Einstrahlen von Grenzstationen, die Verteilung in einem hochentwickelten Distributionsnetz via Kabel und Satellit oder durch die verbreitete Übernahme von US-Programmen durch canadische TV-Veranstalter - bildet heute eine Konstante innerhalb der Fernsehlandschaft, die sowohl die Zielrichtung als auch die Handlungsspielräume der canadischen Medienpolitik maßgeblich bestimmt.

Neben diese externen Konkurrenzfaktoren tritt ein wachsender Konkurrenzkampf um Zuschauerschaften innerhalb des Landes selbst, der primär zwischen den zwei öffentlichen, aus dem Staatshaushalt finanzierten Networks der CBC und den jetzt vier kommerziellen (terrestrischen) programmproduzierenden Networks ausgetragen wird. Die CBC gerät in dieser Auseinandersetzung unter zunehmenden Legitimationsdruck, da heute bereits rund 80 Prozent der durchschnittlich erzielten Zuschauerbeteiligung auf den kommerziellen (einheimischen und US-amerikanischen) Sektor entfällt.

Die canadische Rundfunkpolitik seit Gründung von CRTC und DOC stellt im Kern den Versuch dar, in diese von externen und internen Konkurrenz-Faktoren dominierten Situation regulierend einzugreifen. Ausgangsbasis sind dabei die normativen Zielvorgaben des Rundfunkgesetzes von 1968, das dem Rundfunksystem insgesamt die Verpflichtung auferlegt, "der Sicherung und Festigung der kulturellen, politischen, sozialen und ökonomischen Struktur Kanadas" zu dienen und sich dabei "überwiegend auf die kreativen Ressourcen" des eigenen Landes zu stützen (Broadcasting Act 1968, § 3). Die Regulierung des Fernsehsektors, die sich auf dieser gesetzlichen Grundlage entwickelt hat, läßt sich generell in zwei Kategorien einteilen: In "aktive" Fördermaßnahmen zur Stärkung der einheimischen Rundfunk- und Produktionsindustrie und in "restriktive" Auflagen zur Erhöhung des canadischen Programmanteils.

Der wesentliche Akteur im "aktiven Bereich" ist die Bundesregierung (hier insbesondere das DOC). Ihre Maßnahmen lassen sich in direkte und indirekte Subventionen, bzw. Protektionen unterscheiden:

1. Die direkte Subventionierung von Programmproduktionen im Film- und Fernsehsektor über staatliche Unterstützungsprogramme und Förderfonds (*Telefilm Canada* und *Canadian Broadcast Development Fund*).

2. Die indirekte Förderung von Film- und Fernsehproduktionen durch ein Steuergesetz, das für Produktionsinvestitionen in Canada Steuerabschreibungen von 100 Prozent erlaubt (*Capital Cost Allowance Program*).

3. Die Protektion der einheimischen Medienindustrie vor dem Abfluß von Werbegeldern in die USA durch ein weiteres Steuergesetz, das die Steuerabzugsfähigkeit für solche Werbeinvestitionen aufhebt, die sich über ausländische Medien primär an das canadische Publikum richten (Bill C-58).

Diese Regierungsmaßnahmen zielen nicht ausschließlich auf das Fernsehen, sondern auch auf das Radio, den Kinofilm und die Printmedien. Ihre Auswirkungen auf den Fernsehsektor und auf die Rundfunkpolitik insgesamt sind jedoch teilweise erheblich, so daß sie in dem hier diskutierten Zusammenhang der Fernseh-Regulierungspolitik mitbehandelt werden sollen.

Die CRTC ist der Hauptakteur im "restriktiven Bereich", der all jene Maßnahmen umfaßt, die an generelle oder indiviudelle Lizenzauflagen für Fernsehveranstalter geknüpft sind:

1. Die generelle Lizenzierungspolitik zielt auf die Festlegung von *Canadian Content Rules* für den gesamten Fernsehsektor, differenziert nach CBC (60 Prozent) und kommerziellen Anbietern (60 Prozent; 50 Prozent in der *prime time*).

2. Die individuelle Lizenzierungspolitik richtet sich an den einzelnen Veranstalter und umfaßt:

* die grundsätzliche Entscheidung über die Zulassung einer Fernsehstation bzw. eines Networks;

* die Dauer eines Lizenzzeitraumes (in der Regel fünf Jahre), die Überprüfung der Einhaltung von Lizenzauflagen, die Verlängerung oder der Entzug einer Lizenz;

* in jüngerer Zeit zunehmend auch die Formulierung individueller Lizenzauflagen, etwa die Festlegung von Programminvestitionen, die besondere Berücksichtigung bestimmter Programmsparten u.ä.

Sämtliche Regulierungsmaßnahmen sowohl im "aktiven" als auch im "restriktiven" Bereich - soviel kann hier bereits festgehalten werden - sind in ihrem Kern defensiver Natur, da sie innerhalb eines marktwirtschaftlichen Systems darauf gerichtet sind, interne Marktmechanismen und externe Konkurrenz zumindest teilweise außer Kraft zu setzen. Der Konflikt zwischen normativer Rahmensetzung und wirtschaftlichen Interessen der Fernsehveranstalter ist danach in der Fernsehregulierung - wie die folgende Darstellung zeigen soll - der Regelfall und nicht die Ausnahme.

6.2. Organisatorische Struktur des Fernsehsektors

Landesweit existieren in Canada heute 113 Fernsehstationen, die als *originating stations* eigene Programme produzieren und in der Regel über terrestrische Sendernetze verbreiten. Neben diesen operieren, wie im Radiobereich, eine große Zahl von *rebroadcasting stations* (1988: 1325), die entweder als kommerzielle Unternehmen oder als Bestandteile des CBC-Networks der Weiterverbreitung der TV-Signale dienen. Von den insgesamt 113 Fernseh-Stationen sind lediglich 14 unabhängige kommerzielle Unternehmen, die keinem Network angehören; 37 zumeist kleinere lokale Stationen arbeiten als *private affiliated stations* mit der CBC zusammen, übernehmen Teile des Networkprogramms und erfüllen damit - neben eigener lokaler Berichterstattung - im wesentlichen ihre *Canadian Content*-Auflagen. Die heute vier konventionellen (d.h. primär auf terrestrischer Basis operierenden) kommerziellen Networks verfügen über zusammen 43 angeschlossene Stationen. Daneben arbeiten noch zwei unabhängige Anbieter von Bildungsprogrammen und insgesamt zehn *community*-Fernsehsender, wovon allein acht der Verbreitung von Fernsehprogrammen für Ureinwohner dienen (sämtliche Daten in CRTC Annual Report 1988: 65-66). Die Networks sind:

* Je ein landesweit operierendes Network der CBC in englischer und französicher Sprache (28 eigene und 37 angeschlossene private Stationen; 615 eigene und 188 angeschlossene private *rebroadcasting stations*). Zusätzlich bietet die CBC den *Northern Radio and Television Service* in neun Sprachen canadischer Ureinwohner an, übertragt in den Sitzungsperioden des Bundesparlamentes dessen Debatten über einen *Parliamentary Channel* via Satellit und Kabel und veranstaltet seit 1989 zusätzlich einen 24-stündigen *All News and Public Affairs Channel* (nach Vorbild des kommerziellen *Cable News Network* CNN in den USA), ebenfalls per Kabel. Die besondere Programmstruktur und vor allem die spezifischen rundfunkpolitischen Konflikte um die CBC unterscheiden sich so grundlegend von denen des kommerziellen Sektors, daß sie in einem eigenständigen Abschnitt behandelt werden sollen (Kap. 7).

* Das bedeutendste kommerzielle, ausschließlich werbefinanzierte Fernseh-Network ist das *Canadian Television Network Ltd.* (CTV, seit 1961), das in ganz Canada, einschließlich Québec, ein TV-Programm in englischer Sprache verbreitet (28 eigene Stationen und 243 *rebroadcasting stations*). Anders als die CBC hat CTV keinen "nationalen Programmauftrag", der das Network zwingen könnte, sich auch in wenig lukrative Regionen hinein auszudehnen. So heißt es in der Gründungssatzung von 1961, das Ziel von CTV sei die Errichtung eines "alternative service to all areas of Canada with a significant English-speaking population concentration" (zit.n. Hallman/Hindley 1977: 59). Mit derzeit 28 Sendern in den wichtigsten Städten dürfte die Wachstumsgrenze erreicht sein.

Von seiner Besitzstruktur her ist CTV das "ungewöhnlichste Network Nordamerikas" (variety 1990: S-50): Es befindet sich seit Mitte der sechziger Jahre im Vollbesitz der angeschlossenen Stationen und wurde seitdem als eine sehr besondere Art der "non-pofit co-operative" (Task Force 1986: 453) geführt. Das heißt, daß die Gewinne, die aus dem Verkauf von Werbezeit in den Network-Programmen (ca. 66 Programmstunden wöchentlich) erwirtschaftet werden, zu drei Vierteln an die angeschlossenen Stationen transferiert werden, während ein Viertel der Network-Zentrale zur reinen Deckung der Betriebs- und

Produktionskosten verbleiben. Der "non-profit"-Begriff trifft also nur auf die Network-Zentrale zu, nicht jedoch auf die angeschlossenen Stationen, hinter denen heute einige der bedeutendsten canadischen Medienunternehmen stehen:

Hauptgesellschafter ist über drei angeschlossene Stationen in Toronto, Regina und Saskatoon die *Baton Broadcasting Corp.* im Besitz des Medienunternehmers John Bassett, die 24,1 Prozent der Anteile hält. *British Columbia Television* (BCTV), seinerseits ein Ableger des Medienkonzerns *Western International Communications* (Kabelnetze, Pay-TV), hält 16 Prozent, die *CFCF Inc.* Montréal (im Besitz der Medienunternehmer-Familie Pouliot) kontrolliert 13,8 Prozent. Pouliot wiederum betreibt eine weitere unabhängige Fernsehstation in Montréal und das neulizenzierte frankophone TV-Network *Quatre Saisons* (s.u.). BCTV ist gleichzeitig Gesellschafter des Satelliten-Networks CANCOM (s.u.). Eine weitere angeschlossene CTV-Station gehört dem Radiomarktführer CHUM Ltd., der seinerseits mit CITY-TV Toronto zusätzlich die größte unabhängige Fernsehstation Canadas, ein Satelliten-Network in den Atlantik-Provinzen (ASN, s.u.), sowie den Video-Clip-Kanal *MuchMusic* betreibt (Task Force 1986: 453-455). CTV ist also, trotz seiner vorgeblichen "non-profit"-Struktur, ein Konglomerat von profitablen Multi-Media-Unternehmen, die das Network sowohl als Quelle nationaler Werbeeinnahmen nutzen als auch als Lieferanten preiswerter canadischer Programme: Rund zwei Drittel der Network-Programme sind als *Canadian Content* zu bewerten, der sich allerdings zu 90 Prozent aus Nachrichten, Informations- und Sportsendungen zusammensetzt. Die CTV Network-Programme und die der angeschlossenen Stationen erwirtschaften mit 58 Prozent den weitaus größten Teil aller Werbeeinnahmen im anglophonen Fernsehsektor (Task Force 1986: 454-455).

* Das regionale, kommerzielle Network *Global Communications Ltd.* (GLOBAL, seit 1973) mit einem englischsprachigen Programm für die dichtbesiedelten Gebiete Süd-Ontarios (eine programmproduzierende Station und acht *rebroadcasting stations*). GLOBAL ist kein Network im herkömmlichen Sinne, sondern gleicht eher einer (terrestrischen) *Superstation*, die in ihrem Lizenzgebiet rund sechs Millionen Zuschauer erreicht. Teile des GLOBAL-Programms (insbes. die Nachrichtensendungen) werden von mehreren unabhängigen TV-Stationen im Westen des Landes übernommen. GLOBAL erhielt seine Lizenz 1973 mit der Zusage, in dem wichtigsten *Spillover*-Gebiet Süd-Ontario ein Gegengewicht zu den dominierenden amerikanischen Networks zu schaffen. Eine der Lizenzbedingungen der CRTC war, daß sich GLOBAL in seiner Programmgestaltung vorwiegend auf unabhängige canadische Produzenten stützen sollte. Bereits wenige Monate nach Aufnahme des Sendebetriebes stand GLOBAL praktisch vor der Pleite und wurde an neue Eigentümer verkauft, die die Produktion unrentabler Programme sofort einstellten und die

Produzenten größtenteils wechselten. GLOBAL ist heute im alleinigen Besitz von *Can-West Broadcasting* mit Sitz in Manitoba, daß sich bisher vergeblich bemüht, das Verbreitungsgebiet deutlich über Süd-Ontario hinaus auszudehnen (Hallman/Hindley 1977: 61-62; variety 1990: S-50).

Auf die Programmstrukturen von CTV und GLOBAL und ihren Beitrag zur Produktion canadischer Programme wird an anderer Stelle noch ausführlich eingegangen.

* *Les Télé Diffuseurs Associées* (TVA, seit 1963), das Québec und Teile der angrenzenden angolphonen Provinz New Brunswick mit einem kommerziellen französischsprachigen Programm versorgt (10 eigene Stationen und 16 *rebroadcasting stations*). TVA ist das älteste und größte Fernseh-Network in Québec, das aus der Verbindung von zwei wirtschaftlich wenig ertragreichen Sendern in Québec City und Chicoutimi mit der erfolgreichen Montréaler Station *Télé Métropole* hervorgegangen ist. Das Network produziert heute lediglich zehn Programmstunden wöchentlich, die - ähnlich wie bei CTV - hauptsächlich Nachrichten, Informations- und Sportsendungen enthalten und zum überwiegenden Teil vom "Flaggschiff" *Télé Métrople* geliefert werden (Task Force 1986: 218-219).

* *Télévision Quatre Saisons* wurde 1987 lizenziert. Es verbreitet in größeren Städten Québecs ein französischsprachiges Programm und soll sich überwiegend auf unabhängige Programmproduzenten der Provinz stützen. Mit vier eigenen Stationen und fünf *rebroadcasting stations* erreicht es heute bereits 90 Prozent der Bevölkerung Québecs. *Quatre Saisons* verpflichtete sich, pro Woche 77 Programmstunden zu übertragen, davon 40 Stunden canadische Programme, die sich aus elf Stunden selbsproduzierter und 29 Stunden gekaufter Produktionen zusammensetzen (CRTC 1985d) - ein ähnlicher Versuch wie im Fall GLOBAL, regionale Produzenten zu stärken. Das Network ist im Vollbesitz der Montréaler Unternehmer-Familie Pouliot.

Neben der CBC, den kommerziellen Networks und den unabhängigen Stationen bieten in vier Provinzen werbungsfreie, von den jeweiligen Provinzregierungen finanzierte und der Aufsicht der CRTC unterstellte Bildungsfernsehsysteme eigene Programme an:

* *Radio-Québec* (R.-Q.); und *TVOntario* (TVO), beide mit je einer programmproduzierenden Zentrale und einem unterschiedlich ausgedehnten terrestrischen Sendernetz. R.-Q. rangiert mit 19 *rebroadcasting stations* in Québec noch vor dem kommerziellen Network TVA (mit 16) und erreicht rund 95 Prozent der Bevölkerung der frankophonen Provinz. TVO ist in Ontario mit 193 *rebroadcasting stations* eindeutig der geographisch am weite-

stens verbreitete und damit als einziger in der gesamten Provinz empfangbare terrestrische Anbieter. Sowohl R.-Q. als auch TVO spiegeln den politischen Willen der jeweiligen Provinzregierungen wider, eigenständige TV-Anbieter im Rahmen ihrer Kultur- und Bildungshoheit auf- und auszubauen (vgl. bes. Woodrow et al. 1980).

* In den Westprovinzen Alberta und British Columbia sind mit *Access* und *Knowledge Network of the West* (KNOW) ebenfalls provinzeigene Bildungsfernsehveranstalter aktiv, die (mit einem begrenzteren, auf die schulische Bildung konzentrierten Angebot) über Kabel und Satellit verbreitet werden. Beide sind jüngeren Datums und reflektieren ebenfalls die politische Tendenz zu größerer kultureller Eigenständigkeit des kanadischen Westens, die sich seit Mitte der siebziger Jahre verstärkt hat. Weitere provinzeigene Bildungsprogramme befinden sich seit Jahren in der Planung, haben sich bislang jedoch noch nicht etablieren können.

* Hinzu kommt auf der Anbieterseite das satellitengestützte, kommerzielle Network CANCOM, das seit 1983 ursprünglich canadische Programmpakete in unterversorgte Regionen des Hinterlandes verbreitete, nach nur einem Betriebsjahr jedoch zusätzlich die Lizenz zur Übernahme der vier US-Network-Programme (ABC, CBS, NBC, PBS) erhielt (s. Kap. 9). Die Bezeichnung "Network" für CANCOM ist insofern irreführend, als es nicht als eigenständiger Programmanbieter auftritt, sondern bereits vorhande Programme faktisch dupliziert. Dieses Prinzip, das eine besonders kostengünstige Versorgung entlegener Region verspricht, setzt sich in Canada immer stärker durch.

* Nach einem ähnlichen Modell wie CANCOM arbeiten ebenfalls seit 1983 das *Atlantic Satellite Network* (ASN) mit Sitz in Halifax (im Besitz des Radio-Marktführers CHUM Ltd.) sowie die *Radio-Nord Inc.* in Rouyn, Québec (seit 1986), - ein reines *rebroadcasting network*, das sich aus Programmpaketen des frankophonen CBC-Networks *Radio-Canada*, von TVA und *Quatre Saisons* speist. TVFQ ist die Bezeichnung für ein weiteres Satellitenprogramm, daß gemeinsam von *CBC Radio-Canada*, den kommerziellen frankophonen Networks, R.-Q. und dem französischen Anbieter *La Cinq* getragen wird.

* Schließlich existieren derzeit 18 kommerzielle Veranstalter von Pay-TV und sogenannter *specialty services* (*all sports, all music* u.ä.), die gegen zusätzliche Gebühr über Satellit verbreitet und via Kabel verteilt werden (auf die zunehmende Bedeutung von Satellitendistribution und Pay-TV wird in den Kapiteln 9 und 10 ausführlich eingegangen, da sie eigenen Regulierungskriterien unterliegen).

Neben dem terrestrischen Sendernetz wird das Distributionssystem durch derzeit vier geostationäre Rundfunksatelliten ergänzt, die zur landesweiten Verbreitung einheimischer TV-Programme bisher überwiegend von der CBC genutzt werden. Die regionalen Bildungsprogramme werden entweder teilweise (TVO) oder ausschließlich (KNOW) über Satellit verbreitet. Dem Distributionssektor müssen ebenfalls die (1988) 1721 kommerziell betriebenen Kabelsysteme zugerechnet werden, da sie zuerst der Verteilung canadischer und US-amerikanischer Fernsehprogramme dienen und bisher nur im lokalen *community*-Bereich selbstständig Programmbestandteile produzieren (s. Kap. 8).

Das quantitative Wachstum und die geographische Ausbreitung des Fernsehens in Canada hat sich demnach auch unter Aufsicht der CRTC vor allem zugunsten der kommerziellen Anbieter ausgewirkt. Mit GLOBAL und *Quatre Saisons* sind neben CTV und TVA zwei weitere privatwirtschaftlich organisierte terrestrische Networks hinzugekommen, beide mit regionalem Programmauftrag und Verbreitungsgebiet. Die Zahl der unabhängigen kommerziellen Stationen hat sich seit 1968 von damals vier auf heute 14 annähernd vervierfacht (CRTC Annual Report 1988: 28), was auf die Vergabe weiterer Lizenzen in den Metropolen und in mittelgroßen Städten des Hinterlandes zurückzuführen ist. Der CBC ist es dagegen nicht gelungen, das Netz eigener Fernseh-Stationen weiter auszubauen. Ihre Zahl ist im Gegenteil leicht rückläufig; mit 37 angeschlossenen privaten gegenüber 28 eigenen Stationen ist die CBC heute sogar wieder etwas stärker auf die Zusammenarbeit mit kommerziellen Anbietern angewiesen als etwa noch 1979, als 30 eigene 32 angeschlossenen Stationen gegenüberstanden (CRTC Annual Report 1979: 30).

Das Wachstum des kommerziellen Sektors - das zudem zu erheblichen Konzentrationsprozessen beigetragen hat - hat zumindest im anglophonen Teil Canadas einerseits zu einer deutlichen Umverteilung des Publikums bei den einheimischen Anbietern geführt - erkennbar zu Lasten der CBC und in geringerem Maße auch von CTV. Andererseits ist die Zuschauerbeteiligung bei US-Anbietern (vor allem durch die Ausbreitung des Kabelfernsehens; s. Kap. 8) kontinuierlich gestiegen. Die schon zur Amtszeit des BBG geäußerte Vermutung, ein größeres (kommerzielles) canadisches Angebot werde sich in den Einschaltquoten langfristig zu Ungunsten der US-amerikanischen Networks auswirken, hat sich nicht bestätigt. Tabelle 6.1. zeigt die tatsächliche Zuschauerentwicklung zwischen 1970 und 1988 anhand ausgewählter Jahre:

Tabelle 6.1:

Durchschnittliche Einschaltquoten bei anglophonen Fernsehanbietern, 1970-1988 (in Prozent, gerundet)					
	1970	1973	1977	1980	1988
CBC	44	36	26	23	20
Unabh./Global	4	4	13	15	19
CTV	27	32	33	31	26
US-Networks	25	28	29	32	32
(Pay-TV)	--	--	--	--	3

(Quellen: BBM Data Book 1981, CBC Annual Report 1988)

Diese zunehmende kommerzielle Prägung des canadischen Fernsehsystems stellt die Rundfunkpolitik vor zwei entscheidende Probleme:

* Die Sicherung der ökonomischen Basis der einheimischen Fernsehindustrie, da kommerzielle canadische und US-Anbieter gleichermaßen um die Werbeinvestitionen der canadischen Wirtschaft konkurrieren.

* Die Sicherung von Produktion und Ausstrahlung canadischer Fernsehprogramme. Fernsehprogramme dienen den kommerziellen Anbietern primär dazu, durch geringstmögliche Investitionen größtmögliche Zuschauerschaften für Werbespots zu bilden. Da diese Kriterien von US-Programmen gleichermaßen erfüllt werden, bedeutet die Verpflichtung zur Ausstrahlung canadischer Programme einen schwerwiegenden Eingriff in die wirtschaftliche Dispositionsfreiheit der TV-Unternehmen.

Die canadischen Strategien zur Lösung dieser Probleme sind bereits kurz angsprochen worden und sollen im folgenden besonders im Hinblick auf ihre Wirksamkeit eingehender analysiert werden.

6.3. Bill C-58: Lenkung von Werbegeldern in canadische Medien

Die Tatsache, daß US-amerikanische Fernsehprogramme einen nahezu ungehinderten Zugang zum "offenen" canadischen Fernsehmarkt genießen und hohe Zuschauerschaften bilden, macht sie als Werbeträger besonders attraktiv. Der Anreiz für die werbetreibende Wirtschaft, Werbespots unter Umgehung der einheimischen Fernsehsender und Networks direkt bei den US-Anbietern zu plazieren, die zusammengenommen in Canada die höchsten Reichweiten erzielen, ist dadurch entsprechend groß. Der direkte *Spillover* erweist sich damit als ernstes ökonomisches Problem, dem seit Mitte der siebziger Jahre mit mehreren Schutzmaßnahmen für die canadische Fernsehindustrie beizukommen versucht wird. Zu den wichtigsten dieser Schutzmaßnahmen zählt Bill C-58, ein Zusatz zum Einkommenssteuergesetz, der 1976 vom Parlament verabschiedet worden war[1]. Bill C-58 schließt seitdem steuerliche Abschreibungsmöglichkeiten für solche Werbeausgaben in ausländischen Medien aus, die sich primär an das canadische Publikum richten (für eine ausführliche Darstellung vgl. Litvak/Maule 1980).

Hintergrund dieser Entscheidung, die gleichermaßen auf Print- und elektronische Medien zielt, war zunächst nicht die ökonomische Konkurrenzsituation des Fernsehens, sondern eine lang andauernde Auseinandersetzung um die dominierende Rolle US-amerikanischer Periodika (insbes. *TIME Magazin* und *Reader's Digest*), die mit Bill C-58 schließlich beendet wurde. Die Penetration Canadas mit US-amerikanischen Zeitungen, Wochenendbeilagen und Zeitschriften hatte sich nach dem zweiten Weltkrieg fast noch dramatischer entwickelt als die mit Radio- und Fernsehprogrammen: 1948 hielten US-Periodika einen canadischen Marktanteil von 67 Prozent, 1954 lag er bereits bei 80 Prozent. Allein 37 Prozent entfielen auf die canadischen Ausgaben von *TIME* und *Reader's Digest* (Vipond 1989: 61). Da diese Ausgaben mit den amerikanischen Originalen fast vollständig identisch waren, verursachte ihre Herstellung nur geringe Zusatzkosten, wodurch Anzeigenraum dort zu weit niedrigeren Preisen verkauft werden konnte als dies in canadischen Zeitschriften der Fall war. Unter diesen Bedingungen eine einheimische Printmedien-Industrie aufzubauen, erwies sich als nahezu unmöglich.

1) Zwei weitere Maßnahmen sind Auflagen der CRTC für Kabelfernseh-Systeme: zum einen die Wiederaufnahme der Praxis, Werbespots in amerikanischen Fernsehprogrammen zu löschen und durch canadische zu ersetzten, zum anderen der Austausch ganzer Programmteile, wenn US-Networks und canadische Anbieter zeitgleich identische Sendungen ausstrahlen. Beide Maßnahmen werden im Kontext Kabelfernsehen (Kap. 8) ausführlich behandelt.

Erste Versuche, den Abfluß von Werbegeldern auf gesetzlichem Wege zu beschränken, datieren zurück auf das Jahr 1965. Sie basieren auf den Empfehlungen einer *Royal Commission on Publications* (*O'Leary Commission*), die bereits 1960 angeregt hatte, die Steuerabzugsfähigkeit von Werbeinvestitionen nur noch für Anzeigen in einheimischen Periodika gelten zu lassen. Als canadisch sollten solche Produkte gelten, die vollständig im canadischen Besitz seien sowie in Canada hergestellt und herausgegeben werden (Vipond 1989: 62). Das schließlich auf dieser Grundlage 1965 verabschiedete Gesetz machte jedoch eine entscheidende Einschränkung: Das Kriterium "canadischer Besitz" wurde von der Definition einheimischer Zeitschriften explizit ausgenommen. Da jedoch die canadischen Ausgaben von *TIME* und *Reader's Digest* bereits in Canada hergestellt und herausgegeben wurden - im Unterschied zu anderen auf den Markt drängenden US-Zeitschriften wie *Newsweek* -, bedeute diese Einschränkung die Auschließung der beiden Marktführer von den steuerlichen Restriktionen. Der Hintergrund dieser eindeutigen Begünstigung von *TIME* und *Reader's Digest* ist offensichtlich darin zu sehen, daß die canadische Regierung in einer Phase intensiver Verhandlungen mit den USA über mehrere Handelsabkommen, insbesondere den sog. *Auto Pact* (s. Kap. 1), das Klima nicht durch einen "unfreundlichen Akt" gegen die wichtigsten US-Zeitschriften belasten wollte (Davey Committee 1970: 162).

Diese Ausnahmeregelung war für die canadischen Zeitschriftenverleger völlig inakzeptabel. Ein Untersuchungsausschuß des Senates (*Davey Committee*), der 1970 zum wiederholten Male die Situation der einheimischen Medien untersuchte, kam zu dem bildhaften Vergleich, sie seien nun in der Situation der Hühner, die man zusammen mit dem Fuchs eingesperrt hätte (Davey Committe 1970: 164).

Das *Davey Committee*, getragen von einer nun deutlich anwachsenden nationalistischen Grundstimmung gegen den "schleichenden Kontinentalismus" und US-amerikanische Medien-Dominanz, verurteilte die umstrittene Entscheidung von 1965 fünf Jahre später mit scharfen Worten:

> "Magazines are special. Magazines constitute the only national press we possess in Canada (...). We believe that creeping continentalism has proceeded far enough in this country. We believe the present situation of the magazine industry is a perfect example of the dangers of unexamined acceptance of foreign investment (...). We deeply regret that *Time* and *Reader's Digest* were exempted from the O'Leary legislation. It was a bad decision" (Davey Committee 1970: 153 u. 163)

Erst 1976, eineinhalb Jahrzehnte nach dem Bericht der *O'Leary Commission*, wurden deren Empfehlungen schließlich in Bill C-58 umgesetzt und zudem auf das Fernsehen ausgedehnt.

Als steuerbegünstigte canadische Zeitschriften gelten seitdem solche Publikationen, die zu 75 Prozent in canadischem Besitz sind und deren redaktioneller Inhalt sich "substanziell" von dem der ausländischen Ausgaben unterscheiden muß. Die Entscheidung, was als "substanzieller" Unterschied gilt, fällt in die Kompetenz des canadischen *Minister of National Revenue* (Peers 1979a: 96). *TIME* stellte daraufhin seine canadische Ausgabe ein und verbreitet heute in Canada das US-amerikanische Original. *Reader's Digest Canada* hat seine Besitzverhältnisse neu geordnet und gilt seitdem als canadische Zeitschrift. Mit einer Auflage von ca. 1,7 Mio. für die englischsprachige und 330.000 für die französischsprachige Ausgabe ist *Reader's Digest* nach wie vor die auflagenstärkste Zeitschrift in Canada. Die Einstellung von *TIME Canada* öffnete den Markt für das einheimische Konkurrenzmagazin *Maclean's*, das 1978 auf wöchentliche Erscheinungsweise umstellte und heute mit rund 27 Mio. Dollar Werbeeinnahmen noch vor *Reader's Digest* rangiert (Vipond 1989: 65).

Für den Fernsehsektor existiert bis heute nur eine umfangreichere Studie über die Effekte von Bill C-58, die 1983 im Auftrag des DOC erstellt wurde (Donner/Kliman 1983). Danach konnte der Nominalwert canadischer Werbegelder, die weiter an US-Grenzstationen flossen, mit 15,2 Mio. Dollar 1982 unter den Stand von 16,5 Mio. Dollar 1975 gedrückt werden. Inflationsbereinigt bedeutet das einen realen Rückgang um ca. 50 Prozent. Von diesen 15,2 Mio. Dollar wurden allein mit 13,8 Mio. Dollar 90,7 Prozent aller abgezogenen Werbegelder von ganzen sieben US-Stationen vereinnahmt, die von Buffalo, Burlington, und Bellingham aus in die wichtigsten canadischen Märkte Toronto, Montréal und Vancouver/Victoria einstrahlen. Das bedeutet, daß diese sieben Stationen seit Inkrafttreten von Bill C-58 ihren Anteil an canadischen Werbegeldern noch um 4,1 Prozentpunkte ausbauen konnten. 1975 lag ihr Anteil mit 14,3 Mio. Dollar von insgesamt 16,5 Mio. Dollar noch bei 86,6 Prozent (Donner/Kliman 1983: i u. v). Das neue Gesetz hat sich demnach überproportional auf die kleineren und relativ unbedeutenden US-Grenzstationen ausgewirkt, die vielfach nur im Hinblick auf canadische Werbeeinkünfte gegründet worden waren und von denen einige ihren Betrieb einstellen mußten (Bahr 1986: 9).

Es zeigt sich also, daß trotz steuerlicher Nachteile die wichtigsten US-Stationen für canadische Auftraggeber nach wie vor als Anzeigenmedien interessant sind. Auch hier wird die canadische Zuschauerbeteiligung das entscheidende Moment sein, das durch die größere

Reichweite dort plazierter Werbespots die fehlende Abzugsfähigkeit als Hinderungsgrund zurücktreten läßt. Hinzu kommt, daß einige US-amerikanische Grenzstationen ihre Preise für den Verkauf von Werbezeit infolge des Steuergesetzes gesenkt haben, um weiterhin am canadischen Markt zu bleiben, während durch die nun größere Nachfrage nach Werbezeiten in canadischen Programmen die Preise bei einheimischen Stationen angezogen haben (Donner/Kliman 1983: 35-36).

Die Auswirkungen von Bill C-58 müssen im Fernsehsektor insgesamt differenzierter bewertet werden als im Printmedienbereich, wo das herausragende Ergebnis zweifellos die Öffnung eines ausreichenden Marktsegmentes für ein canadisches Nachrichtenmagazin ist. Neuere Schätzungen gehen davon aus, daß die zusätzlichen Werbeeinnahmen für die canadische TV-Industrie, die direkt auf Bill C-58 zurückzuführen sind, etwa zwischen 36 Mio. und 42 Mio. Dollar pro Jahr liegen (Task Force 1986: 460). Angesichts eines jährlichen Gesamtwerbeaufkommens des kommerziellen Fernsehens in Canada von derzeit 924 Mio. Dollar (Statistics Canada 1989: 14-15, Tab. 14.6) eine vergleichsweise geringe Summe von weniger als fünf Prozent der Werbeeinanhmen.

Andererseits, so die Erhebung von 1983, hat Bill C-58 in Fällen besonders bedrohter kleiner TV-Stationen in Grenznähe direkt zu deren Überleben beigetragen (Donner/Kliman 1983: 101). Die tatsächliche Meßbarkeit der Ergebnisse der Steuergesetzgebung wird zusätzlich dadurch erschwert, daß aufgrund der besonderen canadischen Wirtschaftsstruktur zahlreiche große Anzeigenkunden Tochterfirmen von US-Konzernen sind, die das Gesetz dadurch umgehen können, indem Werbespots bei US-Stationen direkt von den amerikanischen Muttergesellschaften plaziert und abgerechnet werden. Dieser indirekte Abzug von Werbegeldern taucht so in keiner canadischen Statistik auf (Smythe 1981: 188). Trotz dieser sehr begrenzten Auswirkungen hat die Verabschiedung von Bill C-58 zu Konflikten mit der US-Regierung geführt.

Die US-Regierung reagierte auf Druck der Grenzstationen mit einem förmlichen Protest im Jahr 1980, in dem sie die Steuergesetze als "unfair" und "diskriminierend" bezeichneten und Verhandlungen auf Regierungsebene forderten. US-Senator Moynihan bezeichnete den Widerstand gegen Bill C-58 als "a test of our will to protect U.S. service industries faced by unreasonable and unfair discrimination by a U.S. trading partner" (zit.n. Bahr 1986: 10). Das canadische Außenministerium lehnte die Aufnahme förmlicher Verhandlungen mit der Begründung ab, es handele sich um ein rein internes Verfahren, das nicht Gegenstand bilaterale Verhandlungen sein könne (Peers 1979a: 97). Der US-Kongreß reagierte daraufhin seinerseits mit einem Gesetz, daß es US-Bürgern erschwert, den Besuch von kulturellen Veranstaltungen in Canada aus beruflichen Gründen steuermindernd geltend zu machen. Sollte es zutreffen, daß seitdem das Fernbleiben amerikanischer Geschäftsleute bei canadischen Kulturveranstaltungen tatsächlich zu Verlusten von "mehreren hundert Millionen Dollar" geführt hat (Bahr 1986: 10), dann müssen die Auswirkungen von Bill C-58 gesamtwirtschaftlich gesehen wohl als negativ bewertet werden.

6.4. Canadian Content gegen die Dominanz amerikanischer Programme

6.4.1. Ökonomische Aspekte der Programmgestaltung

Das wesentliche Motiv für eine Protektionsmaßnahme wie Bill C-58 besteht in der Annahme, daß nur eine ökonomisch stabile einheimische TV-Industrie bereit und in der Lage sei, in die Produktion canadischer Programme zu investieren. Daß dies besonders im Bereich der Unterhaltungssendungen (insbes. bei Serien, Filmen und Fernsehspielen) nur unwesentlich oder gar nicht geschieht, hat vor allem zwei Gründe:

US-amerikanische Unterhaltungsprogramme sichern vor allem im anglophonen Landesteil hohe Einschaltquoten und damit höhere "Tausenderpreise". Der Preis der zu verkaufenden Werbezeit, die für die kommerziellen Stationen und Networks die einzige Einnahmequelle bildet, wird nach der Zahl der tatsächlich erreichten Zuschauer berechnet. Das Ergebnis ist der sog. "Tausenderpreis", das heißt: Die Kosten für einen in der Regel 30-Sekunden-Werbespot werden pro tausend Zuschauer bemessen. Je größer die erzielte Programmreichweite, desto höher ist der erzielbare Preis für den Verkauf von Werbezeit - bei gleichbleibenden Produktions- oder Einkaufskosten. In der Regel führt in Canada der Anstieg der Zuschauerbeteiligung um zehn Prozent zu einer Erhöhung des "Tausenderpreises" um acht Prozent (CRTC 1978c: 55).

Zur Erhöhung von Reichweiten und Werbeeinkünften stehen den kommerziellen Fernsehstationen im Prinzip nur zwei Strategien zu Verfügung, die in der Regel parallel verfolgt werden:

1. Die <u>extensive</u> Strategie der geographischen Ausdehnung des Sendegebietes, also der technischen Reichweitensteigerung. Sie ist der wesentliche Impuls für die Bildung von Networks und sog. *Superstations* mit großem Verbreitungsgebiet. Seit mit dem Ende der

Regulierungskompetenzen der CBC die Schranken zum Aufbau kommerzieller Networks vergleichsweise spät gefallen sind, wird diese Strategie heute verstärkt bei der Zulassung neuer Anbieter genutzt. Ihre Grenzen sind jedoch besonders in Canada durch die höchst ungleichmäßige Bevölkerungsdichte schnell erreicht; im Ergebnis steht ein relativer Rückgang der Zuschauerbeteiligung bei einzelnen Anbietern durch die wachsende "Fragmentierung" der wenigen lukrativen - vor allem großstädtischen - "Publikumsmärkte".

2. Die intensive Strategie der Reichweitensteigerung, die man auch als "optimale Publikumsbewirtschaftung" bezeichnen könnte: Möglichst große Zuschauerschaften müssen für eine höchstmögliche Sehdauer an ein bestimmtes Programm gebunden werden. Solche Programme haben gleichzeitig mehrere Kriterien zu erfüllen: einen hohen Attraktivitätsgrad bei einer geringen Wahrscheinlichkeit des Scheiterns in der Puplikumsgunst, niedrige Anschaffungskosten und nicht zuletzt die besondere Eignung als "Umfeld" für Werbebotschaften.

US-amerikanische Programmware erfüllt diese Kriterien in besonders effektiver Weise - nicht nur in Canada, hier jedoch mit überaus großem Erfolg. Die Gründe sollen im folgenden kurz analysiert werden:

* Der Faktor der Publikumsattraktivität wirkt sich im anglophonen Teil Canadas, dessen "mediale Existenz" von Beginn an von der Präsenz amerikanischer Programme geprägt ist, besonders deutlich aus. Tabelle 6.2. zeigt die Programme, die im anglophonen und frankophonen canadischen Fernsehen in einer exemplarisch ausgewählten Woche des Jahres 1986 die höchsten Einschaltquoten erzielten:

Tabelle 6.2:

Die populärsten Programme im canadischen Fernsehen, Januar 1986	
frankophone Stationen	anglophone Stationen
1. Le temps d'une paix (CBC) 2. Peau de banane (TVA) 3. La bonne aventure (CBC) 4. L'âme soeur (TVA) 5. Montréal en direct (TVA) 6. Poivre et sel (CBC) 7. Épopée rock (TVA) 8. Paul, Marie et les enfants (CBC) 9. Dallas (CBC)* 10. Entre chien et loup (TVA)	1. Cosby Show (CTV)* 2. Family Ties (CTV)* 3. Miami Vice (CTV)* 4. Dallas (CBC)* 5. Simon and Simon (CTV)* 6. Walt Disney (CBC)* 7. CBC National News (CBC) 8. Hockey Night in Canada (CBC) 9. The Nature of Things (CBC) 10. Scarecrow and Mrs. King (CTV)*
*: ausländisches Programm	

(Quelle: Task Force on Broadcasting Policy 1986: 210)

Allein sieben der zehn populärsten anglophonen Programme, ausgestrahlt von den Networks CTV und CBC, waren US-Produktionen. Lediglich die nationalen Nachrichten der CBC, eine Sportübertragung und das CBC-Informationsmagazin "The Nature of Things" finden sich in dieser Rangliste wieder. Im frankophonen Angebot rangiert dagegen mit "Dallas" nur eine einzige US-Produktion unter den ersten zehn - eine Tatsache, die weiter unten noch ausführlicher diskutiert werden soll. Für die englischsprachigen Networks gilt die eindeutige Regel, daß vor allem US-amerikanische Shows und Serienprogramme regelmäßig die höchsten Einschaltquoten erzielen.

* Der zweite Faktor für den Erfolg US-amerikanischer Programme ist deren außerordentlich geringe Marktzutritts-Barriere, die sich aus den konkurrenzlos günstigen Verkaufspreisen auf dem internationalen Markt für Fernsehprogramme erklärt. Der Hauptgrund liegt in der weltweit einzigartigen Größe des US-Fernsehmarktes, für deren Bemessung zwei Indikatoren gelten: Die Anzahl der Fernsehgeräte (= potentielles Publikum) und die Höhe der Werbeausgaben (= potentielle Einnahmequelle). Beide Indikatoren verweisen auf die absolute Ausnahmestellung des US-Fernsehmarktes: knapp ein Drittel aller weltweit genutzten Fernsehgeräte stehen in US-Haushalten; mit rund 65 Mrd. US-Dollar jähr-

lich wird in den USA die Hälfte des weltweiten Werbeaufkommens erzielt. Rund ein Viertel des US-Werbeaufkommens fließt allein an den amerikanischen Fernsehsektor (Hoskins/Mirus 1988: 502).

Aufgrund dieser einmaligen Marktstruktur sind weltweit nur US-Produzenten in der Lage, etwa eine Million Dollar in die Produktion einer Serienstunde zu investieren und diese Investitionen auf dem heimischen Fernsehmarkt zu amortisieren. Hoskins und Mirus schätzen in einer jüngeren Untersuchung, daß ein US-Produzent rund 70 bis 85 Prozent der Kosten für eine *prime time show* und sogar 100 Prozent für eine *non prime time show* allein aus dem Verkauf der Erstaufführungsrechte an eines der drei kommerziellen US-Networks decken kann. Hinzu kommen erhebliche *Syndication*-Einnahmen, d.h. Einkünfte aus dem Verkauf von Zweit- und Drittverwertungsrechten ganzer Serienpakete für übliche Wiederholungen in den Programmen der Lokalstationen. Für die derzeit populärste US-Show, die *Cosby Show*, wird mit zusätzlichen Einnahmen von rund einer Millarde US-Dollar allein aus dieser Form der Mehrfachverwertung gerechnet (Hoskins/Mirus 1988: 502 u. 513, Anm. 8). Einnahmen aus dem Programmexport bilden in dieser Marktstruktur lediglich einen Zusatztgewinn, der allerdings erheblich ist: Für 1989 liegen die Einnahmen aus der internationalen Vermarktung von amerikanischen Film- und Fernsehrechten bei ca. 1,5 Mrd. Dollar (Schwarzkopf 1989: 20).

Festzuhalten bleibt, daß US-Fernsehprogramme aufgrund der hohen Renditen auf dem einheimischen Markt international zu Preisen vermarktet werden können, die in keinem direkten Verhältnis zu den Produktionskosten stehen. Die CBC rechnete beispielsweise 1983 vor, daß sie mit 50.000 US-Dollar für eine Episode der realtiv teuren *Soap Opera* "Dallas" nur fünf Prozent der durchschnittlichen Produktionskosten von rund einer Mio. Dollar zahlt (CBC 1983: 12). Darin eine gezielte "Dumping"-Strategie zu vermuten, wie es in der hitzig geführten canadischen Fernsehdebatte häufig geschieht (vgl. etwa Nelson 1980 u. 1981), trifft allerdings nicht den Kern des Problems: Es handelt sich hier um einen rein marktwirtschaftlichen Vorgang, in dem sich der Preis durch die Nachfrage und die ökonomische Potenz des jeweiligen Zielmarktes ergibt.

So erklärt sich die auf den ersten Blick erstaunliche Differenz der Preise für ein und dasselbe US-Programm, die in unterschiedlichen Ländern gezahlt werden: So zahlen zum Beispiel italienische TV-Veranstalter den Höchstpreis von durchschnittlich 48.000 US-Dollar für eine halbstündige Serienepisode, in Canada werden 20.000 Dollar erzielt, in der Bundesrepublik Deutschland 18.000 Dollar, in Großbritannien 14.000 Dollar, in Frankreich 10.000 Dollar, in Japan 7000 Dollar, in Schweden 2500 Dollar, in Chile 375 Dollar und auf den Bermudas gar nur 45 Dollar (Hoskins/Mirus 1988: 511). Nicht nur die Relation zur Marktgröße, auch der Zusammenhang mit den Kommerzialisierungsprozessen der Mediensysteme in den verschiedenen Ländern, der damit einhergehenden Programmvermehrung und dem Bedarf an preiswertem US-Material ist dabei offensichtlich: Etwa zwischen 1977 und 1981, nach der Zulassung von GLOBAL und einer aus der neuen Konkurrenz resultierenden aggressiveren Einkaufspolitik von CTV, CBC und einiger großstädtischen Stationen stand Canada weltweit an der Spitze der Käufernationen und zahlte dementsprechend die höchsten Preise (Nelson 1980: 15-16; 1981: 22). Diese Position hat inzwischen der hochkommerzialisierte italienische Fernsehmarkt eingenommen, während Canada immerhin noch an zweiter Stelle rangiert. Festzuhalten bleibt jedoch, daß selbst Preise bis zu 50.000 US-Dollar immer nur einen Bruchteil der Aufwendungen für vergleichbare Eigenproduktionen ausmachen - ein Strukturproblem jeder Rundfunkpolitik, die, wie in Canada, auf die Stimulierung von Eigenproduktionen durch Quotenregelungen setzt.

* Der dritte Faktor ist die zu erwartende Akzeptanz, die das amerikanische Kulturprodukt Fernsehprogramm beim Eindringen in fremde Kulturräume erzielt. Hoskins und Mirus haben für dieses Phänomen den Begriff des "cultural discount" geprägt, der nicht nur erklärt, warum ein internationaler Programmhandel vorwiegend mit Unterhaltungssendungen (und weniger mit Informationsprogrammen) betrieben wird und weshalb - neben den einzigartigen Möglichkeiten der Preiskalkulation - US-Programme weltweit dominieren:

> "A particular program is rooted in one culture, and thus attractive in that environment, will have a diminished appeal elsewhere as viewers will find it difficult to identify with the style, values, beliefs institutions and behavioural patterns of the material in question. Included in the cultural discount are reductions in appreciation due to dubbing and subtitling (...). We note (...) that the cultural discount explains why trade is predominantly in entertainment, primarily drama programming (...), where the size of this discount is minimized. Informative programming is much more culture specific and hence, particularly for news and public affairs programming, subject to such a large discount that little trade takes place" (Hoskins/Mirus 1986: 501).

Für US-Unterhaltungsprogramme ist diese "kulturelle Zugangsschwelle" aus mehreren Gründen überaus gering. Zum einen ist die Vertrautheit mit (medial vermittelten) amerikanischen Werten, Einstellungen, Überzeugungen und Institutionen durch die jahrzehntelange führende Position der amerikanischen Film- und Fernsehindustrie derart groß, daß für US-Fernsehprogramme nur ein geringer Gewöhnungsbedarf besteht. Zum zweiten ist der US-amerikanische Fernsehmarkt kulturell überaus heterogen, so daß schon dort signifikante Bevölkerungsgruppen angesprochen werden müssen, die nicht der weißen Mehrheit angehören: Kubaner, Mexikaner, Puerto Ricaner, Schwarze, Ureinwohner und Neu-Immigranten. Diese Tradition der USA als multiethnisches Einwanderungsland begründet eine Tendenz, auf Massenattraktivität zielende Medienagebote am kleinsten gemeinsamen kulturellen Nenner auszurichten. Drittens bewirkt die reine Marktgröße und die weltweit einzigartige durchkommerzialisierte Struktur des US-Fernsehmarktes, daß von vornherein mit hohem finanziellen Einsatz ökonomisch erfolgreiche Programme produziert werden. Das US-Fernsehen leistet sich einen unvergleichlichen Aufwand, um "Publikumsflops" zu vermeiden: Schätzungweise 9000 Serienideen werden pro Jahr geprüft, ca. 300 davon in Drehbücher umgesetzt, von denen rund 100 realisiert und mit Pilotsendungen getestet werden. Maximal 20 dieser Pilotsendungen werden tatsächlich im Programm ausgestrahlt, von denen schließlich nicht mehr als zehn tatsächlich als Serie produziert werden (Hoskins/Mirus 1988: 505).

Das heißt, daß international letztlich nur solche Serienprogramme angeboten werden, die den harten Auswahltest in den USA bestanden und die dortige ökonomische und kulturelle Schwelle genommen haben. Gleichzeitig kann daraus gefolgert werden, daß die Wahrscheinlichkeit eines ökonomischen Scheiterns solcher Serien in anderen Ländern in dem Maße sinkt, wie diese hohe kulturelle Gemeinsamkeiten mit den USA aufweisen. Das anglophone Canada kann hier weltweit als der Fernsehmarkt mit der wohl geringsten kulturellen Zugangsschwelle für US-Serien gelten. Während auch hier für US-Informationsprogramme ein erstaunlich hoher "cultural discount" beobachtet werden kann (US-Nachrichtenprogramme machen durch den *Spillover* zwar 44 Prozent des Gesamtangebotes dieser Sparte aus, ziehen aber durchschnittlich nur 19 Prozent der anglocanadischen Zuschauer auf sich; Task Force 1986: 96-97), ist der Einfluß der US-Shows und Serienprogramme einzigartig: Unter den zehn populärsten Programmen rangieren allein sieben US-Serien, aber keine einzige der (von der CBC teils mit großem Aufwand produzierten) canadischen Serien. Im frankophonen Programm haben die US-Unterhaltungsprogramme dagegen einen sehr hohen "cultural discount" zu bewältigen: Bis auf "Dallas" sind sämtliche Publikumsspitzenreiter frankocanadische Eigenproduktionen (vgl. Tabelle 6.2.).

So ist es im anglophonen Fernsehsektor Canadas übliche Praxis, zu Beginn eines Rechnungsjahres die Einschaltquoten, die neu eingekaufte US-Serien in den USA erzielt haben, auf den canadischen Markt umzurechnen und danach die voraussichtlichen "Tausenderpreise" für den Verkauf von Werbezeit zu bemessen (Fiber 1987). Da sämtliche canadischen Networks diese Berechnungen regelmäßig vor dem Beginn der Herbst- und

Wintersaison im August jeden Jahres vornehmen, heißt das, daß nur derjenige auf dem Markt für Werbespots hohe Preise erzielt, der erfolgreiche US-Programme präsentieren kann, die ihren "Marktwert" bereits unter Beweis gestellt haben. Canadische Produktionen spielen in diesen Berechnungen in der Regel keine Rolle.

Auch darin unterscheidet sich der anglophone canadische Fernsehmarkt von den Märkten sämtlicher vergleichbarer Industrienationen mit hohen US-Importanteilen. Im ebenfalls englischsprachigen Großbritannien zum Beispiel erreicht keine US-Serie den Publikumserfolg der ITV-Produktion "Coronation Street". Die Serie rangiert unter den "British Top 100" seit Jahren deutlich auf dem ersten Platz, gefolgt von der BBC-Serie "East Enders". Die US-Serie "Dynasty" (Denver-Clan) findet sich dagegen 1989 erst auf Platz 39, "Dallas" abgeschlagen auf Rang 41. In der Bundesrepublik Deutschland ist die Situation ähnlich: Keine amerikanische Serie erreicht den Publikumserfolg deutscher Eigenproduktionen wie "Liebling Kreuzberg", "Schwarzwaldklinik", "Tatort" oder "Derrik" (Schwarzkopf 1989: 20). Nur wenige ausgewählte US-Serien finden in den öffentlich-rechtlichen Programmen der Bundesrepublik den Weg in die *prime time*. Selbst US-Publikumserfolge wie die Serie "Famliy Ties" mit dem derzeit höchstbezahlten amerikanischen Darsteller Bill Cosby finden sich beim ZDF im Vorabendprogramm.

Weltweit - soviel kann hier bereits gefolgert werden - existiert offenbar kein Markt mit einer niedrigeren Kulturschwelle für US-amerikanische Serien und Unterhaltungsprogramme als der anglocanadische. Einheimische Serien spielen dort in den Einschaltquoten so gut wie keine signifikante Rolle. Gleichzeitig ist Canada - wie anderen programmproduzierenden Ländern auch - die Möglichkeit weitgehend verwehrt, durch Programmverkäufe auf dem US-Markt zumindest Teile der hohen Eigenproduktionskosten zu decken - was auch einen wichtigen Anreiz bedeuten könnte, überhaupt selbst Unterhaltungsprogramme zu produzieren. Keine canadische Serienproduktion ist je von einem kommerziellen US-Network eingekauft worden.

Der amerikanische Markt erweist sich gegen die Aufnahme fremder Fernsehprogramme als weitgehend resistent. Lediglich zwei Prozent der ausgestrahlten Sendungen sind importiert und konzentrieren sich nahezu ausschließlich auf das Programm des nicht-kommerziellen, werbungsfreien *Public Broadcasting Service* (PBS) (Breede 1986: 16). Für US-Zuschauer sind Sendungen, die nicht im eigenen Land produziert werden, mit einem überaus hohen "cultural discount" belastet. Das betrifft nicht nur Programme aus fremden Sprachräumen (etwa deutsche Produktionen, die in synchronisierter Version in den USA faktisch chancenlos sind; vgl. Meyn 1988), auch in englischer Sprache produzierte Sendungen werden in der Regel vom US-Publikum nicht akzeptiert. Ein besonders drastisches Beispiel bietet die britische Erfolgsserie "Coronation Street": Der Hersteller *Granada TV* hatte 1986 den kommerziellen US-Networks angeboten, einige Episoden über mehrere Monate kostenlos testen zu können, um so auf dem US-Markt Fuß zu fassen. Kein Network akzeptierte dieses Angebot - das Risiko einer negativen Publikumsresonanz schien ihnen zu hoch (Hoskins/Mirus 1988: 509).

Für Canadas Fernsehregulierungspolitik bedeuten der anhaltende Programmimport aus den USA und der unvergleichliche Erfolg von US-Programmen ein grundsätzliches Dilemma: Einerseits ist es erklärtes Ziel des Rundfunkgesetzes und der *Canadian Content*-Bestimmungen, ein Rundfunksystem vorwiegend canadischen Inhaltes und Charakters zu schaffen - was eine Senkung des US-Anteils im canadischen Fernsehen unumgänglich macht. Andererseits zwingt die explizite Einbeziehung des kommerziellen Sektors in das *single broadcasting*-Konzept und die Gleichberechtigung kultureller und ökonomischer rundfunkpolitischer Zielsetzungen die politischen Akteure zum Schutz der wirtschaftlichen Interessen kommerzieller Anbieter. Diese Interessen werden jedoch zuerst dort tangiert, wo die Möglichkeit zur Akquisition kostengünstiger und werbefreundlicher Programminhalte eingeschränkt wird. Ein ökonomischer Anreiz für anglophone Eigenproduktion existiert nicht - weder für den eigenen noch für den benachbarten US-Markt.

Dies ist - kurz skizziert - der überaus eng gesteckte Rahmen, in dem sich die *Canadian Content*-Politik der CRTC bewegen muß.

6.4.2. Die Canadian Content Rules der CRTC: Ausformulierung und rundfunkpolitische Konflikte

Den Kern der *Television Broadcasting Regultions* bilden seit 1970 die neuen *Canadian Content*-Bestimmungen. Danach gilt für alle Veranstalter, daß innerhalb der gesamten täglichen Sendezeit mindestens 60 Prozent der Programme canadischen Ursprungs sein müssen. Für die Hauptsendezeit (*prime time*), die von der CRTC für die Zeit von 18.00 Uhr bis 24.00 Uhr angesetzt wird, gelten dagegen unterschiedliche Quoten für die CBC und die kommerziellen Betreiber: Während die CBC auch hier einen *Canadian Content*-Anteil von mindestens 60 Prozent anbieten muß, liegt er für die privaten Networks und unabhängigen Stationen mit 50 Prozent niedriger - ein ähnliches Entgegenkommen der CRTC wie in den Hörfunkrichtlinien also. Insgesamt sollen nur 30 Prozent der ausgestrahlten Programme einer "einzigen ausländischen Quelle" entstammen, was die Betreiber dazu zwingt, mindestens ein Viertel ihres ausländischen Angebotes mit Sendungen zu bestreiten, die nicht aus den USA kommen (Television Broadcasting Regulations 1970: § 4).

Die CRTC hat damit die Quoten für einheimische Programme insgesamt deutlich höher angesetzt als 1962 der BBG mit 45 Prozent bzw. 40 Prozent in der *prime time*. Durch die Differenzierung zwischen CBC und privaten Anbietern trägt sie formal der Bestimmung des Rundfunkgesetzes Rechnung, wonach die Programme des öffentlichen Sektors inhaltlich "überwiegend" canadischen Ursprungs sein sollen. Die Verpflichtung zur Einhaltung der Quoten ist Gegenstand der Sendelizenz; Verstöße können in letzter Konsequenz zu deren Entzug führen. Der Regelfall ist jedoch die Aufforderung der CRTC, zuwiderlaufende Programmpraktiken in einem festgelegtem Zeitraum zu ändern, verbunden mit einer Lizenzverlängerung für weniger als die üblichen fünf Jahre.

Um die konkrete Ausgestaltung und auch die wichtigsten "Schlupflöcher" der *Canadian Content Rules* verstehen zu können, ist ein Rückblick auf ihre Entstehungsbedingungen und die harten politischen Auseinandersetzungen nötig, die deren Einführung begleitet haben. Eindeutige Unterstützung erfuhren sie vor allem durch die Künstlervereinigung ACTRA, die schon zu Zeiten des BBG der eigentliche Initiator der ersten Versuche mit Inhaltsquotierungen war. Zu den CRTC-Hearings im Frühjahr 1970 entsandte ACTRA eine hochkarätige Delegation aus landesweit bekannten Künstlern, angeführt von dem bedeutendsten frankocanadischen Autor Pierre Berton. ACTRA forderte nicht nur einen weitaus höheren *Canadian Content* Anteil von 75 Prozent im Fernsehen, sondern auch die vollständige Werbefreiheit der CBC-Programme, um den öffentlichen Sektor vom Druck möglichst hoher Einschaltquoten zu befreien (Crean 1976: 53). Insgesamt spiegeln die Stellungnahmen der Künstlerorganisation deutlich den wiederauflebenden kulturellen Nationalismus der frühen Trudeau-Ära wider. In der Begründung der ACTRA-Forderungen hieß es u.a.:

> "It is time for Canadians to stop being ashamed of a frankly nationalist approach (...). The Americans, the Russians, the British, the French do not suffer from the kinds of inhibitions we have imposed on ourselves. They express, in their various ways, their cultures and their peoples. Any Canadian broadcaster who does not do the same denies the mandate he has received from his people, and the privilege he is given in being allowed access to the limited channels of mass communication" (ACTRA 1970. Zit.n. Crean 1976: 53).

Während besonders die liberale anglophone Presse des canadischen Zentrums die Quotenregelungen in zahlreichen Leitartikeln teils euphorisch begrüßte, sie als "revolutionär" und "überlebenswichtig" für den Bestand der Nation bezeichnete (Hardin 1985: 15-21), startete die CAB eine bisher nie dagewesene Kampagne gegen die Quotenpläne der CRTC. Sie sollte in ihrer Diktion noch weit über das hinausgehen, was als "cop and competitor"-Kampagne gegen die Regulierungskompetenz der CBC in den vierziger und fünfziger Jahren geführt worden war (s. Kap. 3).

In einem der zahlreichen Editorials ihrer Zeitschrift *Broadcaster* (der Titel *Canadian Broadcaster* war 1969 geändert worden), mit denen der Dachverband der kommerziellen Rundfunkanbieter die öffentlichen CRTC-Hearings begleitete, stellte die CAB den Sinn von Quotenauflagen prinzipiell in Frage. Weder gebe es irgendwelche Hinweise, so die CAB zu Beginn der Hearings im März 1970, daß die Bürger tatsächlich mehr canadische Programme sehen wollten, noch existiere irgendein Nachweis, daß US-Programme "schädlich" seien. Generell wurde den "fanatischen Idealisten" der CRTC jegliches Recht abgesprochen, darüber zu entscheiden, was das Publikum zu konsumieren habe. Sogar das Orwell'sche Schreckgespenst von "1984" wurde beschworen und davor gewarnt, daß zukünftig die Programme direkt von *Information Canada*, der Öffentlichkeitsabteilung der Bundesregierung, geliefert werden könnten (CAB 1970a: 22-23).

In der folgenden April-Ausgabe der CAB-Zeitschrift erreichte die Kampagne ihren vorläufigen Höhepunkt, indem die CRTC-Maßnahmen tendenziell mit den Propaganda- und Gleichschaltungspraktiken Nazi-Deutschlands und der kommunistischen Staaten in Zusammenhang gebracht und das mögliche Ende des privaten Unternehmertums heraufbeschworen wurden. Da dieser Artikel zu einer deutlichen Polarisierung unter den kommerziellen Anbietern selbst geführt hat, soll seine Kernpassage hier zitiert werden:

> "During the war, Hitler recognized German radio as a deadly weapon he could use, first to conquer his own country and bend its people to his will, and later to subjugate a whole continent. With press and radio muzzled, the stifling of other private enterprise was only a matter of time.
> As everyone knows, today, in the communist countries, government control of information and all forms of cultural endeavor is used to dominate people. What the CRTC is really doing - perhaps unknowingly - is laying the foundation on which other less scrupulous authorities may readily build a fascist machine, comparable to the one Hitler used to enslave most of Europe" (CAB 1970b, Editorial).

Die CAB-Position während der Hearings erwies sich als derart extrem und in weiten Teilen als ausgesprochen demagogisch, daß in ihrem Verlauf die beiden größten der damals vier unabhängigen Mitglieds-TV-Stationen, CFTO-Toronto und CJOH-Ottawa, den Verband verließen (Bird 1988: 454).

Daraus zu folgern, daß sich die finanzkräftigeren Sender und Networks eher mit den Fernsehquoten abfinden würden, da sie die - im Unterschied zum Hörfunk - direkt auftretenden Produktionskosten leichter aufbringen konnten, ist allerdings verfehlt. Besonders die CTV-Stationen ließen während der Hearings nichts unversucht, die CRTC davon zu überzeugen, daß sich die Überschüsse aus der Network-Produktion von damals vier Millionen Dollar pro Jahr in einen jährlichen Verlust von neun Millionen Dollar als unmittelbare Folge höherer Produktionsaufwendungen und der zu erwartenden Verluste an Werbeeinkünften verwandeln würden (Hardin 1985: 20). Die CRTC erhielt durch die massive Ablehnung ihrer *Canadian Content*-Politik andererseits ein gewichtiges Argument für deren Notwendigkeit, da die Einwendungen der Gegner deutlich gemacht hätten, daß ohne regulierende Eingriffe in die Programmgestaltung kaum canadische Programme produziert werden würden. So stellte der stellvertretende CRTC-Vorsitzende Harry Boyle am Schluß der Hearings fest:

> "We have getting an awful lot of negative flak throughout this hearing about what can't be done in the way of Canadian programming under our regulations. Now tell me: If there are no regulations at all, would there be any Canadian programming?" (Boyle 1970. Zit.n. Hardin 1985: 21).

Die scharfen Auseinandersetzungen in der Implementierungsphase zeigen einerseits, als wie schwerwiegend die Eingriffe in die Programmgestaltung von den kommerziellen Anbietern empfunden wurden. Gleichzeitig macht ihre schließliche Verabschiedung deutlich, daß die CRTC in dieser Phase entschlossen war, Quoten auch gegen erklärten und organisierten Widerstand durchzusetzen. Andererseits muß berücksichtigt werden, daß die schließliche Ausgestaltung der Quoten im einzelnen bereits Ergebnis eines politischen *bargaining*-Prozesses war, in dem sich die CRTC letztlich zu einer Reihe von Zugeständnissen bereit fand. Bis heute sind die Quotenregelungen in ihrem Kern zwar intakt, jedoch immer wieder mehr oder weniger starken Modifizierungen unterworfen.

6.4.3. Modifizierung und Flexiblisierung der Fernsehquoten

Wie im Hörfunk müssen auch für die *Canadian Content Rules* im Fernsehen zwei wichtige Bereiche genannt werden, in denen sich die CRTC nicht gegen die Interessen der Anbieter durchzusetzen vermochte: Eine Eingrenzung der *prime time* (in der die kommerziellen Anbieter mit 50 Prozent einen geringeren Anteil canadischer Produktionen ausstrahlen dürfen) auf die tatsächliche Spitzenzeit bei den Einschaltquoten (*peak viewing time*), die etwa zwischen 19.00 Uhr und 22.30 Uhr erzielt wird, ist nicht gelungen. Die Festlegung der abendlichen Hauptsendezeit auf die Zeitspanne zwischen 18.30 Uhr und 23.30 Uhr, wie sie noch in den ursprünglichen *Television Broadcasting Regulations* von 1970 enthalten war (auch dies bereits ein Zugeständnis an die Veranstalter), wurde bereits in der ersten Änderung 1972 auf den Zeitraum zwischen 18.00 Uhr und 24.00 ausgeweitet (Television Broadcasting Regulations 1972/1978: § 8, i-ii). Seitdem bestehen für die TV-Veranstalter ausreichende Möglichkeiten zur Plazierung wenig massenattraktiver canadischer Sendungen an den Rändern der *prime time* vor 19.00 Uhr und nach 22.30 Uhr.

Hinzu kommt, daß die durchschnittlichen Anteile der canadischen Programme nicht - wie noch in den ursprünglichen Bestimmungen von 1970 vorgesehen - auf vierteljährlicher, sondern über fast eineinhalb Jahrzehnte auf jährlicher Basis gegenüber der CRTC abgerechnet werden durften (Television Broadcasting Regulations 1972/1978: § 8(1)). Hier boten sich nun zusätzliche Möglichkeiten, die Plazierung nach den saisonalen Zuschauerschwankungen zu staffeln. So war es über Jahre gängige Praxis, daß in den einschaltschwächeren Sommermonaten regelmäßig mehr *Canadian Content* ausgestrahlt wurde als während des Winters, in dem die Geräte generell häufiger und länger eingeschaltet sind (vgl. Johnson 1982).

Diese Praxis wird erst seit Oktober 1985 durch einen Zusatz zu den Fernsehrichtlinien dahingehend eingeschränkt, daß jetzt der *Canadian Content* auf halbjährlicher Basis berechnet wird; mit den jeweiligen Stichdaten 1. April und 1. Oktober. Hier traf sich die CRTC mit den Veranstaltern offenbar auf halben Weg, da sie von der noch Ende 1984 angekündigten Rückkehr zur Vierteljahresberechnung (Television Broadcasting Regulations 1984, amendment: § 8(1)) schon nach wenigen Monaten wieder abgerückt war.

Ein weiteres und weitaus schwerwiegenderes Problem ist das Fehlen eindeutiger Hinweise auf bestimmte Programmsparten innerhalb des *Canadian Content*. Als canadisch gilt zunächst generell jede Sendung, die von den TV-Veranstaltern selbst oder von unabhängigen canadischen Produzenten hergestellt wird (eine "general-interst"-Klausel wie noch unter dem BBG, nach der auch Übertragungen aus dem Ausland von "allgemeinem Interesse" als einheimische Produktion gelten konnten, gibt es allerdings nicht mehr). Es wird zu zeigen sein, daß besonders unter den kommerziellen Veranstaltern (hier vor allem bei CTV) eine verbreitete Neigung besteht, die Quoten eher mit Newsshows und Informationssendungen zu erfüllen als mit Programmen der Sparte "drama" (Fernsehspiel/Fernsehserie), die nicht nur weitaus höhere Produktionskosten erfordern und den Medienschaffenden vielfältigere Beschäftigungsmöglichkeiten bieten, sondern auch Mittelpunkt der "kulturellen Identitätsdebatte" stehen.

Seit April 1984 versucht die CRTC, über eine Flexibilisierung der inhaltlichen Kriterien für canadische Programme größere Anreize für deren Produktion und Ausstrahlung zu schaffen. Kernstück der Neuregelung ist ein Punktesystem, anhand dessen der jeweilige *Canadian Content*-Grad gemessen wird: Auf einer Punkteskala von Null bis Zehn erreicht eine Produktion das Maximum von zehn Punkten, wenn sämtliche Schlüsselpositionen vom Produzenten, Regisseur und Drehbuchautoren über die Hauptdarsteller bis hin zum technischen Personal mit Einheimischen besetzt sind. Eine Produktion gilt bereits dann zu 100 Prozent als canadisch, wenn sie auf dieser Skala mindestens sechs Punkte erreicht.

Das Punktesystem bewertet die einheimische Besetzung von Schlüsselfunktionen innerhalb einer Fernsehproduktion wie folgt:

Canadian Content Punktesystem:

1. Regisseur: 2 Punkte
2. Drehbuch-Autor: 2 Punkte
3. Hauptdarsteller: 1 Punkt
4. Zweiter Hauptdarsteller: 1 Punkt
5. Künstlerische Leitung: 1 Punkt
6. Kamera/*Director of Photography*: 1 Punkt
7. Komponist der Filmmusik: 1 Punkt
8. Produktionsleitung/*Editor*: 1 Punkt

Besondere Bestimmungen:

1. Sind die Positionen 1-4 mit Nicht-Canadiern besetzt, gleichzeitig die Positionen 5-8 mit Canadiern, kann die Produktion nur auf Antrag von der CRTC oder vom DOC als canadisch eingestuft werden.

2. Mindestens 75 Prozent des Produktionsetats (zusätzlich zu den Positionen 1-8) müssen in Canada ausgegeben werden.

3. Internationale Koproduktionen gelten als canadisch, wenn alle Produktionskompetenzen gleichberechtigt verteilt sind. Der Produzent oder die TV-Gesellschaft gelten hier allein als Schlüsselposition. Wird von denselben Partnern mehr als eine Produktion realisiert (*production packages*), kann eine geringere canadische Beteiligung innerhalb des *packages* durch eine entsprechend höhere ausgeglichen werden.

4. Für Serien (= mehr als zwei Folgen) gelten die Anforderungen im Gesamtdurchschnitt. Erreichen einzelne Folgen weniger als sechs Punkte, müssen andere entsprechend darüberliegen.

5. Sportübertragungen aus dem In- und Ausland gelten als canadisch, wenn einheimische Teams teilnehmen und der Produzent sowie die Kommentatoren Canadier sind. Wird bei ausländischen Sportereignissen ohne canadische Beteiligung ein französischer Kommentar produziert, gilt die Sendung zu 25 Prozent als canadisch.

6. Nicht-canadische Programme in englischer oder französischer Sprache gelten zu 25 Prozent als canadisch, wenn sie innerhalb Canadas in einer der offiziellen Sprachen (oder einer Ureinwohnersprache) synchronisiert werden; zu 50 Prozent, wenn die Ursprungssprache nicht englisch oder französisch ist. Angerechnet werden im letzten Fall maximal 50 Sendestunden innerhalb eines halben Jahres.

7. Nachrichten und Informationsprogramme einheimischer Fernsehanbieter gelten generell als canadisch.

8. Für Musik-Videoclips gelten dieselben Definitionen wie für *Canadian Content* in AM-Radioprogrammen; zusätzlich müssen entweder der Regisseur oder die Produktionsgesellschaft canadisch sein; oder die Studios liegen innerhalb Canadas.

9. Jede canadische "drama"-Produktion wird zu 150 Prozent als *Canadian Content* angerechnet, wenn sie sämtliche zehn Punkte erreicht und zwischen 19.00 Uhr und 22.00 Uhr ausgestrahlt wird. Für Kindersendungen gilt eine vergleichbare "angemessene" Sendezeit. Wird eine solche Sendung innerhalb von zwei Jahren wiederholt, erreicht sie erneut 150 Prozent. Diese Regelung gilt nicht für Produktionen aus internationalen *production packages*, wenn mit einer Zehn-Punkte-Produktion geringere Werte anderer Teile des Paketes ausgeglichen werden.

(Quellen: CRTC Public Notice "Recognition for Canadian Programs", 28 April 1984; CRTC Public Notice "Recognition for Canadian Programs - Production Packages", 30 January 1987)

Das Punktesystem ist zweifellos die einschneidendste Neuregelung der *Canadian Content Rules* seit ihrer Verabschiedung 1970. Während sich die ursprünglichen Regelungen immer auf den maximalen Anteil nicht-canadischer Programme bezogen (aus der generellen Festlegung von 40 Prozent *foreign programs* leitete sich dann die *Canadian Content*-Quote ab), kehrt die CRTC nun zur gegenteiligen Praxis des BBG zurück, stattdessen canadische Programmanteile zu messen und zu definieren. Auf den ersten Blick erscheint diese Umkehrung nicht weiter wesentlich, da sich an der Höhe der Quote und ihrer Rechtsverbindlichkeit nichts geändert hat. Es besteht nun aber prinzipiell die Möglichkeit, innerhalb der 60-, bzw. 50-Prozent-Quote die Anforderungen an canadische Sendungen im Extremfall soweit zu "flexibilisieren", daß sie - wie unter dem BBG - die Grenze zur Beliebigkeit überschreiten könnten. Die CRTC behält sich als Teil dieser Neuregelung ausdrücklich vor, die Programm-Definitionen in Abstimmung mit dem DOC, den Veranstaltern und medienpolitischen Interessenverbänden ständig zu überprüfen und gegebenenfalls zu korrigieren (CRTC 1984h: § 3).

Einige der o.a. Zusatzbestimmungen weisen bereits in die Richtung einer Flexibilisierung, so die weitaus geringeren Anforderungen an internationale Koproduktionen, die weniger auf die "Canadisierung" der Programminhalte zielen als ausschließlich auf eine Stärkung der Position canadischer Produzenten. Ähnliches gilt für die Richtlinien für synchronisierte Sendungen und Übertragungen von Sportereignissen, die nur noch schwer unter den Begriff des *Canadian Content* gefaßt werden können, da die veränderten Definitionskriterien nun auch den "halben" oder "ein Viertel *Canadian Content*" ermöglichen. Der 150-Prozent-Bonus schließlich für solche "drama"-Produktionen, die sämtliche zehn Punkte auf der Skala erreichen, kann im Extremfall sogar dazu führen, daß hier der *Canadian Con-*

tent-Anteil um ein Drittel zurückgeht, ohne daß die generellen Quotenauflagen davon berührt wären.

Deutlich wird, daß im Unterschied zur Implementierungsphase der *Canadian Content Rules* deren Einhaltung nun nicht mehr primär als (gesetzlich geforderte) Selbstverständlichkeit angesehen wird, sondern im Gegenteil besonders "belohnt" werden kann. Insgesamt bettet sich die Richtlinie von 1984, die auf einen umfangreichen Konsultationsprozeß der CRTC mit den Fernsehanbietern und ihren Verbänden zurückgeht (und in weiten Teilen deren Vorschlägen entgegenkommt, vgl. CAB 1980, Coleman 1982) in einen allgemeinen Trend zur Deregulierung ein, der vom neuen CRTC-Vorsitzenden André Bureau (vormals Leiter des privaten Satelliten-Networks CANCOM) als "supervisory approach" gegenüber den Lizenznehmern definiert wird, in dem "self-regulation" zukünftig eine größere Rolle spielen soll (CRTC Annual Report 1988: iv; vgl. auch Kap. 9 u. 10).

Um die Zuschauerbeteiligung für canadische Programme zu fördern, werden seit Mai 1984 Hinweise auf solche Sendungen nicht mehr auf die maximale Werbezeit angerechnet; stattdessen dürfen pro Stunde zwei Minuten zusätzlich für diese Art Einblendungen hinzugefügt werden (Television Broadcasting Regulations 1984, amendment).

Generell unterscheiden sich die Werberegelungen der CRTC nicht wesentlich von den Standards, die sich auch in den westeuropäischen Ländern eingebürgert haben. Da sie - neben den *Canadian Content Rules* - zu den wichtigsten Eingriffen in die wirtschaftliche Dispositionsfreiheit von Rundfunkunternehmen zählen (nachdem die Beschränkung kommerzieller Networkbildung seit 1961 nicht mehr existiert), sollen sie hier der Vollständigkeit halber erwähnt werden:

Die CRTC erlaubt allen TV-Veranstaltern (mit Ausnahme der provinzeigenen Bildungs-Networks) eine maximale stündliche Werbezeit von zwölf Minuten. Für Programme, die zusammenhängend länger als eine Stunde dauern (z.B. Spielfilme), kann die Werbezeit pro Stunde überschritten werden; allerdings nur, wenn sie innerhalb einer beliebigen anderen Sendestunde um den entsprechenden Teil verringert wird. Sogenannte "Unterbrecherwerbung" ist also generell gestattet. Werbeeinblendungen müssen zudem durch optische oder akustische Signale deutlich vom Programmumfeld abgehoben werden. Darüberhinaus gelten eine Reihe einschränkender Sonderregelungen: In Nachrichtensendungen, deren ersten zehn Minuten frei von Werbung sein müssen, dürfen die Sprecher nicht auf Sponsoren hinweisen oder Werbemeldungen verlesen; Werbespots für Lebensmittel und Medikamente dürfen nicht ohne vorherige Genehmigung der CRTC und des

Gesundheitsministers ausgestrahlt werden (Television Broadcasting Regulations 1972/1978: 2608 ff.).

6.4.4. Die Wirksamkeit der Canadian Content Rules im kommerziellen Fernsehen

Die Darstellung der dominierenden Rolle US-amerikanischer Programme auf dem canadischen (und internationalen) Fernsehmarkt und deren außerordentlich hohe Akzeptanz beim canadischen Publikum hat bereits deutlich gemacht, daß ein ökonomischer Impuls zu Eigenproduktionen des kommerziellen Fernsehsektors nicht existiert. Die Implementierung der *Canadian Content Rules* in den siebziger Jahren ist von den privatwirtschaftlich organisierten Networks, den unabhängigen Stationen und deren Interessenverbänden mit entsprechend hartem Widerstand begleitet worden. Bis heute kann davon ausgegangen werden, daß der kommerzielle Sektor die Quotenauflagen nie wirklich akzeptiert, sondern sich eher notgedrungen mit ihnen arrangiert hat. Die umfangreiche Neugestaltung der *Canadian Content Rules* - insbesondere die Einführung des Punkte-Systems für "drama"-Produktionen -, die nach Konsultationen der CRTC mit den TV-Anbietern vorgenommen wurde, hat ebenfalls erkennen lassen, daß der Druck in Richtung Liberalisierung und Flexibilisierung der Auflagen nicht nachgelassen hat. Anders als in der Formulierungsphase der Quotenregelungen zeigt sich die CRTC heute offenbar stärker bereit, solchem Druck zu einem großen Teil nachzugeben. Einer "moralischen Verpflichtung" zu erhöhten Programmanstrengungen der kommerziellen Networks, wie sie etwa die *Task Force on Broadcasting Policy* aus staatlichen Protektionsmaßnahmen wie Bill C-58 und quasi gesicherten Lizenzverlängerungen abgeleitet sehen will (Task Force 1986: 460-462), stehen wirksame ökonomische Eigeninteressen gegenüber.

Eine Beurteilung der Effizienz der *Canadian Content Rules* kann auf zwei Ebenen vorgenommen werden: Einerseits sind sie das Kernstück der CRTC-Regulierungspolitik zur Erfüllung der hohen normativen Zielvorgaben des Rundfunkgesetzes von 1968, die sich an der "Nationalisierung" des canadischen Rundfunksystems orientieren. Das heißt: das Angebot der in Canada verfügbaren Rundfunkprogramme soll nach Art und Inhalt überwiegend canadischen Ursprungs sein, canadische "kreative Ressourcen" sollen die dominierende Quelle der Programmgestaltung sein, der beherrschende Einfluß von US-Programmen soll zurückgedrängt werden (Broadcasting Act 1968, § 3).

Zweitens wäre zu prüfen, inwieweit es gelungen ist, über Quotenauflagen das Programmverhalten der kommerziellen Anbieter nachhaltig zu beeinflussen - also Marktmechanismen zumindest teilweise außer Kraft zu setzen. Zu fragen ist hier nach den tatsächlichen Programminvestionen der kommerziellen Anbieter und deren Verteilung auf Importe und Eigenproduktionen - im letzten Fall besonders, ob es gelungen ist, einen signifikanten Anteil der Investitionen in den besonders kritischen Sektor der "drama"-Produktionen zu lenken.

Was die Frage betrifft, ob sich das in Canada verfügbare Fernsehgesamtangebot in den zwei Jahrzehnten der CRTC-Regulierungspolitik nachhaltig zugunsten einheimischer Angebote verändert hat, so ist die Antwort eindeutig negativ: In der *prime time* zwischen 19.00 Uhr und 23.00 Uhr sind von sämtlichen verfügbaren englischsprachigen Programmstunden aller empfangaren TV-Stationen (US-Anbieter eingeschlossen), die terrestrisch, via Kabel oder Satellit verbreitet werden, nur 26 Prozent in Canada produziert. Nur im französischsprachigen Gesamtangebot liegt der canadische Anteil bei 56 Prozent (Task Force 1986: 96-97). Das heißt: die Dominanz ausländischer - insbesondere US-amerikanischer - Programme ist im anglophonen Fernsehangebot in Canada ungebrochen.

Differenziert man dieses Gesamtangebot nach Programmsparten und Sprachgruppen, wird zum einen deutlich, daß der direkte und indirekte *Spillover* zwar ein ungleich größeres Problem im anglophonen Sektor darstellt, daß jedoch der ausländische Anteil in der Sparte "drama" auch im frankophonen Gesamtangebot beträchtlich ist (Tab. 6.3.).

Tabelle 6.3:

Verfügbarkeit in- und ausländischer TV-Programme nach Sparten, 19.00 - 23.00 (in Prozent des Gesamtangebotes)				
	engl. Programme		franz. Programme	
	ausl./US.	Can.	ausl./US.	Can
Gesamtangebot	74	26	44	56
Nachrichten	44	56	--	100
Information	50	50	36	64
Sport	8	92	1	99
"Drama"	95	5	84	16
Show/Musik/Quiz	70	30	22	78

(Zusammengestellt nach: Task Force 1986: 96-97)

Im frankophonen Fernsehangebot bilden canadische Programme in fast allen Sparten die Mehrheit, am deutlichsten in der Sparte der reinen Nachrichtensendungen und im Bereich Sport. Dies deutet jedoch in erster Linie auf die kulturelle "insulare" Sonderstellung hin, die das französischsprachige Fernsehen bis heute im nordamerikanischen und speziell im canadischen Kontext einnimmt (auf die im Zusammenhang mit der Analyse der CBC noch näher einzugehen sein wird) und weniger auf direkte Auswirkungen der Inhaltsquotierungen. Denn auffällig ist, daß auch hier 84 Prozent der angebotenen "drama"-Produktionen nicht in Canada produziert werden - die Sparte also, auf die in der Neugestaltung der *Canadian Content Rules* das Schwergewicht gelegt wird. Im anglophonen Gesamtanteil liegt der nicht-canadische "drama"-Anteil sogar bei 95 Prozent. Daß heißt, daß nach nunmehr zwei Jahrzehnten CRTC-Politik gerade fünf Prozent der verfügbaren Serien, Filme und Fernsehspiele in Canada produziert werden. Dieser geringe Anteil an "drama"-Eigenproduktionen kann sich nicht allein aus der starken Präsenz amerikanischer Networks erklären, sondern verweist auf den nach wie vor außerordentlich hohen Stellenwert, den US-Serien u.ä. in den Programmen canadischer Anbieter einnehmen.

Nachrichten und Sport sind die beiden Programmsparten (im französischsprachigen Fernsehen kommen noch Show/Musik/Quiz hinzu), in denen das canadische Angebot deutlich überwiegt. Dies belegt zum einen die These, daß das Interesse der Canadier für einheimische Sendungen hier besonders groß und der "cultural discount" für ausländische, vor allem US-amerikanische Programme dieser Kategorie entsprechend hoch ist. Zum anderen ist zu vermuten, daß vor allem im kommerziellen Sektor mit solchen Angeboten ein großer Teil des *Canadian Content* bestritten wird, da sie zugleich publikumsattraktiv und kostengünstiger herzustellen sind als aufwendige "drama"-Produktionen.

Vergleicht man zunächst die Programmausgaben des kommerziellen und des öffentlichen Fernsehens, wird sehr schnell deutlich, daß teure Eigenproduktionen im kommerziellen Sektor nur eine untergeordnete Rolle spielen können: Sämtliche privatwirtschaftlichen Networks und unabhängigen Stationen wenden in der Regel zusammen weniger für Programme auf als die CBC (Tab. 6.4.).

Tabelle 6.4:

Programmausgaben des kommerziellen Fernsehsektors und der CBC, 1983-1986 (in Mio. Dollar)

	kommerziell	CBC
1983	352	480
1984	411	535
1985	438	575
1986	488	391

(Zusammengestellt nach: Statistics Canada 1989: 14-15, 14-16)

Erst 1986 erreicht der kommerzielle Sektor mit 488 Mio. Dollar ein größeres Programmbudget als die CBC mit 391 Mio. Dollar, was jedoch nicht auf einen außergewöhnlich hohen Anstieg der Aufwendungen bei den Privaten, sondern auf einen signifikanten Einbruch im Programmetat der CBC zurückzuführen ist. Hintergrund sind drastische Kürzungen der staatlichen Zuschüsse für den CBC-Haushalt unmittelbar nach Amtsantritt der konservativen Regierung Mulroney, die sich direkt auf den Programmetat niedergeschlagen haben (s. Kap. 7). Der folgende Vergleich der jeweiligen Aufwendungen für ausländische (also primär US-amerikanische) und canadische Programme (Kauf- und Eigenproduktionen) bezieht sich auf das Jahr 1985 und zeigt deutlich, daß die Kosten für ausländische Programmeinkäufe der zwei CBC-Networks mit 4,4 Prozent bzw. 3,6 Prozent ungleich geringer zu Buche schlagen als bei den kommerziellen Anbietern. Im englischsprachigen kommerziellen Sektor liegen sie bei über einem Drittel der Gesamtaufwendungen (Tab. 6.5.):

Tabelle 6.5:

Ausgaben für canadische und ausländische Programme, 1985 (in Prozent der Gesamtausgaben)		
	CBC engl.	Kommerziell engl.
Canada ausl./US.	95,6 4,4	63,0 37,0
	CBC franz.	Kommerziell franz.
Canada ausl./US	96,4 3,6	88,0 12,0

(Zusammengestellt nach: Task Force 1986: 434-435)

Tabelle 6.6. gibt weiter Aufschluß über die Verteilung der Programmaufwendungen aller kommerziellen canadischen Anbieter (englisch und französisch) nach Programmsparten. Hier bestätigt sich, daß der weitaus größte Teil für canadische Produktionen in den Sektor Information/Nachrichten fließt:

Tabelle 6.6:

Programmausgaben aller kommerziellen TV-Anbieter nach Sparten, 1985 (in Prozent der Gesamtausgaben)			
	Canada	ausl./US	Gesamt
Information/Nachr.	41,8	1,2	43,0
Unterhaltungsprogr. (Filme/Serien/Quiz)	16,1	29,9	46,0
Sport	8,1	1,1	9,3
Kinderprogramme	0,5	0,3	0,8
Kultur/Wissenschaft	0,8	0,2	0,9
Summe	67,3	32,7	100,0

(Zusammengestellt nach: Task Force 1986: 447)

Mit fast 42 Prozent geht der mit Abstand größte Anteil der Aufwendungen für canadische Programme in den Sektor Nachrichten und Informationen (*puclic affairs*). Mit rund 16 Prozent folgen die Ausgaben für einheimische Unterhaltungsprogramme. Hier muß jedoch zusätzlich berücksichtigt werden, daß diese Summen nur zu einem sehr geringen Teil in die Produktion oder den Ankauf canadischer "drama"-Programme fließen: CTV gibt rund 82 Prozent seines Budgets für canadische Programme, das nicht für die Sparten Nachrichten, Information und Sport verwendet wird, für selbstproduzierte Quizsendungen, Game Shows und Talk Shows aus. Bei GLOBAL liegt dieser Anteil bei 72 Prozent, bei TVA macht er 49 Prozent aus (Task Force 1986: 117).

Weder ist es über die *Canadian Content Rules* also gelungen, den Anteil canadischer Programme am verfügbaren Gesamtangebot zu heben noch die Produktion von einheimischen "drama"-Programmen zu fördern. Im kommerziellen Fernsehen spielen die canadische Serie, das canadische Fernsehspiel und der canadische Film nur eine marginale Rolle. Um diesen Befund positiv zu wenden: Die Quotenregelungen haben zumindest dazu geführt, daß alle kommerziellen Anbieter heute über ein umfangreiches *prime time*-Angebot an Nachrichten und Informationsprogrammen verfügen - eine Tatsache, die in der canadischen Programmdiskussion bisher nur wenig gewürdigt wird.

Wie hartnäckig sich die kommerziellen Networks bis heute gegen jeden Versuch wehren, signifikante Beträge in die canadische "drama"-Produktion zu lenken und damit vom Ankauf attraktiver US-Serien und Filme abzuziehen, verdeutlicht das Beispiel CTV auf besonders drastische Weise. Seit seiner Gründung 1961 bis zur ersten Lizenzerneuerung durch die CRTC im Jahre 1973 hatte das größte kommerzielle Network, das mehr als die Hälfte aller Einnahmen aus Fernsehwerbung auf sich zieht (s.o.), keine einzige Fernsehserie produziert oder in Auftrag gegeben. Die CRTC beließ es seinerzeit bei der sehr zurückhaltenden Aufforderung, es erwarte von CTV "to develop more drama programming with Canadian themes, concerns and locales". Drei Jahre später formulierte sie nun etwas deutlicher in die Lizenzurkunde: "The commission expects the network, in future schedules, to correct the deficiency of no weekly Canadian drama" (Zit.n. Wolfe 1980: 48).

Zwar hatte CTV in der Zwischenzeit mit *Excuse My French* eine eigene *situation comedy*-Serie produziert, diese jedoch schon 1975 nach nur einjähriger Laufzeit wieder aus dem Programm genommen: Die Einnahmen aus dem Verkauf von Werbezeit lagen um 200.000 Dollar unter den Produktionskosten von 780.000 Dollar. Die Serie ließ sich auch international nicht verkaufen und war damit ein Verlustgeschäft. Zum Vergleich brachte in derselben Saison die amerikanische Krimi-Serie *Kojak* rund 1,8 Mio. Dollar an Werbeeinnahmen, kostete CTV aber nur 212.000 Dollar (Wolfe 1980: 48). Obwohl CTV danach gegenüber der CRTC erklärte, man bräuchte keine gezielten Produktionsauflagen, um zu einem "Hauptproduzenten canadischer Programme" zu werden, wurde nach dem kommerziellen "Flop" von *Excuse My French* keine einheimische Serie mehr ausgestrahlt.

Erst bei den Lizenzverhandlungen 1979, sechs Jahre nach den ersten Beanstandungen der CTV-Programmpraxis, sah sich die CRTC veranlaßt, ihre Zustimmung zur Lizenzerneuerung erstmals nur unter der Bedingung zu erteilen, daß bis 1980/81 insgesamt 26 Stunden "drama"-Produktionen entweder selbst hergestellt oder bei canadischen Produzenten eingekauft werden. Für 1981/82 machte die CRTC 39 Stunden zur Auflage. CTV focht diese bis dahin einmalige Präzedenzentscheidung vor dem *Federal Court of Appeal* an und erreichte dort tatsächlich eine Revision mit der Begründung, die CRTC sei nicht berechtigt, Auflagen für den Anteil spezieller Programmsparten zu erteilen. Der *Supreme Court of Canada* hob dieses Urteil jedoch im März 1982 mit dem Hinweis auf, die CRTC habe grundsätzlich das Recht, Paragraph 3 des Rundfunkgesetzes in der Weise auszulegen, wie sie es zur Durchsetzung der dort formulierten rundfunkpolitischen Ziele für notwendig erachte (CRTC Annual Report 1982: 42).

Bei den folgenden Lizenzverhandlungen im Jahre 1986 wurde das Network auf dieser neuen Rechtsgrundlage verpflichtet, bis 1992 schrittweise viereinhalb Programmstunden pro Woche mit canadischen "drama"-Produktionen zu bestreiten und dafür mindestens 403 Mio. Dollar aufzuwenden (CRTC Annual Report 1987: 46). Zur Ausweitung der Quotenregelungen auf spezifische Programmsparten bedurfte es also eines fast fünfjährigen Rechtsstreites, der die höchsten Gerichte des Landes beschäftigte. Als wie schwerwiegend CTV diesen Regulierungseingriff bewertet, wird u.a. daran deutlich, daß die Eigentümer wegen nun befürchteter Einnahmeverluste seit 1987 den vollständigen Verkauf des Networks an den Haupteigentümer *Baton Broadcasting* planen (Greenspon 1987e; Variety 1990: S-50).

Ähnlich wie CTV erging es nach dem Spruch des *Supreme Court* auch dem zweitgrößten anglophonen Network GLOBAL. GLOBAL muß seine ohnehin sehr geringen Ausgaben für canadische Unterhaltungsprogramme von jährlich 2,5 Mio. Dollar auf mindestens fünf Millionen Dollar verdoppeln und gleichzeitig zwölf Millionen Dollar für Nachrichtenprogramme aufwenden, die als zweite Schwachstelle im Gesamtprogramm erkannt wurden. Im Ergebnis sollen so 200 eigenproduzierte Programmstunden für die *peak viewing time* finanziert werden, die bei GLOBAL bisher nahezu ausschließlich US-Programmen vorbehalten war (CRTC Annual Report 1987: 47).

Diese neue Rechtslage, die es der CRTC nach fast zwanzigjähriger gegenläufiger Praxis nun erlaubt, konkrete Auflagen und sogar festgelegte Investitionen für spezifische Programmsparten als Teil der individuellen Lizenzbedingungen zu erlassen, kann die Wirksamkeit der Quotenregelungen zweifellos nachhaltig beeinflussen. Abhängig ist sie jedoch zum einen vom Grad der Sanktionsbereitschaft der CRTC gegenüber den Veranstaltern bei Nichtbeachtung der Auflagen (die in der Vergangenheit denkbar gering war, wie der Fall CTV gezeigt hat). Zum anderen kann die schwierige ökonomische Situation gerade neuer Anbieter vor dem Hintergrund US-amerikanischer Konkurrenz dazu führen, daß individuelle Auflagen eher zurückhaltend formuliert oder bei erkennbaren ökonomischen Problemen gar nachträglich herunterdefiniert werden. Einige zwischenzeitlich getroffene Entscheidungen der CRTC gegenüber dem Satelliten-Network CANCOM und den neuen Pay-TV-Veranstaltern weisen bereits deutlich in diese Richtung (s. Kap. 9 und 10).

Einen dritten Faktor bilden die tatsächlichen Kapazitäten des unabhängigen canadischen Film- und Fernsehproduktionssektors, der - neben den öffentlichen und kommerziellen Networks - bis heute zur Erfüllung der wachsenden Programmanforderungen in der Problemsparte "drama" erkennbar nicht in der Lage ist. Diese strukturelle Schwäche der Film- und Fernsehproduktion ist zum einen auf dieselben Konkurrenzbedingungen gegenüber der US-Produktionsindustrie zurückzuführen, wie sie auch für die Networks selbst gelten, zum anderen ist sie das sehr direkte Ergebnis einer über Jahrzehnte inkonsistenten, in ihren Zielsetzungen schwankenden und wenig effektiven Förderungspolitik wechselnder Regierungen und Institutionen.

Der folgende Exkurs zeichnet diese Politik zunächst in ihren Grundzügen nach und analysiert abschließend neue Initiativen des DOC, die seit Beginn der achtziger Jahre erstmals Ansätze einer wirksamen, mit der Rundfunkentwicklung abgestimmten Politik zur Förderung canadischer Film- und Fernsehproduktionen erkennen lassen.

6.5 Exkurs: Keine Produktion ohne Subvention - Vom "National Film Board" zu "Telefilm Canada"

Eng verknüpft mit der heutigen desolaten Situation der Fernsehproduktion ist die typisch canadische Entwicklung (oder besser: deren Ausbleiben) einer einheimischen Filmindustrie als Grundlage für einen ökonmisch tragfähigen, unabhängigen Produktionssektor.

Anders als in den USA, wo heute die *Hollywood Major Companies* einen großen Teil der Fernsehproduktion bestreiten, konnte das canadische Fernsehen von Beginn an nicht auf die Kapazitäten und Erfahrungen einer gewachsenen Spielfilmproduktion bauen und war allein deshalb seit der ersten Sendestunde auf US-Importe angewiesen.

Dieser Exkurs soll einen Einblick in die historischen Bestimmungsfaktoren der canadischen Filmproduktion geben und gleichzeitig verdeutlichen, daß die Entwicklung vor allem von zwei gegenläufigen Tendenzen geprägt ist: Zum einen von der absoluten Dominanz des canadischen Spielfilmsektors durch Hollywood - von der Produktion über den Verleih bis zu den Kinoketten; zum anderen von zahlreichen, mehr oder minder erfolgreichen staatlichen Eingriffen, die die Auswirkungen dieser Dominanz abmildern und eigene Produktionskapazitäten entwickeln sollen.

Eine neuere Untersuchung nennt drei übergeordnete Faktoren, die die Entwicklung einheimischer Spielfilmproduktionen behindert haben und noch immer behindern: Die Unfähigkeit canadischer Produzenten, wirksam mit ausländischen Filmen zu konkurrieren; Probleme mit der nationalen und internationalen Vermarktung als Ergebnis starker Konkurrenz ausländischer, insbesondere US-Studios; schließlich das Scheitern von Regierungsinitiativen zur Förderung eines starken privaten Produktionssektors (Miller 1986: 126).

Auffällig ist zunächst, daß sich in Canada in der Frühzeit des Films - anders als in den USA, aber auch in Frankreich, Italien, Großbritannien und Deutschland - kein eigenes Studiosystem entwickeln konnte. Die geringe Größe des einheimischen Marktes sowie das Fehlen eines kulturellen Zentrums (wie für den US-Film zunächst New York und später Hollywood) sind dafür ebenso als Gründe zu nennen wie die frühe Orientierung canadischer Kulturschaffender auf Europa und die USA. Eine eigenständige "dramatische Tradition" (die sich auf dem Bedarf eigener Theater oder Musical-Bühnen gründen konnte) bildete sich, wie eingangs dargestellt, erst in den vierziger und fünfziger Jahren mit den Hörspiel-Produktionen der CBC. Damit fehlte in Canada weitgehend die kreative Basis, auf der in den USA und Europa die Filmentwicklung zu Beginn des Jahrhunderts aufbauen konnte (wie später die Fernsehentwicklung vielfach auf der des Radios):

> "Canadians who wanted to develop their careers in acting, writing or producing for the stage almost inevitably found it necessary to base themselves in the United States, Britain, or Europe. Thus, when the movies developed to the point of needing a particular kind of trained personnel, Canada had none. This was a crucial fact which was to haunt Canadian production" (Morris 1978: 68).

Typisch für die canadische Filmproduktion blieb bis heute deren dezentrale, kaum gefestigte Struktur. Kleine regionale und lokale Unternehmen gründeten sich häufig nur, um einen oder zwei Filme abzudrehen, die ohne die Finanzierungsbereitschaft, das Vertriebssystem und das Marketing eines großen US-Studios meist ökonomische Fehlschläge waren. Nennenswertes Risikokapital, das gerade zum Aufbau einer Filmindustrie notwendig ist, ließ sich in solche Produktionen nicht lenken. Ebenso verfügten diese lokalen Filmproduzenten über keine Verhandlungsbasis, die stark genug gewesen wäre, um mit den Verleihern eine nationale oder gar internationale Vermarktung ihrer Produkte auszuhandeln. In den ersten 50 Jahren canadischer Filmproduktion zwischen 1913 und 1963 sind so nur 75 der insgesamt 104 abgedrehten Filme überhaupt auf einer Kinoleinwand gezeigt worden (Miller 1986: 131).

Allein 20 dieser 75 aufgeführten canadischen Spielfilme wurden zwischen 1927 und 1938 unter amerikanischer Beteiligung als sog. "quota quickies" für den britischen Markt produziert. Großbritannien hatte im *British Films Act* von 1927 eine Mindestqoute von zunächst fünf Prozent für Filme aus dem britischen Empire festgelegt, die bis 1938 auf 20 Prozent angehoben wurde. Canada wurde so als Produktionsstandort für US-Studios interessant, die dort zur Umgehung der britischen "Empire-Quote" Dutzende von meist billigen B-Filmen mit amerikanischen Teams und Schauspielern vor canadischer Kulisse abdrehten. Dieser kurze zehnjährige "Boom" kam zu einem abrupten Ende, als Großbritannien 1938 schärfere Bestimmungen zur Klassifizierungen von Empire-Filmen erließ. Für die Entwicklung eines canadischen Produktionssektors hatte das US-Engagement keine nachhaltigen Folgen. Lediglich ein US-Studio, *Columbia Pictures*, hatte in Victoria, B.C., ein Tochterunternehmen gegründet (*Central Films Ltd.*), das jedoch fast ausschließlich auf "quota quickies" spezialisiert war (Miller 1986: 134).

Wichtiger als Produktionen in Canada (für die mit der Verschärfung der britischen Quotenregelung bald die Impulse fehlten) war den *Hollywood Majors* die Kontrolle über den canadischen Vertriebs- und Vorführmarkt. Die US-amerikanische Filmproduktion, die sich in ihrer monopolistischen, vertikal integrierten Struktur bereits in den Jahren seit dem ersten Weltkrieg bis etwa 1935 herausgebildet hatte und von da an von den fünf *Major Companies MGM-Loews*, *Paramount*, *Fox*, *RKO* und *Warner Bros.* beherrscht wurde, hatte Canada von Beginn an als festen Bestandteil ihres Verleihsystems und ihrer Erstaufführungs-Kinoketten betrachtet. Smythe bezeichnet diese Struktur treffend als "no-branch-plant-branch-plant-industry" (Smythe 1981: 129): Canada genoß keinen der Vorteile, die sich aus Zweigniederlassungen US-amerikanischer Produktionsfirmen ergeben hätten - etwa die Schaffung von Arbeitsplätzen in der Filmwirtschaft, oder, weit wichtiger, die Entwicklung eines eigenen kreativen Potentials für die Filmproduktion:

> "The first nonprint popular art form to be developed in Canada as a dependent market for United States cultural imperialism (without even the necessity of establishing United States branch plant production plants) was the motion picture industry" (Smythe 1981: 129).

Die vertikale Struktur der *Majors*, die Produktion, Verleih und Kinoketten in einer Hand vereinigten, hatte sich ohne Behinderungen bis nach Canada hinein ausgedehnt und zeigt sich bis heute als bemerkenswert stabil. Die beiden einzigen Ketten von Erstaufführungs-Kinos, *Famous Players* und *Odeon*, stehen nach wie vor vollständig unter ausländischer Kontrolle: *Famous Players* ist eine hundertprozentige Tochter des US-Produzenten *Paramount*, *Odeon* ist in britischem Besitz und per Kooperationsvertrag mit *Paramount* verbunden (Smythe 1981: 134). Als 1948 die *Sherman-* und *Clayton Antitrust Laws* die Filmproduzenten in den USA zum Verkauf ihrer Kinoketten und zur Einstellung geübter Monopolpraktiken zwangen, hatte das für Canada keine Wirkung. Ausländischer Besitz war von den US-amerikanischen Antimonopol-Gesetzen nicht berührt; Verleih und Kinoketten in Canada blieben weiterhin unter Kontrolle der *Majors* (Pendakur 1981b: 156).

Canada selbst sieht sich in einer ausgesprochen ungünstigen Position, wirksame Maßnahmen durchzusetzen, um den einheimischen Filmmarkt unter Kontrolle zu bringen. Bei durchschnittlich nur zwei Spielfilmen pro Jahr aus canadischer Produktion zwischen 1913 und 1963 (s.o.) war nicht einmal an eine Filmquotenregelung nach britischem Vorbild zu denken. Bis heute hat es im anglophonen Landesteil nur einen einzigen ernsthaften Vorstoß in diese Richtung gegeben, der allerdings schon mehr als 60 Jahre zurückliegt: Angeregt durch die britische "Empire-Quote" hatte die Provinzregierung British Columbias 1929 einen Gesetzentwurf vorgelegt, der für canadische Filme eine Mindest-Vorführquote von 20 Prozent festlegte und zusätzlich bei jeder Vorführung zehn Minuten für "patriotische" Kurzfilme reservieren sollte. Als die amerikanischen Verleiher jedoch massiv drohten, British Columbia im Gegenzug überhaupt nicht mehr zu beliefern, zog die Provinzregierung den Gesetzentwurf noch im selben Jahr zurück (Miller 1986: 136).

Die Jahre nach dem Zweiten Weltkrieg brachten erneut eine kurze Wiederbelebung der Filmquoten-Diskussion, als die Regierung Mackenzie King angesichts hoher Zahlungsbilanzdefizite gegenüber den USA 1947 vorübergehend Importrestriktionen für eine Reihe industrieller Fertigwaren einführte. Die Produkte der Filmindustrie wurden von diesen Maßnahmen jedoch explizit ausgeschlossen (Pendakur 1981b: 156).

Handelsminister C.D. Howe, der, wie gezeigt, auch in der Rundfunkpolitik eine maßgebliche Rolle spielte, begründete dies nicht zu Unrecht mit der "besonderen Situation" der canadischen Filmindustrie und den Kino-Gewohnheiten des Publikums:

> "One approach (...) would have been to apply quotas to imports of United States films. This method has been applied in a number of other countries, but with results far from generally satisfactory (...). The financial facts of the movie industry in Canada, the tastes and habits of the Canadian moviegoing public, and the harmonious relations we have enjoyed with the United States producers - in short, the special situation of the industry in Canada - called for a more imaginative and constructive approach than quota restrictions" (C.D. Howe 1947. Zit.n. Miller 1986: 140).

Der "konstruktive Ansatz", den die Bundesregierung zur Pflege der "harmonischen Beziehungen" mit den US-Studios in dieser Frage verfolgte, sollte für die weitere Entwicklung der einheimischen Filmindustrie allerdings fatale Folgen haben: 1948 vereinbarte die Regierung mit der von den *Majors* dominierten *Motion Picture Export Association of America* (MPEAA) ein umfangreiches Kooperationsabkommen - das *Canadian Cooperation Project* (CCP) - in dem die US-Produzenten sich dazu verpflichteten, mehr Filme in Canada zu drehen und generell canadische Themen stärker zu berücksichtigen. Im Gegenzug erhielt die MPAA das Recht, weiterhin Verleih und Kinoketten in Canada zu kontrollieren und die dort erwirtschafteten Gewinne ungehindert in die USA zu transferieren. Ein Handel, den canadische Kritiker im nachhinein als "the most extraordinary sell-out in the history of Canadian culture" bezeichnen (Harcourt 1982: 16).

Im einzelnen umfaßte der Kooperationsvertrag, der bis 1958 in Kraft war, sieben äußerst moderate Forderungen der canadischen Regierung an die US-*Majors*. Sie illustrieren drastisch, daß die Bedeutung eines einheimischen Produktionssektors (gerade im Hinblick auf das sich nun entwickelnde Fernsehen) auch nicht ansatzweise erkannt worden war:

1. Produktion eines Informationsfilms über die canadischen Zahlingsbilanz-Probleme;
2. Mehr Berichte über Canada in den Kino-Wochenschauen;
3. Durchsicht von Kurzfilmen des canadischen *National Film Board* (NFB, s.u.) in Hinblick auf einen möglichen Vertrieb in den USA;

4. Ermutigung zur Produktion von Kurzfilmen über Canada;
5. eine heraugehobenere Rolle Canadas in US-Spielfilmen;
6. Herstellung von Radio-Spots und Einsatz von US-Film-Stars für die Tourismus-Werbung Canadas;
7. schließlich die Zusage, nur die qualitativ besten amerikanischen Filme in Canada zu vertreiben.

(Miller 1986: 140)

Dieses bemerkenswerte Abkommen hat in der Tat die Entwicklung einer anglokanadischen Spielfilm-Produktion faktisch zum Erliegen gebracht. Als Ergebnis des CCP entstanden in der Folge zwar einige hochkarätige Filme in Canada, die jedoch ausschließlich mit amerikanischen Crews und Darstellern abgedreht wurden. Ihren "Informationsauftrag" erfüllten die *Majors* mit dem Kurzfilm *Neighbours in the North.* Hinzu kamen in den vierziger und fünfziger Jahren Spielfilme wie *Canadian Pacific*, *The Cariboo Trail* und *Saskatchewan* (wegen der Rocky-Mountains-Kulisse allerdings in Alberta gedreht). Auch der Hitchcock-Klassiker *Niagara* fiel unter das CCP, da die Handlung kurzerhand auf die canadische Seite der Niagara-Fälle verlegt worden war.

Diese wenigen Beispiele sollen deutlich machen, daß eine Förderung genuin canadischer Produktionen vom CCP nicht ausgegangen ist und auch nicht beabsichtigt war. Der canadische Schriftsteller Pierre Berton schätzt das Abkommen rückblickend als den Versuch ein, etwaige nationalistische Gegenbewegungen zur Dominanz der US-Filmindustrie im Keim zu ersticken:

> "The hard truth is that the industry never had any intention of increasing production facilities in Canada or of making more than the usual minimum number of films on location. Its purpose, in fact, was the exact opposite - to stifle any nationalistic outcries. (...) From start to finish (...) the Canadian Cooperation Project was a public relations man's boondoggle" (Berton 1975: 172).

Allerdings muß dieser Einschätzung hinzugefügt werden, daß der Nationalismus, der eine Gegenbewegung hätte tragen können, in den vierziger und fünfziger Jahren politisch-kulturell weit weniger virulent war, als in früheren und späteren Phasen der canadischen Mediengeschichte (s. Kap. 3).

Das einzige Feld, auf dem Canada eine eigenständige Filmtradition entwickeln konnte, war unter diesen Bedingungen der Dokumentarfilm. Hier hat vor allem der *National Film Board* (NFB) bis weit in die sechziger Jahre hinein eine herausragende Rolle gespielt.

Die Gründung des NFB im Jahre 1939 war zunächst eng verknüpft mit den Propagandaanforderungen des heraufziehenden Zweiten Weltkrieges. Die britische Regierung hatte 1938 den renommierten schottischen Dokumentarfilmer und Direktor des Filmbüros des britischen *General Post Office*, John Grierson, beauftragt, in den *Dominions* Canada, Australien, Neuseeland und Südafrika Zentren für die Produktion von Dokumentar- und Propagandafilmen aufzubauen - allerdings mit dem klaren Schwerpunkt auf Canada (Beveridge 1978: 136).

Unter Griersons Leitung und nach dessen Ernennung zum canadischen *Film Commissioner* entwickelte sich der NFB jedoch weit über ein reines Propagandainstrument hinaus. Bis zum Ende des Krieges wurden neben zwei Propagandaserien für die Kino-Wochenschauen (*The World in Action* und *Canada Carries On*) mehr als 500 Dokumentarfilme produziert, die über ein eigenes Vertriebssystem zumeist außerhalb der von den US-*Majors* beherrschten Kino-Ketten gezeigt wurden. 1945 zählte das NFB-Filmstudio in Ottawa mit rund 800 Mitarbeitern zu den größten weltweit (Morris 1981: 3). Grierson war es überdies gelungen, für seine Arbeit ein hohes Maß an Regierungsunabhängigkeit durchzusetzen und besonders Filme mit sozialen Themen und Sujets zu fördern. In diesen Jahren entstand die typische Tradition des "social documentary", die dem canadischen Dokumentarfilm weltweite Anerkennung und Auszeichnungen einbrachte.

Grierson selbst sah sich nach dem Krieg gerade wegen dieser sozialen Ausrichtung massiven Vorwürfen ausgesetzt, er hätte den NFB zu einem "Hort linker und kommunistischer Propaganda" entwickelt (Morris 1981: 3) - offenbar ein canadischer Reflex auf vergleichbare Vorwürfe des US-Senators McCarthy gegenüber Hollywood - was schließlich 1947 zum Rücktritt des NFB-Gründers führte. Die Tradition des "social documentary" wurde jedoch auch unter seinen Nachfolgern weitergeführt. In den 50 Jahren seines Bestehens brachte es der NFB auf die stattliche Zahl von 3000 internationalen Filmpreisen, darunter acht Oscars (zuletzt für *We Love Our Planet* als besten Dokumentarfilm des Jahres 1984), drei Goldene Palmen in Cannes und schließlich zu einer Retrospektive im New Yorker *Museum of Modern Art* (Kanadische Botschaft Bonn 1989: Kulturinformation No. 4).

Die Einrichtung des NFB und seine über Jahre dominierende Rolle hatte für die Struktur der canadischen Filmproduktion ähnlich weitreichende Konsequenzen wie - im negativen

Sinne - das CCP: Einerseits war er bis zur Mitte der sechziger Jahre die einzige Institution (außerhalb der CBC), die canadischen Produzenten, Regisseuren, Drehbuchautoren, Technikern und Schauspielern überhaupt ein Betätigungsfeld bieten konnte. Nahezu sämtliche Filmkarrieren und zahlreiche Laufbahnen in anderen Mediensektoren nahmen ihren Anfang im Umfeld des NFB. Die auffälligste dieser Karrieren ist zweifellos die des Frankokanadiers Pierre Juneau, seit 1959 Präsident der Québecer NFB-Sektion, danach bis 1975 Vorsitzender der CRTC (und eigentlicher "Erfinder" der *Canadian Content Rules*) und schließlich bis 1990 Präsident der CBC.

Anderseits waren es gerade die geschlossene Struktur und die Ausnahmerolle des NFB innerhalb der canadischen Filmlandschaft, die dazu führten, daß nur wenig Impulse auf den unabhängigen Produktionssektor ausgingen. Als symptomatisch kann hier der Befund der *Royal Commission on Government Organization* (Glassco Commission) von 1961 gelten, der beklagt, daß von den rund 620 NFB-Filmprojekten zwischen 1955 und 1961 gerade 14 an private Subunternehmen vergeben worden waren (Miller 1986: 142). Darüberhinaus produziert der NFB auch ganze Serien von Industriefilmen für die canadische Wirtschaft zu PR-Zwecken - ein Bereich, der in fast allen Industrieländern zu den Domänen meist kleiner unabhängiger Produzenten zählt und diesen eine finanzielle Basis verschafft.

Hinzu kommt, daß die canadischen Filmschaffenden durch den NFB zwar große Erfahrungen im Dokumentarfilm-Sektor erwarben, jedoch - anders als in den USA - kaum Kenntnisse in der Herstellung (und der kommerziellen Vermarktung) von Spielfilmen oder "drama"-Produktionen für das Fernsehen. Der Erfolg des NFB markiert so gleichzeitig die engen Grenzen einer kreativen Entwicklung von Filmtalenten in Canada.

Die Folge ist, daß der sog. *brain drain*, unter dem noch heute die canadische Film- und Fernsehproduktion zu leiden hat, auch durch den NFB nicht aufgehalten werden konnte: Im Lande ausgebildete Filmschaffende wandern in großer Zahl in die USA ab, wo ihnen Hollywood und das Fernsehen bessere Arbeits- und Entfaltungsmöglichkeiten und auch größeren kommerziellen Erfolg versprechen. Der Exodus an Film- und Fernsehschaffenden, den Canada bis heute erleidet, geht dabei weit über vergleichbare Abwanderungen etwa aus europäischen Ländern hinaus [2].

---

2) Abgewandert sind u.a. so hochkarätige Produzenten wie Jack Warner (Gründer von "Warner Bros."), Louis B. Mayer (Mitbegründer von "Metro-Goldwyn-Mayer", MGM), Mary Pickford (mit Chaplin Gründerin von "United Artists") und Mack Sennet (Produzent der erfolgreichen Stummfilmtruppe "The Keystone Cops"); die Schauspieler Norma Shearer, Mary Dressler, Fay Wray ("King Kong"), Leslie Nielsen, William Shatner, Glenn Ford, Lorne Greene (TV-Serie "Bonanza", zuvor CBC-Radiosprecher), Raymond Burr (TV-Serie "Ironside"), Paul Anka, Donald Sutherland, Michael J. Fox ("Back to the Future"); die Regisseure Ivan

Der "Teufelskreis" aus fehlenden Arbeitsmöglichkeiten, Abwanderung und Mangel an verbleibenden Talenten, den Thompson und Seager für die dreißiger Jahre beschreiben, ist so bis heute wirksam:

> "Canadian cinema was caught up in a vicious circle: because the best native talent went to the United States, Canada failed to develop a national focal point for a strong cinematic community; because Canada lacked a cinematic focal point, the best native talent moved away (...). Except for the NFB, however, there were no serious attempts to stimulate a native Canadian cinema" (Thompson/Seager 1985: 177 u. 180).

Die Situation veränderte sich zumindest in Québec seit Beginn der sechziger Jahre zum Positiven, als dort im Zuge der *Révolution Tranquille* der Bedarf an solchen Filmen wuchs, die thematisch die besonderen Probleme der Frankocanadier reflektierten. Doch auch hier konzentrierte sich die Entwicklung fast ausschließlich auf die frankophone Sektion des NFB, die unter der Leitung von Pierre Juneau zu dieser Zeit eine Reihe von Spielfilmen produzierte, die in den Kinos Québecs zumindest ihre Herstellungskosten wieder einspielten (Smythe 1981: 136). Wesentlicher als diese Tatsache war für die canadische Filmentwicklung, daß sich im Québec der sechziger Jahre erstmals wieder ein - wenn auch kleiner - Stamm an unabhängigen Produzenten bilden konnte, der mit Unterstützung des NFB ein staatliches Programm für die Filmförderung verlangte und schließlich 1967 auch durchsetzen konnte.

Mit der Einrichtung der *Canadian Film Development Corporation* (CFDC) 1967 wurde in Canada, ein halbes Jahrhundert nach Beginn der Film-Ära, das erste staatliche Programm zur Förderung von Spielfilmen überhaupt aufgelegt - ausgerüstet mit einem allerdings sehr bescheidenen Budget von zehn Mio. Dollar. In ihrer aktivsten Zeit bis 1978 untersützte die CFDC die Produktion von insgesamt 58 englischsprachigen A-Filmen (Gesamtkosten pro Film: 200.000 Dollar und mehr) und 45 *low budget*-Produktionen (Gesamtkosten unter 200.000 Dollar) (Pendakur 1981b: 157). Die erhoffte Stimulanz auf die <u>industrielle</u> Entwicklung der canadischen Filmwirtschaft ging aber auch von der CFDC-Förderung nicht aus. Filmproduktionen blieben nach wie vor "individuelle Ereignisse" (Harcourt 1982: 17) und Zuschußgeschäfte, die in der Regel keinerlei re-investierbare Gewinne abwarfen. Von den insgesamt 26 Mio. Dollar, die die CFDC in zehn Jahren an Fördermitteln vergab, sind lediglich fünf Mio. Dollar an den Kinokassen wieder eingespielt worden (Fulford 1984: 32).

Reitman ("Ghostbusters") und Ted Kotcheff ("Rambo I"); die Autoren James Orr und Jim Cruickshank ("Three Men and a Baby") und nicht zuletzt der Nachrichten-"Anchorman" Peter Jennings.

Das Kernproblem blieb jedoch der monopolistische Verleih und Vorführmarkt, denn im Unterschied zum Rundfunksektor verzichtete die Regierung 1968 auf die "Canadisierung" von Besitz und Kontrolle bei Verleihern und Kinoketten. Ein weiteres Indiz, daß selbst in den stark nationalistisch geprägten späten sechziger Jahren der unmittelbare Zusammenhang von Film- und Fernsehproduktion noch nicht erkannt worden war. Die Folge war, daß von den insgesamt 448 Kinofilmen, die zwischen 1968 und 1978 in Canada produziert wurden, nur ganze 14 von den *Majors* auch in die canadischen Kinos gebracht wurden (Pendakur 1981a: 54).

Da das kommerzielle Fernsehen, wie gezeigt, wenig Interesse hat, einheimische Produktionen auszustrahlen, bleibt das Kino für die wenigen unabhängigen Produzenten das wichtigste Verbreitungsmedium. Doch da die Besitzverhältnisse unangetastet blieben, bekam das Publikum canadische Filme, wenn überhaupt, nur in kleinen "Off"-Kinos zu sehen. Zur gängigen Verleihpraxis äußerte der Präsident von *Famous Players*, einer der zwei beherrschenden Kinoketten, 1976:

> "It's been a historical fact that the major distributors align themselves with either one circuit or the other. People like Paramount, Warner Brothers and United Artists will play 100 per cent Famous, and People like Columbia and two-thirds Universal and one-third Fox would play Odeon" (Zit.n.: Smythe 1981: 134).

In diese Struktur einzubrechen, erweist sich für die canadischen Filmemacher als entscheidendes Problem, das Popularität und kommerziellen Erfolg ihrer Produkte weitgehend verhindert. Vorführquoten für einheimische Filme existieren bis heute nicht. Seit 1976 besteht lediglich eine freiwillige Zusage von *Famous Players* und *Odeon*, pro Jahr in den wichtigsten Kinomärkten Montréal, Toronto und Vancouver mindestens vier Wochen für canadische Produktionen zu reservieren (Pendakur 1981b: 159).

Nur ein einziger CFDC-geförderter Film konnte diesen Regelkreis durchbrechen und wurde als erste canadische Produktion überhaupt zu einem internationalen Erfolg: *The Apprenticeship of Duddy Kravitz*, 1975 für 910.000 Dollar gedreht, spielte 5,5 Mio. Dollar ein (Maclean's 1985, Sept. 23: 45). Doch auch dieser Erfolg, der bis weit in die achtziger Jahre hinein eine absolute Ausnahme bleiben sollte, bestätigte im übrigen alle weiteren Regeln des canadischen Filmgeschäftes: Hauptdarsteller Richard Dreyfuss startete danach seine Hollywood-Karriere und auch Regisseur Ted Kotcheff aus Toronto wechselte sofort in die USA und drehte dort wenig später mit *Rambo I* "uramerikanischen" einen Streifen, der mehr als das zwanzigfache von *Duddy Kravitz* einspielte.

Nach rein kommerziellen Kriterien muß die CFDC-Förderung als Fehlschlag gewertet werden, der Mitte der siebziger Jahre dazu führte, daß die canadische Filmpolitik einen Schwenk um hundertachtzig Grad vollzog und die Förderung fast vollständig von direkter auf indirekte Finanzierung umstellte. Jetzt sollte vor allem privates canadisches und US-amerikanisches Kapital in die Filmproduktion gelenkt werden. Durch einen Zusatz zum Einkommenssteuergesetz wurde 1974 (also in direktem zeitlichen Zusammenhang mit Bill C-58, s.o.) das sog. *Capital Cost Allowance Programme* (CCA) ins Leben gerufen, das für Produktionsinvestitionen in Canada eine hundertprozentige Steuerabschreibung verspricht, wenn der Produzent und mindestens zwei Drittel des Teams Canadier sind. Diese Politik, die noch heute verfolgt wird, lenkte zeitweilig tatsächlich beträchtliche Summen in die Filmproduktion. Insgesamt schätzt das DOC die durch CCA stimulierten Investitionen zwischen 1977 und 1984 auf rund 700 Mio. Dollar (DOC 1984: 26).

Andererseits entstanden in dieser künstlich herbeigeführten kurzen Boom-Phase, die schon Anfang der achtziger Jahre wieder abflaute, die typischen canadischen "tax-shelter-movies" - Abschreibungsfilme, die zumeist als "minderwertige Hollywood-Imitationen" galten und der "Reputation Canadas als Filmnation mehr schadeten als nützten" (Levine 1981: 93; Fulford 1984: 32). Alles, was in diesen für den internationalen Markt produzierten Streifen auf deren canadische Herkunft hinwies, wurde systematisch eliminiert.

Unter dem "tax shelter" entstanden Filme wie *The Kidnapping of a President*, in dem der Drehort Toronto mit US-Straßenschildern umgerüstet wurde, bis er als Washington, D.C., durchgehen konnte. In *Middle Age Crazy* verwandelte sich Toronto in Houston, Texas; für *Heartaches* wurde Canadas Metropole zu Nowhere, Nebraska. Auch Montréal wurde für *City On Fire* in Nowhere, Illinois, umgewandelt (Harcourt 1982: 15; Pendakur 1986b: 166). Selbst der zweifellos beste dieser Abschreibungsfilme, *Atlantic City, USA*, konnte von niemanden als canadische Produktion identifiziert werden: Regisseur war der Franzose Louis Malle, Hauptdarsteller Burt Lancaster, Drehort Atlantic City. Lediglich die weibliche Hauptrolle war mit einer Canadierin besetzt, die auch im Film - als besonderer "Gag" - aus Moose Jaw (Elchmaul), Saskatchewan, stammt.

Nicht nur unter kulturpolitischen Gesichtspunkten muß das CCA-Projekt als überaus fragwürdig gelten, da die Förderung solcher Filme, die jeglichen Bezug zu Canada systematisch vermeiden, kaum dazu geeignet ist, den verbreiteten "Minderwertigkeitskomplex" und die "servile Mentalität" (Pendakur 1986b: 167) canadischer Autoren, Regisseure und Produzenten gegenüber Hollywood abzubauen. In der Hochphase der CCA-Produktionen zwischen 1979 und 1981 war unter den rund 160 mit Abschreibungskapital finanzierten

Spielfilmen nur ein einziger, der eine "canadische Geschichte" zum Gegenstand hatte (*The Grey Fox* über einen Eisenbahnräuber im British Columbia des 19. Jahrhunderts; Fulford 1984: 32).

Auch nach industriepolitischen Kriterien erweisen sich die "tax-shelter-movies" als wenig geeignet, die canadische Filmproduktion langfristig zu stimulieren. Das Anlocken von Abschreibungsgeldern ließ die Produktionsetats in kurzer Zeit in die Höhe schnellen, wodurch die Chance, daß die Filme jemals ihre Herstellungskosten einspielen und Gewinne abwerfen würden, gleichzeitig rapide sank. Das umso mehr, als angesichts der monopolistischen Verleih- und Vorführstruktur weniger als die Hälfte aller CCA-Filme überhaupt jemals im Kino gezeigt wurden. Die Situation der Filmindustrie des Jahres 1982, als der kurze Boom in sich zusammenbrach, beschreibt Fulford mit dem knappen Befund: "The industry was in disarry, its international reputation a joke, its credibility with financial backers ruined" (Fulford 1984: 32).

Durch eine erneute Änderung der Steuergesetze im Jahr 1982 versuchte die Bundesregierung, das CCA-Programm wieder attraktiver zumachen: Mußten bis dahin mindestens 20 Prozent des Gesamtetats eines Filmprojektes von einem Investor beigesteuert werden, damit er in den Genuß der hundertprozentigen Steuerabschreibung gelangen konnte, reichen seitdem nur noch fünf Prozent aus (DOC 1984: 26).

Sowohl die Erfahrungen der CFDC-Förderung als auch das CCA-Programm haben erneut drastisch deutlich gemacht, daß das grundlegende strukturelle Defizit der canadischen Filmpolitik nach wie vor der völlige Verzicht auf Quotenregelungen für die Kinos ist, da die Aufführung geförderter Filme bis heute nicht gesichert ist. Pendakur stellt dazu fest:

> "Canada is perhaps the only country in the capitalist world that has allowed free access to its feature film market and ownership of its screens by foreign multinational firms without any control over the market! (...) It has pursued a policy of voluntary participation by the U.S. multinationals to yield screen time for Canadian films. (...) Any serious national film policy must first deal with structural and market constraints for Canadian films within the domestic market, if Canada is to have a viable feature film industry of its own" (Pendakur 1981a: 56).

Auch die filmpolitischen Rahmenrichtlinien, die im Mai 1984 von Kommunikationsminister Francis Fox veröffentlicht wurden (*The National Film and Video Policy*, 1984), änderten an diesem Kernproblem nichts. Obwohl festgestellt wird, daß noch immer rund 80 Prozent der canadischen Kinoeinnahmen an US-amerikanische Verleiher fließen und einheimische Produktionen gerade ein Prozent der Gesamteinkünfte einspielen (DOC 1984: 37), sieht sich die Regierung bis heute zur Durchsetzung von Quotenregelungen und Besitztransfer nicht in der Lage.

Daß die US-Produzenten sich den ungehinderten Zugang zum canadischen Markt nicht verbauen lassen würden, macht ein Vorfall aus dem Jahr 1985 drastisch deutlich: Im letzten Jahr ihrer Amtszeit hatte die P.Q.-Regierung in Québec noch versucht, für die Kinos in der Provinz Vorführquoten durchzusetzen. Das *US-State Department* protestierte daraufhin bei der Provinzregierung gegen den Versuch, das "Recht" Hollywoods auf ungehinderten Filmvertrieb in Québec zu beschneiden und drohte, die Provinzregierung vor die GATT-Runde wegen der Verletzung des internationalen Zoll- und Handelsabkommens zu zitieren (CNF 1985h).

Zwar werden seitdem in regelmäßigen Abständen "restriktive Maßnahmen" angekündigt, sollten die *Majors* nicht mehr canadische Filme in den Vertrieb aufnehmen - etwa durch den neuen konservativen Kommunikationsminister Marcel Masse unmittelbar nach dessen Amtsantritt vor Vertretern der US-Filmindustrie 1985 (DOC 1985b). Deren Umsetzung wird aber gerade vor dem Hintergrund des US-canadischen Freihandelsabkommens immer unwahrscheinlicher, da sich im Zuge der Verhandlungen deutlich gezeigt hat, daß die USA sämtliche Quotierungsversuche und Besitzkontrollen gerade im Bereich der Kulturindustrien als "unfaire Handelspraktiken" bewerten (Wiesner 1989: 156-159).

Zuletzt 1987 - auf dem Höhepunkt der Freihandelsverhandlungen - hatte das DOC nach vergeblichen Bemühungen um verbindliche Absprachen mit den Hollywood-*Majors* den bislang einmaligen Versuch unternommen, Import und Vertrieb von Kinofilmen gesetzlich zu regeln. Der Entwurf dieses *Film Products Importation Act* mußte jedoch schon vor der parlamentarischen Beratung wieder zurückgezogen werden, da die US-Regierung unter dem Druck der einheimischen Film-Lobby gedroht hatte, die Freihandelsverhandlungen abzubrechen, wenn das Gesetz verabschiedet werden sollte (McPhail/McPhail 1990: 177-178; Christian/Campbell 1990: 276). Nachdem das US-canadische *Free Trade Agreement* schließlich 1988 in Kraft getreten ist, sind weitere Versuche dieser Art auf absehbare Zukunft nicht mehr zu erwarten.

Dieser kurze Rückblick auf die Strukturentwicklung der canadischen Filmproduktion, die Defizite staatlicher Fördermaßnahmen und die nach wie vor überaus wirksame Kontrolle des Filmsektors durch Hollywood hat deutlich gemacht, daß der unabhängige Produktionssektor nach wie vor als das schwächste Glied innerhalb des audio-visuellen Mediensystems Canadas angesehen werden muß. Seine Bedeutung vergrößert sich in dem Maße, wie durch die rapide kommunikationstechnische Entwicklung und die Ausbreitung der Kabel- und Satellitendistribution Übermittlungskapazitäten geschaffen werden, die durch einheimische Produktionen nicht annähernd gedeckt werden können. Zuletzt die Einführung von Pay-TV 1982, das vor allem Spielfilme auf Gebührenbasis verbreitet, hat dieses Problem erneut und in aller Schärfe offenbar werden lassen (s. Kap. 8, 9 u. 10).

Diese Entwicklung hat seit Anfang der achtziger den Entscheidungsdruck auf die Medien- und Filmförderungspolitik der Bundesregierung deutlich anwachsen lassen. Insbesondere die sukzessive Zulassung neuer Fernsehanbieter hat schließlich zu der Erkenntnis geführt, daß die völlige Trennung der Film- und Produktionsförderung von der Rundfunkpolitik, die mehr als ein halbes Jahrhundert in keinerlei Beziehung zueinander standen, nicht länger aufrecht zu erhalten ist. Die (für den Bestand des öffentlichen Rundfunks fatale) Forderung des *Applebaum/Hebert Committee* von 1983 nach einer fast vollständigen Auslagerung von CBC- und NFB-Produktionen in den privaten Sektor (s. Kap. 7) hat drastisch gezeigt, als wie dramatisch die Situation der unabhängigen Produzenten in weiten Teilen der *cultural community* angesehen wird.

Das DOC ergriff hier - nach der Ausweitung seines politischen Mandates als Kulturministerium auf Bundesebene - mit der Einrichtung von *Telefilm Canada* erstmals eine Initative, die diese Trennung aufheben und auch die Verbreitung canadischer Produktionen sichern soll. Gleichzeitig markiert sie die schwerpunktmäßige Rückkehr zur direkten Subventionspolitik. *Telefilm Canada*, hervorgangen aus der wenig erfolgreichen CFDC, verwaltet zum einen die Mittel des 1983 gegründeten *Canadian Broadcast Development Fund*. Der Fond verfügt über einen Jahresetat von 60 Mio. Dollar, der aus einer sechsprozentigen Besteuerung der Kabelgesellschaften gespeist wird. Die Mittel werden an Produzenten von Fernsehfilmen und Serien vergeben, wenn sie mindestens 51 Prozent des Produktionsetats aus anderen Quellen (Privatfinanziers und TV-Veranstalter) zusätzlich beisteuern und überdies die Garantie eines Fernseh-Networks vorweisen können, daß die Produktion innerhalb von zwei Jahren nach Fertigstellung in der *prime time* ausgestrahlt wird. In den ersten fünf Jahren seines Bestehens hat *Telefilm* bereits 243 Mio. Dollar in 478 Projekte investiert, die für ein Gesamt-Investiotionsvolumen von 716 Mio. Dollar stehen (Statistics Canada 1989: 14-8 u. 15-18; Maclean's 1985, April 1: 59).

Zum anderen vergibt *Telefilm Canada* Mittel für die Spielfilmproduktion aus einem *Feature Film Fund*, der 1986 ins Leben gerufen wurde. Er verfügte zunächst über einen Jahresetat von 30 Mio. Dollar für Filmproduktionen und drei Mio. Dollar für Synchronisation und Untertitelung, um den Austausch anglophoner und frankophoner Filme zu fördern. 1988 wurde der Fond um 200 Mio. Dollar aufgestockt (verteilt über fünf Jahre), darunter weitere 73 Mio. Dollar für die direkte Film- und Synchronisations-Finanzierung, 25 Mio. Dollar zur Unterstützung von Co-Produktionen des NFB mit dem Privatsektor, sowie beträchtliche 85 Mio. Dollar zur Einrichtung eines neuen *Film Distribution Fund*, der den Vertrieb und die Vorführung sichern soll. Die Vergabe der Fördermittel ist dabei ähnlich der Fernsehregelung an die vertragliche Einigung zwischen dem Produzenten und einem Verleiher gebunden, der die Kino-Vorführung des Films innerhalb eines Jahres nach Fertigstellung garantieren muß. Darüberhinaus müssen die von *Telefilm* geförderten Spielfilme den CRTC-Anforderungen an *Canadian Content*-Produktionen entsprechen, damit sie als canadisches Programm für eine Fernsehausstrahlung geeignet sind (Statistics Canada 1989: 15-2 u. 15-18).

Insgesamt markiert *Telefilm Canada* den ersten ernsthaften Ansatz eines in sich schlüssigen Förderungskonzeptes, in dem staatliche Subventionen und private Investitionen ebenso miteinander verknüpft werden wie Produktion und Distribution. Die Aufstockung der Mittel im Jahr 1988 macht jedoch auch deutlich, wie groß der staatliche Subventionsbedarf noch immer ist, da vor allem die kommerziellen TV-Networks nur sehr geringe Produktionsanstrengungen unternehmen. Ohne Subvention keine Produktion - daß ist, auf einen knappen Nenner gebracht, die Kernerfahrung der canadischen Film- und TV-Produktionspolitik. Die Wirksamkeit der *Telefilm*-Förderung wird in Zukunft maßgeblich davon abhängen, ob sie im Wettlauf mit immer neuen elektronischen Medienangeboten erreicht, den Produktionssektor soweit zu stimulieren und zu stablisieren, daß er den ständig wachsenden Programmanforderungen gerecht werden kann. Die bisherigen Erfahrungen mit den neuen Anbietern, vor allem Pay-TV mit seinem hohen Bedarf an "drama"-Produktionen, sind allerdings wenig ermutigend (s. Kap. 10).

7. Die CBC-Fernseh-Networks und die Legitimitätskrise des öffentlichen Rundfunks

7.1. Einführung: Permanente Legitimation als Strukturproblem

Die Stellung der CBC als dominierender Anbieter innerhalb des Rundfunksystems, dessen Interessen nach den Buchstaben des Rundfunkgesetzes in allen Konfliktfällen Priorität genießen sollen und der nach wie vor als "national broadcasting service" definiert wird, hat sich de facto mit der Ausweitung des kommerziellen Sektors und der technologischen Entwicklung der Übertragungseinrichtungen kontinuierlich verschlechtert. Das Mandat der CBC ist nicht nur mit ihren tatsächlichen Möglichkeiten und ihrer realen Position innerhalb des Rundfunksystems kaum noch in Einklang zu bringen und geht weit über die gesetzlichen Normen für den kommerziellen Sektor hinaus - es ist zudem derart breit angelegt, daß es nahezu zwangsläufig Kritik an der Nichterfüllung der einen oder anderen Auflage geben muß. Im einzelnen ist die CBC nach Paragraph 3 des Rundfunkgesetzes verpflichtet:

* Programme in englischer und französischer Sprache anzubieten, die nach Art und Inhalt überwiegend canadisch und zugleich Ausdruck canadischer Identität sein sollen;

* zur Entwicklung nationaler Einheit beizutragen;

* ein ausgewogenes Angebot aus Information und Unterhaltung zu bieten, das in angemessener Weise die verschiedenen Interessen und Geschmäcker von Menschen aller Altersstufen berücksichtigt;

* den besonderen Bedürfnissen der Regionen Rechnung zu tragen und aktiv zum Informationsfluß und Kulturaustausch zwischen den Regionen beizutragen;

* die Versorgung in alle Regionen des Landes hinein auszudehnen, sobald dafür öffentliche Gelder bereitgestellt werden.

In dem Maße jedoch, wie die Existenz der CBC nicht mehr identisch ist mit Erhalt bzw. Aufbau einer nationalen Rundfunkversorgung, wächst der Legitimationsdruck auf den öffentlichen Sektor, der im Staatshaushalt pro Jahr mit rund 870 Millionen Dollar zu Buche schlägt. Nicht nur mußte die CBC in den siebziger und achtziger Jahren mehrfach einschneidende Kürzungen ihres Budgets verkraften (s.u.), auch Forderungen, die CBC nach dem Vorbild des US-amerikanischen PBS überwiegend aus Spenden zu finanzieren oder gar vollständig zu privatisieren, werden in regelmäßigen Abständen durch Vertreter der Privatwirtschaft, von Parlamentariergruppen und auch innerhalb der canadischen Kommunikationswissenschaft immer wieder erhoben (zur wissenschaftlichen Kontroverse vgl. bes. Boardman/Vining 1984: 347-352 vs. Hoskins/McFayden 1984: 352-358).

Die CBC sieht sich - im Gegensatz zu den kommerziellen Anbietern - auch institutionell in einem ständigen Legitimationsprozeß: Zunächst im Rahmen der Lizenzerneuerungs-Verhandlungen gegenüber der CRTC (bisher 1974, 1978 und 1986), die - wie das Beispiel der CBC-Radio-Networks gezeigt hat - eine automatische Erneuerung der Sendegenehmigung keinesfalls als Selbstverständlichkeit ansieht. Hinzu kommen zahlreiche CRTC-Untersuchungen, die sich im Rahmen des Kommunikationsforschungs-Mandates der Kommission in unregelmäßigen Abständen mit dem generellen Programmverhalten der CBC, mit einzelnen kontroversen Sendungen oder auch mit rundfunkrechtlich und rundfunkpolitisch strittigen Problemen befassen, die sich aus dem besonderen Programmauftrag des öffentlichen Sektors ableiten. Die einschneidendste und auch umstrittendste CRTC-Untersuchung dieser Art hatte sich 1977 mit dem Vorwurf der Bundesregierung auseinanderzusetzen, das frankophone CBC-Network *Radio-Canada* habe direkt zur Förderung des Separatismus in Québec beigetragen (s.u.).

Zum zweiten hat die CBC Jahr für Jahr vor dem *Standing Committee on Communications and Culture* des *House of Commons* ihren Finanzbedarf nachzuweisen - ein Vorgang, der sich seit Beginn der achtziger Jahre zunehmend zu einem Nachweis der generellen rundfunkpolitischen "Unverzichtbarkeit" des öffentlichen Sektors entwickelt hat. Das konkrete Finanzgebahren wird jährlich zusätzlich vom *Treasury Board* und vom *Auditor General* überprüft.

Drittens ist mit der Ausweitung der Kompetenzen des DOC zu einem zentralstaatlichen Kulturministerium ein weiterer Akteur hinzugetreten, der Richtlinienkompetenzen gegenüber der CBC besitzt. Lizenzauflagen der CRTC haben letztlich nur den Charakter von Empfehlungen, deren Überprüfung und Bestätigung in strittigen Fällen in den Aufgabenbereich des DOC fällt. Rundfunkpolitische Rahmenrichtlinien des Kommunikationsministeriums (zuletzt 1983 und 1984 verabschiedet) haben direkte Konsequenzen auf die konkrete Ausgestaltung des CBC-Mandates im Rahmen des Rundfunkgesetzes.

Viertens ist die CBC nach wie vor Objekt zahlloser staatlicher Untersuchungskommissionen, die die Rundfunk- und Kulturpolitik bis heute begleiten und in unregelmäßigen Abständen ausgiebige Empfehlungen für die Umstrukturierung, das Programmverhalten, die

Neuformulierung des Mandates und in einem Fall gar für die weitgehende Privatisierung der CBC unterbreiten (*Applebaum/Hebert Committe* 1982, s.u.). Diese Empfehlungen werden in der Öffentlichkeit intensiv diskutiert und setzen den öffentlichen Rundfunk einem nahezu permanenten Prozeß der Rechtfertigung aus.

Nicht unterschätzt werden darf auch der Legitimationsdruck gegenüber den heute 37 angeschlossenen privaten Stationen, auf die die CBC zur Verbreitung großer Teile ihrer Network-Programme existentiell angewiesen ist. Sie müssen ständig neu davon überzeugt werden, daß eine Network-Verbindung mit der CBC (und nicht mit der kommerziellen Konkurrenz von CTV oder TVA) für sie wirtschaftlich profitabel ist. Noch bis Ende der siebziger Jahre führte dies zu der kuriosen Situation, daß die CBC bei der jährlichen Präsentation ihrer Programmplanungen regelmäßig zwei unterschiedliche Berichte vorlegte: einen für die CRTC und die allgemeine Öffentlichkeit, in der die Erfüllung des "nationalen" Mandates und die Anstrengungen im Produktionsbereich hervorgehoben wurden, einen zweiten für die angeschlossenen kommerziellen Stationen, der besonders die "Werbefreundlichkeit" des Programms und die Attraktivität der eingekauften US-Serien in den Mittelpunkt stellte (Fulford 1983a: 21).

Die CBC hat sich nach einer Phase der bewußten Konkurrenz mit den kommerziellen Networks in den siebziger Jahren (die sich vor allem in einem hohen Anteil attraktiver US-Programme niederschlug) seit Anfang der achtziger Jahre auf eine deutlich komplementäre Strategie verlegt, die darauf zielt, strukturelle Defizite des kommerziellen Sektors auszugleichen, auch wenn dies mit Zuschauerverlusten einhergeht. Diese Phase der Umorientierung fällt zusammen mit der Amtszeit des ehemaligen CRTC-Vorsitzenden Pierre Juneau als Präsident der CBC (1983-1990) und konzentriert sich vor allem auf:

* die deutliche Anhebung des *Canadian Content* in der *prime time* mit einem Zielwert von 95 Prozent bis 1992,

* die schrittweise Auslagerung der Hälfte der nicht-informativen Programmproduktionen in den unabhängigen Sektor zur Unterstützung des *Telefilm*-Projektes des DOC,

* den deutlichen Ausbau der Nachrichten- und Informationsprogramme,

* die zunehmende Verlagerung von Eigenproduktionen aus den Network-Zentralen Toronto und Montréal in regionale Produktionszentren.

Ziel dieser Strategie ist es, den Charakter der CBC als einzig genuin canadischer TV-Veranstalter wieder deutlich hervorzuheben und sich dadurch innerhalb des Rundfunksystems und der Rundfunkpolitik eine feste Position zurückzuerobern. Die folgende Darstellung zeigt, daß dieser Prozeß alles andere als konfliktfrei verläuft und daß die Existenz der CBC in der bestehenden Form bis heute keinesfalls gesichert ist.

7.2. Organisation der CBC: Zentralismus vs. Regionalismus

Die CBC hat nach wie vor den Status einer *Crown Corporation* und operiert als sogenannte *arms length institution* unter unmittelbarer Kontrolle der Bundesregierung in Ottawa. Sie ist gegenüber dem Parlament (über den *Minister of Communications*) direkt rechenschaftspflichtig. Der Präsident und 14 weitere Mitglieder bilden den *Board of Directors*, die sämtlich von der Bundesregierung eingesetzt und abberufen werden. Ihr rechtlicher Status ist allerdings nicht der von Staatsangestellten (*Employees of the Crown*), so daß sie keinen direkten Weisungen der Regierung unterliegen (Task Force 1986: 320-321). Sie übt allerdings beträchtlichen Einfluß über die Auswahl der *Board Members*, den Erlaß allgemeinpolitischer Rahmenrichtlinien und insbesondere über die Festlegung des jährlichen CBC-Haushaltes aus.

Die jüngste einschneidende Veränderung in der CBC-Organisationsstruktur ist zweifellos die Abschaffung des Präsidentenamtes im November 1989, das sich in der Amtszeit Juneaus zu einem einflußreichen Faktor im Kräfteverhältnis zwischen CBC, CRTC und DOC entwickelt hatte. Die Vermutung Juneaus, daß es sich bei diesem Schritt nicht, wie offiziell dargestellt, um eine Maßnahme zur Steigerung der Verwaltungseffizienz handelt, sondern sehr direkt um den Versuch, über eine Schwächung der CBC-Führung einen Hebel für politische Einflußnahme zu erhalten (CBC 1988h), ist nicht nur aufgrund der wechselvollen Geschichte der CBC mehr als plausibel:

Künftig wird die CBC-Führung nach redaktioneller und administrativer Verantwortung aufgesplittet. Die Personalentscheidungen zeigen bereits deutlich in die von Juneau befürchtete Richtung: Die Programmverantwortung liegt jetzt bei dem CBC-Journalisten Patrick Watson, der zuvor keine Führungsfunktionen ausgeübt hat; der administrative Sektor steht unter der Leitung von Gérard Veilleux, der direkt aus dem *Treasury Board* zur CBC entsandt wurde (focus canada 1989, Nr. 51: 16). Besonders die Berufung von Veilleux deutet daraufhin, daß es sich hier um den Versuch handelt, eine loyalen Mann in die CBC-Spitze zu schicken, der die neuerlichen umfangreichen Budgetkürzungen durchsetzen soll, die 1989 beschlossen wurden (s.u.) - eine Einschätzung, die auch vom US-Fachblatt *variety* geteilt wird (variety 1990: S-50).

Das anglophone und frankophone Network arbeiten weitgehend unabhängig voneinander und unterstehen jeweils einem eigenen *Headquarter* in Toronto bzw. Montréal. Die Koordination liegt seit 1983 in der Hand des *Corporate Headquarter* in Ottawa, dem auch die regionalen Produktionszentren direkt unterstehen. Zur Zeit verfügt die CBC über 37 solcher Produktionszentren, die Programme in englisch, französisch und in Ureinwohnersprachen für Radio und Fernsehen produzieren (CBC Annual Report 1988: 17). Dahinter steht nicht nur die Absicht, die Programmproduktion in den Regionen insgesamt zu stärken und den innercanadischen Informationsaustausch zu fördern, sondern auch dem von Beginn der CBC-Existenz an geäußerten Vorwurf zu begegnen, der öffentliche Rundfunk vernachlässige die Peripherien zugunsten des Zentrums im Osten (s. Kap. 3).

Etwa seit Mitte der siebziger Jahre wächst die Kritik an der als zentralistisch empfundenen CBC-Struktur besonders in den Westprovinzen. Der Ausnahmeposition Québecs, das mit CBC *Radio-Canada* über einen starken, auf die regionalen Bedürfnisse konzentrierten öffentlichen TV-Anbieter verfügt, hat der Westen nichts vergleichbares entgegenzusetzen. 1977 kam es erstmals zum offenen (und in der Zeitschrift *Saturday Night* öffentlichen ausgetragenen) Konflikt zwischen der *Association for Public Broadcasting in British Columbia* (APBBC), die sich um die Autoren George Woodcock und Herschel Hardin gruppiert hatte, und dem damaligen CBC-Vizepräsidenten Mac Pherson, der für das englischsprachige Network verantwortlich war. Woodcock, anerkannter Literaturwissenschaftler und CBC-Autor, warf der CBC vor, für die "fortgesetzte Erosion des regionalen Rundfunks" verantwortlich zu sein. Zentralisierung und Amerikanisierung des Programms hätten dazu geführt, daß die CBC ihrer Verpflichtung, die "sozialen Bedürfnisse der Regionen" zu reflektieren, nicht mehr nachkomme (Woodcock 1977a: 4-6, 1977b: 10). In der Tat hatte eine Programmanlyse der APBBC ergeben, daß in der "offiziellen" (von der CRTC definierten) *prime time* (18.00 Uhr - 24.00 Uhr) 85 Prozent der Networkprogramme aus Ontario oder Québec stammten, acht Prozent aus den Atlantikprovinzen, aber nur jeweils 3,5 Prozent aus British Columbia und den Prairieprovinzen. Das sei umso schwerwiegender, so die APBBC, als CTV kein einziges Network-Programm anbiete, das außerhalb von Toronto produziert werde (Hardin 1985: 62).

Diese Kritik (die damals von Mac Pherson mit dem Hinweis zurückgewiesen wurde, das "canadische Volk" habe sich mit der CBC für einen nationalen öffentlichen Rundfunk und nicht für einen losen Zusammenhang regionaler Anbieter entschieden; Mac Pherson 1977:

4-6) ist fester Bestandteil einer Anti-Zentralismus-Debatte, die in der canadischen Politik über eine lange Tradition verfügt. Die CBC mit ihrem weitgefaßten Mandat bietet hier eine besonders breite Angriffsfläche. Noch 1987 wiederholte der Kommunikationswissenschaftler William Melody die Vorwürfe und dehnte sie auch auf die CBC-Politik gegenüber kulturellen und ethnischen Minderheiten aus:

> "The CBC (...) has defined Canadian culture essentially als Franco-British American culture, providing inadequate service to cultural minorities. It has failed generally to reflect English Canada to French Canada and vice versa. Its regional policies have not worked well, as virtually all regions outside central Canada feel inadequately represented. The CBC bombarded Canadian native communities with English and French programming and resisted native programming in their own language to the point of embarrassment. (...) To many Canadians, the CBC has become defensive, protectionist, impenetrable and arrogant" (Melody 1987: 26).

Bisher ist es der CBC offenbar nicht gelungen, ein angemessenes Gleichgewicht zwischen ihrem "nationalen" und "regionalen" Mandat herzustellen. Eine Lösung, wie sie vor allem im Westen favorisiert wird, den öffentlichen Rundfunk nach Vorbild der deutschen ARD als Arbeitsgemeinschaft regionaler Rundfunkanstalten zu strukturieren (Hardin 1985: 64 u. 112), läßt sich in Canada offenbar nicht durchsetzen, da durch die von Anbeginn nationalstaatlich-zentralistisch ausgerichtete Rundfunkpolitik das "nationale Mandat" der CBC im Konfliktfall immer Priorität gegenüber regionalen Ansprüchen genießt (s. auch Abschnitt 7.6.).

Die CBC ist den regionalen Kritikern dennoch ein ganzes Stück entgegengekommen: Im englischsprachigen Programm werden heute bereits rund 11.000 Programmstunden regional produziert (größtenteils Nachrichtensendungen) gegenüber nur ca. 3000 Programmstunden in der Network-Zentrale Toronto. Im französischsprachigen Programm dominiert nach wie vor Montréal mit ca. 3500 Stunden, die Regionalzentren liefern 2500 Stunden (Task Force 1986: 276). Die CBC hat ebenfalls angekündigt, künftig die zunehmend multikulturelle Zusammensetzung der anglo- und frankocanadischen Bevölkerungsteile angemessener zu berücksichtigen und nicht mehr nur über "ethnische kulturelle Ereignisse" zu berichten, sondern vor allem in der *prime time* stärker solche Sprecher, Journalisten und Schauspieler einzusetzen, die nicht den beiden Hauptsprachgruppen angehören (CBC 1987b; Juneau 1988a).

7.3. Programmprofil: Canadian Content und Information

Das programmliche Schwergewicht der CBC liegt eindeutig in der sukzessiven Anhebung des *Canadian Content* in der *prime time*. Die von der CRTC vorgeschriebenen 60 Prozent werden heute bereits deutlich überschritten, wie die folgende Aufstellung zeigt:

Tabelle 7.1:

Canadian Content in den CBC-Networkprogrammen, 19.00-23.00 (in Prozent)		
	CBC engl.	CBC franz.
Canadian Content	78	80
US-Programme	20	15
Andere	2	5

(Quelle: CBC Annual Report 1988: 9 u. 11)

Das anglophone Programm, das in besonderer Weise der Konkurrenz und dem Angebotsdruck durch US-Networks unterliegt, erreicht heute in der *prime time* einen Anteil canadischer Programme, der nur noch unwesentlich unter dem des frankophonen Networks liegt. Das in einem umfangreichen Strategiepapier nach Amtsantritt Juneaus 1983 anvisierte Ziel, bereits 1988 einen *Canadian Content*-Anteil von 86 Prozent zu erreichen, konnte wegen der hohen Kosten von geschätzten 126 Mio. Dollar, die der Ersatz amerikanischer Serien und Filme durch Eigenproduktionen verursacht hätte, allerdings nicht erreicht werden. Dennoch ist der Anstieg auf 78 Prozent beachtlich, wenn man berücksichtigt, daß der canadische *prime time*-Anteil 1970 gerade die geforderte Mindestquote von 60 Prozent erfüllte (CBC 1983: 11 u. 76).

Im frankophonen Programm von CBC *Radio-Canada* liegt nicht nur der *Canadian Content*-Anteil mit 80 Prozent noch etwas höher, auch US-Programme spielen mit 15 Prozent eine geringere Rolle. Das hier 1983 gesteckte Ziel, bis 1988 vier Fünftel des *prime time*-Angebots mit canadischen Sendungen zu bestreiten, ist damit erreicht. Dagegen ist es nicht gelungen, die Hälfte des verbleibenden Restes aus Europa (insbes. Frankreich) zu beziehen

(CBC 1983: 20). Der Grund liegt zum einen darin, daß US-Serien und Filme trotz der Kosten für Synchronisation und Untertitelung noch immer preisgünstiger sind als europäische Produkte (s. Kap. 6). Zum anderen ist CBC *Radio-Canada* am TV 5-Konsortium beteiligt, das vor allem Programme der französischen Anbieter TF 1, *Antenne 2* und FR 3 direkt in Canada verbreitet, die damit für eine Network-Ausstrahlung nur noch eingeschränkt zur Verfügung stehen.

Tabelle 7.2. gibt einen Überblick über die jeweiligen Spartenanteile in den Gesamtprogrammen beider Networks. Sie zeigt, daß die CBC nach wie vor bestrebt ist, klassische Vollprogramme anzubieten, die sich in ihrer Struktur nicht wesentlich von denen europäischer *public service*-Anbieter unterscheiden:

Tabelle 7.2:

CBC-Fernseh-Programmanteile nach Sparten, tägliche Gesamtsendezeit
(in Prozent)

	CBC engl.	CBC franz
Nachrichten	6	5
Information	11	17
"drama"/Filme	45	37
Unterhaltung/Musik/Quiz u.ä.	9	24
Kinder/Jugendsendungen	14	--
Religion	1	3
Sport	13	11
Sonstiges	1	3

(Zusammengestellt nach: CBC Annual Report 1988: 9 u. 11)

Obwohl die Angaben im einzelnen nicht vergleichbar sind (Kinder und Jugendprogramme werden z.B. bei *Radio-Canada* nicht gesondert ausgewiesen), zeigt sich ein in den Gewichtungen relativ vertrautes Programprofil, in dem Filme und Serien, Shows, Informationssendungen und Sport dominieren.

Ein besonderes Gewicht legt die CBC in beiden Networks seit Anfang der achtziger Jahre auf den Ausbau der Informationsprogramme, um ihr Profil als "canadische Informationsquelle" in Abgrenzung zu den kommerziellen und vor allem zu den US-Networks deutlicher herauszuarbeiten. Mit *The National* und *The Journal* im anglophonen, *Le Point* und *Le Téléjournal* im frankophonen Network werden die jeweils wichtigsten Informationssendungen als einstündiger Block zwischen 22.00 Uhr und 23.00 Uhr in der *prime time* ausgestrahlt, was zu einem Teil die hohen *Canadian Content*-Anteile in der Hauptsendezeit erklärt. Insgesamt liegt der Informationsanteil in der *prime time* bei rund 40 Prozent im anglophonen und 30 Prozent im frankophonen Network-Programm (Juneau 1987b: 17). Zum Vergleich: Die ARD erreicht in einer typischen Programmwoche in dieser Sendzeit einen Informationsanteil von ca. 33 Prozent (eigene Berechnung für die Woche vom 25. - 31. August 1990).

Besonders mit der Entwicklung von *The Journal*, das 1982 auf Sendung ging, versucht die CBC, nach Jahren des "Einschaltquoten-Wettlaufes" mit der kommerziellen Konkurrenz, ihren journalistischen Standard wieder deutlich anzuheben. Gleichzeitig ist es auch der Versuch, an die Erfolge ähnlicher Informationsprogramme in den sechziger Jahren anzuknüpfen - insbesondere an das noch heute legendäre Politik-Magazin *This Hour Has Seven Days*, das 1966 nach harten politischen Konflikten mit der Regierung wegen zahlreicher kontroverser Beiträge aus dem Programm genommen wurde und zum Rücktritt des damaligen CBC-Präsidenten Ouimet führte (Knelman 1983: 54). Das Nachrichtenmagazin *The National* (vergleichbar etwa den ARD-Tagesthemen) ist heute das populärste anglocanadische Programm überhaupt, das rund zehnmal höhere Einschaltquoten erzielt als die Konkurrenzsendung des US-Networks CBS und in der Publikumsgunst noch vor amerikanischen Erfolgsserien wie *Miami Vice* und *Magnum P.I.* rangiert (Task Force 1986: 210; Juneau 1987b: 18).

Der jüngste Schritt in die Richtung einer Profilierung als Nachrichten- und Informations-Anbieter ist die erfolgreiche Bewerbung um die Veranstaltung eines 24-stündigen *All-News-Channel*, der 1989 als Kabelprogramm seinen Betrieb aufnahm. Dahinter steht der Versuch, ein canadisches Gegengewicht zum international erfolgreichen US-amerikanischen *Cable News Network* (CNN) zu schaffen. Die Tatsache, daß die CRTC der CBC und nicht einem kommerziellen Mitbewerber diese Lizenz erteilt hat und das DOC dem - wenn auch unter der Vorgabe der Kostenneutralität - zugestimmt hat, kann als erster wichtiger Erfolg der journalistischen Profilierungsstrategie gewertet werden (s. auch Kap. 10).

Ein weiterer Schwerpunkt der CBC Programmpolitik liegt in der deutlichen Ausweitung der canadischen "drama"-Produktionen, die schrittweise amerikanische Programme vollständig ersetzen sollen und - anders als im kommerziellen Sektor - besonderes Gewicht auf canadische Themen und Sujets legen[1]. Diese Strategie ist weit teurer und risikoreicher als die Ausweitung der informativen Bestandteile, da sie auf die Publikumsbindung attraktiver US-Serien verzichtet, zu weiteren Einschaltquotenverlusten führen kann und damit den Finanzierungsdruck aus dem Staatshaushalt zwangsläufig erhöht.

Das anglophone Programm rangiert bereits heute mit durchschnittlichen Einschaltquoten von knapp 20 Prozent nur noch an dritter Position hinter den US-Networks und CTV (gegenüber fast 47 Prozent 1967). Die rapide Talfahrt konnte allerdings seit 1981 (22 Prozent) deutlich verlangsamt werden. Ein Marktanteil um die 20-Prozent-Marke scheint derzeit für das englischsprachige CBC-Network relativ gesichert. CBC *Radio-Canada* ist mit knapp 40 Prozent im frankophonen Landesteil nach wie vor der führende Anbieter, obwohl auch hier mit dem Auftreten des kommerziellen Networks *Quatre Saison* schlagartig Einbußen von rund zehn Prozentpunkten (gegenüber 1984) hingenommen werden mußten. Die derzeitigen Quoten zeigt Tabelle 7.3. im Vergleich:

Tabelle 7.3:

Durchschnittiche TV-Einschaltquoten im Vergleich, CBC und kommerzielle Anbieter, 19.00-23.00 (in Prozent)

Anglophoner Sektor		Frankophoner Sektor	
CBC	19,7	CBC Radio-Canada	39,9
CTV	26,0	TVA	36,0
Unabh./Global	18,9	Quatre Saisons	14,4
US-Stationen	31,9	Radio-Québec	7,5
Pay-TV	3,5	TVFQ	0,4
		Pay-TV	1,8

(Quelle: CBC Annual Report 1988: 9 u. 11)

1) Zu den ersten canadischen Serien überhaupt zählte die CBC-Western-Serie *Cariboo Country* (1960 bis 1967). Als Gegengewicht zu den damals überaus populären US-TV-Western wie *Bonanza* oder *The Virginian* stellte sie die historischen Besonderheiten der West-Besiedelung Canadas in den Mittelpunkt (vgl. Miller 1984: 322-332). Gegen die US-Serien *Dallas* und *Dynasty* zog die CBC mit *Empire Inc.* ins Feld. Das Vier-Millionen-Dollar-Projekt (ausgezeichnet mit vier ACTRA-Fernsehpreisen) basiert auf der ökonomischen Erfolgsstory anglocanadischer Unternehmerfamilien in Québec (Colapinto 1984: 11-13). Jüngere Mini-Serien mit historischen Sujets wie *Anne of Green Gables* (Einschaltquote über 50%) und *Maria Chapdelaine* wurden von den öffentlichen Sendern PBS in den USA und Antenne 2 in Frankreich eingekauft. Als erfolgreich erweist sich auch die Kinderserie *Fraggle Rock* (eine Co-Produktion mit dem Muppets-Erfinder Jim Henson), die in 80 Länder verkauft wurde (Hayes 1984: 13-17). Seit 1983 mit der Einrichtung von *Telefilm* sind die meisten CBC-Serien Co-Produktionen mit unabhängigen Produzenten.

Trotz durchgängiger Verluste durch die wachsende Publikumsfragmentierung ist es der CBC andererseits offenbar gelungen, ihren Charakter als "canadischer" TV-Anbieter in der Öffentlichkeit wieder stärker herauszustellen: 72 Prozent der Sehbeteiligung bei den französischsprachigen CBC-eigenen Stationen entfällt auf canadische Sendungen (gegenüber 62 Prozent 1982), bei den englischsprachigen CBC-Stationen sind es 65 Prozent (gegenüber 62 Prozent 1982) (Task Force 1986: 100). Dennoch führen sinkende Einschaltquoten - zu einem erheblichen Teil verursacht durch die kommerzielle Lizenzierungspolitik der CRTC, wie gerade das Beispiel *Quatre Saisons* drastisch verdeutlicht - unweigerlich zu wachsendem Legitimationsdruck in den jährlichen Finanzierungsentscheidungen.

7.4. Finanzierung: Planungsunsicherheit und Budgetkürzungen

Die Finanzierung der CBC erfolgt heute zu ca. 70 Prozent aus dem Staatshaushalt und zu ca. 25 Prozent aus Werbeeinnahmen. Weitere fünf Prozent werden aus Programmverkäufen, Einnahmen aus *merchandising* und dem Verkauf von Videokassetten, Büchern und Schallplatten u.ä. erwirtschaftet. Damit ist die CBC heute wieder stärker auf Werbeeinkünfte angewiesen als noch zu Beginn der achtziger Jahre, als staatliche Zuschüsse noch rund 80 Prozent des Budgets deckten. Der Etat für den gesamten Network-Betrieb (je zwei Radio- und Fernseh-Networks, *Northern Radio and Television Service, Parliamentary Channel, All-News-Channel* und *Radio Canada International*) liegt heute bei 1,1 Mrd. Dollar (CBC Annual Report 1988: 24-25).

Auf den ersten Blick kann von einer "Unterfinanzierung" (ein Begriff, der die CBC von Beginn an begleitet; s. Kap. 3) kaum die Rede sein. In Relation zu anderen nationalen öffentlichen und kommerziellen Anbietern von Vollprogrammen (und angesichts der hohen Distributions- und "Canadisierungs"-Kosten) rangiert die CBC jedoch eher am unteren Ende der Skala: Die US-Networks ABC, NBC und CBS verfügen über jeweilige Jahresetats zwischen 2,1 und 2,3 Mrd. US-Dollar. Die ARD kommt umgerechnet auf ca. 4,4 Mrd. US-Dollar (allerdings inkl. der großen Zahl von ca. 40 Radioprogrammen), die britische BBC liegt bei 2,2 Mrd. US-Dollar und das ZDF (nur ein TV-Programm und das Kooperationsprojekt 3Sat) kommt auf ca. 930 Mio. US-Dollar (berechnet nach Kleinsteuber 1990: E-102; Wilke 1990: 31-34).

Am augenfälligsten ist jedoch der direkte Vergleich mit dem US-amerikanischen *Public Broadcasting Service/National Public Radio*: PBS/NPR, das aus privaten Spenden,

Zuwendungen der Bundesstaaten und zu rund 16 Prozent aus dem Bundeshaushalt finanziert wird und nur durchschnittliche Einschaltquoten von drei Prozent erzielt, hat mit 1,13 Mrd. US-Dollar einen vergleichbaren Jahresetat wie die CBC (Kleinsteuber 1990: E-98 u. E-102). Das Budget der CBC, so resümiert die *Task Force on Broadcasting Policy*, habe mit den wachsenden Aufgaben unter schwieriger werdenden Konkurrenzbedingungen eindeutig nicht Schritt gehalten (Task Force 1986: 270-271).

Das Problem seiner angemessenen Finanzierung ist so alt wie der öffentliche Rundfunk in Canada selbst. Mit der Abschaffung der Gebührenfinanzierung 1958 ist der CBC die relativ gesicherte Finanzbasis ebenso genommen worden wie langfristige Planungssicherheit. Vorschläge aus den fünfziger und sechziger Jahren, diese Sicherheit über Fünfjahrespläne oder die progressive Anbindung des CBC-Budgets an das Bruttosozialprodukt wieder herzustellen (s. Kap. 3), sind nie verwirklicht worden.

Seit Amtsantritt der konservativen Regierung Brian Mulroney 1984 ist die CBC zusätzlich mit einschneidenden Etat-Kürzungen konfrontiert, die insbesondere die Pläne zur Ausweitung der Eigenproduktionen im Kern in Frage stellen. Unmittelbar nach seiner Amtsübernahme kündigte der neue Kommunikationsminister Marcel Masse (zuvor als Vizepräsident der Montréaler Maschinenfabrik *Lavalin Inc.* für Marketing und Public Relations zuständig) eine Kürzung des CBC-Etats um 122 Mio. Dollar für die kommenden zwei Haushaltsjahre mit der Begründung an, der Steuerzahler solle nicht für die Unfähigkeit der CBC bezahlen, mit dem privaten Sektor erfolgreich zu konkurrieren. Gleichzeitig gab er das Einfrieren des Budgets von *Telefilm Canada* bekannt und entzog der staatlichen Kulturförderungs-Institution *Canada Council* einen großen Teil ihrer finanziellen Eigenständigkeit. Die CBC solle die Kürzungen, so Masse, durch ein "Abspecken" ihres bürokratischen Apparates ausgleichen. Für Masse waren diese Schritte expliziter Bestandteil einer Strategie, die eine generelle Abkehr von nationalistischer und protektionistischer Kulturpolitik einleiten sollte (Czarnecki 1985a: 42-43).

Die CBC kürzte in Haushaltsjahr 1985/86 zunächst 75 Mio. Dollar (7,5 Prozent des Gesamtbudgets) und strich 1150 der insgesamt 12.000 Stellen. 750 Mitarbeiter wurden direkt entlassen, die restlichen Stellen sollten durch Frühpensionierung und Nichtbesetzung von Planstellen eingespart werden. 30 Mio. Dollar betrafen den administrativen Bereich, 15,5 Mio. Dollar wurden aus dem Network-Programmetat gestrichen, weitere 10,4 Mio. Dollar gingen zu Lasten der regionalen Programme. Gleichzeitig wurde das 1983 anvisierte Ziel, den *Canadian Content* schon bis 1986 auf 80 Prozent in der *prime time* anzuheben, aufgegeben (Yates 1985: 1). Alan Yates, *Senior Adviser* der CBC und verantwortlich für die Umsetzung der Kürzungen, warf der Regierung daraufhin vor, vom öffentlichen Rundfunk einerseits die Berücksichtigung von Minderheiteninteressen zu verlangen und gleichzeitig auf sinkende Einschaltquoten als Beleg für dessen mangelnde Konkurrenzfähigkeit zu verweisen:

> "The public service broadcaster is, by mandate and nature, inclined to serve a wide crossection of the nation in terms of broadcast fare. Living of the public purse and expected to serve cultural ideals, the public broadcaster attempts to cater to all audience tastes and needs. (...) The public broadcaster may not overtly seek ratings but is both disappointed and emparrassed when small audience shares are held up by opponents or politicians when the budget is up for renewal (...) in times of survival economics" (Yates 1986: 2).

Besonders die Gebiete außerhalb der östlichen Metropolen, in denen Kultur- und Medienschaffende in der Regel ein Drittel ihres Einkommens aus der Zusammenarbeit mit der CBC beziehen (Czarnecki 1985a: 43), wurden von den Kürzungen hart betroffen. Die öffentliche Resonanz auf den Kurs der Regierung war weit überwiegend negativ. Stimmen wie die der *Maclean's*-Kommentatoren, die in die antibürokratische Kritik einstimmten, blieben die Ausnahme (Amiel 1985a u. 1985b; Bain 1985). Stattdessen erlebte das Land eine Protest- und Lobby-Kampagne, die in Ausmaß und nationaler Ausrichtung mit den CRL-Kampagnen der dreißiger Jahre verglichen wurde: Zwei der drei landesweiten Lobby-Koalitionen, die alle wichtigen Kultur-, Schriftsteller- und Medienorganisationen einschlossen, richteten sich primär gegen die CBC-Kürzungen. Die *Alliance for Canadian Broadcasting* war vom Verband der Fernsehproduzenten und -Regisseure ins Leben gerufen worden, die um den Bestand ihres wichtigsten Auftraggebers fürchteten; eine zweite Organisation nannte sich *Friends of Public Broadcasting* und mobilisierte bereits bis März 1985 1200 Mitglieder und 15 Organisation. In den Atlantik-Provinzen bildete sich eine *Coalition for Canadian Cultural Survival* (Janigan 1985a: 53). Erstes Ergebnis der Kampagnen war die Zusage des Kommunikationsministers, daß gesamte Rundfunksystem von einer unabhängigen Kommission (der späteren *Task Force on Broadcasting Policy*) erneut untersuchen und Vorschläge für ein rundfunkpolitisches Gesamtkonzept und eine Novellierung des Rundfunkgesetzes erarbeiten zu lassen (Masse 1985).

Auch wenn sich das DOC bereits Ende 1985 unter dem hohen öffentlichen Druck in weiten Bereichen zum Einlenken gezwungen sah und z.B. die Beibehaltung des Gesetzes gegen den Abfluß von Werbegeldern, Bill C-58, und eine breite Überprüfung ausländischer Investitionen im Verlagswesen ankündigte (und Masse in seinen Stellungnahmen weitgehend auf die übliche nationalistische Rhetorik einschwenkte; Janigan 1985b: 70-71), wurden die Kürzungen im CBC-Budget nicht zurückgenommen.

Im Haushaltsjahr 1986/87 mußten erneut 48 Mio. Dollar aus dem Etat gekürzt werden. Das bedeutete die Streichung weiterer 350 Stellen, die Reduzierung englisch- und französischsprachiger Network-Produktionen um 122 Programmstunden, eine deutlich geringere Auslandsberichterstattung sowie die Einschränkung regionaler und lokaler Produktionen um 1000 Stunden. Um den Protest der Provinzen gering zu halten, wurde damals die Hälfte der Regionalkürzungen auf die CBC-Lokalstation CBLT Toronto konzentriert: Die morgendliche Informationssendung *This Morning* - ein Gegenstück zu Konkurrenzsendungen von CTV und CBS - wurde ganz aus dem Programm genommen (CBC 1986b: 65-66).

Da die Regierung gleichzeitig angekündigt hatte, den CBC-Zuschuß auch in Zukunft nur unwesentlich anzuheben, rechnete die CBC 1987 weitere inflationsbedingte Einnahmeeinbußen von erheblichem Umfang vor: 56,5 Mio. Dollar in 1988, 71,5 Mio. Dollar in 1989 und 97,3 Mio. Dollar in 1990. Mögliche Realkürzungen waren in dieser Rechnung noch nicht einmal enthalten (CBC 1987a: 51-52).

Nach Jahren stagnierender Zuschüsse wurde die bislang jüngste Kürzungswelle im Frühjahr 1990 eingeleitet, als die Regierung Einsparungen im Staatshaushalt von 19 Mrd. Dollar bis 1995 ankündigte, um das Haushaltsdefizit von derzeit 30 Mrd. Dollar auf rund zehn Mrd. Dollar abzubauen (focus canada 1990, Nr. 53: 6). Neben der Privatisierung staatlicher Kommunikationseinrichtungen (nach dem internationalen Satellitenbetreiber *Teleglobe Canada* jetzt auch der nationale Betreiber TELESAT) ist die CBC erneut mit drastischen Budgetkürzungen konfrontiert: 140 Mio. Dollar sollen über fünf Jahre aus den Zuschüssen gestrichen werden. Diese Kürzungen, so schätzt der ehemalige CBC-Präsident Juneau ein, werden sich nicht mehr durch relativ gleichmäßig verteilte Einsparungen abfangen lassen: Mindestens 500 weitere Stellen müßten gestrichen, einige kleinere CBC-Stationen geschlossen und ganze Dienste wie *Radio Canada International* eingestellt werden. Pläne zur Anhebung des *Canadian Content* auf 95 Prozent seien nicht mehr zu realisieren (McPhail/McPhail 1990: 165). Insgesamt, so Juneau, könnten diese neuerlichen Kürzungen das Ende der CBC in ihrer bestehenden Form einläuten:

> "There is a possibility that this is the beginning of the end. If the CBC stops doing the things that people feel make it indispensable, it starts a vicious cycle with more people saying it's not worth it" (Zit.n. McPhail/McPhail 1990: 165).

7.5. Das Verhältnis zwischen CBC und CRTC

Trotz ihrer Position als oberster Regulierungsinstanz des als *single system* definierten Rundfunksystems unterliegt das Verhältnis der CRTC zur CBC einigen Besonderheiten: Die Weisungsbefugnis durch Lizenzauflagen ist insoweit eingeschränkt, als in Konfliktfällen die letzte Entscheidung beim DOC liegt - ebenso wie die Kompetenz zur Formulierung rundfunkpolitischer Rahmenrichtlinien. Die CRTC wacht über die Einhaltung der (höheren) *Canadian Content*-Quoten, legt Art und Umfang der Werbung fest und unterzieht den öffentlichen Rundfunk, wie die kommerziellen Networks auch, regelmäßigen Lizenzerneuerungsverfahren. Auf die strittige und immer entscheidendere Frage der CBC-Finanzierung hat die CRTC keinerlei Einfluß.

Dennoch ist das Verhältnis beider Institutionen keineswegs konfliktfrei: Die CRTC-Entscheidungen für oder gegen CBC-Anträge auf Erteilung zusätzlicher Lizenzen (z.B. CBC 2 1978 und *All-News-Channel* 1987) haben durchaus präjudizierende Wirkung; das ausgedehnte CBC-Mandat hat die CRTC mehrfach veranlaßt, zum Teil auf offenen Druck der Regierung Untersuchungen über einzelne kontroverse Programme anzustellen; nicht zuletzt hat jede Erteilung einer zusätzlichen kommerziellen Lizenz unmittelbare Auswirkungen auf die Einschaltquoten (und damit auf die rundfunkpolitische Position) der CBC. Lizenzerneuerungsverfahren haben bisher nur dreimal stattgefunden: 1974, 1978 und (wegen zweier staatlicher Untersuchungskommissionen mehrfach verschoben) 1986.

Das wichtigste und auch aufseheneregendste dieser Lizenzverfahren war zweifellos das von 1974: Die CRTC war in ihrer rundfunkpolitisch innovativsten Phase, die Verabschiedung umfassender Regulierungsbestimmungen für den Radiosektor und das Kabelfernsehen stand unmittelbar bevor, der CRTC-Vorsitzende Pierre Juneau und sein Stellvertreter Harry Boyle hatten durch die Formulierung der *Canadian Content*-Bestimmungen in der *cultural community* und in weiten Teilen der Öffentlichkeit den Höhepunkt ihrer Popularität erreicht. Besonders Juneau galt zu dieser Zeit als - wie *TIME Canada* es formulierte - "a cult hero to broadcasting's dissatisfied programmers" (zit.n. Hardin 1985: 116).

Dem gegenüber stand das anglophone Network der CBC, das sich in seiner Programmstruktur und besonders durch den massiven Einsatz von *commercials* in dieser Phase kaum noch von den kommerziellen Networks unterschied:

> "By 1974 the CBC English network carried so many commercials that it was hard to tell the difference between the CBC, for which taxpayers were providing a large subsidy, and a commercial network, for which taxpayers paid nothing directly" (Fulford 1983a: 15)

Die Hearings Anfang 1974 gerieten zu einem vielbeachteten und breit publizierten "großen Spektakel" (Hardin 1985: 116), das sich über eine Woche hinzog, fast vierhundert Einwendungen bearbeitete und damit den Charakter einer "minature royal commission" annahm (Bird 1988: 542). Die gesamte Kritik an der wachsenden Kommerzialisierung und Amerikanisierung des englischsprachigen Fernsehens konzentrierte sich in dieser Phase auf die CBC, während CTV bei seiner Lizenzerneuerung ein Jahr zuvor (wie auch zwei Jahre später) mit überaus zurückhaltenden Auflagen versehen worden war (s. Kap. 6). Hardin faßt den Tenor der Einwendungen gegen die CBC-Programmpraxis, die pratisch das gesamte Spektrum programmlicher "Verfehlungen" des anglocanadischen Fernsehens abdeckten, wie folgt zusammen:

> "The people who were now raising their voices, however, were the supporters of public broadcasting in Canada and the idea of the CBC, who were dismayed and angry at what had happened to the English-language television network as they saw it - the loss of its public broadcasting spirit, the intrusion of commercials, the domination of prime time American programming, the decline of drama, the absence of investigative boldness in public affairs, the alienation of the artistic community, the ignoring of the Canadian cultural explosion around them, the gathering up of power by administrators at the expense of producers, the loss of intellectual fibre, the blandness and timidity and triviality" (Hardin 1985: 116-117).

Das Ergebnis der Hearings war ein umfassender Empfehlungskatalog, der unter dem programmatischen, bewußt an die Entstehungsphase des öffentlichen Rundfunks erinnernden Titel "Radio Frequencies are Public Property" im März 1974 veröffentlicht wurde und - unter Einschluß der Zusammenfassung des Hearings - immerhin 245 Seiten stark war (CRTC 1974a). Die Auflagen konzentrierten sich im wesentlichen auf zwei Bereiche: zum einen auf die konkrete CBC-Programmgestaltung, insbesondere die Anhebung und Ausgestaltung des *Canadian Content*, zum anderen auf die deutliche Reduzierung der Werbung.

Die Programmauflagen formulieren erstmals die umfangreichen Ansprüche, die die CBC bis heute begleiten, da sie nur zu einem Teil oder gar nicht erfüllt wurden. Zum anderen zeigen sie deutlich, daß die CBC erneut als die Institution angesehen wird, der die Lösung fundamentaler Probleme der canadischen Gesellschaft insgesamt und des Mediensystems im besondern auferlegt wird:

* Einrichtung spezieller Fonds zur Entwicklung solcher Programme, die den Austausch und das Verständnis der anglo- und frankophonen Bevölkerung fördern und die multikulturelle, lokale und regionale Vielfalt des Landes reflektieren;

* Entwicklung attraktiver Programmformate für die Sparten canadische Literatur, Kunst, Film und Theater;

* Unterstützung der canadischen Filmindustrie durch Koproduktionen und die Erstausstrahlung von mindestens zwölf Spielfilmen pro Jahr in beiden Networks. Zusätzlich soll die CBC ihre Macht als Kunde für US-Filme dazu nutzen, bei "sich bietender Gelegenheit" für den Vertrieb von canadischen Filmen "in anderen Ländern" zu sorgen.

* Einen garantierten *Canadian Content*-Anteil in zwischen 20.00 Uhr und 21.00 Uhr von mindestens 50 Prozent. Verpflichtung sämtlicher angeschlossenen Stationen, diese Stunde des Network-Programms auch tatsächlich zu übertragen (CRTC 1974a: 32-34).

Besonders die letzte Regelung macht deutlich, wie eng die CRTC gegenüber der CBC die Inhaltsquotierungen anzuwenden bereit war. Während es ihr aufgrund des Widerstandes der kommerziellen Anbieter nicht gelungen war, die *prime time* enger als auf 18.00 Uhr bis 24.00 Uhr festzulegen und auch einen halbjährlichen Berichtszeitraum nicht durchsetzen konnte, verlangte sie vom öffentlichen Rundfunk besondere Auflagen für eine einzige *prime time*-Stunde und dazu einen Berichtszeitraum von nur vier Wochen (CRTC 1974a: 34).

Der Schwerpunkt der Empfehlungen lag allerdings auf einer deutlichen Reduzierung der Werbeeinblendungen. Mit seinem erklärten Ziel, das CBC-Fernsehen vollständig von Werbung zu befreien, hatte sich Juneau gegen den Widerstand des damaligen CBC-Präsidenten Picard allerdings nicht durchsetzen können - offenbar deshalb nicht, weil der Verlust dieser Einnahmequelle nicht automatisch eine Erhöhung der staatlichen Zuschüsse bedeutet hätte. Die CBC erklärte sich lediglich bereit, die Radioprogramme künftig werbefrei zu gestalten und in TV-Kinderprogrammen keine *commercials* mehr zu schalten (CRTC 1974a: 43).

Im einzelnen machte die CRTC folgende Werbeauflagen:

* Die schrittweise Abschaffung von Unterbrecherwerbung über die Sparten Nachrichten, Information und Kinderprogramm hinaus auf alle Programme, deren "Fluß" oder "Stimmung" davon beeinträchtig werden: das hieß, daß Werbung nur noch in Shows, *situation comedies* und Sportübertragungen gestattet sein sollte;

* die Reduzierung der Gesamtwerbezeit um 50 Prozent innerhalb von vier Jahren von damals zehn auf dann fünf Minuten pro Stunde (CRTC 1974a: 43-44).

Insgesamt, so die CRTC in ihrer Zusammenfassung, sei Werbung prinzipiell unvereinbar mit den Aufgaben und der Programmphilosphie des öffentlichen Rundfunks und sollte daher im günstigsten Fall völlig eingestellt werden:

> "In summary, the Commission considers that every effort must be made to remove all constraints which handicap the Corporation in achieving the objectives for which it exists. Commercial activity deflects the CBC from its purpose and influences its philosophy of programming and scheduling. It must, in the Commission's considered opinion, be reduced or even eliminated entirely" (CRTC 1974a: 44).

Dieses Konzept der Werbefreiheit des öffentlichen Rundfunks (das offenbar durch das Vorbild der britischen BBC inspiriert war) wurde von der Regierung allerdings nicht geteilt. Auch die Empfehlungen zur Reduzierung der Werbezeit hat das DOC letztlich nicht bestätigt, da es für einen angemessenen Finanzausgleich keine politische Mehrheit gab (Hardin 1985: 119). Die CRTC hatte es seinerzeit versäumt, konkrete Vorschläge für die Lösung des Jahrzehnte alten CBC-Finanzierungsproblems zu unterbreiten; und die CBC hat mit ihrer Frontstellung gegenüber der CRTC (offenbar aus begründeter Angst vor dem generellen Verlust an "Massenattraktivität") ein gemeinsames Vorgehen in dieser existenziellen Frage verhindert. Eine ähnliche Konstellation, die auch als Rückenstärkung für das Konzept des öffentlichen Rundfunks insgesamt hätte begriffen werden können, hat es seitdem nicht mehr gegeben; die Abhängikeit der CBC von der Werbefinanzierung hat sich zwischenzeitlich sogar noch deutlich erhöht.

In den folgenden eineinhalb Jahrzehnten verschwand die CBC deutlich aus dem focus des rundfunkpolitischen Interesses - sieht man von der Untersuchung der angeblich separatistischen Berichterstattung des französischsprachigen Networks im Jahr 1977 einmal ab (s.u.). Generell legte die CRTC den Schwerpunkt ihrer Aktivitäten (nach dem Ausscheiden Juneaus als Vorsitzender 1975) zunehmend auf die Lizenzierung neuer kommerzieller Stationen, die (weitgehend gescheiterte) Regulierung des Kabelfernsehens (s. Kap. 8) und auf die juristische Auseinandersetzung mit CTV und GLOBAL über die Ausgestaltung der *Canadian Content*-Auflagen (s. Kap. 6).

Die Hearings zur CBC-Lizenzerneuerung 1978 wurden nun deutlich von den Problemen der Kommerzialisierung und Amerikanisierung des gesamten Rundfunksystems geprägt und befaßten sich mehr mit der generellen Lizenzpolitik der CRTC als mit den konkreten Problemen der CBC (Fulford 1978a u. 1978b, Wolfe 1978a). Der amtierende CBC-Präsident Albert Johnson hatte zwar ein Jahr zuvor noch ein ambitioniertes Strategiepapier vorgelegt (*Touchstone for the CBC*, 1977), dessen Kern die Einrichtung je eines zweiten, werbungsfreien Networks in beiden offiziellen Sprachen war (CBC 2), das über Satellit und Kabel verbreitet werden sollte. Die Kosten wurden mit 30 Mio. Dollar sehr gering angesetzt, da auf ein aufwendiges terrestrisches Übertragungs- und Sendernetz verzichtet werden konnnte. Dieser Vorschlag wurde fast vier Jahre lang beraten und scheiterte schließlich 1981 an der Ablehnung selbst dieser geringen Zusatzfinanzierung durch die Regierung (Hardin 1985: 193-194).

Die bisher letzten Lizenzverhandlungen im Oktober 1986 standen nun ganz im Zeichen der umfangreichen Budgetkürzungen der Jahre 1985 und 1986. Der jetzige CBC-Präsident Juneau (nach fünfjähriger liberaler Regierungstätigkeit als *Undersecretary of State* und *Deputy Minister of Communications* 1982 eingesetzt) fand sich in einer überaus defensiven Position, da finanzieller Spielraum für neue Programminitiativen nicht mehr vorhanden war. In seiner Stellungnahme während der Hearings wies er daraufhin, daß das umfangreiche Mandat der CBC in keinem Verhältnis mehr zu ihren Ressourcen stehe (Juneau 1987a: 5).

In einer Art "Schocktherapie" rechnete Juneau vor, was eine Anpassung des Mandates an die Ressorcen bedeuten könnte, wenn sich die CBC zu einschneidenden Verringerungen ihres Angebotes entschließen würde: Schließung von *Radio Canada International* (Einsparung 16,5 Mio. Dollar), Senkung des *Canadian Content* auf die für kommerzielle Anbieter vorgeschriebene Quote von tagsüber 60 Prozent und 50 Prozent in der *prime time* (65 Mio. Dollar), Schließung von sieben regionalen Produktionszentren (15,5 Mio. Dollar),

Einstellung des *Northern Radio and Television Service* (12,5 Mio. Dollar) und schließlich die völllige Aufgabe des FM-Radiobetriebes (31 Mio. Dollar) (Juneau 1987a: 6).

Da, so Juneau, die CBC keinen dieser Schritte ernsthaft erwäge, sondern ihr umfangreiches Mandat weiterhin erfüllen wolle, stände der CRTC nur die Option zu Verfügung, die Anforderungen an den öffentlichen Rundfunk nicht weiter heraufzusetzen, solange die Finanzprobleme nicht gelöst seien (Juneau 1987a: 5).

Die CRTC erneuerte schließlich im Februar 1987 die Lizenz für weitere fünf Jahre und hielt sich mit ihren Auflagen weitgehend an die selbstgesteckten Ziele der CBC: Anhebung des *Canadian Content* bis 1992 auf 90 Prozent (davon in der *prime time* wöchentlich mindestens zehn Stunden "drama"-Produktionen); Auslagerung von 50 Prozent der nicht-informativen Programme in den unabhängigen Produktionssektor, die volle Beibehaltung des *Northern Television Service*, eine "angemessene" Balance zwischen regionalen und Network-Produktionen sowie ein "vernünftiges Maß" an Programmaustausch zwischen anglophonem und frankophonem Network. Langfristig solle die CBC ihren Werbeanteil verringern und die privaten angeschlossenen Stationen durch eigene ersetzen, sobald dafür öffentliche Mittel zur Verfügung stehen (CRTC Annual Report 1987: 44-45).

Im Grunde, so zeigt dieser in Teilen eher unverbindliche Katalog erneut, hat die CRTC keinen bestimmenden Einfluß auf die konkrete Entwicklung der CBC, da sämtliche Empfehlungen und Auflagen von der Höhe der staatlichen Finanzierung bestimmt werden. Der politische Wille, über die CBC die Rundfunkpolitik maßgeblich zu beeinflussen, ist seit den Lizenzverhandlungen von 1974 deutlich geschwunden. Insgesamt ist das Verhältnis zwischen beiden Institutionen überaus gespannt, da die CBC die kommerzielle Lizenzierungspolitik der CRTC für ihre drastischen Einschaltquotenverluste der letzten zwei Jahrzehnte direkt verantwortlich macht.

Symptomatisch für dieses "zerüttete Verhältnis" sind die überaus scharfen Angriffe, die der populäre *Anchorman* der Nachrichtensendung *The National* und heutige *Executive Producer* der CBC, Mark Starowicz, im Vorfeld des Lizenzverfahrens gegen die CRTC richtete: "Canadisierung" sei weltweit zu einem Synonym für die Politik des Ausverkaufs nationaler Kultur geworden, die das Land auf das Niveau einer Dritte-Welt-Nation zurückgeworfen habe. Die CRTC habe im "verantwortungslosen" Zusammenwirken mit dem Parlament die "elektronische Souveränität" Kanadas verspielt und unter Verletzung aller rundfunkpolitischen Ziele die Amerikanisierung des Mediensystems selbst herbeigeführt. Eine "Zurückeroberung" der Souveränität im Rundfunk sei nur noch durch politische Bewegungen möglich, wie sie in den zwanziger und dreißiger Jahren existierten und die Gründung der CBC erst möglich gemacht hätten (Starowicz 1985a: 56-59; 1985b: 25-36).

7.6. CBC Radio-Canada, die CRTC und der Separatismus in Québec

Ein überaus einschneidendes Ereignis im Verhältnis zwischen der CBC und der CRTC war die Untersuchung der angeblichen Förderung des frankocanadischen Separatismus durch die CBC im Jahr 1977. Die CRTC, nach dem Wahlsieg der *Parti Québecois* (P.Q.) 1976 direkt von Premierminister Trudeau zu einer Programmanalyse aufgefordert, bescheinigte dem öffentlichen Rundfunk im Ergebnis, alle wesentlichen Anforderungen seines Mandates nicht erfüllt zu haben. Um die Schärfe dieses Konfliktes verstehen zu können, soll zunächst auf die besondere Situation des frankophonen Rundfunks eingegangen werden.

Die Stellung des frankophonen CBC-Fernseh-Networks *Radio-Canada* unterscheidet sich fundamental von der des englischsprachigen Pendants. Während sich die anglocanadische Legitimationsdebatte im Kern um den Popularitätsverfall des öffentlichen Rundfunks in einer von Amerikanisierung und Kommerzialisierung geprägten Fernsehlandschaft bewegt, ist das größte Problem von CBC *Radio-Canada* paradoxerweise sein Erfolg. In Québec ist die CBC mit einer durchschnittlichen Zuschauerbeteiligung von rund 40 Prozent nach wie vor der führende Anbieter von Fernsehprogrammen. Rechnet man dazu den TV-Publikumsanteil des provinzeigenen *Radio Québec* (7,5 Prozent), zeigt sich hier bis heute ein deutliches Übergewicht des öffentlichen Rundfunks (CBC Annual Report 1988: 11).

Der Erfolg von CBC *Radio-Canada* (und damit gleichzeitig sein "nationales" Legitimationsproblem) liegt in der sehr viel tieferen Einbettung des öffentlichen Rundfunks in die frankophone Gesellschaft begründet - insbesondere in der Förderung französischer Sprache und Kultur. Anders als im anglophonen CBC-Programm stehen französischsprachige Filme und Serien, die häufig historische Episoden der Sonderentwicklung Québecs thematisieren, an der Spitze der populärsten Programme (so die langjährige CBC-Erfolgsserie *Le temps d'une paix*). Nachrichten- und Informationssendungen mit nationaler und internationaler Berichterstattung (wie *Le Point* und *Téléjournal*) sind dagegen weit weniger populär. Die einzige Nachrichtensendung, die unter den zehn erfolgreichsten Programmen rangiert, ist die auf die Metropole Montréal bezogene Sendung *Montréal en direct* bei TVA (Task Force 1986: 210).

Die "Insellage" Québecs als "ethnisch und sprachlich sehr homogener Raum" (Lenz 1988: 442) spiegelt sich so auch in den massenmedialen Kommunikationsstrukturen wider: Bereits 1965 kam eine *Royal Commission on Bilingualism and Biculturalism* zu dem Befund, daß ein kultureller und informationeller Austausch in den Network-Programmen der CBC nur sehr ungenügend stattfinde. Bürger außerhalb Québecs hatten sich durchgängig beklagt, über die Ereignisse in der frankophonen Provinz nur unzureichend informiert zu sein (Royal Commission on Bilingualism and Biculturalism 1965: 71-73). Daß dieses entscheidende Strukturproblem - das sich organisatorisch in der weitgehend unabghängigen Position der CBC-Network-Zentralen in Toronto und Montréal niederschlägt - bis heute nichts grundlegend verändert hat, zeigen die ständig wiederkehrenden Forderungen nach einem verstärkten Programmaustausch u.a. in den Lizenzerneuerungen durch die CRTC (s.o.).

Den bislang einzigen Versuch mit einem tatsächlich zweisprachigen Fernsehprogramm bildete CBFT in Montréal, die erste CBC-Fernsehstation überhaupt, die 1952 auf Sendung ging. Dahinter standen allerdings keinerlei rundfunkpolitische, sondern rein praktische und ökonomische Erwägungen der optimalen Nutzung des einzigen damals verfügbaren Fernsehkanals. Schon zwei Jahre später endete dieses Experiment, in dem sich englische und französische Programme im halbstündigen Rhytmmus ablösten, mit der Belegung einer zweiten Montréaler Frequenz (Trofimenkoff 1982: 283-284)

Seitdem entwickelte sich CBC *Radio-Canada* (neben der frankophonen Sektion des NFB) zum bedeutendsten Katalysator für die Entwicklung frankophoner Kultur und zum wichtigsten Betätigungsfeld für französischsprachige Kulturschaffende. Bis zum Ende der fünfziger Jahre hatte sich mindestens ein Dutzend unabhängiger Produktionsfirmen im Umfeld der CBC gebildet, die sich auf Serien und Werbespots spezialisierten. In der Folgezeit avancierte CBC *Radio-Canada* zum Hauptkunden der jungen Filmindustrie Québecs, die bis zu 90 Prozent ihrer gesamten Jahresproduktion an Spiel- Kurz- und Dokumentarfilmen an das öffentliche Fernsehen verkaufen konnte (Armstrong 1980: 8-10). In kürzester Zeit wurden die CBC-Fernsehstudios in Montréal soweit ausgebaut, daß sie 1957 nach ihrem Produktionsvolumen als die drittgrößten der Welt galten (Trofimenkoff 1982: 284). In dieser innercandischen Ausnahmestellung sahen sich die Fernsehmacher selbst weniger einem nationalen Auftrag verbunden, sondern weit mehr als Förderer der frankophonen kulturellen Entwicklung:

> "In any case (the CBC) had made television into something special for French Canada: a purifier of language, a provider of education, an outlet for talent. In short, in the eyes of its makers, television had become an esssential part of French Canadian culture" (Trofimenkoff 1982: 285).

Ebenso herausragend war die Rolle der CBC als Plattform für die neuentstehende kulturelle und politische Elite der ***Révolution Tranquille*** der sechziger Jahre. Radikale Gegner der konservativen Provinzregierung unter Maurice Duplessis wie Pierre E. Trudeau und René Lévesque verdankten ihre Popularität zu einem großen Teil häufigen Fernsehauftritten (Wolfe 1977: 50); die spätere Kommunikationsministerin und Generalgouverneurin Jeanne Sauvé startete ihre Karriere als CBC-Journalistin; der populärste Fernsehmoderator der fünfziger Jahre, Leiter der Informationssendung *Point de mire*, war René Lévesque - als Vorsitzender der P.Q. und Premierminister der Provinz von 1976 bis 1985 die herausragende politische Figur des frankophonen Separatismus (Wolfe 1977: 50; Gillick 1985: 22).

Als einschneidendes Ereignis in der Geschichte von CBC *Radio-Canada* gilt bis heute der dreimonatige Streik in den Montréaler Fernsehstudios im Winter 1958/59 - der zweite große Arbeitskampf in Québec überhaupt (nach dem sechsmonatigen Streik in dem Chemieunternehmen "Asbestos" 1949), in dem die politische Forderung nach Zulassung von Gewerkschaften im Mittelpunkt stand. Dieser Streik, bis heute mit hohem Symbolwert behaftet (McCormack 1981: 179), hatte nachhaltige Auswirkungen auf drei verschiedenen Ebenen. Erstens trug er zur Radikalisierung eines großen Teils der Fernsehschaffenden bei und diente als "Sprungbrett" für politische Karrieren und Bewegungen (Gillick 1985: 22) - insbesondere für Lévesque, der die CBC anschließend verließ und aus einer Abspaltung der Liberalen Partei die P.Q. aufbaute. Zweitens hatte die harte Haltung der CBC-Zentrale und der Bundesregieung gegenüber dem Streik, der *Radio-Canada* in seinem Bestand gefährdete, zu einer weiteren Entfremdung zwischen "Ottawa" und den frankophonen CBC-Mitarbeitern geführt, die nun einem "nationalen" Rundfunkkonzept noch ablehnender gegenüberstanden (McCormack 1981: 179). Drittens verschärfte sich die Haltung der Regierung gegenüber jeder realen oder auch nur vermeintlichen Unterstützung separatistischer Bestrebungen durch CBC *Radio-Canada* besonders seit Amtsantritt Trudeaus beträchtlich.

Im Vorfeld der Verabschiedung des Rundfunkgesetzes von 1968 war man in der Bundesregierung überzeugt, daß CBC *Radio-Canada*, wie es die Innenministerin Judy LaMarsh damals ausdrückte, "was not only infested by separatists but even by subversives, who were turning (it) into a propaganda machine to advocate a separate state in Québec" (Zit.n. Wolfe 1977: 50). Die Aufnahme des "national unity"-Mandates in das Rundfunkgesetz ist danach als ein direktes Ergebnis dieses Separatismus-Vorwurfes zu verstehen. Trudeau, der das Network einst selbst als Plattform für scharfe Angriffe auf die Regierung Duplessis genutzt hatte, drohte 1969 offen mit Budgetkürzungen als Mittel zur politischen Disziplinierung:

> "I will not tolerate French language employees of the CBC firing point blank at the federal government (...). If, in our political judgement, the stuff coming out of Radio-Canada is not worth the dollars we put into it we won't hesitate to cut its budget" (Trudeau 1969, zit.n. Wolfe 1977: 50).

Der Druck auf CBC *Radio-Canada* verschärfte sich noch durch zwei weitere Ereignisse, die den Bestand der Nation im Kern zu gefährden drohten. Zunächst die sogenannnte "Oktoberkrise" im Jahr 1970, als Aktivisten der *Front de Liberation du Québec* (FLQ) den britischen Diplomaten James Cross entführten und kurz darauf den liberalen Arbeitsminister der Provinz, Pierre Laporte, ermordeten - was die Bundesregierung mit der Verhängung des Kriegsrechtes über die gesamte Provinz beantwortete. Der Kontakt zwischen Regierung und FLQ lief damals ausschließlich über Radio und Fernsehen. Zwar nutzte die FLQ nicht CBC *Radio-Canada*, sondern zwei kommerzielle Radiostationen in Montréal als "Briefkasten" für ihre Botschaften, dennoch blieb als Eindruck haften, "die Medien" spielten ein prominente Rolle in den Strategien der Separatisten:

> "From one point of view the October Crisis can be seen as a battle for the temporary control over the communication system of Québec (...). While the crisis affected the relative roles of the media at that time, it was also to have a delayed impact on these institutions in another sense. There is a greater concern now with the kind of role the mass media should play in the collective life of Québec" (LaTouche 1983: 199 u. 202).

Das zweite Ereignis war der schließliche Wahlsieg der P.Q. im Jahre 1976 und die Wahl Lévesques zum Premierminister von Québec. Die Überzeugung, CBC *Radio-Canada* habe mit seiner Berichterstattung zu diesem Wahlerfolg unmittelbar beigetragen, saß in Ottawa offenbar tief: Im März 1977 erhielt die CRTC den Auftrag, eine Untersuchung über die politische Berichterstattung der beiden CBC-Fernseh-Networks anzustellen, in der überprüft werden sollte, inwieweit die CBC ihr rundfunkpolitisches Mandat, zur "Förderung der nationalen Einheit" beizutragen, erfüllt habe. Den Auftrag erteilte der Premierminister selbst - ein bis heute einmaliger Vorgang. In seinem Schreiben, das Trudeau im März 1977 an den damaligen CRTC-Vorsitzenden Boyle richtete, heißt es u. a.:

> "The Canadian Broadcasting Corporation is established by Parliament under the provisions of the Broadcasting Act to provide a national broadcasting service, within the context of the broadcasting policy objectives set out by the Act. Doubts have been expressed as whether the English and French television networks of the Corporation generally, and in particular their public affairs, information and news programming, are fulfilling the mandate of the Corporation. (...) Accordingly, I am writing to invite the Commission to establish an inquiry into the matter" (Zit.n.: CRTC 1977a: v).

Der Schock über den Wahlsieg der Separatisten saß um so tiefer, als sich die meisten Canadier außerhalb Québecs über die politische Situation in der Provinz zuvor nur unzureichend informiert sahen. Die CRTC stellte - immerhin zwölf Jahre nach der Untersuchung der *Royal Commission on Bilingualism and Biculturalism* - in ihrem Bericht einleitend fest:

> "After the Québec election (...) many people in Canada were shocked and angry that events had proceeded so far without their beeing fully aware of them, and some were inclined to think that separatist bias in CBC French was a contributing factor to the election" (CRTC 1977a: 5).

Die Untersuchungskommission, im März 1977 unter direkter Leitung des CRTC-Vorsitzenden Harry Boyle eingerichtet, konzentrierte sich zunächst auf eine quantitative Inhaltsanalyse der englisch- und französischsprachigen CBC-Nachrichten und Informationssendungen. Sie stellte dabei fest, daß der Anteil identischer Themen nur bei rund 15 Prozent lag (CRTC 1977b: 20). *Radio-Canada* stellte in seiner Berichterstattung über innenpolitische Ereignisse die Provinz Québec eindeutig in den Mittelpunkt: Nahezu die Hälfte der Sendezeit in Nachrichten, politischen Magazinen und Informationssendungen war ausschließlich Québec gewidmet; mindestens ein Drittel der als "Canadian Stories" definierten Beiträge hoben den Standpunkt Québecs hervor und der größte Teil der als "other Canadian Provinces" klassifizierten Sendeanteile bezieht Reaktionen auf Entwicklungen innerhalb Québecs ein. Demgegenüber lag der Anteil der Nennungen Québecs in der englischsprachigen Berichterstattung nur bei rund 13 Prozent (CRTC 1977a: 17-18).

Im Bereich der internationalen Nachrichtengebung lagen die Gemeinsamkeiten mit rund 25 Prozent deutlich höher. Auffälligstes Merkmal war hier, daß das engischsprachige Network einen doppelt so großen Zeitanteil US-amerikanischen Themen widmete, während *Radio-Canada* stärker auf Westeuropa ausgerichtet war - vor allem aufgrund der Nutzung der französischen Nachrichtenagentur *Agence France Press* (AFP). Die englischsprachigen Programme stützen sich dagegen vorwiegend auf die US-amerikanische *Associated Press* (AP) und die *Canadian Press* (CP), die wiederum den größten Teil ihrer internationalen Meldungen direkt von AP bezieht (CRTC 1977a: 19 ff.).

Die Studie zieht hier bereits die ersten Schlußfolgerungen, in denen eine explizit vorurteilsgeleitete oder gar separatistische Berichterstattung eindeutig nicht nachgewiesen werden konnte. Nicht die politische Ausrichtung der Inhalte behindere die "Schaffung gemeinsamer Werte und Normen", sondern die Unausgewogenheit in der Themenauswahl:

> "The general conclusion of the analysis is that newscasts play a very limited role in shaping common values and norms, and tend to reinforce differences along linguistic lines. It is not so much what the newscasts contain that creates problems from the point of view of national untiy, but rather what they leave out" (CRTC 1977a: 20).

Als Hauptursache für die mangelnde Präsenz der Regionen in den Programmen beider Networks sah die CRTC deren zentralistischen Ausrichtung auf die Network-Zentralen in Toronto und Montréal. Nicht nur in den Informations-, sondern auch in den Unterhaltungsprogrammen würden sich Politik und Kultur der canadischen Regionen nur äußerst unzureichend widerspiegeln. Der Befund, die Kommunikation zwischen den anglophonen und frankophonen Landesteilen sei so unterentwickelt, als wenn sie sich auf verschiedenen Planeten befänden, mußte allerdings auf die gesamte canadische Medienlandschaft ausgedehnt werden:

> "As presented by the media, Canada is in the state of deep schizophrenia: if English and French Canada were on different planets there could hardly be a greater contrast of views and information. All the media (...) are equally delinquent in this regard..." (CRTC 1977a: 62).

Den Nachweis offener Unterstützung des Separatismus konnte die CRTC-Untersuchung nicht erbringen. Aus einer repräsentativen Befragung war eindeutig hervorgegangen, daß die Mehrheit der CBC-Zuschauer den Vorwurf des vorurteilsgeleiteten Journalismus ebensowenig teilten wie die Feststellung, der öffentliche Rundfunk trage nicht zur Entwicklung nationaler Einheit bei. 70 bis 80 Prozent der befragten Zuschauer waren der Meinung, daß politische Parteien und Gruppen innerhalb des Gesamtprogramms der CBC gleichberechtigt und angemessen zu Wort kämen, während immerhin noch 60 Prozent der CBC einen ausreichenden Beitrag zur Förderung canadischer Einheit und Identität bescheinigten (CRTC 1977a: 34).

Trotz dieser Ergebnisse fällte die Untersuchungskommission nach nur vier Monaten ein geradezu vernichtendes Urteil: Das Mandat, zur Entwicklung nationaler Einheit und kultureller Identität beizutragen, habe die CBC in keinem der unter Paragraph 3 des Rundfunkgesetzes aufgeführten Punkte erfüllt:

> "...there are at least three aspects of the CBC's statutory mandat in which the Report indicates significant deficiencies. By overcentralizing production and programming in Toronto and Montréal and by the orientation of the CBC to events in an around those centres, the CBC has failed to serve the 'special needs of geographic regions'. By separating French and English networks into two distinct and isolated services both conceptually and physically, it has failed in its responsibility for 'actively contributing to the flow and exchange of cultural and regional information and entertainment'. And by its heavy dependence on American television programming and excessive reliance on its own internal resources, it has failed to 'provide for a continuing expression of Canadian identity'. The CBC has thereby, in the Commission's view, failed in its very important responsibility to 'contribute to the development of national unity'" (CRTC 1977a: ix-x).

Die CRTC nahm diesen Befund zum Anlaß, erneut jene Programmanforderungen zu formulieren, über deren (angestrebte oder tatsächliche) Erfüllung sich der öffentliche Rundfunk in Canada bis heute wesentlich legitimiert: "Canadisierung" des englischsprachigen Fernsehprogramms, Ausweitung der französischsprachigen Berichterstattung über ganz Canada, Verbesserung der regionalen Informationsprogramme, verstärkte Zusammenarbeit der Networks untereinander, sowie schließlich die größere Einbeziehung unabhängiger Produzenten in die Programmproduktion (CRTC 1977a: 69).

Eine weitere Untersuchung dieser Art hat es seitdem nicht mehr gegeben - vor allem deshalb, weil das Konzept des offenen Separatismus in Québec sehr schnell an politischer Zugkraft verlor. In dem schließlich 1980 durchgeführten Referendum über die politische Loslösung der Provinz stimmten 60 Prozent der Bevölkerung Québecs mit "Nein"; 1985 übernahm die Liberale Partei nach dem Rücktritt Lévesques erneute die Regierung. Die direkten Folgen für die CBC-Struktur blieben begrenzt, da vor allem die Zusammenlegung der beiden Network-Zentralen gegen die Interessen Québecs politisch nicht durchsetzbar war, sondern lediglich die Einrichtung des *Corporate Headquarter* in Ottawa 1983, das seitdem als Klammer zwischen Toronto und Montréal fungieren soll (s.o.). 1988, elf Jahre nach der umstrittenen Untersuchung, griff die Zeitschrift *Saturday Night* das Thema erneut auf und stellte nach einer einwöchigen Programmbeobachtung fest, daß sich die Berichterstattung über die Bundespolitik in den Hauptnachrichtensendungen *The National* und *Le Téléjournal* weitgehend einander angeglichen hat. Gleichzeitig jedoch stehen Politik und Gesellschaft Québecs bei CBC *Radio-Canada* nach wie vor im Mittelpunkt der Informationsprogramme. Die anglophonen Provinzen werden dagegen noch immer so unangemessen berücksichtigt, daß die frankophonen CBC-Zuschauer den Eindruck gewinnen können, die Gebiete außerhalb Québecs seien "the immense desert which stretches from the House of Commons to Vancouver" (Leith 1988: 21-22).

7.7. Legitimationsdruck durch Untersuchungskommissionen: Das Applebaum/Hébert Committee von 1982

Zusammenfassend kann hier bereits festgehalten werden, daß sich die CBC seit ihrer Gründung im Spannungsfeld zwischen überaus hohen normativen Ansprüchen, wachsender kommerzieller Konkurrenz, unangemessenen Finanzierunsmodalitäten und tendenziell sinkenden Einschaltquoten bewegt, in dem sie einem ständigen Legitimationsprozeß ausgesetzt ist. Dieser Prozeß verschärft sich in unregelmäßigen Abständen durch Untersuchungen zahlreicher *Royal Commissions*, *Special Committees*, *Task Forces* und ähnlicher Einrichtungen, die auf Initiative wechselnder Institutionen Probleme des Rundfunks analysieren und Vorschläge für deren Lösung unterbreiten. Die historische Entwicklung hat gezeigt, daß diese Kommissionen - zumeist berufen in als krisenhaft empfundenen Perioden - zum Teil erheblichen Einfluß auf die Rundfunkpolitik ausgeübt haben.

Nachdem in den siebziger Jahren die Initiativen der CRTC die rundfunkpolitischen Diskussionen und Entscheidungen maßgeblich bestimmten, hat die Zahl der Untersuchungskommissionen wieder zugenommen - ein deutlicher Reflex auf die ungebrochene Dynamik von Kommerzialisierung und Amerikanisierung, die durch regulierende Eingriffe nur sehr begrenzt zu steuern ist:

> "Possibly the increasing frequency of such investigations reflects the frustration of policy-makers. In the latter half of the 20th century, it seems evident that, in the absence of totalitarian controls, modern communications will ignore national and cultural barriers; individual citizens will choose what they listen to and watch despite the policies of their government, and the viewing and listening habits of the mass of the populations will distress the intellectual elite in whatever country the choices are made" (Bird 1988: 671)

Für die Idee des öffentlichen Rundfunks bedeuteten die Untersuchungsberichte in der Regel eine deutliche Rückenstärkung[2], die jedoch in praxi immer wieder (und heute in besonders drastischer Weise) durch die unzureichenden Finanzierungsmodalitäten und einschneidenden Budgetkürzung konterkariert wird. Eine deutliche und in seiner Radikalität einzigartige Ausnahme bildete der Bericht des *Federal Cultural Policy Review Committee* (*Applebaum/Hébert Report*, 1982), der in der Tradition des *Massey Report* von 1951 erstmals wieder Empfehlungen für die gesamte canadische Kulturpolitik vorlegte.

Das *Applebaum/Hébert Committee* war zweifellos das ungewöhnlichste in der langen Reihe rundfunk- und kulturpolitischer Untersuchungskommissionen: Wie seine Vorsitzenden (der Komponist Jacques Hébert und dessen Stellvertreter, der Schriftsteller Louis Applebaum) waren seine Mitglieder fast ausschließlich Autoren, Verleger, Maler, Schauspieler, Regisseure und andere (zum Teil freischaffende) Künstler, die in der Rundfunkpolitik über keinerlei Erfahrungen verfügten. Das galt auch für die wenigen Ausnahmen (etwa den Vizepräsidenten von des Kunst-Sponsors *Imperial Oil*, einen Theaterleiter und einen Kunsthistoriker), die nicht direkt aus Künstlerkreisen stammten (zur Zusammensetzung s. Bird 1988: 671).

Entsprechend ungewöhnlich und aufsehenerregend waren die Empfehlungen zur Rundfunkpolitik, insbesondere zur Zukunft der CBC. Neben der Wiederholung vieler Elemente der Lizenzverhandlungen von 1974 - etwa die völlige Abschaffung der Werbung, Trennung von den privaten angeschlossenen Stationen, Stärkung regionaler Elemente, mehr canadische Filme und Kulturprogramme (Applebaum/Hébert Report 1982: 267-311) - deren Umsetzung bisher vollständig oder weitgehend an Finanzierungsproblemen gescheitert war, forderte das Komitee die vollständige Auslagerung sämtlicher Programmproduktionen mit Ausnahme der reinen Nachrichtensendungen in den privaten Produktionssektor. Die CBC solle diese Produktionen lediglich finanzieren und neue Programmideen entwickeln. Gleichzeitig müsse geprüft werden, ob die gesamten technischen Produktions- und Übertragungseinrichtungen nicht ebenfalls an eine private Gesellschaft verkauft werden könnten, die dann der CBC und anderen Interessenten auf Mietbasis zur Verfügung stehen würden (Applebaum/Hébert Report: 292-293). Zur Frage, wie die ver-

2) So durch das *Special Senate Committee on the Mass Media* von 1970 (*Davey Committee*), das jede Schwächung der CBC strikt ablehnte und unter anderem die Forderung nach einer gesicherten fünfjährigen Finanzierung wieder aufgriff (Davey Committee 1970: 193-225). Das *Consultative Committee on the Implications of Telecommunications for Canadian Sovereignty* (*Clyne Committee*) forderte 1978 die Stärkung der CBC als wesentliches Instrument zum Schutz sozialer und kultureller Souveränität (Clyne Committee 1978: 76). Zuletzt die *Task Force on Broadcasting Policy*, deren Bericht von 1986 insgesamt von der Strategie einer Wiederbelebung des öffentlichen Rundfunks getragen ist und die u.a. die Einrichtung des *All-News-Channel* unter der Ägide der CBC empfahl (Task Force 1986).

bleibende "Rumpf-CBC" weiterhin finanziert werden sollte, macht der Bericht keinerlei konkrete Angaben (Applebaum/Hébert Report: 310-311).

Die CBC hätte nach Verwirklichung dieser Empfehlungen als öffentliche Rundfunkeinrichtung faktisch aufgehört zu existieren. Das Komitee übernahm mit diesen "most radical recommendations of any government-sanctioned committee since the Second World War" (Bird 1988: 671) nahezu vollständig die Forderungen der kommerziellen Rundfunkanbieter. Schon elf Jahre zuvor hatte deren Dachverband CAB gegenüber einem Rundfunk-Untersuchungsausschuß des Senates exakt identische Vorstellungen vorgebracht, die damals allerdings entschieden zurückgewiesen worden waren (Davey Committee 1970: 193-225). In ihrer schriftlichen Stellungnahme für das *Applebaum/Hébert Committee* hatte die CAB daher von vornherein auf eine Wiederholung dieser Forderungen verzichtet, sondern sich ganz auf die Reduzierung der Auflagen für den kommerziellen Sektor konzentriert (CAB 1981a). Daß für das *Applebaum/Hébert Committee* die weitgehende Auflösung der CBC Teil einer umfassenderen Strategie zur Verlagerung öffentlicher Kulturleistungen in den privaten Sektor war, wird an den vergleichbaren Konzepten für die Zukunft des *National Film Board* deutlich: Auch hier wurde empfohlen, die Produktion von Filmen ganz auszulagern und den NFB in eine reine Forschungs- und Trainingseinrichtung für die Video- und Filmarbeit umzuwandeln (Applebaum/Hébert Committee 1982: 264).

Der Bericht des Kulturkomitees wurde in der anschließenden heftig geführten öffentlichen und wissenschaftlichen Diskussion, in der liberalen und nationalistisch orientierten Presse nahezu einhellig als oberflächlich, schlecht recherchiert und in seinen Empfehlungen als nicht praktikabel zurückgewiesen (vgl. bes. Crean 1983: 14-17 u. 42-43; Fulford 1983b: 3-7; Gathercole 1983: 7-9 u. 36-40; McCormack 1984: 267-277). Auch die Prüfung durch das Parlament in Ottawa fiel im Kern negativ aus: Das *Standing Committee on Communications and Culture* lehnte die Forderung nach vollständiger Auslagerung der CBC-Produktion ab und schlug stattdessen vor, die CBC solle "soviel Programmmaterial wie möglich" bei unabhängigen Produzenten einkaufen. Ebenso zurückgewiesen wurden die Empfehlungen, die CBC solle auf Werbung ganz verzichten und sich von den kommerziellen angeschlossenen Stationen trennen (DOC 1983e: 1-3).

Dennoch hatte dieser Bericht für die Rundfunkpolitik insgesamt und auch für CBC einschneidende Auswirkungen: Erstmals war der gesamte Problemkomplex des privatwirtschaftlichen Film- und Fernsehproduktionssektors in den Mittelpunkt einer kulturpolitischen Untersuchung gerückt worden, dessen Stärkung und Förderung sich seitdem zu einem zentralen Element der Politik des DOC und der CRTC entwickelt hat. Das Konzept von *Telefilm Canada*, das die Subventionierung der Produktionsindustrie an die Co-Finanzierung und die Ausstrahlunggarantie des (öffentlichen und kommerziellen) Fernsehens knüpft (s. Ka. 6) ist ebenso vom Tenor des *Applebaum/Hébert Report* getragen wie die aktuelle Lizenzierungspolitik der CRTC, die neue Sendegenehmigungen - etwa im Fall des frankophonen Networks *Quatre Saisons* - jetzt mit der Auflage versieht, wesentliche Programmanteile mit Auftragsproduktionen zu füllen. CBC und DOC legten im Oktober 1983 zeitgleich Strategiepapiere für die Entwicklung des öffentlichen Rundfunks vor, die (neben "Canadasierung" und Regionalisierung des Gesamtangebotes) als gemeinsames Ziel anvisieren, künftig mindestens 50 Prozent der nicht-informativen CBC-Programme von kommerziellen Produzenten zu beziehen (CBC 1983; DOC 1983c)[3].

Auch wenn die weitergehenden Pläne zur faktischen Auflösung der CBC nicht realisiert wurden, zeigt sich doch, daß die Legitimationsprobleme des öffentlichen Rundfunks in Canada in den achtziger Jahren eine Dimension erreicht haben, die nicht weniger als die Frage der schlichten Weiterexistenz einschließt. Ein bedeutsames Moment zur Verschärfung dieser Probleme liegt in der Tatsache, daß die CBC immer weniger das unabdingbare - und über Jahrzehnte einzige - Instrument zur Gewährleistung einer nationalen Rundfunkversorgung ist: Die rapide Ausdehnung des Kabelfernsehens, der Einsatz von Rundfunksatelliten und die Zulassung ständig neuer Programmanbieter neben den kommerziellen TV-Networks lassen die einstige Ausnahmestellung der CBC immer weiter in den Hintergrund treten. Dieser Prozeß der Angebots- und Kanalvermehrung (der in der bisherigen Darstellung aus systematischen Gründen weitgehend ausgeklammert worden ist), verlief in den siebziger und achtziger jahren parallel zur beschriebenen Entwicklung des konventionelle kommerziellen und öffentlichen Rundfunks. Die folgenden Kapitel (8, 9, u. 10) zeigen die besonderen Bedingungen dieses Prozesses auf und problematisieren die schwindende Wirksamkeit von Regulierungseingriffen in die neu entstehenden Sektoren des canadischen Rundfunksystems.

---

3) Zum Vergleich: die ARD bestreitet nur 6,5 Prozent ihres Programms mit Auftragsproduktionen, 6,8 Prozent mit Koproduktionen und 47 Prozent mit Eigenproduktionen (epd/kifu 1989, Nr. 94)

8. Kabelfernsehen: Die Grenzen der inhaltsorientierten Regulierungspolitik

8.1. Struktur und Nutzung des Kabelfernsehens in Canada

Zur Zeit werden in Canada rund 1700 kommerzielle Kabelsysteme betrieben (1988: 1721), an die rund acht Millionen Haushalte angeschlossen sind. Das entspricht einer Verkabelungsdichte von 78,6 Prozent aller Haushalte des Landes, mit der Canada an zweiter Position der am stärksten verkabelten Länder der Welt noch weit vor den USA rangiert[1]. Der tatsächliche Versorgungsgrad ist jedoch etwas geringer anzusetzen, da nur rund 5,6 Millionen Privathaushalte und rund 700.000 sogenannte *indirect subscribers* (Hotels, Wohnanlagen etc.) die angebotenen Programme auch tatsächlich abonniert haben, während der Rest zwar verkabelt ist, den Service aber nicht nutzt. Innerhalb des gesamten Lizensierungsgebietes aller derzeit operierenden Systeme könnten theoretisch 96,7 Prozent der canadischen Haushalte angeschlossen werden, da die CRTC Lizenzen jeweils für geographische Gebiete vergibt, die besonders in dünnbesiedelten Regionen größer sind als die Fläche, auf der die angeschlossenen Haushalte angesiedelt sind (CRTC Annual Report 1988: 67-68).

Insgesamt werden bei diesem hohen Stand der Versorgung mit Kabelanschlüssen bereits deutliche Anzeichen einer Marktsättigung erkennbar. Zwar hat sich die Gesamtzahl der Kabelsysteme allein seit 1980 von damals 562 auf heute 1721 mehr als verdreifacht (was vor allem auf hohe Wachstumsraten in bislang wenig versorgten Regionen der Atlantik- und Prairieprovinzen zurückzuführen ist), die relativ dünne Besiedelung dieser Gebiete hat jedoch im selben Zeitraum nur zu einer Zunahme der angeschlossenen Einheiten um 3,6 Prozentpunkte geführt (CRTC Annual Reports 1984: 62; 1988: 67-68). Die wesentlichen Aktivitäten besonders der großen kommerziellen Kabelgesellschaften konzentrieren sich daher seit Beginn der achtziger Jahre darauf, den ökonomischen Konzentrationsprozeß (und damit die Zahl der angeschlossenen Haushalte pro Gesellschaft) voranzutreiben und gleichzeitig das über Kabel verfügbare Angebot auszuweiten (Pay-TV, *specialty services* und *non-programming services*), um so neue Anreize für einen Kabelanschluß zu schaffen und höhere Gebühren zu durchzusetzen (s.u.).

---

1) Das am stärksten verkabelte Land der Welt ist Belgien mit einer Anschlußrate von 93 Prozent. In den USA liegt sie bei nur 49,8 Prozent (Hirsch 1990: D-16; Kleinsteuber 1990: E-102)

Nach wie vor weist die Nutzungssdichte beträchtliche regionale Disparitäten auf. Sie schwankt zwischen 46,7 Prozent der Haushalte in der Prairieprovinz Saskatchewan und 82,2 Prozent in British Columbia. Da in den großstädtischen Metropolen das Verhältnis von Investitionen und erreichbaren Haushalten naturgemäß am günstigsten ist, liegt hier die Anschlußrate durchgängig zwischen 80 und 95 Prozent (Task Force 1986: 552). Die folgende Grafik gibt einen Überblick über den Stand der Nutzung von Kabelanschlüssen nach Provinzen:

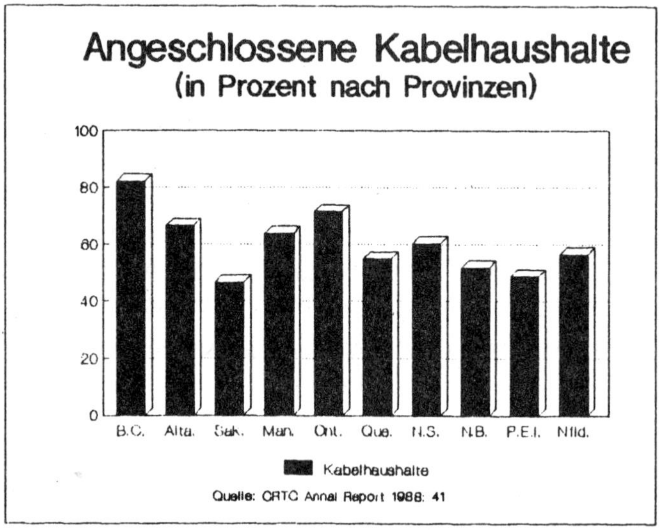

Die CRTC sieht sich hier bis heute einem starken Druck der Öffentlichkeit nach "Gleichbehandlung" ausgesetzt. Das heißt, daß jede Ausweitung des Kabelangebotes in stark verkabelten, zumeist großstädtischen Gebieten zu Forderungen aus unterversorgten Regionen führt, auch dort das Angebot entsprechend auszudehnen (vgl. bes. Therrien Report 1981). Sind so beispielsweise US-amerikanische Network-Programme in grenznahen Kabelsystemen verfügbar, ist deren Ausbreitung auf das Hinterland nach diesem (akzeptierten) Grundsatz nahezu unausweichlich, sei es durch die Heranführung per Richtfunk oder zunehmend per Satellit.

Ein Kabelsystem besteht aus einer Kopfstation (*headend*), einem Kabelverteilnetz (*distribution network*) auf Kupferkoaxialbasis (in einigen Regionen wird derzeit mit leistungsfähigeren Glasfasernetzen experimentiert) und dem jeweiligen Hausanschluß (*subscriber drop*). Über eine Kombination verschiedener Antennen werden sowohl herkömmlich verfügbare Radio- und Fernsehsignale (*off-air-* oder *over-the-air*-Signale) als auch per Richtfunk herangeführte und von Satelliten abgestrahlte Signale einheimischer und US-amerikanischer Anbieter aufgefangen, in der Kopfstation umgewandelt und über das Verteilnetz an die Abonnenten weitergeleitet.

Die durchschnittliche Kapazität eines canadischen Kabelsystems liegt derzeit bei etwa 35 Kanälen, wovon die Übermittlung von zwölf Kanälen den jeweiligen Basisdienst ausmacht, den jeder angeschlossene Haushalt ohne technische Zusatzeinrichtungen empfangen kann. Nach einer von der CRTC festgelegten Prioritätenliste (s.u.) werden hier die Signale canadischer und US-amerikanischer VHF-Fernsehsender und FM-Radiostationen übermittelt. Für den Empfang weiterer Kanäle ist der Einbau eines UHF-Konverters erforderlich.

Diese Unterscheidung ist deshalb bedeutsam, da allein die Monatsgebühr für den 12-Kanal-Basisdienst nach wie vor die Haupteinnahmequelle der Kabelgesellschaften bildet. Diese Gebühr wird durch die CRTC vorgeschrieben und liegt derzeit monatlich bei durchschnittlich elf Dollar pro Haushalt. Für zusätzliche Angebote dürfen nur in eng begrenzten Fällen Extragebühren berechnet werden. Die Kabelgesellschaften finanzieren diesen Service über die Miete für den Konverter, der den Abonnenten nur leihweise zur Verfügung gestellt wird. Zur Zeit nutzen 66 Prozent der angeschlossenen Haushalte einen solchen Konverter und kommen so in den Genuß von rund 35 Kanälen (CCTA 1989a, Fact Sheets).

Hierin erschöpfen sich im wesentlichen die traditionellen Finanzquellen der canadischen Kabelgesellschaften, da es ihnen weder gestattet ist, in den verbreiteten Programmen auf eigene Rechnung Werbezeit zu verkaufen, noch selbstproduzierte kommerzielle Sendungen anzubieten. Andererseits entstehen ihnen bislang keinerlei Programmkosten, da sowohl die canadischen als auch die US-amerikanischen Fernsehsignale kostenlos aufgefangen werden können. Der Vorteil für die TV-Anbieter liegt hier in den Reichweitengewinnen, die auf terrestrischem Wege nicht erzielt werden könnten und damit höhere Tausenderpreise für Werbespots ermöglichen. Im Zuge der Ausgestaltung des US-canadischen Freihandelsabkommens von 1988 ist die canadische Regierung jedoch künftig aufgefordert, bei der Verbreitung US-amerikanischer Satellitensignale durch canadische Kabelsysteme den Schutz des Urheberrechtes zu garantieren, was tendenziell zu einer Form der Gebührenpflicht bei der Übernahme amerikanischer Fernsehsendungen führen wird (Wiesner 1989: 160-161). Als selbstständige Programmanbieter treten die Kabelgesellschaften lediglich mit werbungsfreien Lokalsendungen auf, die auf einem

Community Channel von interessierten Bürgern selbstständig produziert werden können (s.u.).

Dennoch hat sich das Kabelfernsehen in der Vergangenheit als der Mediensektor mit den höchsten Wachstumsraten erwiesen: Die Gesamteinkünfte der Branche stiegen zwischen 1967 und 1986 von 22 Millionen auf 767 Mllionen Dollar; die Zahl der Systeme hat sich seit 1968 verfünffacht, während die Verkabelungsdichte sich im selben Zeitraum von ursprünglich 13,2 Prozent annähernd versechsfachte (CRTC 1979c: 13 u. 92; Statistics Canada 1989: 14.16).

Das Kabelfernsehen ist der einzige Mediensektor, der sich in Canada sehr viel rascher und breiter ausgedehnt hat als in den USA. 1970 beispielsweise lag die Anschlußrate in Canada mit 21 Prozent bereits um ein Dreifaches höher als in den USA. Und während sich die Zahl der angeschlossenen Haushalte in den USA bis 1975 gerade auf 14 Prozent verdoppeln konnte, war sie in Canada schon auf 42 Prozent angestiegen (Task Force 1986: 545). Der Grund für diesen bis heute gehaltenen Vorsprung ist relativ leicht auszumachen: In den USA diente das Kabelfernsehen in der Entstehungsphase vornehmlich dazu, geographische Versorgungslücken der kommerziellen Networks zu schließen und auch in ländlichen Regionen den Geräteabsatz zu fördern (Kleinsteuber 1979: 270-272). Das Angebot der US-amerikanischen Kabelsysteme unterschied sich bis 1975, als mit Warners Spielfilmkanal *Home Box Office* (HBO) der erste nur per Kabel empfangbare zusätzliche Anbieter auftrat, nicht wesentlich von den bereits über herkömmliche Antennen empfangbaren Programmen. In Canada dagegen war der eigentliche Daseinszweck von Beginn an die Verbreitung nicht allgemein verfügbarer Fernsehsignale aus den USA - ein Umstand, der nicht nur die Attraktivität eines Kabelanschlusses drastisch erhöhte, sondern die Regulierungspolitik vor Probleme stellen sollte, denen mit dem traditionellen Instrumentarium der Inhaltsquotierungen nicht mehr zu begegnen war. Die Handlungsspielräume in der Regulierungspolitik der CRTC waren so von Beginn an stark eingeschränkt, was ein kurzer Rückblick auf die Entwicklung des canadischen Kabelfernsehens verdeutlichen soll.

8.2. Entwicklung des Kabelfernsehens bis 1968

Die Technik, Fernsehsignale über Koaxialkabel zu verbreiten, entwickelte sich in Canada nahezu gleichzeitig mit dem Fernsehen selbst. Die ersten Kabelsysteme entstanden bereits 1952 in den grenznahen Großstädten Montréal, London, Ont., und Vancouver, B.C. Der wesentliche Anreiz lag in der Möglichkeit, mittels Großantennen die Signale US-amerikanischer Grenzstationen aufzufangen und in Canada zu verbreiten. Die ungleiche Entwicklung des Fernsehens gegenüber den USA schuf von Beginn an den Bedarf an US-Programmen. 1955, als bereits jeder dritte canadische Haushalt über ein Fernsehgerät verfügte, strahlten nur 26 einheimische Sender regelmäßig Programme aus, die einen Teil der Fernsehhaushalte gar nicht oder nur schwach erreichten (s. Kap. 3).

Der Programmbedarf konnte also vielfach nur ausschließlich durch die frühen Kabelsysteme gedeckt werden. Das erste Kabelfernsehsystem in London, Ont., beispielsweise verdankt seine Entstehung der Tatsache, daß es mit der Verbreitung von US-Programmen aus Cleveland, Ohio, die über den Erie-See hinweg aufgefangen wurden, der einzige Fernsehanbieter in dieser Großstadt überhaupt war. Ein Privatmann hatte in seinem Hinterhof eine Großantenne installiert, die Nachbarn verkabelt und den Service über die Vermietung von Fernsehgeräten finanziert (MacFarlane 1981: 40). Entsprechend stark war die Nachfrage nach Kabelanschlüssen auch in anderen Grenzstädten. *Rédiffusion*, die erste Kabelgesellschaft in Montréal, versorgte bereits 1955 die beträchtliche Zahl von 58.000 Abonennten (Hollins 1984: 84).

Die Entwicklung der ersten Jahre erklärt auch, warum die US-Grenzstationen und Networks lange Jahre nicht gegen die unautorisierte Übernahme ihrer Programme einschritten, da die canadischen Kabelgesellschaften deren Reichweiten ohne zusätzliche Kosten über die reinen Grenzregionen hinaus auszudehnen versprachen. Ein weiterer Grund lag in den erheblichen amerikanischen Investitionen in das kanadische Kabelfernsehen, das zum Teil - wie in der Frühzeit des Radios - direkt von den US-Networks aufgebaut wurde. Besonders CBS zeigte hier überdurchschnittliches Engagement: *Premier Cablevision* in Vancouver, bis zur Übernahme durch den heutigen Marktführer *Rogers Communications* 1981 die zweitgrößte Kabelgesellschaft Canadas, wurde direkt durch das US-Network aufgebaut. Bis 1968 hielt CBS hier 75 Prozent der Kapitalanteile (Babe 1975: 66), bis 1981 immerhin noch den höchstmöglichen Auslandsanteil von 20 Prozent. Gemeinsam mit *Famous Players*, einer Tochter des Hollywood-Majors *Paramount Pictures* und noch heute der wichtigste Besitzer von Kinoketten in Canada (s. Kap. 6), kontrollierte CBS bis zum Inkrafttreten des Rundfunkgesetzes 1968 mehr als 51 Prozent des gesamten canadischen Kabelfernsehmarktes (Reidegeld 1988: 4).

Die relative Unterversorgung der canadischen Fernsehhaushalte vor allem in den ländlichen Regionen der Prairie-Provinzen sorgte dafür, daß sich das Kabelfernsehen hier ebenso rasch in kleineren Gemeinden ausbreitete, in denen der Betrieb einer kommerziellen Fernsehstation nicht lukrativ erschien. Die Kabelsysteme haben demnach maßgeblich zur Durchsetzung des Fernsehens insgesamt beigetragen, da sie auch dort einen Gerätemarkt schufen, wo ein Fernsehempfang auf herkömmlichem Wege nicht möglich war. Für die canadischen TV-Anbieter bedeutete das zweierlei: Einerseits konnten sie bei der Ausweitung ihres Service' in mittlere und kleinere Gemeinden bereits von einer existierenden Geräteinfrastruktur ausgehen, andererseits waren der Markt und die Zuschauergewohnheiten hier schon früh von den herangeführten Programmen US-amerikanischer Stationen beherrscht - ebenfalls eine vergleichbare Situation zur anfangs unkontrollierten Ausbreitung des Radios in den zwanziger Jahren.

Es ist jedoch zu vermuten, daß der ökonomische Effekt der Schaffung von "Hardware"-Märkten bei der rundfunkpolitischen Beurteilung des Kabelfernsehens überwogen haben muß. Anders ist nicht zu erklären, warum sich die Kabelsysteme bis 1968 ohne jede rundfunkrechtliche Kontrolle entwickeln konnten. Das Rundfunkgesetz von 1958 hatte diesen Sektor aus seinem Geltungsbereich ausgenommen, was dem BBG jede Möglichkeit nahm, hier regulierend einzuwirken. Auch der zweite *Fowler Report* von 1965 mit seinen einflußreichen Empfehlungen für die kommende liberale Rundfunkgesetzgebung, hatte, wie erwähnt, auf ausdrückliche Anordnung der Bundesregierung das Kabelfernsehen bei seiner Untersuchung des Rundfunksystems nicht berücksichtigt. Andererseits war die Nicht-Regulierung des Kabelfernsehens in Nordamerika bis dahin übliche Praxis - auch die *Federal Communications Commission* (FCC) in den USA erließ erst 1966 Vorschriften für diesen Sektor (Kleinsteuber 1979: 272).

Die canadische Kabel-Genehmigungspraxis in den frühen Jahren weist zusätzliche Parallelen zu den Pioniertagen des Radios auf, in denen die Frequenzen nicht nach rundfunkpolitischen, sondern rein technischen Kriterien an nahezu jeden solventen Interessenten vergeben worden waren. Zuständig für die Erteilung von Kabelfernsehgenehmigungen war bis 1968 das *Department of Transport* der Bundesregierung, das die Lizenzen auf einer simplen "first come, first serve"-Basis ausgab. Canadas heutiger "Kabel-Tycoon" Ted Rogers, der 1967 seine erste Lizenz für Toronto erhielt, erinnert sich, daß solche Genehmigungen seinerzeit ebenso einfach zu bekommen waren "wie ein Angelschein" (MacFarlane 1981: 40).

Die rechtliche Situation änderte sich erst mit der Verabschiedung des Rundfunkgesetzes von 1968, das Kabelsysteme als "broadcasting transmitting" und "broadcasting receiving undertakings" definiert (Broadcasting Act 1968: Part I, § 1). Für die CRTC bedeutete das, daß sie einen Mediensektor den neuformulierten rundfunkpolitischen Zielen unterordnen mußte, der sich in den vergangenen eineinhalb Jahrzehnten nach eigenen, ausschließlich marktwirtschaftlichen Gesetzen entwickeln konnte und dessen primäre Funktion in der Verbreitung US-amerikanischer Programme bestand.

8.3. Die Regulierungspolitik der CRTC und ihre Auswirkungen

Die Regulierungskompetenz der CRTC gegenüber dem Kabelfernsehen, die sich aus den Paragraphen 1-3 des Rundfunkgesetzes ableitet, erstreckt sich im wesentlichen auf drei Bereiche:

* Vergabe und Erneuerung von Lizenzen, Festlegung und Überwachung von Lizenzbedingungen, Einteilung von Lizenzgebieten;

* Festlegung und Anpassung von Anschluß- und Abonnementgebühren;

* Bestimmungen über Art und Umfang der angebotenen Programmleistungen sowie die Festlegung einer Rangfolge in der Übermittlungspflicht.

8.3.1. Einbindung des Kabelfernsehens in die Rundfunkpolitik

Die Kompetenzen der CRTC waren von Beginn an nicht unumstritten. Sie konnten zum Teil erst durch höchstrichterliche Entscheidungen abgesichert werden, da vor allem die Provinzen (insbes. Québec, Saskatchewan und British Columbia) darin eine Beschneidung ihrer Kulturhoheit sahen. Zum anderen fochten besonders zu Beginn der achtziger Jahre rundfunkpolitische Interessenverbände die Kompetenzen der CRTC prinzipiell an (insbes. die aus der CRL hervorgegangene *Canadian Broadcasting League*, CBL, und die *Associa-*

tion for Public Broadcasting in British Columbia, APBBC), als sich immer deutlicher abzuzeichnen begann, daß anfangs postulierte partizipatorische Elemente der Regulierungspolitik hinter die ökonomischen Interessen der Kabelindustrie mehr und mehr zurückzutreten hatten (s.u.).

Die Anfänge der Kabel-Regulierung gehen zurück auf das Jahr 1971, in dem die CRTC in Vorbereitung der obligatorischen öffentlichen Anhörungen zur Kabelpolitik ihr erstes Grundsatzpapier verabschiedete (CRTC 1971a). Es bildete den Auftakt für eine Serie umfangreicher Dokumente bis zur endgültigen Festlegung der Politikziele im Dezember 1975 (CRTC 1975b). Dieser relativ große Zeitraum, der sich im übrigen mit der ebenfalls langen Periode deckt, in der die CRTC auf anderen Regulierungsfeldern (insbes. FM-Radio) ihre Politikziele zu formulieren und durchzusetzen versuchte, mag ein Hinweis auf das grundsätzliche Dilemma sein, vor das sich die Kommission im Fall des Kabelfernsehens gestellt sah: Wie konnte ein rundfunktechnologischer Distributionssektor, dessen Daseinszweck bislang die Verbreitung von US-Signalen war und der zudem ein nationales Publikum in immer kleinere Teilpublika zu fragmentieren drohte, in den Dienst einer auf nationale Einheit und kulturelle Identität zielenden Rundfunkpolitik gestellt werden, ohne die ökonomische Potenz dieses neuentstehenden rundfunkindustriellen Sektors zu gefährden? Einleitend heißt es im ersten Papier von 1971, daß die CRTC nicht bereit sei, ihren Regulierungsauftrag allein technologischen oder marktwirtschaftlichen Zwängen unterzuordnen:

> "The Commission repeats that its intention is to establish a policy which will permit and support the development of cable television. However, the mandate of the Commission requires it to supervise the publicly-owned radio frequencies so that the Canadian broadcasting system is not disrupted as a result of purely technological and marketing pressures which take no account of the social, cultural, economic and political objectives of the country" (CRTC 1971a: 2).

Die CRTC mußte zu diesem Zeitpunkt jedoch zur Kenntnis nehmen, daß das Kabelfernsehen durch seine bisherige Entwicklung Fakten geschaffen hatte, die durch administrative Maßnahmen nicht einfach rückgängig gemacht werden konnten: Die Situation 1971 war gerade geprägt durch die unkontrollierte Verbreitung US-amerikanischer Programme und ebenso durch den Druck des canadischen Marktes, auf dem für dieses Angebot offenbar große Nachfrage bestand. In der Skizzierung der positiven Tendenzen des Mediums mußte die CRTC dem schließlich Rechnung tragen, indem sie sich auf die soziale und plurale

Rolle konzentrierte, die das Kabelfernsehen zusätzlich zur Verbreitung von US-Angeboten spielen könne:

> "... cable television can also contribute forcefully to the achievement of the fundamental objectives of Canadian broadcasting. It can widen the choice of programs offered to Canadians. Not only can cable television systems provide programs from the United States, but they might some day, via satellites, give access to programs from other countries of the world like France and Great Britain. They can also provide more means of communication for education under provincial authority; make local community expression easier; offer channels of distribution for more numerous kinds of social information, more diverse sources of knowledge and more varied styles of thought within our country" (CRTC 1971a: 2).

Der euphorische Unterton in der Beschreibung der Ziele läßt den Kern dieses programmatischen Passus' zunächst kaum deutlich werden: Weder hier noch an anderer Stelle ist davon die Rede, daß das Kabelfernsehen künftig nicht der Verbreitung von US-Programmen dienen soll. Stattdessen soll es genutzt werden, um zusätzliche, bisher nicht verfügbare Programmleistungen zu ermöglichen und vor allem lokale Partizipationschancen zu erhöhen. Nicht die absolute Verminderung des US-Einflusses wurde also angestrebt, sondern dessen relativer Bedeutungsrückgang für den Charakter des Mediums durch die Stärkung neuer, an den Zielen der allgemeinen Rundfunkpolitik orientierter Elemente - eine Politik, die die CRTC in einen Wettlauf mit den populären Angeboten aus den USA bringen sollte.

Die ersten umfassenden Kabelrichtlinien, die im selben Jahr verabschiedet wurden, zielten so zunächst darauf, den Zugang canadischer Veranstalter zum Kabelfernsehen überhaupt erst sicherzustellen - was bis dahin keinesfalls selbstverständlich war.

8.3.2. Die Carriage Priority List

Die CRTC entschied sich als wesentliches Regulierungsinstrument für eine Rangfolge in der Übermittlungspflicht, die der Verbreitung canadischer Hörfunk- und Fernsehprogramme generell Priorität vor US-amerikanischen einräumt. Unter den canadischen Sendern wird nun weiter differenziert: Absoluten Vorrang haben die lokalen TV-Stationen vor den regionalen und den überregionalen. In jeder dieser geographischen Kategorien genießen die Sender der CBC den Vorzug vor den Programmen der *Educational Communication Authorities* der Provinzen, dahinter rangieren die jeweiligen privaten Stationen und am

Ende die kommerziellen Networks. Dieselbe Rangfolge gilt bei der Verbreitung von FM-Radiosignalen, zu der allerdings Kabelsysteme mit weniger als 3000 Abonnenten nicht verpflichtet sind (Cable Television Regulations 1978, Broadcasting Act Chapter 374: 2532-2533).

Von diesen sogenannten *Carriage Priorities* versprach sich die CRTC offenbar einen ähnlichen "Canadisierungseffekt" des Kabelfernsehens, wie sie ihn sich durch die kurz zuvor verabschiedeten *Canadian-Content*-Bestimmungen für Hörfunk- und Fernsehen erhoffte. Daß dieser Effekt jedoch nur sehr bedingt eintrat, hat mehrere Gründe:

Der Vorrang der lokalen Stationen ist zuerst als Schutzklausel zu verstehen, die ihnen die angestammten Anteile auf den lokalen Werbemärkten sichern soll. Um hier eine weitere Publikumsfragmentierung zumindest einzuschränken und zu verhindern, daß beispielsweise eine großstädtische Fernsehstation aus Montréal oder Toronto den Werbemarkt in kleineren Gemeinden abschöpfen kann, verfügte die CRTC gleichzeitig ein Verbot, die Programme entfernter canadischer Stationen per Richtfunk heranzuführen und zu verbreiten. Durch dieses Verbot, das 1979 noch einmal ausdrücklich bekräftigt worden war (CRTC 1979b: 7), wird das Gesamtangebot an canadischen Programmen für die einzelnen Kabelgesellschaften jedoch gleichzeitig stark eingeschränkt. So bestanden trotz der *Carriage Priority* zugunsten einheimischer Anbieter von Beginn an selbst innerhalb des 12-Kanal-Basisdienstes ausreichend Kapazitäten zur Übertragung US-amerikanischer Programme.

Für US-Stationen gilt eine ähnliche Beschränkung nicht, wodurch ihre Verfügbarkeit - unter Berücksichtigung des eingangs erwähnten "Gleichbehandlungsgrundsatzes" - bis weit über die Grenzregionen hinaus gesichert ist. Die einzige Einfgriffsmöglichkeit sieht die CRTC bei solchen US-Programmen, die nicht - wie von Beginn an üblich - mit herkömmlichen Antennen aufgefangen werden können, sondern über canadische Richtfunkstrecken aus den USA herbeigeführt werden müssen. Hier existiert seit 1979 eine Richtlinie, nach der bei Benutzung von Richtfunkstrecken die Zahl der US-Programme drei kommerzielle und ein nicht-kommerzielles nicht überschreiten darf. Diese sogenannte *three and one*-Regelung bewirkt, daß faktisch jede canadische Kabelstation heute zumindest die Sendungen der drei kommerziellen US-Networks ABC, NBC und CBS sowie des nicht-kommerziellen PBS verbreiten darf. Eine Begrenzung für solche US-Signale, die mit einer herkömmlichen Großantenne aufgefangen werden können, besteht überhaupt nicht (CRTC 1979b: 7).

Nicht zuletzt hat die Priorität in der Übertragungspflicht keinen Einfluß darauf, welche Kanäle die Zuschauer tatsächlich einschalten. Läßt sich durch besondere *prime time*-Auflagen innerhalb der *Canadian Content Rules* für herkömmliche Fernsehanbieter noch ein Minimum an Nachfragesteuerung realisieren, so werden die US-amerikanischen und canadischen Angebote im Kabelfernsehen schließlich gleichzeitig, also alternativ angeboten. Ist im ersten Fall die Entscheidung gegen ein canadisches Programm oft gleichbedeutend mit der Wahl des Abschaltknopfes, so ermöglicht die wachsende Verbreitung des Kabelfernsehens ein jederzeitiges Umschalten auf ein US-amerikanisches Programm. Durch diesen simplen Mechanismus lassen sich die kontinuierlichen Reichweitengewinne der US-amerikanischen Fernsehanbieter auf die heutige Spitzenposition von durchschnittlich 31,6 Prozent erklären - ein Anstieg von immerhin rund sieben Prozentpunkten seit Bestehen der CRTC (s.o.). Die folgende Grafik gibt noch einmal einen Überblick über die Reichweitenveränderungen canadischer und US-amerikanischer TV-Programme seit 1970:

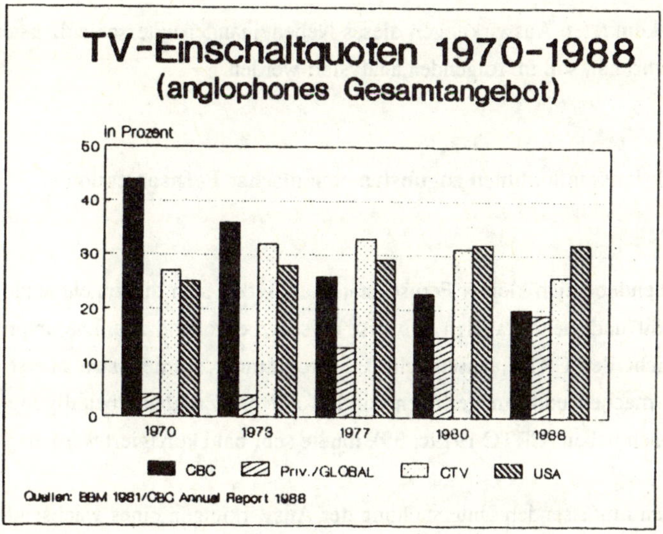

Faktisch, so kann bereits an dieser Stelle festgehalten werden, hat sich die Kabelregulierungspolitik der CRTC als geradezu kontraproduktiv zur intendierten Programm-Canadisierungspolitik der *Canadian Content Rules* erwiesen. Der wichtigste Grund für diese Entwicklung liegt offenbar darin, daß auf diesem Sektor von Beginn an mehrere Politikziele deutlich miteinander konkurrierten:

* Regulierung der Programminhalte über Zugangsmöglichkeiten für einheimische Anbieter, ohne das bereits verfügbare US-Angebot einzuschränken;

* Zurückdrängung des US-Kapitalbesitzes in einem wichtigen Mediensektor, was gleichzeitig zu einer "Fürsorgepflicht" gegenüber der nun neu entstehenden einheimischen Kabelindustrie führte;

* Schutz der Marktanteile besonders der lokalen und regionalen canadischen Fernsehanbieter vor den Auswirkungen der Publikumsfragmentierung;

* nicht zuletzt die Absicherung zentralistischer, bundesstaatlicher Kontrolle über einen bedeutenden Sektor des Rundfunksystems, um einen größeren Einfluß der Provinzen (und damit eine mögliche alternative Nutzung des Kabelfernsehens) zu verhindern.

Zu welchen konkreten Auswirkungen dieses Nebeneinander unterschiedlichster Strategien letztlich geführt hat, soll im folgenden analysiert werden.

8.3.3. Protektionsmaßnahmen zugunsten canadischer Fernsehstationen

Im lokalen Sendebereich kleiner Fernsehstationen wirkte sich die zunehmende Verfügbarkeit von zwölf und mehr Kanälen teilweise existenzbedrohend aus. Die ursprünglich vertretene Ansicht der CRTC, zusätzliche US-Programme würden sich zuerst gegenseitig Konkurrenz machen und nur geringen Einfluß auf die Zuschauerbeteiligung bei canadischen Stationen haben (CRTC 1979c: 39), mußte sehr bald korrigiert werden.

In ihrer ersten umfassenden Untersuchung der Auswirkungen eines wachsenden Kabelangebotes von 1979 stellt die CRTC die tatsächlich vorherrschende Konkurrenzsituation exemplarisch dar: Wenn zwei US-Stationen via Kabel in einem Gebiet verfügbar sind, in dem ebenfalls zwei canadische Stationen senden und wo zuvor keine US-Programme empfangen werden konnten, sinkt der Publikumsanteil der canadischen Stationen von ursprünglich 100 Prozent auf 60 Prozent. Steigt die Zahl der US-Stationen auf drei, sinkt der Zuschaueranteil gar auf 40 Prozent: "This is contrary to the widely held belief that additional U.S. stations will mainly cut into the audiences of other U.S. stations" (CRTC 1979c: 39).

Und zur weiteren Entwicklung stellte die CRTC fest, daß eine Zunahme der Publikumsfragmentierung besonders dort die kleineren Stationen in ihrem Bestand gefährden würde, wo bisher noch kein US-Fernsehen verfügbar sei:

> "...it is important to recognize, however, that the future increase of cable penetration will be in areas where U.S. stations are generally not available off-air and the impact of cable, in terms of audience fragmentation, will be much more severe than that has been the case so far. Unlike the richer markets near the border, many of the local Canadian stations in these markets are already having financial problems and any audience fragmentation is likely to threaten the economic survival of these stations" (CRTC 1979c: 39).

Da der Verlust an Zuschauern gleichbedeutend ist mit dem Rückgang der Werbeeinnahmen, eine generelle Beschränkung der Kabelfernsehentwicklung aber nicht angestrebt wurde, griff die CRTC schon in den Anfängen der Kabelregulierung zu Maßnahmen, die den Effekt der Publikumsfragmentierung für die Fernsehstationen zumindest abmildern sollte und die zu erheblichen Konflikten mit der US-Regierung führten: Zum einen nahm sie die fragwürdige Praxis des *Commercial Deletion* wieder auf, mit der bereits die Radio-Techniker der CRBC in den dreißiger Jahren ihre (negativen) Erfahrungen machen konnten (s. Kap. 3). Zum anderen verfügte sie eine sogenannte *Program Duplication Policy*, die eine Kabelgesellschaft verpflichtet, bei zeitgleicher Ausstrahlung identischer Programme durch mehrere Sender das Programm (und damit die Werbespots) derjenigen Station zu verbreiten, die auf der *Carriage Priority List* jeweils höher rangiert (CRTC 1971b: 26-29).

8.3.3.1. Commercial Deletion

Bereits 1971 hatte die CRTC alle Kabelstationen zur Löschung von Werbespots aufgefordert, die in solchen Programmen enthalten sind, die nicht für die Verbreitung in Canada lizensiert worden sind. Nach Lage der Dinge betraf diese Regelung also ausschließlich US-Programme. An ihrer Stelle sollten canadische Werbespots eingeblendet werden. Da es aber gleichzeitig den Kabelgesellschaften nicht gestattet war, selbständig Werbung zu akquirieren, sollten sie mit den Fernsehstationen innerhalb ihres Lizenzgebietes in Verhandlung treten, die ihnen als Ersatz zusätzlich akquirierte Werbespots zur Verbreitung anbieten konnten. Diese sollten dann gegen die gelöschten US-amerikanischen Werbespots ausgetauscht werden. Da eine solche Regelung den Kabelgesellschaften zusätzlichen technischen, personellen und damit finanziellen Aufwand abforderte, erhielt sie den Status der

Freiwilligkeit. Allerdings nahm die CRTC die Politik des *Commercial Deletion* anfangs so ernst, daß sie sich bei einem Scheitern der freiwilligen Zusammenarbeit zwischen Kabelgesellschaften und regionalen Fernsehstationen ausdrücklich weitere Schritte vorbehielt (CRTC 1971b: 28-29).

Steht für einen gelöschten Werbespot kein canadischer als Ersatz zur Verfügung, könne zur Überbrückung auch eine öffentliche Ankündigung oder ein beliebiges Dia engeblendet werden. Dadurch sollte zum einen die Attraktivität der US-Grenzstationen eingeschränkt werden, zum anderen erhielten die lokalen canadischen Stationen die Möglichkeit, über die maximale Werbezeit von zwölf Minuten pro Stunde in den eigenen Programmen hinaus zusätzlich Werbezeit in den US-Sendungen zu verkaufen. Wenn also die Verbreitung von US-Programmen nicht zu verhindern war, so die Logik dieser Regelung, dann sollten zumindest die einheimischen Anbieter von deren Reichweiten ökonomisch profitieren.

Was wie ein recht abenteuerliches Stück "Frequenzpiraterie" erscheinen mag, wurde von den betroffenen Grenzstationen in den USA auch genauso aufgefaßt: Rogers *Canadian Cablesystems* in Toronto, das 1973 als zweite Kabelstation nach einer weiteren in Calgary, Alta, das Verfahren einführte, stellte es schon nach wenigen Monaten wieder ein. Der Grund: eine Gruppe von US-Stationen in Buffalo hatte vor einem canadischen Gericht gegen die Lösch-Praxis bei *Rogers* Klage erhoben und brachte den Fall bis vor den *Federal Court of Appeal.* Als wie schwerwiegend die Ausblendung der Werbespots empfunden wurde, die von den Buffalo-Stationen mit dem Hinweis auf ihre grenzüberschreitenden Kabelreichweiten größtenteils auf dem canadischen Werbemarkt akquiriert worden waren, wird daran deutlich, daß diese nicht nur die US-Produktionsindustrie aufforderten, im Gegenzug für Programmverkäufe an canadische Fernsehstationen höhere Preise zu verlangen, sondern auch den damaligen US-Außenminister Henry Kissinger zu einer förmlichen Intervention bei der canadischen Regierung bewegen konnten (Peers 1979a: 93).

Der *Federal Court of Appeal* zeigte sich davon jedoch unbeeindruckt und übernahm in seiner Entscheidung von 1977 die Argumentation der CRTC. Er stellte sich auf den grundsätzlichen Standpunkt, daß US-amerikanische Rundfunkveranstalter kein Recht hätten, die unveränderte Verbreitung ihrer Sendungen in Canada zu verlangen:

> "U.S. broadcasters have no right to have their signals received in Canada in any form, whether altered or unaltered. Nor have they any right to require that the licensee conform to their requirements and demands" (Federal Court of Appeal 1977. Zit.n.: Pendakur 1984: 178).

Auch diese Entscheidung wurde, nun mit massiver Unterstützung zahlreicher Senatoren der US-Grenzstaaten, vor dem *Supreme Court of Canada* angefochten. Diese letzte Gerichtsinstanz bestätigte jedoch die vorangegangene Entscheidung (mit sechs zu drei), indem sie der CRTC zuerkannte, im Rahmen ihrer gesetzlich verbrieften Regulierungskompetenz gehandelt zu haben (Peers 1979a: 93).

Trotz dieses sehr eindeutigen Urteils nahm *Rogers* das Verfahren nicht wieder auf, da es sich in der Zwischenzeit - wie schon vier Jahrzehnte zuvor im Radio - als praktisch undurchführbar erwiesen hatte. Weder gab es die Möglichkeit, den exakten Beginn noch die volle Länge eines Werbeblocks im voraus zu bestimmen. Ein vollständiger und vor allem simultaner Ersatz durch einen canadischen Spot war so kaum zu bewerkstelligen. Als sich nach dieser Entscheidung des Marktführers immer weniger Kabelgesellschaften zur Umsetzung der CRTC-Empfehlung bereit fanden, kündigte diese 1977 an, auf die generelle Durchsetzung des *Commercial Deletion* zu verzichten und stattdessen nach alternativen Maßnahmen zu suchen (CRTC Annual Report 1977: 9).

Nur eine einzige Kabelstation, die sich im Besitz der Provinzhauptstadt Albertas, Edmonton, befindet, behielt die Praxis bis in die achtziger Jahre hinein bei. Da in Edmonton jedoch zwei lokale Kabelsysteme betrieben werden, ist die Folge, daß eine Hälfte der Bevölkerung US-amerikanische Werbespots empfängt, die für die andere Hälfte ausgeblendet werden. Zudem sagte die betroffene US-Grenzstation in Spokane, Washington, ihren canadischen Anzeigenkunden die garantierte Ausstrahlung gebuchter Werbespots während der *prime time* zu, da sie für jeden gelöschten Spot automatisch an anderer Stelle einen neuen einfügen werde (Donner/Kliman 1983: 18).

Zumindest dieser Versuch, canadische Fernsehanbieter per Regulierungseingriff von den Kabelreichweiten der US-amerikanischen Konkurrenz profitieren zu lassen, muß mittlerweile als vollständig gescheitert angesehen werden.

8.3.3.2. Program Duplication Policy

Eine weitere Maßnahme, die Kabelkonkurrenz für kanadische Fernsehanbieter abzufangen, ist die bis heute praktizierte Politik des *Program Duplication*, die im Grundsatz ebenfalls 1971 eingeführt wurde (CRTC 1971b: 28-29): Strahlen zwei Fernsehstationen zeitgleich identische Programme aus, kann die auf der *Carriage Priority List* jeweils höherrangige

Station verlangen, daß ihr Programm simultan auf beiden Kanälen übertragen wird. Danach rangiert beispielsweise das Programm einer CBC-Station generell vor dem einer kommerziellen Station und ein lokaler Sender genießt Vorrang vor einem Network-Programm. Jedes Kabelsystem mit mehr als 6000 Abonnenten ist verpflichtet, für diese Art des Programmaustausches die technischen Einrichtungen bereitzuhalten und einem entsprechenden Antrag einer Fernsehstation nachzukommen (CRTC 1979b: 6).

Da US-amerikanische Stationen auf der *Carriage Priority List* in jedem Fall an letzter Stelle rangieren, bedeutet diese Regelung in der Praxis eine mehr oder weniger verdeckte Form des *Commercial Deletion*. Da es sich bei identischen Programmen in der Regel um eingekaufte Spielfilme oder Serienepisoden handelt, heißt das, daß etwa eine Folge von "Dynasty" oder "Dallas", die zum selben Sendetermin von einer canadischen und einer US-Stationen ausgestrahlt wird, auf dem für die US-Station reservierten Kanal durch den identischen "canadischen" Beitrag ersetzt wird. Die Zuschauer sehen auf dem eingeschalteten Kanal zwar immer noch dieselbe Sendung - mit dem Unterschied allerdings, daß sie jetzt canadische statt US-amerikanische Werbespots enthält.

Der Vorteil für die einheimische Station liegt darin, daß sie für diese Spots höhere Tausenderpreise berechnen kann, da sich ihr eigenes Publikum um das der US-Station vergrößert. Gleichzeitig ist sie von der Last befreit, wie im Fall des *Commercial Deletion*, zusätzliche Werbung akquirieren zu müssen. Technisch bereitet dieser vollständige Programmaustausch weit weniger Probleme als die Löschung einzelner Spots, da die Sendetermine und die Programmdauer in der Regel vorher bekannt sind.

Die zusätzlichen Einkünfte, die den canadischen TV-Stationen durch dieses Verfahren zufließen, wurden von der *Task Force on Broadcasting Policy* 1986 auf 53 Mio. Dollar pro Jahr geschätzt, also rund fünf Prozent der Gesamtwerbeeinkünfte canadischer Fernsehsender (Task Force 1986: 460). Diese Angaben beruhen jedoch auf recht groben Schätzungen, da kaum kalkuliert werden kann, welche zusätzlichen Beträge canadische Werbekunden direkt bei den US-Stationen investieren würden, wenn deren Kabelempfang in Canada ohne jede Einschränkung gesichert wäre. So machte etwa GLOBAL gegenüber der *Task Force* geltend, daß man dort den ökonomischen Effekt mindestens doppelt so hoch einschätzen würde (Task Force 1986: 461). Die jüngste Studie, die von der CCTA in Auftrag gegeben wurde, kommt für 1990 zu dem Ergebnis, daß die zusätzlichen Einkünfte bei 106 Mio. Dollar liegen werden (variety 1990: S-52).

Die Praxis der *Program Duplication Policy*, die heute durchgängig angewandt wird, ist ein geradezu klassisches Exempel für die kontraproduktive Wirkung wesentlicher Regulierungsstrategien der CRTC. Der positive ökonomische Effekt vor allem für die kommerziellen Fernsehstationen und Networks im anglophonen Landesteil ist - trotz unterschiedlicher Schätzungen - so gravierend, daß an eine Rücknahme der Regelung heute nicht mehr zu denken ist. Gleichzeitig hat sie auf die *Canadian Content*-Politik "verheerende Auswirkungen" (Task Force 1986: 460): Was tatsächlich geschieht, ist, daß canadische Fernsehstationen gezielt attraktive US-Programme einkaufen und identische Sendungen nach dem Programmschema der US-Networks in der *peak viewing time* plazieren, um so garantiert höhere Einschaltquoten und Werbeeinkünfte zu erzielen (Task Force 1986: 460). Sämtliche Bemühungen der CRTC, gerade in der Hauptsendezeit den canadischen Programmanteil zu erhöhen, werden durch diese Politik in dem Maße konterkariert, wie die Kabelanschlußraten wachsen. Nicht nur die kommerziellen Veranstalter nutzen diese Regelung extensiv; selbst die CBC strahlt seit Jahren ihre "Dallas"-Episoden zum selben Sendetermin aus wie das US-Network CBS (CBC 1983: 12).

Das Dilemma wird auch an den ansonsten eher restriktiven Empfehlungen der *Task Force on Broadcasting Policy* deutlich. In einer Abwägung der Vor- und Nachteile der *Program Duplication Policy* kommt sie wie zuvor im Fall der Bill C-58 zu dem Ergebnis, daß diese Politik beibehalten werden soll:

> "As much as we regret the counter-productive impact on Canadian programming of Bill C-58 and simultaneous substitution, we endorse their maintenance. Their legitimate purpose is the protection of an orderly market based on the property rights duly purchased and held by Canadian broadcasters. By having their commercial needs protected, broadcasters are better able to contribute to Canadian programming objectives" (Task Force 1986: 461).

Damit ist zu vermuten, daß *Program Duplication* auch weiterhin zum Arsenal der CRTC-Kabelregulierungspolitik zählen wird, trotz der nun auch offiziell eingestandenen kontraproduktiven Auswirkungen auf die *Canadian Content*-Politik. Nur eine gesunde kommerzielle Rundfunkindustrie könne schließlich signifikante Programmanstrengungen unternehmen, so der Begründungszusammenhang. Daß dieser Effekt den Charakter eines Automatismus annehmen könnte, ist angesichts der beschriebenen Produktionsabstinenz der nun seit zwei Jahrzehnten unter CRTC-Protektion operierenden kommerziellen Fernsehanbieter allerdings nicht zu erwarten. Die *Task Force* appellierte zuletzt an die kommerziellen Fernsehanbieter, für den staatlichen Schutz ihrer ökonomischen Interessen im Kabelsektor und die quasi garantierte Verlängerung ihrer Lizenzen endlich angemessene Gegenleistungen zu erbringen - wobei der resignative Unterton allerdings kaum zu überlesen ist:

> "As long as they (the private broadcasters) are protected by policies as Bill C-58 and simulcasting, and as long as the CRTC guarantees them license renewals effectively in perpetuity, than it is appropriate to ask to make some substantial contributions to the goals of the Broadcasting Act" (Task Force 1986: 462).

8.4. Die Entwicklung der Kabelgesellschaften zu Multi-Media-Unternehmen

Anders als die *Canadian Content*-Politik stellt die Regulierung des Kabelfernsehens nur einen vergleichsweise geringen Eingriff in die wirtschaftliche Dispositionsfreiheit der Unternehmen dar. Sieht man von dem begrenzten Aufwand ab, den die technische Durchführung der *Program Duplication* und die Bereitsstellung eines *Community Channels* (s.u.) erfordert, ist die Einhaltung der Regulierungsvorschriften nicht mit zusätzlichen Kosten verbunden. Die canadische Kabelindustrie hat sich, wie eingangs erwähnt, unter zwei Jahrzehnten CRTC-Aufsicht zum prosperierendsten Sektor der Medienwirtschaft entwickelt. Ihr wesentlicher Wachstumsfaktor - die ungehinderte Verbreitung US-amerikanischer Networksignale - wird durch die *Carriage Priority List* nicht eingeschränkt, sondern im Gegenteil durch die sogenannte *three and one*-Regelung faktisch noch gefördert und sanktioniert.

Gleichzeitig macht der Kabelsektor bis heute einen rapiden Konzentrationsprozeß durch, der durch die Lizenzierungspraxis der CRTC bislang nur in sehr begrenzten Ausnahmefällen eingeschränkt wird. Begünstigt durch die Canadisierungspolitik der *Order-in-Council* von 1968 (s. Kap. 5) waren von Beginn an vor allem kapitalkräftige Gesellschaften, die die geforderten Anteile von 80 Prozent an bereits bestehenden Kabelsystemen übernehmen konnten. Heute halten ganze fünf Gesellschaften gemeinsam einen Marktanteil von 51 Prozent aller angeschlossenen Haushalte: *Rogers Communications Inc.* (vormals *Canadian Cablesystems* und *Rogers Cablesystems*) als Marktführer mit einem Anteil von 22 Prozent, gefolgt von *Vidéotron Ltée* mit Schwerpunkt in Québec (14%), *Maclean Hunter Ltd.* (6%), *Shaw Cablesystems Ltd.* (5%) und *CUC Ltd.* (4%) (CRTC Annual Report 1988: 42):

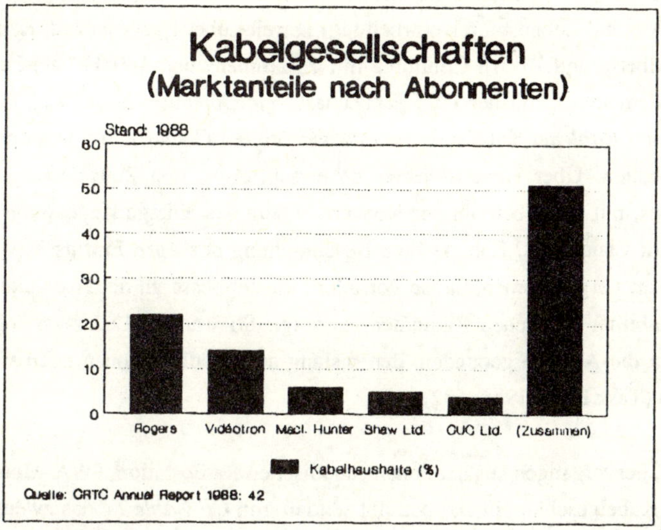

Zwar hat diese Entwicklung bislang noch nicht zu einer landesweiten Monopolstellung eines einzelnen Unternehmens geführt (obwohl sich *Rogers*, wie die Grafik veranschaulicht, deutlich auf dem Weg dorthin befindet), wohl aber zu eindeutigen regionalen Marktführerschaften (z.B. *Maclean Hunter* in Ontario, *Vidéotron* in Quebec, *Moffat Communications* in Manitoba, *Rogers* in Ontario, Alberta und British Columbia). Die starke regionale Position, dazu wachsende Verflechtung und *cross ownerships* haben die Kabelunternehmen zu rundfunkpolitischen Machtfaktoren heranwachsen lassen, gegen deren Interessen sich Medienpolitik heute nicht mehr formulieren und durchsetzen läßt. Selbst die *Task Force on Broadcasting Policy* beläßt es hier bei der Aufforderung an die CRTC, zum Problembereich Konzentration, *cross ownership* und vertikale Integration eine öffentliche Anhörung durchzuführen und bei einer Überprüfung ihrer Politik vor allem darauf zu achten, daß die unterschiedlichen Bedürfnisse englisch- und französischsprachiger Zuschauer durch Konzentrationsprozesse nicht vernachlässigt werden und diesbezüglichen Politikrichtlinien "besondere Aufmerksamkeit" zukommen zu lassen (Task Force 1986: 646).

Anhand einiger ausgewählter Beispiele soll der Stand der Verflechtung zwischen Kabelindustrie und anderen Sektoren der Medienwirtschaft dargestellt werden. Dabei wird deutlich, daß die CRTC der ökonomischen Prosperität der Unternehmen im Regelfall höhere Priorität einräumt als den Gefahren einer wachsenden Konzentration der Medienindustrie:

* **Agra Industries Ltd.**, ein Mischkonzern mit Sitz in Saskatoon, Sask., (Maschinenbau, Pharmaprodukte und Lebensmittelverarbeitung) betreibt über *Cablenet Ltd.* Kabelsysteme in Ontario, Alberta und British Columbia mit zusammen rund 160.000 angeschlossenen Haushalten. Gemeinsam mit der US-Gesellschaft *Tele-Communications Inc.* aus Denver, Col., kontrolliert *Cablenet* Kabelsysteme in den Vororten Chicagos mit noch einmal rund 60.000 Haushalten. Über *General News* beherrscht *Agra* den Zeitschriftenvertrieb im Süden Albertas; mit CKO betreibt der Konzern zudem das einzige landesweite *All-News*-Radio-Network Canadas (s. Kap. 5) Eine Beschränkung des *Agra*-Einflusses wird seitens der CRTC nicht vorgenommen, da sie vor allem ein Interesse an der Ausweitung und finanziellen Stabilität des neuen Radiodienstes zeigt. So war die Lizenzverlängerung für CKO 1986 an die Auflage gebunden, den bislang acht Radiostationen noch vier weitere hinzuzufügen (Task Force 1986: 632).

* **CFCF Inc.**, hervorgangen aus der ersten canadischen Radiostation XWA-Montréal, stieg erst 1982 ins Kabelgeschäft ein und betreibt seitdem mit *CF Cable TV* das zweitgrößte Kabelsystem in Québec und das viertgrößte des Landes. Hinzu kommen mit CFCF-TV in Montréal der drittgrößte Gesellschafter des kommerziellen Fernseh-Networks CTV, zwei Radiostationen, eine Zweidrittel-Beteiligung am neuen frankophonen Fernseh-Network *Quatre Saisons* sowie mit *Champlain Productions* eine eigene Produktionsfirma für TV-Werbespots und Beiträge zum CTV-Network-Programm (Task Force 1986: 633). CFCF Inc. ist ein geradzu typisches Beispiel für einen "Regionalmulti", wie er sich unter der CRTC-Lizenzierungspolitik herausbilden konnte.

* **CUC Ltd.** ist das Gegenstück zu CFCF im nordöstlichen Teil Ontarios mit Schwerpunkt in Toronto: Über Tochtergesellschaften betreibt CUC 52 Kabelsysteme, darunter in Sudbury das zweitgrößte Canadas mit rund 140.000 angeschlossenen Haushalten. Hinzu kommen Minderheitenbeteiligungen bei einer Reihe weiterer Kabelsysteme in der Provinz. Neun Radio- und sieben Fernsehstationen befinden sich vollständig oder zu mehr als 50 Prozent im CUC-Besitz. Gemeinsam mit *Key Publishers* gibt CUC das *Toronto Life Magazine* heraus, das mit dem *Life Channel* auch einen eigenen Pay-TV-Kanal betreibt (Task Force 1986: 633-634).

* **Maclean Hunter Ltd.** ist Canadas größter Medienmischkonzern. Mit knapp 400.000 angeschlossenen Haushalten in Ontario hat er sich nach *Rogers* und *Vidéotron* zur drittgrößten Kabelgesellschaft des Landes entwickelt. Hinzu kommen Kabelsysteme in den USA (New Jersey und Michigan) mit noch einmal rund 230.000 Haushalten. Der Schwerpunkt liegt neben erheblichen Radiobeteiligungen (elf Stationen in Ontario, Alberta und

British Columbia) und der CTV-Fernsehstation in Calgary im Printmedienbereich: *Maclean's*, Canadas größtes nationales Nachrichtenmagazin nach Einstellung von *TIME-Canada*, *l'Actualité*, *Chatelaine* und *Financial Post* gehören ebenso zu *Maclean Hunter* wie die *Toronto Sun Publishing Corp.* (führende Tageszeitungen in Toronto, Edmonton und Calgary). Mit der *Houston Post* zählt auch eine US-Zeitung zum canadischen Marktführer (Task Force 1986: 635).

Maclean Hunter ist das Paradebeispiel dafür, daß sich *cross ownerships* mit marktbeherrschendem Charakter offenbar nicht mehr zurückdrängen lassen: Einzigartige Monopolstellungen durch die Kontrolle von Print- und elektronischen Medien genießt *Maclean Hunter* heute in mindestens drei Städten: Calgary (ein Fernsehsender, zwei Radiostationen, *Calgary Sun*), Edmonton (eine Radiostation, *Edmonton Sun*) und Toronto (eine Radiostation, Kabelgesellschaft, *Toronto Sun*). Mit der Übernahme der *Toronto Sun* für 54 Mio. Dollar im Jahr 1982 lieferte Maclean Hunter den unmittelbaren Anlaß zur Einsetzung der *Royal Commission of Newspapers* (*Kent Commission*), die sich besonders dem Problem der *cross ownerships* widmete (Siegel 1983: 241).

Einen ersten Versuch, Doppelmonopole dieser Art einzuschränken, unternahm die Bundesregierung 1982 in einer Direktive an die CRTC, zukünftig keine Lizenzen mehr zu erteilen oder zu erneuern, wenn sich dadurch marktbeherrschende Stellungen auf dem Zeitungs- und Rundfunksektor ergeben - allerdings mit der ausdrücklichen Einschränkung versehen, daß Ausnahmen "im öffentlichen Interesse" möglich seien (CRTC 1982b). Die Bundesregierung sah sich zu diesem Schritt genötigt, da die *Kent Commission* u.a. zu der Empfehlung gelangt war, regionale Doppelmonopole künftig zu untersagen (Kent Commission 1981: 223-227). Eine vergleichbare Regelung gilt in den USA bereits seit 1975.

Die CRTC unternahm nur einen einzige Versuch, diese Direktive umzusetzen - allerings nicht im Fall *Maclean Hunter*. 1983 verband sie die Lizenzverlängerung von CHSJ-TV in Saint John, N.B., an die Auflage, das die lizenzhaltende regionale Zeitungsgruppe *Irving* seine Beteiligungsverhältnisse insgesamt neu ordnet (CRTC 1983a). Bevor es jedoch zu der angekündigten Überprüfung durch die CRTC kommen konnte, zog die konservative Regierung Mulroney 1985 die Direktive ihrer liberalen Vorgängerin ohne weitere öffentliche Begründung zurück (CNF 1985b). Daß diese Regierungsentscheidung zeitlich exakt auf den Überprüfungstermin der *Irving*-Beteiligung zielte, macht deutlich, daß die PCP-Regierung diesen Fall offenbar zum Anlaß für eine generelle Präzedenzentscheidung zugunsten von *cross ownerships* genommen hat (Bain 1985b: 54). Eine Beschränkung der monopolartigen Stellung von *Maclean Hunter* in Calgary, Edmonton und Toronto durch Eingriffe der CRTC ist damit unwahrscheinlich geworden.

* **Vidéotron Ltée**, heute der Marktführer in Québec, ist einer der großen Nutznießer der *Order-in-Council* von 1968. Anfangs ein eher kleiner Kabelnetz-Betreiber am Südrand Montréals mit gerade 17.000 angeschlossenen Haushalten übernahm es 1970 vom US-Network CBS die *Cablevision Nationale* und damit auf einen Schlag 300.000 zusätzliche Kabelhaushalte. Durch eine Auflage des Kommunikationsministeriums Québecs war *Vidétron* gezwungen, 60 Prozent seines Gesamtangebotes auf sämtlichen 36 Kanälen in französischer Sprache zu verbreiten. *Vidétron* entwickelte daher bereits bis 1974 eine Vorform des Pay-TV, in dem aus einer Videobibliothek 5000 französische, synchronisierte oder untertitelte Spielfilme abgerufen werden konnten. Ebenfalls sehr früh wurde ein Angebot an Kabelspezialdiensten entwickelt (*ethnic channel, youth channel, weather channel, local sports* etc.), um die Auflagen erfüllen zu können. Mit diesem Service, der über eine Kette von Tochterfirmen (*Intervision*) produziert wird, hat *Vidéotron* heute einen deutlichen Vorsprung in der Entwicklung sogenannter *specialty services*, die seit 1983 in ganz Canada zugelassen sind und von denen sich die Branche neue Wachstumsimpulse erhofft (s. Kap. 10).

Den Sprung vom Kabelunternehmen zum Medienkonzern schaffte *Vidétron* 1986 mit der spektakulären Übernahme von *Télé-Métropole*, Eigentümer der größten Fernsehstation Québecs (CFMT-TV, Montréal) und Hauptgesellschafter des kommerziellen Networks TVA. Die CRTC gestattete damit erstmals den Zusammenschluß einer Kabelgesellschaft und eines kommerziellen Fernseh-Networks - eine Politik, die zwischenzeitlich mit der Zweidrittel-Beteiligung von *CFCF Inc.* bei *Quatre Saisons* (s. Kap. 6) fortgesetzt wurde. *Vidéotron* hatte sich gleichzeitig verpflichtet, bis 1991 55 Millionen Dollar in die Programmproduktion von *Télé-Metropole* zu investieren sowie jeweils rund acht Millionen Dollar für ein TVA-Informationsprogramm und die Förderung der frankophonen Schallplattenindustrie aufzuwenden (alle Ang. n. Task Force 1986: 218-221; Liska 1987: 86-87). Offensichtlich ist die CRTC zunehmend bereit, durch Produktionszusagen dieser Art (die im übrigen gerade der Hälfte des Kaufpreises für *Télé-Metropole* entsprechen) eine weitere Konzentration des elektronischen Mediensektors in Kauf zu nehmen.

* **Rogers Communications Inc.** ist mit heute fast zwei Millionen angeschlossenen Haushalten die viertgrößte Kabelgesellschaft Nordamerikas. Über Kabelsysteme in Ontario, Alberta und British Columbia versorgt *Rogers* in Canada rund 1,3 Millionen Haushalte (davon allein 370.000 in Toronto). Hinzu kommen rund 600.000 Haushalte in den USA,

die über zwei Tochterfirmen vor allem in Texas und Kalifornien angeschlossen sind. Weiter betreibt *Rogers* in Toronto zwei Radiostationen und seit 1986 auch die mehrsprachige Fernsehstation CFMT-TV (plus drei weiterer Radiostationen in Ontario) (Task Force 1986: 636) - ein Hinweis, daß die CRTC den Kabelmulti in Toronto als Quasi-Monopolisten akzepiert hat.

Rogers hat von Beginn an eine konsequente Expansionspolitik betrieben und sich dabei, anders als große Teile der Konkurrenz, auf den Kabelsektor konzentriert. 1979 gelang es dem Unternehmen als erstem, aus den regionalen Lizenzierungsgrenzen der CRTC auszubrechen, als es mit *Premier Cablevision* in Vancouver die damals zweitgrößte Kabelgesellschaft Canadas übernehmen konnte. Die Zustimmung der CRTC zu diesem bis dahin größten Zusammenschluß in der Branche erreichte *Rogers* mit dem Versprechen, mindestens 14 Millionen Dollar für technologische Forschung und Entwicklung auszugeben. Bereits ein Jahr zuvor war die Übernahme der Mehrheit bei *Canadian Cablesystems* in Toronto mit der Zusage "erkauft" worden, das gesamte Kabelnetz zu modernisieren und jährlich ein Prozent der Einnahmen an einen Fond zur Förderung von Fernsehproduktionen abzuführen (MacFarlane 1981: 42).

Maßgeblich gerade für die jüngeren Entscheidungen in den Fällen *CFCF Inc, Vidéotron* und auch *Rogers* ist offenbar die Befürchtung, daß eine ökonomisch schwache canadische Medienindustrie den Herausforderungen nicht gewachsen sei, die sich aus der zunehmenden Konkurrenz durch neue US-amerikanische Angebote (bes. Pay-TV, Kabelspezialdienste) ergeben, die vor allem per Kabel und Satellit nach Canada hineindrängen. Die stärkere Einbindung von Medienkonzernen und besonders der prosperierenden Kabelindustrie in den Produktions- und Fernsehsektor ist dabei offenbar Teil einer sich wandelnden Strategie der CRTC. In einer Rede vor Finanzexperten in Montréal anläßlich des geplanten Verkaufes von *Télé-Metropole* an *Vidéotron Ltée* erklärte der neue CRTC-Vorsitzende André Bureau im April 1985, die CRTC sei bereit, in Fragen von *cross ownwerships* nun einen "vollständig flexiblen Ansatz" zu vertreten, um das canadische Rundfunksystem insgesamt "zu stärken und auszudehnen". Er begründete diesen nun auch offiziell vollzogenen Schwenk in Richtung "Flexibilität" mit wachsender Konkurrenz und neuen Angeboten: "Canada", so Bureau, "has not got the luxury of being able to afford failure in these areas" (Bureau 1985: 23).

8.5. Die CRTC im Widerstreit mit Bürgergruppen und Provinzen

Der Widerstand gegen die industriefreundliche Kabelpolitik der CRTC nahm organisierte Formen erst mit der Übernahme von *Premier Cablevision* in Vancouver durch *Rogers Communications* an. Da das Rundfunkgesetz für Probleme der Medienkonzentration keinerlei Bestimmungen enthält, schien er jedoch nur dann mit Aussicht auf Erfolg möglich, wenn die Regulierungskompetenz der CRTC hier generell in Frage gestellt wurde. Die APBBC in British Columbia versuchte 1980 gemeinsam mit der *Canadian Broadcasting League* (CBL, einer Nachfolgeorgansiation der CRL), die Übernahme von *Cablevision* dadurch zu verhindern, indem sie der CRTC generell das Recht absprachen, eine Kabellizenz auf einen anderen Eigentümer zu übertragen (CRTC Annual Report 1981: 30). Die CRTC machte sich diese Auffassung jedoch nicht zu eigen. Die schließliche Entscheidung zugunsten von *Rogers* ließ der APBBC nur noch die Möglichkeit, den Fall wegen angeblicher Formfehler (keine Zulassung einer unabhängigen Prüfung von Expertengutachten) vor den *Federal Court of Appeal* zu bringen. Das Gericht wies den Einspruch im Dezember 1982 jedoch ab und auch die letzte Instanz, der *Supreme Court of Canada*, entschied zwei Monate später, den Fall nicht weiter zu überprüfen (CRTC Annual Report 1983: 48).

Ein weiterer Versuch, in einer eher nebensächlichen Frage die Kabel-Kompetenz der CRTC generell einzugrenzen und damit die Konzentrationspolitik zu verhindern, scheiterte ebenfalls. Im Juni 1982 entschied der *Federal Court of Appeal* gegen einen Vorstoß der CBL, der CRTC das Recht zur Festlegung der monatlichen Kabelgebühren abzusprechen und auf diesem Wege deren Kompetenzen einzuschränken (CRTC Annual Report 1983: 48).

Damit war juristisch weitgehend entschieden, daß die obersten Gerichtsinstanzen Canadas die Rechtsauffassung der Bundesregierung und der CRTC teilen, die Regulierung des Kabelfernsehens als Teil des Rundfunksystems gehöre in die Entscheidungsbefugnis von Instanzen auf Bundesebene. Sie markieren damit auch den vorläufigen Endpunkt langwieriger juristischer Auseinandersetzungen zwischen Bund und Provinzen, die sich vor allem unter Berufung auf ihre Kulturhoheit die Kontrolle über das Kabelfernsehen sichern wollten. Ob es unter Aufsicht der Provinzen zu einer grundsätzlich anderen, weniger industriefreundlichen Kabelpolitik gekommen wäre, läßt sich im nachhinein nur schwer beurteilen. Immerhin gab es in den siebziger Jahren starke Bestrebungen einzelner Provinzen, Kabelsysteme nicht ausschließlich nach marktwirtschaftlichen Nutzungskriterien zu betreiben.

Am weitesten ging das NDP-regierte Saskatchewan mit seiner Forderung, den technischen Betrieb von Kabelsystemen der provinzeigenen Telekommunikationsgesellschaft *Sasktel* zu unterstellen, die einzelnen Systeme von nicht-kommerziellen Abonnenten-Genossenschaften kontrollieren zu lassen und durch plural zusammengesetzte *Programm Advisory Councils* ein Höchstmaß an lokaler, öffentlicher Partizipation zu ermöglichen. Die Lizenzen sollten die Betreiber - ein Zugeständnis an zentrale Regulierungskonzepte - weiterhin von der CRTC erhalten (Hardin 1985: 197-199). Zwar wurden 1976 in zwei Städten solche Kooperativen als Betreiber lizenziert (Regina und North Battleford), in anderen Städten jedoch an die konkurrierenden Bewerber der *Agra Industries* vergeben. Damit war das Konzept Saskatchewans, den gesamten Sektor nach provinzeigenen Vorstellungen zu strukturieren, faktisch gescheitert.

Die CRTC fürchtete offenbar, daß auch nur minimale Zugeständnisse an die Provinzen die Rundfunk-Regulierungskompetenz auf Bundesebene insgesamt gefährden würde. Die Durchsetzung und der Ausbau der zentralstaatlichen Rundfunkhoheit ist jedoch eines der konstituierenden Elemente canadischer Rundfunkpolitik. Damit wurde jede Auseinandersetzung um Detailfragen, wie schon in den gescheiterten Aktionen der APBBC und der CBL erkennbar, zu einer Frage des Prinzips erhoben. Besonders hartnäckig hatte sich bis zuletzt die Provinz Québec geweigert, den Regulierungsanspruch der CRTC anzuerkennen, da dem Kabelfernsehen eine besondere Funktion zum Schutz der französischen Sprache und Kultur zukomme (Woodrow et al. 1980: 9). Die erwähnten Auflagen des Kommunikationsministeriums in Québec an *Vidéotron*, 60 Prozent des Gesamtangebotes in französischer Sprache zu verbreiten, war so auch ein Versuch, in Konkurrenz zur CRTC eigene Vorschriften durchzusetzen.

Québec berief sich dabei auf den Abschnitt des BNA von 1867, der den Provinzen die gesetzgebende Gewalt über "local works and untertakings" sowie "generally all matters of a merely local or private nature in the Province" zuerkannte (BNA, excerpt in Francis/Smith 1982: 529-530). Mit dieser Definition der Kabelsysteme als vorwiegend lokal operierende Wirtschaftsunternehmen schien sich Québec in Übereinstimmung mit ursprünglichen Konzepten der CRTC zu befinden, die in ihrer Grundsatzerklärung von 1971 schließlich ebenfalls deren Bedeutung für die Stärkung lokaler Kommunikation und Partizipation hervorgehoben hatte.

Der *Supreme Court of Canada* lehnte den Provinzanspruch 1977 jedoch mit einer Begründung ab, die gerade den nicht-lokalen, grenzüberschreitenden Charakter des Kabelfernsehens hervorhob:

> "Cable television systems are undertakings which extend beyond the limits of the province in which their antennae and distribution systems are situated. (...) Their undertaking which consists of the reception of signals which reach them across the international boundary and the retransmission of those signals via coaxial cable to their subscribers is a single undertaking. So no line can be drawn between the extra-provincial signals and the operations interprovincially so as to lead to a divided constitutional jurisdiction over the undertaking of such systems" (Supreme Court of Canada 1977. Zit.n. Woodrow et al. 1980: 12).

Die CRTC gründete nun ihre Hoheitsrechte auf eben die allgegenwärtige Verfügbarkeit US-amerikanischer Angebote. Ein Zurückdrängen von US-Networksignalen aus dem canadischen Kabelangebot, so die paradoxe Situation, hätte nach dieser Begründungslogik die zentralstaatliche Regulierungskompetenz insgesamt in Frage stellen können.

Was jetzt von der ursprünglich angestrebten Sozialverpflichtung des canadischen Kabelfernsehens noch blieb, reduzierte sich zusehends auf den Betrieb eines *Community Channels* mit öffentlichem Zugang.

8.6. Sozialverpflichtung des Kabelfernsehens: der Community Channel

Die *Cable Television Regulations* in ihrer aktuellen Fassung von 1978 schreiben generell jeder Kabelstation vor, innerhalb ihres 12-Kanal-Basisdienstes einen Kanal für selbstproduzierte Programme mit lokalem Charakter bereitzustellen. Ausnahmen können allerdings in den individuellen Lizenzbedingungen festgelegt werden. Auf der *Carriage Priority List* rangiert dieser sogenannte *Community Channel* an sechster Stelle und damit noch vor der Übertragungspflicht überregionaler canadischer Sender. Die einzige inhaltliche Auflage besteht darin, daß es sich bei den hier verbreiteten Programmen um werbungsfreie Originalbeiträge aus dem jeweiligen Lizenzgebiet handeln muß und daß weder Spielfilme noch anderweitig aufgefangene Siganle übertragen werden dürfen (Cable Television Regulations 1978: §§ 6-7; §§ 11-14). Zur Begründung heißt es in den Kabelrichtlinien von 1975, der *Community Channel* sei ein wesentlicher sozialer Beitrag der

Kabelgesellschaften, um die Bürger mit einem neuen und wichtigen, bisher nicht existierenden Programmangebot zu versorgen:

> "The intention is to serve communities with a new and important service, one that does not exist in the areas for which cable television systems are licensed and which they alone have the means and responsiblity to provide. (...) The Community Channel must become a primary social commitment of the cable television licensee" (CRTC 1975b: 3-4).

Anders als im Fall der *Community Radios*, für die die CRTC in jüngster Zeit eine Reihe von Auflagen und Definitionskriterien entwickelt hat (s. Kap. 5), bestehen hier für die Art der Programme ebensowenig eindeutige Richtlinien wie für Umfang und Sendezeit. Auch ist der *Community Channel* kein reiner *public access*-Kanal, zu dem jeder Bürger freien Zugang hat. Die CRTC ermutigt die Kabelstationen lediglich, je nach ihren individuellen Möglichkeiten interessierte Einzelpersonen und Gruppen in Programmplanung und Produktion einzubeziehen, ungewöhnliche Ideen und Meinungen aufzugreifen sowie ausreichend Produktionskapazitäten und Schulungspersonal bereitzustellen:

> "Cable television licensees will be expected, within the limitations of their individual circumstances, to encourage individuals and groups to present program ideas, produce their own programs with the help of the licensee's staff, and submit video tapes and films produced by them for replay by the licensee. (...) While licensees are responsible for programs carried on the community channel (they) should encourage the use of the channel for unusual ideas and opinions on the broadcast range of subjects and give the community the widest opportunity for self-expression" (CRTC 1975b: 5).

Die Einrichtung dieses Bürgerkanals innerhalb eines rein kommerziellen Mediums mit den geschilderten Strukturmerkmalen allein ist bemerkenswert. Die Entscheidung fiel Anfang der siebziger Jahre allerdings in einem politisch-kulturellen Umfeld, das auch die Entwicklung anderer *Community Media* - insbesondere der *Community Radios* in Québec und in den Nordregionen - mitgetragen und begünstigt hatte. Ebenso gehörte auch in den USA die Einrichtung sogenannter *public access*-Kanäle zum Regulierungsrepertoire der FCC und stellt somit im nordamerikanischen Kontext keine Besonderheit dar (Kleinsteuber 1979: 272).

Auffällig ist auf den ersten Blick die relativ starke Resonanz, die das Konzept bei der Mehrzahl der Kabelgesellschaften zunächst auslöste. Vergleicht man jedoch die Nutzungserhebungen über einen längeren Zeitraum (Tabelle 8.1), läßt sich feststellen, daß der

Anteil der Kabelsysteme, die überhaupt *Community*-Programme verbreiten, prozentual ebenso rückläufig ist wie die Zahl der produzierten Programmstunden:

Tabelle 8.1:

Community-Channel-Angebot 1972-1988			
	Kabelsysteme insgesamt	davon mit Comm. Channel	tgl. Progr.stunden Comm. Channel
1972	360	85	500
1979	550	380	1000
1988	1700	273	983

(Zusammengestellt nach: Hollins 1985: 91-92; CRTC Annual Report 1979: 12; CCTA 1989: Fact Sheet Community Programming)

Verläßliche Daten über die Reichweiten des *Community Channel* existieren nicht, da die Programme wegen ihrer Werbungsfreiheit in den regelmäßigen TV-Einschaltquotenerhebungen nicht berücksichtigt werden. In einer ersten Untersuchung von 1979 ermittelte die CRTC, daß etwa ein Viertel der Abonnenten den Kanal gelegentlich einschalteten (CRTC Annual Report 1979: 12). Die CCTA gibt für 1989 eine geschätzte Zahl von 660.000 Zuschauern an, die den Kanal mindestens einmal pro Woche nutzen (CCTA 1989: Fact Sheet Community Programming).

Genauere Daten liefert die Kabelindustrie im eigenen Interesse über den personellen und finanziellen Aufwand des *Community Channel*, sowie über die Zahl der Freiwilligen, Gruppen und Organisationen, die jährlich in die Programmgestaltung einbezogen werden. Danach beschäftigen die Kabelgesellschaften 1989 rund 1500 Mitarbeiter allein für diesen Service, das sind rund 20 Prozent aller Beschäftigen. Die jährlichen Kosten für Technik, Material und Beratung werden mit 50 Millionen Dollar angegeben, also rund 5,7 Prozent der Gesamteinnahmen. 1982 lag dieser Anteil noch bei ca. acht Prozent (CCTA 1984a, Abschn. 4: 6; CCTA 1989: Fact Sheet Community Programming; CCTA 1989: Industry Statistics).

Der finanzielle Aufwand ist damit für die Gesamtindustrie relativ gering, zieht man in Betracht, daß der *Community Channel* nach der ursprünglich postulierten Politik der CRTC immerhin ein "wesentlicher sozialer Beitrag" der Kabelgesellschaften sein sollte, der den Charakter des Mediums insgesamt maßgeblich mitzubestimmen habe. Er liegt zudem weit unterhalb der Zehn-Prozent-Marge an den Gesamteinkünften, die seitens der CRTC ursprünglich als generell obligatorisch eingeführt werden sollte (CRTC 1975b: 3). Zahlreiche Bürgergruppen hatten anfangs einen noch höheren Prozentsatz gefordert und gleichzeitig angeregt, ihnen die Gelder direkt und ohne Auflagen zur Verfügung zu stellen. Die Kabelgesellschaften ihrerseits wandten sich besonders gegen die letzte Forderung und wehrten sich zudem gegen eine generelle Festlegung der Produktionsaufwendungen, da so die individuellen Bedingungen der Kabelstationen nicht berücksichtigt würden. Die CRTC gab diesem Druck schließlich 1975 nach und behandelt den angestrebten Zehn-Prozent-Anteil für *Community Programming* seitdem nur noch als anzustrebenden Richtwert (CRTC 1975b: 3-4). Daß dieser heute von der Industrie (mit Ausnahme Québecs, s.u.) noch zur Hälfte unterschritten wird, macht deutlich, daß diese Marge in der Praxis kaum noch eine Rolle spielt.

Was die Bürgerbeteiligung am *Community Channel* anbetrifft - ebenfalls nur eine Anregung der CRTC und keine bindende Auflage - so nennt die CCTA heute die beachtliche Zahl von 71.000 Einzelpersonen und 27.685 Gruppen, die pro Jahr in die Programmgestaltung einbezogen werden - eine Zählung, in der offensichtlich identische Personen und Gruppen auch mehrmals erfaßt werden (CCTA 1989: Fact Sheet Community Programming). Auch sagen diese Angaben allein noch nichts über die Art der Beteiligung aus; ebensowenig können sie Auskunft darüber geben, ob die Programme tatsächlich den angestrebten Zielen entsprechen, vor allem Ungewöhnliches und Neues zu produzieren und die Kommunikation innerhalb der Gemeinden insgesamt zu stärken. Eine weitere Statistik läßt erkennen, daß nur bei zwei Dritteln der Programme auch tatsächlich Bürger an der Produktion beteiligt werden, ein erheblicher Teil danach als herkömmliches Lokalprogramm von den Kabelgesellschaften selbst produziert wird. Auch der hohe Anteil von 53 Prozent reiner Studioproduktionen (zumeist Gesprächsrunden u.a.) weist nicht unbedingt auf einen besonders innovativen Charakter des *Community Channel* hin, wie er ursprünglich intendiert war (CCTA 1989: Fact Sheet Community Programming).

Die Politik der CRTC waren seinerzeit offenbar noch stark von den Erfahrungen unabhängiger Medienarbeiter und Videogruppen beeinflußt, deren Zahl gegen Ende der sechziger Jahre vor allem in Québec, aber auch in englischsprachigen Großstädten angewachsen war. Ein gemeinsames Ziel war es, die Grenzen von unabhängiger und traditioneller Medienarbeit aufzuheben. Unterstützung kam vor allem von einem *Challenge for Change* genannten Projekt, das sich im Zuge der *Revolution Tranquille* unter frankophonen Filmemachern entwickelt hatte. Seit 1966 wurde es durch den NFB finanziell gefördert, um Bürgergruppen zur Nutzung der sich neuentwickelnden Video-Technik anzuregen. *Challenge for Change*, das sich laut Beschreibung einer der damaligen NFB-Aktivistinnen nicht weniger zum Ziel setzte, als mittels Video "das Ethos des Filmemachens zu ändern, neue Ideen zu fördern und sozialen Wandel zu initiieren", um so der "schweigenden Mehrheit" Gehör zu verschaffen (Todd-Hénaut 1978: 63), war einer der wesentlichen Träger des *Community Channel*-Gedankens. Die Unterstützung durch den NFB zeigt zudem, daß Gruppen dieser Art seinerzeit auch auf offizieller Seite ernst genommen wurden.

In der Praxis konnten diese euphorischen Ansätze jedoch kaum aufrechterhalten werden - zu eng waren sie verknüpft mit dem kulturellen Aufbruch der sechziger Jahre insbesondere in Québec. Eine bereits im Sommer 1976 durchgeführte Untersuchung des *Canadian Council for Social Development*, in der 250 Bürgergruppen und Organisationen in allen Provinzen des Landes befragt wurden, zieht in ihren Erfahrungen mit dem *Community Channel* ein eher resignatives Fazit:

> "While cablevision's potential as a community media may be vast, the reality is, that most cable stations (...) provide only limited access to the community. Community programming budgets are usually very small and there is little opportunity for video production outside the studio. Local groups and organizations wishing to use cable facilites have found that they have little control over program direction and almost no opportunity to participate in the technical aspects of video production. Many are questioning whether the effort is worthwhile, as the quality of the community cable product is well below that of the commercial networks. (...) As a result of this experience, the initial enthusiasm with cablevision has waned considerably" (Canadian Council for Social Development 1977: 46).

Insgesamt gibt es nur sehr wenige und zumeist ältere Untersuchungen, die sich mit der Nutzung des *Community Channel* befassen. In der Tendenz bestätigen sie jedoch die Einschätzung, daß eine vergleichbare Dynamik und Bedeutung, wie sie den *Community Radios* zukommt, nicht festzustellen ist. Sie verweisen durchgängig auf sehr geringe Sendezeiten von nur zwei bis drei Stunden pro Woche selbst in Großstädten wie Vancouver (Schwanebeck 1982: 64), eine nur mäßige Einbeziehung ethnischer Minderheiten in die Programmgestaltung (Uhde 1980: 92-93) oder die Plazierung zu sehr ungünstigen Sendeterminen am Morgen zwischen 6.00 Uhr und 10.00 Uhr und abends vor und nach der *prime time* bei immerhin 95 Prozent der Kabelsysteme (Media Perspektiven 1978, Nr. 3: 155; CRTC 1979d: 55).

Resignationstendenzen wurden so auch schon früh indirekt von der CRTC bestätigt. Bereits 1974 hieß es in einem Handbuch, das zur Anleitung und Unterstützung interessierter Gruppen herausgegeben wurde:

> "... the many community groups across Canada who have been, and are, working to involve the community in broadcasting (...) often express to the CRTC a sense of discouragement in being alone and isolated in scattered communites" (CRTC 1974d: iii).

Mangelndes Interesse und die wachsende Kanalknappheit innerhalb des 12-Kanal-Basisdienstens führten schließlich dazu, daß die CRTC auf Antrag vieler Kabelgesellschaften die zeitweilige Nutzung des Kanals für die Übertragung von Bildungsprogrammen und des *Parliamentary Channel* der CBC genehmigte (CRTC 1979b: 10-11).

In der aktuellen medienpolitischen Diskussion spielt der *Community Channel* - anders als die *Community Radios* - mittlerweile keine herausragende Rolle mehr. Die CRTC hat in ihrer realen Kabelpolitik, wie bereits ausgeführt, von anfänglich partizipatorischen und emanzipatorischen Postulaten zunehmend Abstand genommen. Sie begnügt sich heute mit der Feststellung, "(that) there is a well developed core of programmers and volunteers across the country who produce a significant amount of locally oriented programming" (CRTC 1986a: 25).

Lediglich in Québec, das aus den bereits mehrfach genannten Gründen in den *Community Media* generell ein wichtiges kommunikations- und kulturpolitisches Instrument sieht, scheint sich der *Community Channel* als regelmäßige Einrichtung fest etabliert zu haben. Allerdings zeigt sich hier auch eine wachsende Tendenz, die Programmarbeit in fest organisierten *Community Television Associations* zu leisten (ihre Zahl lag 1986 bei 37), die ähnlich den *Community Radios* über einen Stamm hauptamtlicher Mitarbeiter verfügen können. Ohne finanzielle Unterstützung wären sie jedoch kaum lebensfähig. Zwei Drittel ihres Jahresetats von knapp zwei Mio. Dollar bestreiten sie durch Zuschüsse der Provinzregierung und aus Förderungsprogrammen der Bundesregierung. Immerhin ist es durch diese institutionalisierte Form gelungen, den finanziellen Beitrag der Kabelgesellschaften in Québec auf durchschnittlich zehn Prozent der Aufwendungen anzuheben (Task Force 1986: 498), was weit über dem landesweiten Durchschnitt von 5,7 Prozent liegt.

Québec bestätigt so auch auf diesem Sektor, daß eine an kulturpolitischen Kriterien orientierte Medienpolitik möglich ist - wenn auch primär in den Nischen des kommerziellen Systems und mit einem erheblichen Aufwand an öffentlicher Finanzierung.

Zieht man an dieser Stelle ein erstes Fazit der Regulierung des Kabelfernsehens, kann dieses - gemessen an den selbstgesteckten rundfunkpolitischen Vorgaben - nur negativ ausfallen: Seinen Charakter als "Einfallstor" für US-Programme hat dieser Sektor nie verloren, sondern im Gegenteil, noch verstärkt. Die Maßnahmen der CRTC, das Kabelfernsehen inhaltlich zu "canadisieren", sind nur insoweit wirksam geworden, als sie einheimischen Anbietern einen garantierten Zugang verschafft haben. Alle weiteren Richtlinien zielen dagegen zuerst auf die ökonomische Protektion canadischer Fernseh-Anbieter und wirken auf die Intentionen der *Canadian Content*-Politik deutlich kontraproduktiv. Seit Anfang der achtziger Jahre zeigt sich ein deutlicher Trend in der Regulierungspolitik, die ökonomisch starken Kabelgesellschaften als Hauptkonkurrenten zur US-Fernsehindustrie aufzubauen, die einheimische Medienindustrie über diesen Sektor vertikal zu integrieren, um so Kapital in die Programmproduktion und den Aufbau neuer Radio- und Fernseh-Networks zu lenken. Damit haben sich die Kabelgesellschaften zu einem Machtfaktor innerhalb des Mediensystems entwickelt, gegen deren Interessen sich Rundfunkpolitik nicht mehr definieren und umsetzen läßt, was sich insbesondere in der lange Jahre hinausgezögerten Zulassung neuer satelliten- und kabelgestützter Programmangebote seit Beginn der achtziger Jahre zeigt (s. Kap. 10).

9. Satellitennutzung - Rundfunkpolitik contra Technologiepolitik

9.1. Satelliten-Entwicklung als industriepolitische Strategie

Die ersten Erfahrungen in der Nutzung der Satellitentechnologie gehen zurück auf das Jahr 1962. In diesem Jahr startete Canada seinen ersten Forschungssatelliten *Alouette 1* - nach dem sowjetischen *Sputnik* und dem US-amerikanischen *Explorer* der dritte Satellit überhaupt und gleichzeitig der erste, der nicht von einer Supermacht im All plaziert wurde. Mit *Alouette 2* (1965), *ISIS 1* (1969) und *ISIS 2* (1971) folgten drei weitere Satelliten dieser Kategorie. Zusätzlich wurde Anfang 1976 ein Versuchssatellit namens *HERMES* gestartet, mit dem erste Experimente im Bereich des direktstrahlenden Satellitenrundfunks (DBS) durchgeführt wurden (DOC 1983a: 13-19).

1972 begann der Betrieb der heutigen Generation von Kommunikationssatelliten, *ANIK*. Dieses System kann derzeit als eines der technisch fortgeschrittensten der Welt betrachtet werden. Das *ANIK*-Programm umfaßt bisher acht Satelliten der Modellreihen A bis E, die jeweils für eine maximale Funktionsdauer von sieben bis zehn Jahren ausgelegt sind.

Die Entwicklung der *ANIK*-Baureihe war von Beginn an ein überaus prestigebeladenes Projekt, das ein hohes Maß an öffentlicher Aufmerksamkeit erfuhr. In allen Postämtern des Landes konnten sich die Bürger an einem Wettbewerb ("Put Your Name In Space") für den passenden Namen der neuen Satellitengeneration beteiligen. Er sollte sowohl für beide Hauptspachgruppen als auch für die Ureinwohner verständlich sein, denn schließlich würde dieses System den Norden des Landes schlagartig in das Kommunikationssystem des Südens integrieren. Die Jury, die den Namen auszuwählen hatte, war mit nationalen Berühmtheiten hochkarätig besetzt: berufen wurden der Kommunikationswissenschaftler Marshall McLuhan, der Dramatiker Gratien Gélinas und Leonard Cohen, Canadas damals einziger Liedermacher mit internationalem Renommee. Die Jury, der noch je ein Inuit und ein Cree-Indianer als Dolmetscher beigeordnet waren, entschied sich schließlich für den Vorschlag "anik", das Inuit-Wort für "Bruder" oder "Freundschaft" (nachdem das ursprünglich von McLuhan und Cohen favorisierte "anak" am Hinweis der Ureinwohner gescheitert war, dies bedeute in ihren Sprachen soviel wie "shit"; Galt 1983: 18-19). Zieht man in Betracht, daß es sich hier "nur" um die Entwicklung eines Rundfunk-Satellitensystems handelte und nicht etwa (wie in den USA und der Sowjetunion) um ein ambitioniertes Raumfahrtprogramm, verweist dieser heute eher anekdotisch anmutende Vorgang erneut auf den hohen Stellenwert, den Probleme der Kommunikation in der öffentlichen Diskussion Canadas einnehmen.

Die *ANIK*-Reihe bildet heute das technologische Rückgrat des canadischen Satellitensystems. Die Satelliten operieren in der üblichen geostationären Position in ca. 36 000 km Höhe und sind somit zur regelmäßigen Übertragung von Telekommunikations-Diensten (Telephon, Telex, Daten etc.) und Rundfunksignalen in der Lage. Die Baureihen *ANIK* A bis E unterscheiden sich in ihrer Kanalkapazität, in der jeweiligen Sendeleistung und den benutzten Frequenzbereichen. Von den beiden letzten Faktoren wird maßgeblich die Größe und die Position der Empfangsantennen bestimmt. Für ein Flächenland wie Canada ist ebenfalls die Anordnung der *footprints* eines Satelliten von Bedeutung. *Footprint* - oder in der zweideutigen deutschen Übersetzung: "Sendekeule" - bezeichnet das geographische Gebiet, in das ein Satellit seine Signale jeweils abstrahlt.

Die heute operierenden Satelliten der Baureihen *ANIK* C und *ANIK* D arbeiten sämtlich im 6/4 Gigahertz(Ghz)-Bereich. Das bedeutet, daß für die Übertragung der Signale von einer Erdstation zum Satelliten (*uplink*) der 6 Ghz-Bereich, für die Abstrahlung zu einer Erdempfangsstation (*downlink*) der 4 Ghz-Bereich genutzt wird. Die 6/4 Ghz-Frequenz birgt zwei wichtige technologische Nachteile: Zum einen sind für den Empfang der relativ schwach abgestrahlten Signale Parabolantennen mit mehr als drei Metern Durchmesser erforderlich, zum anderen arbeiten im 4 Ghz-Bereich die terrestrischen Richtfunkstrecken. Um Störungen zu vermeiden, müssen die *downlink*-Stationen außerhalb städtischer Ballungsgebiete angesiedelt werden, da dort der größte Teil der Richtfunkanlagen konzentriert ist. Die empfangenen Signale müssen nun ebenfalls per Richtfunk verteilt werden.

Der Versuchssatellit *HERMES* dagegen, der vom DOC in Zusammenarbeit mit der US-Raumfahrtbehörde NASA entwickelt und 1976 plaziert wurde, nutzte erstmals die leistungsfähigere 14/12 Ghz-Frequenz, die ausschließlich für Satelliten reserviert ist. *HERMES* wurde zudem mit einer Sendeleistung ausgestattet, die das 200fache der *ANIK*-A-Serie ausmachte und erlaubte so erste Experimente mit Direktempfang. Die notwendigen Parabol-Empfangsantennen waren mit ca. 90 cm Durchmesser nicht nur erheblich kleiner, sondern auch sehr viel billiger und konnten darüber hinaus inmitten großstädtischer Gebiete plaziert werden. Die *HERMES*-Versuche, die im Juni 1979 abgeschlossen wurden, beinhalteten u. a. die Verbreitung der TVO-Bildungsprogramme zu abgelegenen Schulen in Nordwest-Ontario und eines Programmpaketes mit CBC-Unterhaltungssendungen zu drei isolierten Ortschaften Labradors. Bereits Ende 1979 wurden die Ergebnisse der *HER*-

MES-Experimente für den nächsten regulären canadischen Satelliten *ANIK* B verwertet, der seine DBS-Kapazität mit nur einem Zehntel der Sendestärke von *HERMES* erreichen kann und Parabol-Empfangsantennen mit nur noch 1,2 bis 1,8 Metern Durchmesser erfordert. Damit verfügte Canada - wenn auch versuchsweise - über den ersten regelmäßigen DBS-Service der Welt.

Mit der Entwicklung der Baureihen *ANIK* C und D machte Canada einen weiteren technologischen Schritt in Richtung auf einen landesweiten, DBS-ähnlichen Satellitenservice. Die vier nebeneinderliegenden *footprints* der Satelliten decken zusammen den größten Teil der zehn canadischen Provinzen und einen breiten Landstreifen im Norden der USA ab. Zudem erlaubt die Verwendung von vier Satelliten die Berücksichtigung der insgesamt sechseinhalb Zeitzonen bei der nun zeitversetzt möglichen Programmabstrahlung.

Mit der Auftragsvergabe für zwei weitere Satelliten der der *ANIK*-Serie (*ANIK* E) im Jahr 1987 - die "größten und leistungsstärksten Telekommunikations-Satelliten kommerzieller Art, die über Nordamerika betrieben werden", so die kanadische Regierung (focus canada 1987, Nr. 41: 11) - ist die Entwicklung von Rundfunksatelliten zunächst einmal abgeschlossen. Eine neue, weitaus leistungsfähigere Satellitengeneration - das Satellitensystem *M-Sat* - soll in den neunziger Jahren zum Einsatz kommen. Sie dient jedoch ausschließlich dem mobilen Telefonverkehr und der Datenübertragung und wird für die Abstrahlung von Rundfunksignalen nicht verwendet werden (DOC 1985a).

Für das Rundfunksystem bedeutsamer ist eine andere technische Neuentwicklung unter Federführung des DOC: das sogenannte *Very Small Aperture Transmitter System* (VSAT). VSAT erlaubt die Verbreitung von Satellitensignalen über eine große Boden-Empfangsstation (*Master Hub Earth Station*) auf direktem Weg an kleine und preiswerte Satellitenempfangsantennen des Endverbrauchers. VSAT, im Grunde eine Weiterentwicklung der Richtfunktechnik, ermöglicht so eine Versorgung mit Satellitenprogrammen für jedermann unter Umgehung der Kabelsysteme. Sollte sich diese Technik tatsächlich zu dem erwarteten Wachstumsbereich des nächsten Jahrzehntes in der Satellitentechnik entwickeln (Statistics Canada 1989: 14.3), stellt das die heute mächtigen Kabelgesellschaften vor erhebliche Probleme und erklärt überdies zu einem wesentlichen Teil deren starkes Engagement im TV-Produktionsbereich und in der Entwicklung neuer Angebote (s Kap. 8).

Dieser kurze Überblick sollte deutlich machen, daß Canada in weniger als zwei Jahrzehnten (neben Japan) bei der Nutzung von Rundfunk- und Kommunikationssatelliten zur einer der fortgeschrittensten Nationen der Welt aufgestiegen ist. Eine Tatsache, die auch einheimische Kritiker dieser rasanten Entwicklung nicht ohne Stolz vermerken, wenn sie auf die "Pionierabeit" des Landes in diesem Sektor verweisen (u.a. Melody 1983: 5).

Diese Feststellung trifft jedoch zumindest für die Startphase nur mit großen Einschränkungen zu: Die *ANIK* A und B-Generationen wurden zwar von der canadischen Regierung finanziert, jedoch noch vollständig in den USA entwickelt und gebaut. Hersteller waren seinerzeit die führenden US-Raumfahrtkonzerne *Hughes Aerospace of California* und *RCA Astro-Electronics* in New Jersey (Guité 1977: 149). *HERMES* war, wie erwähnt, eine Koproduktion mit der US-Raumfahrtbehörde NASA - wobei jetzt zwar Entwicklung und Betrieb des Satelliten in canadischen Händen lagen, die technisch fortgeschrittensten Bauteile jedoch wiederum von der US-Industrie geliefert wurden. Dasselbe trifft auch auf die gesamte *ANIK*-C-Baureihe zu (DOC 1983a: 15-19). Bei der Beurteilung canadischer Eigenleistungen muß zudem generell berücksichtigt werden, daß es sich bei der einheimischen Elektronik-Industrie nahezu ausschließlich um Tochterfirmen US-amerikanischer Konzerne handelte, die so indirekt von den hohen Subventionen der canadischen Regierung profitieren konnten (Hufbauer/Samet 1982: 113). Bezogen auf die frühe Satellitenentwicklung kam 1975 eine Studie des *Communication Satellite Planning Centre* der Stanford University, Cal., zu dem Schluß, daß der damalige canadische Anteil an der Entwicklung hochtechnologischer Satellitenkomponenten eher gering einzuschätzen sei:

> "The goal of building Canadian satellite expertise has not been particularly well fulfilled if the criteria of success are proven ability to design and build spacecraft (or) to lead in development of innovative satellite earth stations. (...) Canadian-made components played virtually no part in lowest-cost highest-efficiency systems" (Guité 1977: 149).

Heute hat Canada auf dem Satelliten- und Telekommunikationssektor dank hoher staatlicher Subvention unbestritten Weltstandard erreicht und verfügt mit *Northern Telecom* selbst über einen internationalen Multi, der weltweit unter den ersten zehn Unternehmen dieser Branche rangiert. Der Bau von *ANIK* D wurde ausschließlich an das canadische Unternehmen *SPAR Aeorospace* vergeben, das damit in Canada eine einzigartige Monopolstellung erobern konnte (Galt 1983: 20).

Die canadische Weltraum- und Telekommunikations-Industrie hat sich mittlerweile zu einem florierenden Wirtschaftszweig entwickelt, der in einem Dutzend Spezialunternehmen rund 3000 Menschen beschäftigt. Canadische Satelliten sind auch auf dem Weltmarkt gefragt; *ANIK* D wurde beispielsweise für Brasilien gebaut. Canada, seit 1978 Mitglied der

European Space Agency (ESA), ist an internationalen Koproduktionen mit Schweden, Japan, Frankreich, der Sowjetunion und Großbritannien beteiligt und erwirtschaftet bereits seit 1983 mehr Einnahmen aus Lizenzen und Auslandsaufträgen als das DOC jährlich für Weltraumforschung und -technologie aufwendet (focus canada 1988, Nr. 44: 8-9). *Northern Telecom*, der führende Konzern in der *Hardware*-Entwicklung, erzielte 1989 einen Rekordgewinn von 354 Mio. US-Dollar bei einem Gesamtumsatz von 6,1 Mrd. US-Dollar (Süddeutsche Zeitung, 6.2.89). In Ontario ist Anfang 1990 mit dem *International Discovery Centre* das (nach Darstellung der canadischen Regierung) erste Wissenschaftszentrum der Welt eröffnet worden, das sich ausschließlich mit Telekommunikation befaßt (focus canada 1990, Nr. 53: 14).

Für das DOC sind die Stärkung und die internationale Konkurrenzfähigkeit der einheimischen Rundfunk- und Telekommunikations-Industrie spätestens seit 1983 explizites Ziel ihrer Rundfunkstrategie. In einer Stellungnahme des DOC gegenüber der *Royal Commission on the Economic Union and Development Prospects for Canada* heißt es dazu mit ausdrücklichem Verweis auf die rundfunkpolitischen Rahmenrichtlinien des selben Jahres:

> "If Canada does not want to create an electronic curtain, but prefers to compete vigorously in the international marketplace, we must ensure that our own industry is strong and can compete against the best in the world. In essence this is the approach the government pursued in the recent announcement of the broadcasting strategy, where it moved to strengthen the domestic industry to ensure its long term competetivness" (DOC 1983d: 14).

Die starke Stellung der Weltraum- und Telekommunikations-Industrie und die industriepolitische Ausrichtung des DOC, das die einheimische Satellitenentwicklung - wie weltweit bei der Vermarktung von Großtechnologien üblich - immer auch als "showcase" für die internationale Absatzförderung begriffen hat, wirft für Canada selbst jedoch ungeheure rundfunkpolitische Probleme und Interessenkonflikte auf, die vor allem aus der rasanten Vermehrung von Übertragungskapazitäten resultieren.

9.2. DOC, CRTC, TELESAT - Konkurrierende Konzepte der Satelliten-Nutzung

Die technologiepolitische Kompetenz für das canadische Satellitenprogramm liegt ausschließlich beim DOC. Obwohl über die Satelliten (auch) Rundfunkprogramme verbreitet werden, hat die CRTC als höchste rundfunkpolitische Kontrollinstanz auf die Entscheidungen und Entwicklungen heute keinerlei Einfluß. Die unmittelbare Folge ist die Zuspitzung eines altbekannten Problems: Die Schaffung immer neuer Übertragungskapazitäten erfolgt ohne Abstimmung mit übergeordneten, normativ definierten rundfunkpolitischen Zielsetzungen - besonders was Art und Ausmaß der zu übertragenden Programme angeht. Melody sieht hier zu Recht das Kernproblem der canadischen Satellitenpolitik:

> "Der Widerspruch der kanadischen Medienpolitik läßt sich damit erklären, daß sie ihre Politik der intensiven Werbung für Satellitentechnologie mit der Politik im Medien- und Kulturbereich nicht koordiniert, zueinander in Beziehung setzt oder dieses Problem überhaupt nur erkannt hat. Die Werbung für Satelliten ist vorangeschritten, ohne die Folgewirkungen für Rundfunkprogramme oder die kanadische Kultur auch nur in Betracht zu ziehen oder zu bewerten. Mit der Konzentration auf Satelliten werden mehrere Ziele verfolgt: die inländische Wirtschaft anzukurbeln, eine Vorrangstellung im internationalen Markt für Telekommunikation zu erreichen und internationales Prestige zu gewinnen. Satelliten werden mehr oder weniger nur als Ware auf einem schnell wachsenden Weltmarkt für Satelliten, Empfangsanlagen und technisches know-how gesehen, aber augenscheinlich nicht im Zusammenhang mit Programminhalten" (Melody 1983: 7).

Trotz der Erfahrungen, die mit der weitgehend gescheiterten nachträglichen Einordnung des Kabelfernsehens in die allgemeine Rundfunkpolitik gemacht wurden, wiederholt sich hier die Verbreitung einer strukturverändernden Distributionstechnologie ohne echte rundfunkpolitische Kontrollmöglichkeiten. Die ersten Auswirkungen zeigen sich zunächst in den Betriebskompetenzen. Betreibergesellschaft und damit allein zuständig für die Vermietung der Satellitenkanäle ist die 1969 gegründete TELESAT-Canada. TELESAT wurde (bis zu seiner vollständigen Privatisierung 1990, s.u.) zu 50 Prozent von der canadischen Regierung finanziert, die andere Hälfte war im Besitz der halbstaatlichen *CNCP-Telecommunications*, sowie der in *Telecom Canada* zusammengeschlossenen acht größten Telephongesellschaften des Landes.

Diese Konstruktion ist das Ergebnis eines recht langwierigen Prozesses des Aushandelns divergierender ökonomischer und politischer Interessen, der bereits Mitte der sechziger

Jahre einsetzte. Noch 1966 bei ersten Beratungen mit der Regierung über ein canadisches Satellitenprogramm hatte das *Telecom*-Konsortium die Pläne mit der Begründung abgelehnt, sie stellten eine Konkurrenz für dessen terrestrische Richtfunkstrecken dar. Gleichzeitig kündigte der Medienmischkonzern *Power Corporation* zusammen mit dem TV-Veranstalter *Niagara Television* an, ein eigenes Satelliten-Network etablieren zu wollen. Der erste Kommunikationsminister Eric Kierans, einer der bekanntesten Ökonomen Canadas, der dieses Amt nur kurze Zeit ausübte, favorisierte dagegen eine Lösung, nach der TELESAT zu je einem Drittel von den Telekommunikationsgesellschaften, der Bundesregierung und über öffentliche Anleihen finanziert werden sollte. Eine rein private Lösung lehnte er mit dem Hinweis auf die große nationale und internationale Bedeutung ab, die ein canadisches Satellitensystem einnehmen werde (Task Force 1986: 589).

Die Streuung eines Drittels der Anteile sollte offenbar gleichzeitig den Einfluß des *Telecom*-Konsortiums beschränken (auf das Kierans wegen des technologischen "know how" jedoch nicht verzichten wollte) und gleichzeitig die Öffentlichkeit in das Projekt einbinden. Zu einer Ausgabe öffentlicher Anleihen ist es allerdings nie gekommen, da TELESAT bis weit in die siebziger Jahre hinein mit Verlust arbeiten sollte. Im Ergebnis war die 50:50-Lösung ein wesentlicher Erfolg der Telekommunikationsgesellschaften, die damit eine maßgebliche Beteiligung an den Einkünften aus den Kanalmieten durchsetzen konnten. TELESAT ist seitdem laut Satzung eine Gesellschaft mit kommerzieller Zielsetzung, die aus der Vermietung von Satellitenkanälen Gewinne erwirtschaften soll (Guité 1977: 18 ff; 148).

Die weitere Entwicklung TELESATs von einem Instrument nationaler Telekommunikationspolitik hin zu einem rein kommerziellen Unternehmen betreibt derzeit die konservative Regierung Mulroney: In ihrem Budget für 1990/91 hat sie angekündigt, nach dem internationalen Satellitendienst TELEGLOBE nun auch TELESAT vollständig zu privatisieren (focus canada 1990, Nr. 53: 6).[1]

Als Teil des Distributions-Sektors unterliegt TELESAT nicht der rundfunkpolitischen Aufsicht, sondern lediglich der sehr viel enger definierten Telekommunikations-Kompetenz der CRTC. Damit kann sie ihren Einfluß nur auf die Gestaltung der Kanalmieten und der

1) Diese Maßnahme zielt jedoch nicht allein auf den Satellitensektor, sondern fügt sich in eine allgemeine Privatisierungswelle seit Amtsantritt der konservativen Regierung Mulrony 1984 ein. Von der Privatisierung betroffen sind ebenfalls staatliche Renommierprojekte der "physischen Kommunikation" - AIR CANADA und die Eisenbahngesellschaft VIA RAIL -, sowie im laufenden Haushaltsjahr 1990 auch der staatseigene Energie-Konzern PETRO CANADA, ein Kernstück der Trudeau'schen Nationalisierungspolitk.

Zugangsregelungen geltend machen, nicht jedoch auf die übertragenen Inhalte. Im Gegensatz zur Darstellung Melodys (s.o.) hatte Kierans ursprünglich auch die CRTC in die Entscheidungsprozesse einzubinden versucht - ihr Vorsitzender Juneau war bis 1971 Mitglied eines Beratungsgremiums namens *Telecommission* -, was dafür spricht, daß zumindest auf Seiten des anfangs zuständigen Ministers durchaus ein breiteres Problembewußtsein vorhanden war. Doch Juneaus auf die Regulierung von Medieninhalten gerichtete Politik in der "heißen Phase" der Ausgestaltung von Quotenregelungen stieß innerhalb des DOC auf verbreitets Unverständnis.

Das Ministerium, dessen Mitarbeiter fast ausschließlich aus dem *Department of Transport* rekrutiert worden waren und die keinerlei Beziehungen zur Rundfunkpolitik hatten, setzten primär auf die technologiepolitischen und ökonomischen Aspekte der Satellitenentwicklung. Der damalige Forschungsdirektor der *Telecommission*, de Montigny Marchand, erinnerte sich später, daß man die Standpunkte der CRTC innerhalb des DOC letztlich als eine unwillkommene Einmischung in die Regeln der Marktwirtschaft betrachtete: "There was some intellectual unease with Juneau's bold nationalist regulatory ideas, some feeling that it was undue interference into the marketplace" (zit.n. Galt 1983: 18). Die *Telecommission* existierte nur drei Jahre. Kierans Pläne zur Ausarbeitung eines umfassenden Konzeptes, das ökonomische, technologische und kulturpolitische Aspekte der Satellitenentwicklung berücksichtigen sollte, wurde nach seinem Ausscheiden aus dem Amt im Jahre 1971 nicht weiter verfolgt.

Die Konstruktion und die im Kern kommerzielle Ausrichtung von TELESAT hatte einige sehr direkte Konsequenzen, unter anderem auf die Kapazität der *ANIK*-C-Modellreihe: Die *footprints* der Satelliten decken zwar den größten Teil der canadischen Provinzen ab, sparen die wenig lukrativen Nordregionen Québecs und Labradors sowie die gesamten Yukon- und Northwest-Territories jedoch vollständig aus. Die Kern-Abstrahlungsgebiete (*primary coverage area*), in denen der qualitativ beste Empfang möglich ist, sind voll auf die canadischen Südregionen ausgerichtet. Dadurch reichen die jeweiligen Randzonen der *footprints* (*secondary coverage area*) bis weit in die USA hinein, was dort noch einen Empfang mit größeren Antennen ermöglicht (Therrien Committee 1980: 9). Diese Plazierung der Satelliten ist nicht etwa durch technische Zwänge bestimmt, sondern allein durch das ökonomische Kriterium, den Mietern der Kanäle die lukrativsten Verbreitungsgebiete anbieten zu können. Durch eine Verlegung der Umlaufbahnen nach Norden oder auch nur eine leichte Neigung der Satelliten hätten die nördlichen Regionen problemlos abgedeckt werden können - was jedoch Einbußen bei der Empfangsqualität im canadischen Süden zur Folge gehabt hätte.

Das *Therrien Committee*, eine von der CRTC eingesetzte Untersuchungskommission, die die Möglichkeiten der Satellitennutzung für die Ausweitung des Rundfunks in bisher unterversorgte Gebiete zu prüfen hatte, kam in ihrem Bericht von 1980 zu dem Ergebnis, daß *ANIK* C für den Norden völlig nutzlos sei:

> "The inexorable conclusion is that the ANIK C satellites will be of little practical use for a northern broadcasting service. Half a loaf may be better than no bread, but half a northern broadcasting service would be worse than useless" (Therrien Committee 1980: 7).

Der *Therrien Report* äußert zudem seine "große Überraschung", daß die CBC - immerhin der größte Einzelnutzer canadischer Satelliten und Betreiber des *Northern Radio and Television Service* - in keiner Phase der Planungen von TELESAT oder durch das DOC einbezogen wurde (Therrien Committee 1980: 7). In der Tat ein untrügliches Zeichen, daß die Nachfolger von Eric Kierans dessen (gescheiterte) Versuche, ein Gesamtkonzept für den Satelliteneinsatz zu entwerfen, selbst bei so wesentlichen Neuentwicklungen nicht weitergeführt hatten.

Da die canadischen Satelliten von der Bundesregierung finanziert und zur Hälfte mitbetrieben werden, handelt es sich bei dieser eindeutigen Ausrichtung auf den lukrativen Süden zudem um eine sehr eigenwillige Auslegung des Rundfunkgesetzes, in dem es ausdrücklich heißt, daß die Rundfunkversorgung in alle Teile des Landes ausgedehnt werden soll, sobald öffentliche Gelder verfügbar seien. Mag für TELESAT der ökonomische Aspekt der Kanalvermietung ausschlaggebend gewesen sein, zeigt sich im Fall der Bundesregierung, daß sich das technologische Großprojekt *ANIK* offenbar zu einem rundfunkpolitisch nicht mehr eingebundenen "Selbstläufer" entwickelt hatte. Erst *ANIK* D, der Anfang der achtziger Jahre gestartet wurde, deckt das gesamte Staatsgebiet ab.

Nicht zuletzt begünstigt durch diese Politk hat das Problem des direkten *Spillover* US-amerikanischer Programme - jetzt via Satellit - eine neue Qualität erreichen können.

9.3. "Spillover" durch US-Satelliten und die Verbreitung illegaler Empfangsanlagen

Nach Schätzungen der CBC können seit Mitte der achtziger Jahre in Canada rund 50 US-amerikanische TV-Satellitenkanäle empfangen werden, da der größte Teil der US-Satelliten in ihren *footprints* Alaska einschließen und damit automatisch auch große Teile im Westen und Norden Canadas (CBC 1984e: 9). An dieser Situation wird sich wohl auch in absehbarer Zukunft nichts ändern, da die Entwicklung DBS-tauglicher Satelliten, die enger begrenzte Abstrahlungsgebiete erlauben, in den USA lange Jahre ins Stocken geraten war. 1985 endete ein solcher Versuch mit dem Ausstieg des US-Betreibers *Comsat* aus einem DBS-Konsortium, da es durch die Konkurrenz der Kabelgesellschaften in den lukrativen US-Metropolen für DBS keine Martkchancen sah (epd/kifu 1985, Nr. 5).

Zur Zeit bemüht sich der australisch-amerikanische Medienunternehmer Rupert Murdoch zusammen mit NBC, *Hughes Communications* und dem Kabelbetreiber *Cablevision*, ein neues US-amerikanisches DBS-Konsortium aufzubauen, das 1993 einen Satelliten mit einer Kapazität von über 100 Kanälen lancieren will (epd/kifu 1990, Nr. 18). Unabhängig davon, ob dieses Projekt wirklich realisiert werden wird (angesichts der Kosten von über einer Mrd. Dollar, fehlender öffentlicher Finanzierung in den USA im Gegensatz zu Canada und wachsender Finanzprobleme von Murdoch selbst) - eine technische Lösung des Satelliten-*Spillover* käme für Canada ohnehin viel zu spät.

Da selbst die DBS-untauglichen US-Satelliten in der Regel mit größerer Sendeleistung ausgestattet sind als die canadischen[2], hat der illegale und unkontrollierte Empfang amerikanischer Satellitenprogramme in Canada nach Einschätzung der CRTC schon seit Mitte der siebziger Jahre geradezu "epidemische" Ausmaße angenommen (Therrien Report 1980: 17). Diese Entwicklung nahm ihren Anfang zunächst in wenigen abgelegenen Ortschaften und breitete sich sprunghaft aus, als mit dem rapiden Anwachsen der Rohstoffförderung in Nord-Canada die Minengesellschaften begannen, in ihren Arbeiter-Camps Parabolantennen aufzustellen und auf die US-Satelliten auszurichten (Melody 1983: 5-6). Die illegal empfangenen US-Programme stellen in den meisten Nordregionen oft die einzige Ergänzung zu den via Satellit verbreiteten CBC-Networksendungen dar.

---

2) Bereits 1975 arbeitete der US-Satellit ATS-6 mit einer viermal größeren Sendeleistung als die vergleichbaren canadischen Satelliten ANIK A 1-3 (Guite 1977: 151).

Da die kommerziellen Fernseh-Networks bisher nur wenig Anreize sehen, ihr gut ausgebautes terrestrisches Sendernetz durch teure Satellitenkanäle für die Versorgung zumeist dünnbesiedelter Gebiete zu ergänzen, versucht TELESAT seit einigen Jahren, neue Nutzungsmöglichkeiten zu erschließen, um gleichzeitig das Angebot attraktiver zu gestalten und Überkapazitäten abzubauen. Seit 1986 ist es dem Konsortium gestattet, sein Kanalangebot direkt zu vermarkten - eine Regelung, die seit Mitte der siebziger Jahre diskutiert wurde und über Jahre am Widerstand der CRTC scheiterte, die dadurch ihre ohnehin geringen Regulierungsmöglichkeiten weiter beschnitten sah (Task Force 1986: 595-596). Zum Zeitpunkt der Freigabe waren weniger als die Hälfte der insgesamt 160 Kanäle überhaupt belegt. TELESAT versucht seitdem durch massive Sonderangebote ("take one, get one free"), zusätzliche Kunden zu gewinnen. Dazu gehört auch, daß jeder Anbieter eines bisher nicht verfügbaren neuen Dienstes 75 Prozent Einstiegsrabatt erhält (epd/kifu 1986, Nr. 17). Ein weiterer Beleg dafür, daß die rasante technische Entwicklung mit dem Wachstum des canadischen Angebotes nicht im Einklang steht.

Vor diesem Hintergrund ist der Betrieb illegaler Empfangsanlagen, auch *Television Receiving-Only Antennaes* (TVRO) oder "rabbit ears" genannt, stillschweigend geduldet worden. Eine vom DOC eingesetztes Kommission zur Untersuchung von "Souveränitätsproblemen" auf dem Sektor der Telekommunikation (*Clyne Committee*) hatte bereits 1979 die Empfehlung ausgesprochen, sämtliche für den Privatgebrauch genutzten TVRO's generell von der Genehmigungspflicht auszunehmen, um die juristisch unhaltbare Situation auf dem einfachsten Wege zu bereinigen (Clyne Committee 1979: 83). Die Durchsetzung eines Verbotes ließe sich in einem Flächenland wie Canada ohnehin kaum kontrollieren.

Diese Auffassung hat sich vier Jahre später auch das DOC in seiner programmatischen Rahmenrichtlinie zur Rundfunkpolitik zu eigen gemacht: Seit Anfang 1983 ist für den Betrieb individuell genutzter TVRO's keine Lizenz mehr nötig, sofern die aufgefangenen Signale nicht an andere Abnehmer weitergeleitet werden. Dasselbe gilt auch für Empfangsanlagen in bestimmten kommerziellen Einrichtungen, etwa in Hotels, Bars und Nachtclubs, die ihren Gästen einen besonderen Service bieten wollen. Allerdings gilt auch hier die Auflage, daß die Programme nicht weiter verbreitet werden dürfen und zudem kostenlos angeboten werden müssen (DOC 1983b: 12). Ob allerdings dieser bescheidene Rest eines Regelungsversuches durchzusetzen ist, muß aus denselben Gründen bezweifelt werden, die für eine Freigabe der privaten TVRO-Nutzung geführt haben. Seit einigen Jahren wird seitens des DOC offenbar die Lösung favorisiert, daß Betreiber illegaler, kommerziell genutzter Empfangsanlagen noch nachträglich um eine Lizenz nachsuchen können (Maclean's 1985, Jan. 14: 28).

Mehr noch als die Liberalisierung der TELESAT-Preispolitik mußte diese Entscheidung des DOC von der CRTC als drastischer Eingriff in ihre Regulierungskompetenzen verstanden werden. Während sich das DOC durch die Genehmigung privater TVRO's explizit die Schaffung eines rapide wachsenden Marktes für Empfangsantennen erwartete, was unmittelbar eine Verbilligung der Anlagen und damit ihre weitere Verbreitung auch in entlegenen Gebieten zur Folge hätte (DOC 1983b: 11), sah die CRTC ihre rundfunkpolitische Stellung insgesamt gefährdet. Die Intentionen ihrer *Canadian Content*-Politik - ohnehin durch die Verbreitung des Kabelfernsehens essentiell bedroht - wurden nun weiter in Frage gestellt. Unter ihrem damaligen Vorsitzenden, dem Politikwissenschaftler John Meisel, hatte die CRTC noch vergeblich versucht, einer Liberaliserung des US-Satellitenempfangs entgegenzuwirken. Zwischen 1981 und 1983 hatte sie - wohl um ihre Entschlossenheit zu demonstrieren - insgesamt sechs Betreiber von Kabelsystemen, die unauthorisert US-Satellitenprogramme verbreiteten, erstmals mit Geldstrafen belegt und einer Gesellschaft in Newfoundland wegen wiederholter Mißachtung der Auflagen schließlich die Lizenz entzogen (CRTC Annual Reports 1982: 42 ff.; 1983: 45).

Für Meisel, der im November 1983 vorzeitig von seinem Amt zurücktrat, war dieses Problem (zusammen mit der von ihm abgelehnten Zulassung von Pay-TV) so bedeutsam, daß er den offenen Konflikt mit dem DOC und Parlamentariern aus den Nordregionen suchte, die sich aus einer Liberalisierung des Satellitenempfangs offenbar einen Popularitätsgewinn versprachen. In seinem Vorwort zum CRTC-Jahresbericht von 1982 warf er diesen Politikern (und damit indirekt auch dem DOC) vor, die Verwirklichung übergeordneter rundfunkpolitischer Zielsetzungen zu behindern:

> "... in some parts of the country, citizens are prepared to engage in unauthorized activities that flout the regulatory process. (...) It is particularly discouraging to find that some Members of Parliament are even sympathetic to such activities and the weakening of the regulatory framework that is our best guarantee that the goals of the Broadcasting Act are met" (Meisel 1982: ix).

Der Druck, unter den die CRTC in dieser existentiellen Frage geraten war, verstärkte sich noch durch die Forderung nach prinzipieller Gleichbehandlung der Bevölkerung in unterversorgten Gebieten mit der in den großstädtischen Zentren. Allerdings schuf die CRTC die Argumente zu einem großen Teil selbst, mit denen diese Forderung untermauert wird: Seit sie 1979 den Kabelstationen mindestens die Heranführung der vier US-amerikanischen Network-Programme per Richtfunk gestattete, gehört dieser US-Service im größten Teil des Verkabelungsgebietes zum Standardangebot. Ein Empfangsverbot für US-Programme außerhalb dieser Regionen läßt sich seitdem kaum noch rechtfertigen. In dem von der CRTC in Auftrag gegebenen *Therrien Report* von 1980 heißt es dazu selbstkritisch:

> "Despite the already high volume of U.S.-programming in the schedules of the Canadian networks, still more is being sought, even demanded, on the ground that everybody in the country should be allowed to view the programming of US-stations because somebody else can. The point was conceeded, in effect, with the authorization of microwave carriage of signals received near the border over long distances into the interior" (Therrien Report, S. 17).

Die Frage blieb, wie die geforderte Gleichbehandlung durchgeführt werden sollte. Die Duldung und schließliche Genehmigung bisher illegaler Empfangsanlagen schwächt nicht nur die CRTC, sondern unmittelbar auch die ökonomische Stellung der canadischen Fernseh-Networks und die Position von TELESAT als Betreiber einheimischer Satelliten. Wenn also die weitere Ausbreitung des *Spillover* schon nicht zu verhindern war, sollte zumindest der canadische Distributionssektor finanziell davon profitieren. Bereits das *Clyne Committee* hatte 1979 empfohlen, ähnlich wie beim Kabelfernsehen das US-Angebot über einheimische Kanäle zu leiten:

> "The Committee fully supports the continued use of satellites to give Canadians access to the television programming of other countries. It recommends, however, that for such purposes the facilities of Canadian carriers such as Teleglobe Canada and Telesat Canada should be used ..." (Clyne Committe 1979: 83).

In wohl keinem anderen Bereich wurde bisher der Widerstreit ökonomischer und kultureller Aspekte der canadischen Rundfunkpolitik deutlicher als in dieser Empfehlung. Hollins faßt die seitdem eingeschlagene Strategie in die knappe Formel: "The audience might be lost, but not the profits" (Hollins 1984: 88).

9.4. CANCOM und "Superstations": Canadische Anbieter als Gegengewicht

Die faktische Verwirklichung der Clyne-Empfehlung, wenn auch seitens der CRTC ursprünglich nicht intendiert, wurde seitdem in zwei Etappen vollzogen. Der erste Schritt war die Lizensierung des kommerziellen Satelliten-Networks *Canadian Satellite Communications Inc.* (CANCOM) im April 1981. Die CRTC folgte damit einer Empfehlung des

Therrien Committee, das die Ausweitung des canadischen Programmangebotes via Satellit als die dringendste Aufgabe bezeichnet hatte, um bereits verlorenes Terrain zurückzugewinnen (Therrien Report 1980: 1).

Die Lizenz für ein Satelliten-Network ging schließlich an Ralph Hougen, einen im Medienbereich zuvor in in Erscheinung getretenen Unternehmer aus Whitehorse, Yukon, der allerdings in *Western International Communications* (WIC), *Selkirk* und *Allarcom* drei finanzkräftige Partner fand. Hougens Anteile wurden jedoch bald von WIC aufgekauft, das heute mit 49 Prozent Hauptgesellschafter von CANCOM ist (Task Force 1986: 606) - ein Indiz, daß die CRTC ihre zur selben Zeit im Kabelfernsehen vorangetriebene Konzentrationspolitik auch auf den Satellitensektor zu übertragen bereit war, wenn damit eine Stärkung des einheimischen Programmangebotes verbunden war.

CANCOMs ursprüngliche Lizenz bestand darin, Programmpakete dreier englischsprachiger Fernsehsationen (die sich im Besitz der Gesellschafter befinden) und von TVA zu übernehmen und diese Kabelgesellschaften und Privatkunden anzubieten. Da CANCOM jedoch keine Konkurrenz für die einheimischen kommerziellen TV-Networks darstellen soll, beschränkte die CRTC die Erlaubnis zur Übernahme des Programmpaketes durch Kabelgesellschaften auf ausgewählte unterversorgte Regionen. Um dort die Versorgung insgesamt zu verbessern, sind einige der Empfänger berechtigt, zusätzlich eigene Lokalprogramme verbreiten (CRTC Annual Report 1983: 29-30).

Der Erfolg dieses Konzeptes schien jedoch schon von Beginn an fraglich: Das CANCOM-Paket kann nur gegen eine monatliche Gebühr empfangen werden, die von den Kabelstationen an deren Abonnenten weitergegeben wird. Da die Kabelstationen ansonsten ihre Programme kostenlos empfangen können, war der Anreiz, die CANCOM-Programme abzunehmen, nur äußerst gering. Zudem war das Angebot eines einzigen zusätzlichen Programmpaketes nicht eben geeignet, Zuschauer von den Sendungen der US-Satelliten abzuziehen. Privatpersonen, die über eine Satellitenantenne verfügen, mieten bei CANCOM einen Decoder zur Entschlüsselung der Signale - auch dieses eine zusätzliche Belastung, der man durch den (zwei Jahre später legalisierten) Direktempfang US-amerikanischer Signale entgehen konnte.

Nach nur einem Betriebsjahr stand CANCOM faktisch vor dem Konkurs, der Versorgungsgrad lag lediglich bei rund 300.000 Haushalten (Melody 1983: 6). Das Network sah sein Überleben nur dann gesichert, wenn ihm die Ausweitung seines Programmangebotes genehmigt würde. Schon ein gutes Jahr nach dem Start stellte CANCOM deshalb den Antrag, zusätzlich ein Paket von US-Network-Programmen verbreiten zu dürfen. Im November 1982 gab die CRTC diesem Antrag statt und wendet seitdem die für Kabelsysteme geltende *three and one*-Regelung auch auf CANCOM an. Das heißt, es werden seitdem die Programme von CBS, NBC, ABC und PBS über canadische Satelliten verbreitet, womit CANCOM über dasselbe Mindestangebot an US-Programmen verfügt wie die an Richtfunk angeschlossenen Kabelstationen. Die Bedingungen der CRTC: Der US-Anteil innerhalb des Gesamtangebotes darf den canadischen Anteil nicht überschreiten und die US-Networkprogramme müssen - ganz im Sinne der *Clyne Committee*-Empfehlungen - per Richtfunk aus den USA zu einer canadischen *uplink*-Station herangeführt werden (Task Force 1986: 607).

Das Konzept, durch zusätzliche canadische Satellitenprogramme den Einfluß der US-Stationen einzudämmen, hat sich letztlich in sein Gegenteil vekehrt. CANCOM hat praktisch innerhalb eines Jahres das erreicht, wofür die Kabelgesellschaften immerhin elf Jahre benötigten - nämlich die lizenzierte Verbreitung US-amerikanischer Networksignale. Da die CRTC seitdem auch schrittweise das geographische Gebiet ausgedehnt hat, in dem CANCOM Decoder an Privatabnehmer vermieten darf, bedeutet dies, daß das "canadische Gegengewicht" zum US-amerikanischen Satelliten-*Spillover* nun auch dort US-Programme verbreitet, wo diese bisher weder auf konventionellem Wege noch durch Kabelsysteme zu empfangen waren.

Vor dem Hintergrund dieser Politik, die man auch als "lizenzierten *Spillover*" bezeichnen könnte, wirkte ein weiterer Lizenzierungsgrundsatz der CRTC seit Anfang der achtziger Jahre zunehmend anachronistisch: Das Verbot für canadische Rundfunkveranstalter, ihre Programme auch über ihre begrenzten lokalen oder regionalen Lizenzgebiete hinaus via Satellit entfernten Kabelstationen anzubieten (s. Kap. 8). Eine solche Genehmigung hätte faktisch die Einrichtung sogenannter *Superstations* zu Folge, für die Anfang der achtziger Jahre zahlreiche Lizenzanträge vorlagen.

Angesichts des - zum großen Teil selbst herbeigeführten - weiteren Vordringens US-amerikanischer Networks in ganz Canada hielt es die CRTC nun für überlegenswert,

> "... that a change in politics might be one way of ensuring that the broadcasting system, as a whole, remains predominantly Canadian. (...) The Commission proposed removing present restricitons on the wider distribution of Canadian signals, other than in exceptional cases where broadcasters could demonstrate consequential damage to their capability" (CRTC Annual Report 1984: 37).

Im Kern würde die Zulassung canadischer *Superstations* die großen und finanziell ertragreichen Anbieter begünstigen, da sie allein über die Mittel zur Anmietung von Satellitenkanälen verfügen. Zudem wird der Nachweis der ökonomischen Beeinträchtigung in dem o.a. Statement erstmals den lokalen Veranstaltern auferlegt. Bislang bildete deren ökonomischer Schutz den Kern der CRTC-Kabelrichtlinien. 1984 kündigte die CRTC die Veranstaltung einer öffentlichen Anhörung zu diesem sensiblen Bereich an.

Hauptgegner von *Superstations* ist bis heute die CAB. Der kommerzielle Dachverband, der vor allem die Interessen der zahlreichen kleineren und Network-unabhängigen Stationen vertritt, argumentierte in seiner Stellungnahme, daß sich durch *Superstations* die Kommunikation zwischen den canadischen Regionen nicht verbessern, sondern im Gegenteil der einseitige Informationsfluß aus den großstädtischen Metropolen in die Peripheriegebiete eher noch verstärkt werde. Die CAB befürchtete wohl nicht zu Unrecht, daß sich zum Beispiel der Erwerb von Programmrechten für eine ausschließlich lokale Ausstrahlung erschweren, die lokalen Werbeeinkünfte in weiter fragmentierten und von *Superstations* beherrschten Märkten zurückgehen und sich so letztendlich der Aufbau weiterer lokaler Stationen als unmöglich erweisen werde (CAB 1984a: i-iv). Ebenso wäre kaum zu erwarten, daß eine Lockerung der Richtlinien zu größerer Programmauswahl und zu einer "Canadisierung" des Gesamtangebotes beitragen wird. Die vorherrschende Programmstruktur der canadischen Anbieter brächte es mit sich, daß sich neben den nun total verfügbaren canadischen Inhalten gleichzeitig die Zahl der US-Programme vergrößern würde (für deren übernahme sich die CAB jahrelang selbst vehement eingesetzt hatte). Zu diesem Ergebnis gelangt eine von der CAB in Auftrag gegebene Studie, in der die Auswirkungen von *Superstations* auf das Programmangebot in zwei typischen Städten, Ottawa und Winnipeg, untersucht wurden. Zur Programmauswahl heißt es dort:

> "Since most markets now have available at least three Canadian off-air services and four U.S. networks, the importation of distant Canadian stations would primarily provide a second, third, or perhaps even a fourth opportunity to view the same programs that are already available to the public. This program duplication would cause unnecessary audience fragmentation for local stations, with little benefit occuring to the public" (CAB 1984b: 16).

Bemerkenswert an dieser Stellungnahme der CAB ist neben der offenkundigen Stichhaltigkeit der Begründungen zudem die Tatsache, daß es nun plötzlich die kommerziellen Veranstalter sind, die unter Nutzung der CRTC-Argumentation der siebziger Jahre gegen eine weitere Programm-Amerikanisierung zu Felde ziehen (eine Strategie, der sich auch die Kabelgesellschaften und die Pay TV-Anbieter zunehmend bedienen).

Die zeitweilig intensiv geführte Debatte um die Zulassung von *Superstations* ist zwischzeitlich deutlich abgeflaut. Die CRTC entschloß sich nach einem Anhörungsverfahren Ende 1984, Anträge auf eine Ausweitung von Lizenzgebieten von Fall zu Fall zu entscheiden und eine Kabeleinspeisung nur außerhalb des 12-Kanal-Basisdienstes zuzulassen (CRTC Annual Report 1985: 21-22). Ihre Politik richtet sich heute statt auf die Ausweitung bestehender verstärkt auf die Zulassung neuer Angebote - vor allem Pay-TV und sogenannter *specialty services*. Welche Erfolge diese Strategie der Angebotsmaximierung hat und vor allem die vielfältigen Probleme, die sich für die *Canadian Content*-Politik ergeben, soll im folgenden analysiert werden.

10. Pay-TV und Specialty Services: Die CRTC im Wettlauf mit US-Angeboten

Im März 1982 vergab die CRTC nach mehrjährigem Widerstand an sieben kommerzielle Bewerber die ersten Lizenzen zur Veranstaltung von Pay-TV für jeweils nationale und regionale Verbreitungsgebiete. Die Programme, die vorwiegend aus Kinospielfilmen bestehen, werden per Satellit übertragen und den verkabelten Haushalten auf "pay per channel"-Basis angeboten.

Auch durch dieses neue Angebot verspricht sich die CRTC nach eigenen Worten zuerst zusätzliche Einkünfte für das canadische Rundfunksystem und eine neuerliche Stimulanz für den unabhängigen Produktionssektor, die durch die bisherigen Kapazitätsausweitungen offenkundig nicht ausgegangen ist. In der Begründung der Entscheidung wird auch die Hoffnung ausgedrückt, daß Pay-TV auch solchen Produzenten eine Chance biete, die im konventionellen Fernsehen bislang nicht zum Zuge kamen:

> "Through its capacity to generate revenues, pay television should contribute significantly to the broadcasting system by increasing the diversity of programming (...) and by enhancing the quality and distinctiveness of Canadian programs. Pay television should provide new opportunities and revenue sources for the program production industry in Canada, particularly for producers currently unable to gain access to the broadcasting system" (CRTC 1982a: 9).

Für die CRTC bedeutete diese Entscheidung einen Schwenk in ihrer bisherigen Politik um hundertachtzig Grad, da seit dem ersten Lizenzantrag 1972 Pay-TV für Canada in mehreren Untersuchungen entweder abgelehnt oder nur unter großen Vorbehalten befürwortet worden war.

10.1. Die Auseinandersetzung um Pay-TV bis 1982

Bis 1982 existierten Vorformen von Pay-TV lediglich in sogenannten "closed circuit"-Systemen, die ohne Rundfunklizenz in Hotels und Appartementhäusern betrieben werden und den Mietern gegen Einzelgebühren Spielfilme auf Abruf bereitstellen. Das erste dieser Systeme wurde 1974 in einem Appartementhaus in Toronto mit einer Auswahl von zehn Kinospielfilmen eingerichtet, die gegen Gebühr einzeln abgerufen werden (CRTC 1978d: 6).

Bereits zwei Jahre zuvor hatte die CRTC einen Antrag auf Erteilung einer Pay-TV-Lizenz abgelehnt. Stattdessen nutzte sie die Gelegenheit, ihre grundsätzlichen Bedenken gegen Pay-TV zu formulieren. In ihrem Positionspapier zur Rolle des Kabelfernsehens von 1975 hieß es diesbezüglich, daß das Rundfunksystem (insbesondere der Produktionssektor) den Herausforderungen eines neuen Angebotes nicht gewachsen sei:

> "If pay television is to be introduced in Canada it must result in greatly increased opportunities for Canadian creative talent and significant development of the Canadian broadcasting and program production industries. Unless proposals can be developed which will bring about these objectives, it is highly questionable whether the Canadian broadcasting system can absorb the impact of the pay television service. The question is clear: Can a service be developed, devoid of commercial content and without interruption of program material, which will be of sufficient interest to the public to be marketable and financially sound and at the same time provide new impetus to the growth of the Canadian program production industries?" (CRTC 1975b: 2).

Was also sieben Jahre später Pay-TV implizit zuerkannt wird, ohne daß sich an der Situation der Produktionsindustrie wesentliches geändert hätte, wird hier noch deutlich in Frage gestellt. Vor allem die Befürchtung, Canadas Produzenten könnten auf die entstehenden Programmanforderungen nicht in ausreichendem Maße reagieren und Pay-TV somit zu einem weiteren Distributionssystem für US-amerikanische Medieninhalte verkümmern, ließ die CRTC seinerzeit die rhetorischen Fragen klar mit "Nein" beantworten.

Das DOC schlug hier jedoch von Beginn an eine befürwortende Strategie ein - vor allem, um die wachsende Zahl von Satellitenkanälen auszulasten: In einer Rede vor Vertretern der Kabelindustrie bekräftigte die damalige Kommunikationsministerin Jeanne Sauvé ihre Unterstützung für das Projekt, allerdings mit der Einschränkung, Pay-TV dürfe keine Programme von den Fernsehstationen abziehen oder duplizieren. Gleichzeitig sollten die neuen Programme auch auf dem internationalen, sprich: amerikanischen Markt absetzbar sein. Von einer Förderung gerade solcher Produzenten, die bisher keinen Zugang zum Fernsehen hatten, ist in der Ausrichtung des DOC auf attraktive Massenware jedoch nicht die Rede. Gleichzeitig verstärkte das DOC seinen Druck auf die CRTC, indem es sie zu weiteren Untersuchungen aufforderte, in denen bereits die Frage nach der Trägerschaft eines zukünftigen Pay-TV-Service geklärt werden müsse (CRTC 1975b: 11).

Die CRTC legte daraufhin im März 1978 ihren umfangreichen *Report on Pay Television* vor, der im Kern zu denselben Ergebnissen gelangt wie schon das Positionspapier von 1975. Zur voraussichtlichen Nachfragesituation unter den Kabelabonnenten stellte der Bericht z. B. fest, daß die Untersuchung keinerlei Hinweise für einen Bedarf an Pay-TV ergeben hätte. Auf der möglichen Anbieterseite hatten sich während der Anhörungen nur die Kabelgesellschaften (mit 86 %) und die Vertreter der Film- und Fernsehproduzenten (mit 62 %) mehrheitlich für Pay-TV ausgesprochen. Die Fernseh-Networks, inklusive der CBC, tendierten eher zu Ablehnung (57 % mit "Nein"), während sich die entschiedensten Gegner unter den Vertretern der Öffentlichkeit fanden (62 % mit "Nein"), die neben Gewerkschaften, Kirchen und Konsumenten-Organisationen auch durch Kinobesitzer und Künstlervereinigungen repräsentiert war. Die Auswertung aller eingegangenen Stellungnahmen ergab kein einheitliches Pro oder Contra: 34 Prozent äußerten sich für, 36 Prozent gegen Pay-TV, 30 Prozent hatten keine abschließende Meinung (CRTC 1978d: 16).

Angesichts dieses Ergebnisses, das nicht auf eine breite Akzeptanz des neuen Programmangebotes schließen ließ, sei es derzeit nicht möglich, so die CRTC abschließend, die Einführung von Pay-TV zu empfehlen (CRTC 1978d: 36).

Trotz dieser wiederholten Ablehnung hatte die CRTC den expliziten Auftrag des DOC, Vorschläge für die mögliche Trägerschaft eines Pay-TV-Service zu unterbreiten. Sie sprach sich hier gegen eine Vielzahl konkurrierender Anbieter und für eine einzige, national operierende Gesellschaft aus, da diese allein die Möglichkeit habe, ausreichend Zuschauer anzusprechen, günstig Programme zu akquirieren und Risikokapital in die Programmproduktion zu investieren (CRTC 1978d: 38-39).

Diese Haltung rief nicht nur den Widerstand der Kabelgesellschaften hervor, die sich durch neue Angebote höhere Anschlußraten erhofften, sondern sie wurde in der Folge auch durch die Empfehlungen des vom DOC eingesetzten *Clyne Committee* untergraben. Dieses sprach sich nur ein Jahr später für Pay-TV aus, allerdings - ähnlich wie in den "closed circuit"-Analgen - für ein "pay per program"-System, sobald die technischen Bedingungen ausgereift seien. "Pay per program" bedeutet, daß mögliche Interessenten nicht einen vollständigen Kanal abonnieren müssen, sondern gezielt bestimmte Programme gegen Einzelgebühren auswählen können. Dadurch sei die Möglichkeit gegeben, so das Komitee, daß besonders qualitativ hochstehende Minderheitsprogramme, die das mit dem kommerziellen TV-Angebot unzufriedene Publikum ansprechen, landesweit ausreichend Zuschauer erreichen könnten. Als Finanzierungsmodell wurde Sponsorenwerbung genannt - mit Namensnennung des Förderers, aber ohne Werbeeinblendungen - die so spezielle Zielgruppen direkt ansprechen könnte (Clyne Committee 1979: 47-49).

Voraussetzung für dieses Konzept, das Pay-TV nicht primär als massenattraktives, sondern eher als Minderheitenangebot begreift, wäre jedoch die kostenintensive und zeitaufwendige Umrüstung bestehender Kabelsysteme auf Einzelabrechnung pro Kanal und Nutzungszeit, was die Kabelgesellschaften aus verständlichen Gründen nicht favorisierten. Was schließlich von den *Clyne*-Empfehlungen blieb, war die grundsätzliche Befürwortung eines neuen Programmangebotes auf Gebührenbasis.

Die neue, nur über das Jahr 1979 hinweg amtierende konservative Regierung Joe Clark schlug nun von Beginn an eine deutlich schnellere Gangart ein. Unterstützt durch die im Kern positive Haltung des *Clyne Committee* stellte sie besonders den Zeitfaktor in den Mittelpunkt ihrer Argumentation. Pay-TV hatte sich in den USA bereits zu einem gefragten Angebot entwickelt, das damals in etwa zwei Dritteln aller Kabelsysteme verfügbar war (Schwanebeck 1982: 27). Aus den USA kamen überdies unüberhörbare Proteste des Marktführers *Home Box Office* (HBO), dessen Pay-TV-Signale in Canada vor allem in den nördlichen Minen-Camps illegal aufgefangen und verbreitet wurden (Fulford 1981b :5).

Das DOC befürchtete also nicht zu Unrecht, daß sich Pay- TV auf dem üblichen Wege unkontrolliert in Canada ausbreiten werde, ohne daß das Land irgendeinen ökonomischen Nutzen davon habe. Daß diese Argumentation bei der CRTC nicht auf taube Ohren stoßen würde, wird an ihren fast zeitgleichen Entscheidungen deutlich, die ebenfalls mit Hinweis auf wachsende US-Konkurrenz die Konzentration und vertikale Integration der Kabel- und TV-Industrie vorantrieben (s. Kap 8.). In einem Schreiben vom November 1979 mahnt der konservative Kommunikationsminister David McDonald die CRTC mit Hinweis auf die US-Entwicklung in Sachen Pay-TV zur Eile:

> "The rapid and extensive development of pay television in the United States has led potential Canadian operators to advocate strongly similar services in Canada. (...) The pressures resulting from the American experience are compounded by the piecemeal or ad hoc introduction of Canadian pay television services. I am concerned about dealing with these pressures in a timely fashion since, in my view, pay television offers a new and unique opportunity to support the Canadian broadcasting system. (...) However, if piecemeal Canadian services and American services from stations near the border occupy the Canadian market, it will be very difficult, perhaps impossible, to take advantage of the cultural and economic opportunities offered by pay television" (Correspondence between the Federal Minister of Communications and CRTC Acting Chairman, November 1979. In: Therrien Report 1980: 84-85).

Deutlich wird, daß sich die Argumentation McDonalds nicht wesentlich von der seiner liberalen Vorgängerin Sauvé unterschied. Offensichtlich stand das DOC in dieser Phase unter nicht unerheblichem Druck möglicher canadischer Anbieter, die den Verlust von Marktanteilen an US-amerikanische Veranstalter befürchten. Ebenfalls ist hier nicht mehr von der Verwirklichung langfristiger und ambitionierter Modelle wie "pay per program" für spezielle Minderheiten die Rede; als Vorbild soll das "pay per channel"-Pay-TV der USA gelten. Die Einführung von Pay-TV in Canada ist demnach ein weiterer Prozeß in der Rundfunkgeschichte des Landes, in dem die Handlungsalternativen von Beginn an durch die Entwicklung in den USA bestimmt waren. Eine autonome Entscheidung gegen diesen neuen Service wäre faktisch gleichbedeutend gewesen mit dem schrittweisen Eindringen der US-Angebote.

Solchermaßen in Zugzwang geraten, sprach sich schließlich auch das von der CRTC eingesetzte *Therrien Committee* 1980 für die Einführung von Pay-TV auf "pay per channel"-Basis aus. Gleichzeitig bekräftigte es jedoch die Forderung nach einer einzigen, national operierenden Anbietergesellschaft mit denselben Argumenten, wie schon der *Report on Pay Television* zwei Jahre zuvor (Therrien Committee 1980: 74 ff.).

Bemerkenswert ist, daß sich die CRTC noch bis Anfang 1982 bemühte, die CBC oder ein nicht-kommerzielles Konsortium als Pay-TV-Betreiber zu gewinnen. Das DOC fand sich jedoch nicht bereit, der CBC die nötigen Haushaltsmittel zur Verfügung zu stellen. Ein Versuch, erstmals einen neu entstehenden Angebotssektor ausschließlich unter öffentliche Kontrolle zu stellen (wie vielfach bei der Einführung des Fernsehens empfohlen und auch beim Kabelfernsehen von einigen Provinzen favorisiert), war damit gescheitert. Da sich die CBC wegen fehlender finanzieller Unterstützung nicht zur Veranstaltung von Pay-TV in der Lage sah und sich darüber hinaus keine nicht-kommerzielle Anbietergemeinschaft fand (CRTC 1983d: 22-23), gab die CRTC im März 1982 schließlich den Lizenzgesuchen von sechs kommerziellen Interessenten nach.

10.2. Die Startphase von Pay-TV: "Promises, Promises"

Die CRTC entschied sich für die Lizenzierung zweier Pay- TV-Gesellschaften mit nationalem Verbreitungsgebiet und von vier weiteren regional operierenden Anbietern, deren Programme codiert über Satellit verbreitet und von den Kabelsystemen verteilt werden. Die Gebühr, die anfangs pro Kanal 16 Dollar monatlich betrug, wird zur Hälfte unter den Kabelgesellschaften und den Pay-TV-Anbietern aufgeteilt.

Die Pay-TV-Gesellschaften, die im Februar 1983 ihren Programmbetrieb aufnahmen, waren:

* *First Choice/Premier Choix* mit zwei unterschiedlichen landesweiten Angeboten in englischer und französischer Sprache, das 24 Stunden täglich vor allem Kino-Spielfilme, Sport und Shows verbreitet;

* *Lively Arts Market Builders* mit dem nationalen Kulturkanal *C-Channel*, der aus hochklassigen Spielfilmen, Theateraufführungen und Kinderprogrammen zusammengesetzt sein sollte;

* auf regionaler Ebene zwei englischsprachige *Independent Pay Television Companies*, die von Alberta und Ontario aus gemeinsam einen auf Kino-Spielfilme ausgerichteten *Superchannel* betreiben;

* in Québec die *Télévision de l'Est du Canada* (TVEC) und *Sat Channel Services* mit einem jeweils ähnlichen Angebot wie *Superchannel*;

* zuletzt *World View Vision* in British Columbia mit einem mehrsprachigen, vorwiegend auf die Bedürfnisse der chinesischen Minderheit in Vancouver, B.C., ausgerichteten Angebot (CRTC 1982a).

Die Frage, warum die CRTC damit derart drastisch von ihrer lange favoriserten Haltung abwich, wenn Pay-TV überhaupt zugelassen werde, dann nur in Form eines einzigen nationalen Anbieters, ist kaum befriedigend zu beantworten. Die *Task Force on Broadcasting Policy* nennt als einen der Gründe, daß die CRTC nicht über ausreichende Untersuchungskapazitäten verfügt hätte, um die Programm- und Finanzierungszusagen der Antragsteller auf ihre Stichhaltigkeit hin überprüfen zu können. Ihr sei dabei gar nichts anderes geblieben, als diejenigen zuzulassen, die dem Text der Lizenzausschreibung am nächsten gekommen seien (Task Force 1986: 478). Abgesehen davon, daß gegen eine finanzielle und personelle Ausweitung dieser Kapizitäten - wie sie *Task Force* deshalb fordert - sicher nichts einzuwenden ist, vermag das Argument nicht vollständig zu überzeugen.

Die Erfahrungen mit den vielfältig nicht eingehaltenen Programmankündigen kommerzieller TV-Veranstalter (insbesondere von GLOBAL 1975, das ebenfalls mit umfangreichen Programmversprechungen an den Start gegangen war) hätten wohl ausreichende Ablehnungsgründe geliefert. Auch die Empfehlung des *Therrien Committee*, nur maximal einen Anbieter zuzulassen, stand ebenso im Raum wie die abweichenden Voten zweier CRTC-Mitglieder, die das neue Pay-TV-System als "völlig überladen" bezeichneten und in ihrer Stellungnahme schon damals die rhetorische Frage stellten: "How many of these birds will fly?" (CRTC 1982a: 658).

Während der öffentlichen Anhörung hatten sich die Antragsteller in der Tat in ihren Versprechungen gegenseitig zu überbieten versucht. Die Veranstaltung, die in der canadischen Presse überaus breite Beachtung fand, zeigte deutlich, daß sich die kommerziellen Anbieter mit dem national-kulturellen Vokabular der offiziellen Rundfunkpolitik mittlerweile bestens arrangiert hatten. Der Vertreter von *First Choice* (ehemals leitender Manager bei CTV und GLOBAL) vertrat die Ansicht, "that pay tv can create important new opportunities for Canadian cultural development". *CITY-TV* Toronto trat mit der Einschätzung an, "that our application is an attempt to play a creative, dynamic and catalytic role in making this country's breathtaking potential come true." *Astra-Tel*, das seine Programme gleichzeitig in englisch und französisch ausstrahlen wollte, präsentierte sein Konzept als das lange vermißte Instrument zur Wahrung der nationalen Einheit: "The dual-track language system will do more for national unity than any other communications system has ever done before". Und Paul Audly, Autor einer Analyse der canadischen Kulturindustrien und Vertreter der unabhängigen Anbietergemeinschaft *Telecanada*, bezeichnete eine Lizenzzusage gar "as a firm commitment to survive and develop as an independent nation" (sämtl. zit.n. Fulford 1981b: 5) - Einlassungen, die der Herausgeber von *Saturday Night* und Mitglied des *Clyne Committee*, Robert Fulford, nur noch als "rhetorischen overkill" bezeichnen wollte (Fulford 1981b: 5).

Da der Kern der Ausschreibung in der beabsichtigten Förderung der unabhängigen Produktionsindustrie lag - ein Feld, auf dem sich die kommerziellen TV-Veranstalter bisher so gut wie überhaupt nicht engagiert hatten - kursierten während des Hearings für canadische Verhältnisse geradezu phantastische Beträge: Zwischen 60 und 90 Millionen Dollar wollten die einzelnen Antragsteller jährlich an Produktionsaufträgen vergeben. *First Choice* versprach zusätzlich, pro Jahr 13 Millionen Dollar allein zur Förderung von Drehbüchern und Filmkonzepten aufzuwenden - ein Betrag, den die CBC als einzig maßgeblicher Finanzier auf diesem Sektor in fünf Jahren nicht erreicht. Bis auf *Telecanada*, das seinen Produktionsetat über Abgaben der Kabelgesellschaften finanzieren wollte (die ja gerade beabsichtigten, an dem neuen Angebot zu verdienen und nicht, ihn zu finanzieren), konnte keiner der Antragsteller einen realistischen Finanzplan vorlegen (Fulford 1981b: 8-9).

Der Fall *Telecanada* macht besonders deutlich, daß sich die CRTC in ihrer Ausrichtung auf das US-amerikanische Pay-TV-Modell jetzt vollständig den Interessen der Kabelgesellschaften untergeordnet hatte. *Telecanada*, das neben Paul Audley von renommierten Persönlichkeiten wie dem ehemaligen Kommunikationsminister David McDonald, dem Schriftseller Pierre Berton und dem Filmregisseur Allan King getragen wurde, hatte ein sogenanntes *Mandatory Pay-TV* vorgeschlagen. Ein solches Angebot sollte Bestandteil des 12-Kanal-Basisdienstes jeder Kabelstation sein und über eine Gebühr von 2,50 Dollar pro Monat von allen angeschlossen Haushalten - unabhängig von der tatsächlichen Nutzung - finanziert werden. Die jährlichen Einnahmen von rund 150 Millionen Dollar könnten dann ausschließlich in die Produktion canadischer Spielfilme fließen, da Kosten für Marketing und den Ankauf von US-Spielfilmen vollständig entfallen würden (Fulford 1982a: 5; Audley 1982: 2). Zur Veranstaltung eines solchen finanziell risikoarmen "Pflicht-Pay-TV", das während der Anhörungen auch vom NFB und dem staatlichen Filmförderungsfond CFDC unterstützt worden war, hätte sich auch die CBC bereitgefunden (Gathercole 1982: 29).

Dieses Konzept stand den Interessen der Kabelgesellschaften jedoch diametral entgegen. Ihr Bestreben war es gerade, vor dem Hintergrund des Erfolges von Pay-TV in den USA auch in Canada zusätzliche Angebote zu schaffen und so den Anreiz für einen Kabelanschluß zu erhöhen. *Mandatory Pay-TV* hätte dagegen nicht nur bedeutet, die Anschlußgebühren generell anzuheben, sondern zusätzlich ein bereits verfügbares Programm (nach der *carriage priority* in vielen Fällen ein attraktives US-Programm) aus dem Basisangebot herauszunehmen und durch Pay-TV zu ersetzen. Ein solches Konzept wäre im Grunde auf eine weitere Verbreitungsauflage und nicht auf den erhofften Attraktivitätsgewinn hinausgelaufen. Die Zulassung mehrerer konkurrierender Anbieter erweist sich so als durchaus folgerichtige Entscheidung im Interesse der Kabelgesellschaften und nicht primär, wie die *Task Force* vermutet, als ein Produkt mangelnder Überprüfbarkeit der Versprechungen der Antragsteller.

Wie eng die Forderung der Kabelgesellschaften nach zusätzlichen attraktiven Angeboten mit deren ökonomischen Interessen verknüpft war, hatte Ted Rogers bereits 1980 in einer Rede vor Rundfunk-Managern in Toronto deutlich gemacht: Die allmähliche Abkehr vom reinen TV-Distributionssektor zum Anbieter zusätzlicher *non-programming-services* (Text- und Datendienste u.ä.) bringe die Kabelindustrie in wachsende Konkurrenz zu den Telefongesellschaften, die gerade begonnen hatten, erhebliche Summen in die Entwicklung leistungsfähiger Glasfaser-Kabelnetze zu investieren. Pay-TV, so Rogers, solle den Kabelgesellschaften die "überlebensnotwendigen" zusätzlichen Einnahmen verschaffen, um die veralteten Kupferkoaxial-Netze moderniseren und den Wettbewerb mit den Telephongesellschaften bestehen zu können (Gathercole 1982: 30).

Die Position der Kabelindustrie fand zudem nachhaltige Unterstützung durch die Politik des DOC, das in seiner fast zeitgleich veröffentlichten rundfunkpolitischen Rahmenrichtlinie (*Towards a New National Broadcasting Policy*; DOC 1983b) den Kabelsektor nun eindeutig in den Mittelpunkt zukünftiger Stratregien stellte. Die einheimische Programmauswahl müsse (in Konkurrenz zum wachsenden US-Angebot, d.V.) deutlich ausgeweitet werden, um für die Produktion canadischer Programme eine gesicherte Einkommensbasis zu erhalten. Dies könne nur durch die Kombination von Satelliten- und Kabeldistribution erreicht werden. Gleichzeitig wurden die Kabelgesellschaften in ihrer Strategie explizit ermutigt, durch die Entwicklung von *non-programming-services* ihr Angebot weiter auszudehnen (DOC 1983b: 6-7).

Hier wird ein weiterer Grund dafür gelegen haben, warum sich die CRTC nach langjährigem Widerstand schließlich doch zur Lizenzierung von Pay-TV entschloß, da sie allein über die Regulierung neuer Programmveranstalter auf diesen Prozeß effektiv Einfluß nehmen kann, denn nur diese sind zugänglich für direkte *Canadian Content*-Auflagen. Auf Pay-TV zu verzichten wäre nach dieser Logik gleichbedeutend mit einem weiteren Verlust der ohnehin beschränkten Regulierungskompetenz im Kabel- und Satellitensektor.

10.3. Das Scheitern des Pay-TV-Konzeptes des CRTC

Die CRTC nahm die umfangreichen Programmversprechungen der Veranstalter zum Anlaß, ihre *Canadian Content* Auflagen für einen Angebottsektor nun erstmals nicht nur prozentual, sondern gleichzeitig nach Sparten und Produktionsetats zu definieren (offensichtlich auch als Präzedenzentscheidung im Blick auf den laufenden Rechtsstreit mit CTV, das vergleichbare Auflagen nicht akzeptiert hat; s. Kap. 6). Die Betriebserlaubnis für den nationalen Anbieter *First Choice/Premier Choix* wurde an die Auflage gebunden, innerhalb der ersten vier Jahre den *Canadian Content*-Anteil von anfangs 30 Prozent auf mindestens 50 Prozent anzuheben. Die Hälfte des *Canadian Content* sollte dann der Sparte "drama" zuzuordnen sein. Gleichzeitig wurde *First Choice/Premier Choix* verpflichtet, mindestens drei Viertel seiner Gesamteinkünfte in den Ankauf von Programmen investieren, davon mit 60 Prozent den Hauptanteil in canadische Produktionen. Für die regionalen Anbieter gelten etwas geringere, im Prinzip aber vergleichbare Auflagen. Der Kulturkanal *C-Channel* sollte 40 Prozent *Canadian Content* erreichen; insgesamt 30 Prozent des Gesamtangebotes sollten dort der Sparte "darstellende Künste" entstammen (Task Force 1986: 478).

Gleichzeitig entschloß sich die CRTC, die Preise, die den Kabelgesellschaften für das neue Angebot berechnet werden können, ebensowenig festzulegen wie die Teilnehmergebühren, sondern sie der "Selbstregulierung" des Marktes zu überlassen. Das hieß, daß nun im Grunde drei Anbietergruppen - der nationale Spielfilmanbieter, die regionalen Veranstalter und der Kulturkanal - mit unterschiedlich attraktivem Programm um die notwendige Einspeisung in die Kabelnetze konkurrieren mußten.

Die CRTC schien sich dabei der ökonomischen Konsequenzen ihrer Zulassungspolitik durchaus bewußt. Ihr Vorsitzender Meisel erklärte noch während der Hearings, diese Lizenzen seien nur "der erste Schritt" in der Entwicklung von Pay- TV, das sich erst "über eine gewisse Zeitspanne hinweg" etablieren solle (Fulford 1982a: 5). Das Scheitern eines oder mehrerer Veranstalter war damit offenbar von vornherein einkalkuliert - möglicherweise, um dann über die verbleibenden konkurrenzfähigen Anbieter den angebotsorientierten Regulierungseinfluß zu sichern. Der Auftakt von Pay-TV bestätigte in der Tat diejenigen Kritiker, die das System von vornherein für "überladen" und nicht überlebensfähig gehalten hatten, auf eindrucksvolle Weise:

* Nach nur knapp sechs Betriebsmonaten, um Juli 1983, mußte der Kulturkanal *C-Channel* als erster den Betrieb einstellen. Für sein Angebot, das sich zu 40 Prozent aus Theateraufführungen, zu weiteren 40 Prozent aus US-Spielfilmen und zu 20 Prozent aus Kinderprogrammen zusammensetzte, existierte in Canada keine ausreichende Nachfrage. Der Veranstalter *Lively Arts And Market Builders* hatte für das erste Jahr mit rund 70.000 Abonnenten gerechnet - 250.000 wären nötig gewesen, um profitabel zu arbeiten. Stattdessen fanden sich nur rund 20.000 Interessenten, die monatlich 16 Dollar zusätzlich zu den Kabelgebühren für einen Kulturkanal aufzubringen bereit waren.

* Im November 1983 kam auch das "Aus" für den *Star Channel* in Québec. Mit rund 14.000 Abonnenten hatten sich nur ca. sechs Prozent der in der Provinz verkabelten Haushalte als Abnehmer gefunden. Die geringen Einnahmen machten es *Star Channel* schon nach wenigen Monaten unmöglich, weiter Spielfilme einzukaufen und die fällige Satelliten-Kanalmiete bei TELESAT zu zahlen. In Québec, wo bis zur Aufgabe von *Star Channel* immerhin drei französischsprachige Pay-TV-Anbieter konkurrierten, geriet gegen Jahres-

ende 1983 auch TVEC in Schwierigkeiten. Die CRTC stimmte hier schließlich der Übernahme von TVEC durch *Premier Choix* zu.

* *Superchannel*, ursprünglich nur für Ontario und Alberta lizensiert, erhielt von der CRTC die Genehmigung zur Ausweitung der Aktivitäten auch auf Manitoba und Saskatchewan, um einen ebenfalls drohenden Konkurs zu verhindern.

* *First Choice/Premier Choix* hatte sich zwar innerhalb der ersten drei Monate mit 60 Prozent der bis dahin insgesamt knapp 450.000 Pay-TV-Abonnenten und durch die Übernahme von TVEC als Marktführer etablieren können, machte jedoch allein im ersten Betriebsjahr einen Verlust von 22 Mio. Dollar. Die Hoffnung, bis 1986 mit dann einer Million Abonnenten Gewinne zu erwirtschaften, erfüllte sich nicht - mit derzeit rund 450.000 angeschlossenen Haushalten bleibt das Publikumsinteresse auch bei *First Choice/Premier Choix* weit hinter den Erwartungen zurück (sämtl. Ang. n. Hollins 1984: 100 ff.; Meier 1984: 530 ff.; Task Force 1986: 479).

* Ungünstig gestaltete sich auch das Geschäft für *World View Vision* in Vancouver, B.C., das mit einem Mischprogramm aus alten deutschen Spielfilmen, Akrobatik-Shows aus der Volksrepublik China und Video-Konserven mit deutschen und italienischen Fußballspielen in der traditionellen Einwandererstadt keinen Markt fand. Bereits im Dezember 1983 stellte auch dieser Minderheiten-Kanal seinen Programmbetrieb ein (Fletcher/Taras 1984: 200; Fulford 1983c: 5).

Im Juli 1984, nach nur eineinhalb Betriebsjahren, hatten sich die Verluste von Pay-TV auf 50 Millionen Dollar summiert, gewinnbringende Anschlußraten von mindestens zehn Prozent der Kabelhaushalte waren nicht einmal zur Hälfte erreicht. Die angekündigten hohen Subventionen für die canadische Filmindustrie blieben aus. Von den 100 Mio. Dollar, die *Superchannel* innerhalb von fünf Jahren investieren wollte, waren nach Ablauf des ersten Jahres gerade eine Mio. Dollar geflossen. Das Ziel, vorwiegend solchen Produzenten Zugang zu Pay-TV zu verschaffen, die im traditionellen Fernsehbereich bislang wenig Chancen hatten, wurde zudem auf eher kuriose Weise angestrebt: Die einzigen canadischen Produktionen, die *Superchannel* übernommen hatte, waren billige Soft-Porno-Streifen, die mit dem *Playboy Channel* konkurrieren sollten, dessen canadische Verbreitungsrechte sich *First Choice/Premier Choix* für 30 Mio. Dollar in den USA gesichert hatte (Meier 1984: 530, 532).

Die CRTC entschloß sich daher 1984, die verbliebenen Anbieter neu zu strukturieren und damit einen weiteren Medienkonzentrationsprozeß einzuleiten: *Superchannel* (jetzt im Besitz der *Allarcom*-Gruppe) versorgt seitdem die Westprovinzen, Yukon und die Northwest-Territories, *First Choice* (übernommen von *Astral-Bellevue*) erhielt als Lizenzgebiet Ontario, Québec und die Atlantikprovinzen, *Premier Choix* schließlich bildet mit den Resten der frankophonen Regionalanbieter den Kanal *Super Écran* für Québec und New Brunswick. Ende 1984 fand sich mit *Chinavision Canada* zudem ein Ersatz für das gescheiterte *World View Vision*, der jetzt landesweit ein rein chinesischsprachiges Minoritäten-Programm anbietet (Task Force 1986: 479).

10.4. Die Lehren: "Flexibilisierung" und Senkung der Canadian-Content-Auflagen

Das "Pay TV-Desaster" (Task Force) und die begleitenden Auseinandersetzungen zwischen CRTC und DOC über die künftige rundfunkpolitische Strategie waren nicht zuletzt ein ausschlaggebender Faktor für den Rücktritt des damaligen CRTC-Vorsitzenden John Meisel im Oktober 1983. Zu seinem Nachfolger wurde der bisherige CANCOM-Präsident André Bureau ernannt - der erste Inhaber dieser Position, der aussschließlich auf Erfahrungen in der kommerziellen Presse- und Rundfunkindustrie verweisen konnte [1].

Unter Bureau schlug die CRTC von Beginn an einen deutlichen Deregulierungskurs ein, der nun vollständig mit der industrie- und kabelfreundlichen Politik des DOC im Einklang stand. Nach zahlreichen Hearings zwischen September 1983 und März 1984, die der Neustrukturierung des Pay-TV-Sektors vorausgegangen waren, kam die CRTC zu der Erkenntnis, daß es sich bei den Zusammenbrüchen und Fusionen der Anbietergesellschaften um "Startschwierigkeiten" gehandelt habe, die durch eine "flexiblere Regulierungspolitik" behoben werden könnten:

---

1) Bureau verfügte, anders als der Politikwissenschaftler John Meisel, über enge Verbindungen zur Kommunikationsindustrie: Von 1968 bis 1972 war er Vizepräsident der Montréaler Zeitung La Presse, danach ab 1972 leitender Manager bei der kommerziellen Rundfunk-Holding Télémedia in Québec (der Produktionstochter der Vidéotron-Gruppe). 1982 rückte er zum ersten Präsidenten von CANCOM auf. Bureau hielt gleichzeitig eine Führungsposition in der CAB inne, die zu den konsequentesten Lobbyisten der privaten Rundfunkindustrie zählt. Seit seinem Ausscheiden aus der CRTC im Jahr 1990 arbeitet Bureau als sogenannter "legal beagle" (Kontaktmann zu Regierungsststellen und zur CRTC) für den Medienkonzern und Pay-TV-Betreiber Astral-Bellevue (Zur Biographie vgl. CRTC Annual Report 1984: 6; variety 1984: 94; variety 1990: 48).

"The Commission emphasized that, in spite of the turbulence of this initial period of operation, there was a number of positive elements. (...) However, in view of the rapidly evolving communications environment, which created unfortunate casualities in pay television, (...) the commission stated its intention to maintain a sensitive and flexible approach with minimal regulatory constraints. It continues to believe that a flexible regulatory approach will maximize opportunities for the funding of Canadian programs and foster vigorous pay television services" (CRTC Annual Report 1984: 25).

Das erste Ergebnis dieses "flexiblen Regulierungsansatzes" war die beschriebene Besitzkonzentration und die Einbindung großer Medienkonzerne in den Pay-TV-Sektor - eine Strategie, die bereits unter Meisel gegenüber den Kabelgesellschaften eingeschlagen worden war und nun konsequent fortgeführt wurde.

Ein zweiter einschneidender Deregulierungsschritt war Ende 1986 die drastische Senkung der *Canadian Content*-Auflagen und der festgelegten Investitionen in canadische Produktionen. Die ursprüngliche Lizenzbedingung der CRTC, den canadischen Programmanteil innerhalb von fünf Jahren von 30 auf 50 Prozent anzuheben und mindestens 45 Prozent der Einnahmen in canadische Filmproduktionen zu investieren, wurde aufgehoben. Seitdem gelten für die *prime time* 30 Prozent, für die übrige Sendezeit nur noch 20 Prozent als canadische Mindestquote. Zusätzlich kann jeder für die *prime time* neuproduzierte Beitrag jetzt zu 150 Prozent als *Canadian Content* abgerechnet werden. Und statt 45 Prozent müssen die Pay-TV-Anbieter nur noch 20 Prozent ihrer Bruttoeinnahmen für Eigenproduktionen und Programmkäufe im Inland ausgeben (CRTC Annual Report 1987: 51).

Wachsende Konkurenz durch die Verbreitung von Video-Recordern und nach wie vor verlustbringende Einschaltquoten - 3,5 Prozent für die englischsprachigen und nur 1,8 Prozent für den französischsprachigen Pay-TV-Anbieter (CBC Annual Report 1988: 9 u. 11) - hatten die CRTC bewogen, entsprechenden Anträgen der Betreiber "vorübergehend" stattzugeben. Die Auflagen sollen nun individuell bei den Lizenzerneuerungs-Verhandlungen überprüft werden (CRTC Annual Report 1987: 51-52). Pay-TV weist damit das weitaus ungünstigste Verhältnis zwischen canadischen und US-amerikanische Programmanteilen auf. Liegt es im herkömmlichen Fernsehangebot immerhin noch bei 1:1, erreicht Pay-TV ein Verhältnis von 4:1 zugunsten von US-Programmen. Damit hat sich dieser Sektor als völlig untauglich erwiesen, dem US-amerikanischen Pay-TV-Angebot ein genuin canadisches Pendant entgegenzusetzen. Die lange gehegten Befürchtungen, der vergleichsweise kleine canadische Markt und die unterentwickelte Produktionsindustrie könnten einen einheimischen Pay-TV-Sektor nicht tragen, haben sich damit als berechtigt erwiesen.

Ob hier in absehbarer Zukunft höhere *Canadian Content*-Auflagen durchsetzbar sein werden, hängt (neben der deutlich nachlassenden Eingriffsbereitschaft der CRTC selbst) zunächst von der ökonomischen Stabilisierung der Anbieter ab. Die Chancen sind allerdings eher gering einzuschätzen, da sich die CRTC zwischenzeitlich entschlossen hat, im ungleichen Wettlauf mit der US-Entwicklung neue Veranstalter zu lizenzieren und damit den Konkurrenzdruck noch zu erhöhen. Seit Anfang 1988 bieten zwei weitere nationale Pay-TV-Veranstalter - *The Family Channel* und *Le Canal Famille* - Jugend- und Familienprogramme an, die sich zu einem großen Teil aus Produktionen des US-amerikanischen *Disney Channel* zusammensetzen und offenbar Zuschauer vom US-amerikanischen Original zurückgewinnen sollen (CRTC Annual Report 1988: 38). Parallel zur Zulassung dieser sog. *Universial*-Pay-TV-Anbieter hat sich das verfügbare Angebot durch *specialty services* seit Mitte der achtziger Jahre geradezu explosionsartig ausgeweitet.

10.5. Wettlauf mit den USA: Specialty Services

Die Zulassung zunächst codierter *specialty programming services* seit April 1984, die jedem Pay-TV-Abnehmer als Paket zusätzlich angeboten werden, wurde zunächst als Versuch deklariert, Pay-TV für Kabelabonnenten attraktiver zu gestalten. Nach diesem neuen Konzept besteht das Zusatzpaket aus solchen Programmen, die jeweils nur einer einzigen Sparte zugerechnet werden - etwa Sport, Musik, Wetter- und Nachrichtendienste, Bildungs- und Gesundheitstips etc.

Begründet wird dieser Schritt seitens der CRTC mit beinahe wörtlich identischen Argumenten, wie sie schon die Einführung von Pay-TV begleitet hatten: erneut wird die Förderung hochklassiger Programmangebote und die Schaffung neuer Einnahmequellen für einheimische Produzenten hevorgehoben,

> "...(to) make available high quality Canadian programming from new programming sources by providing new opportunities and revenue sources for Canadian producers currently unable to gain access to the broadcasting system" (CRTC 1984g: 1).

Der reale Hintergrund dieser Entscheidung war jedoch auch hier, wie schon bei der Zulassung von Pay-TV, die wachsende Konkurrenz vergleichbarer Angebote aus den USA. Anders als zunächst in Canada werden die US-amerikanischen *specialty services* nicht gegen zusätzliche Gebühr codiert verbreitet, sondern ausschließlich über Werbung finanziert und via Satellit den Kabelsystemen zur Weiterverbreitung angeboten. Damit sind sie nicht nur Bestandteil des *basic service* der US-Kabelstationen, sondern strahlen über amerikanische Satelliten auch bis weit nach Canada hinein, wo sie ohne Decoder von jedermann aufgefangen werden können. Als sich die CRTC unter dem wachsenden Druck der neuen US-Angebote 1984 schließlich entschloß, eigene Spartenprogramme zu lizenzieren, hatten sich die US-Anbieter bereits fest etabliert. Die bekanntetsten und (auch in Canada) erfolgreichsten Programme dieser Kategorie sind Ted Turners weltweit operierendes *Cable News Network* (CNN), der Sportkanal ESPN und der auch in Europa weit verbreitete Videoclip-Musikkanal MTV.

Die CRTC stand nun erneut vor dem Problem, einerseits ein canadisches Gegengewicht zu konkurrierenden US-amerikanischen Angeboten zu schaffen, andererseits durch neue Programme die Konkurrenz für einheimische Fernsehveranstalter in Grenzen zu halten und dabei gleichzeitig die reale Leistungsfähigkeit des Produktionssektors in Rechnung zu stellen. Das "Desaster" der ersten Pay-TV-Veranstaler, das sich 1983 - dem Ausschreibungsjahr für die ersten *specialty services* - bereits deutlich abzuzeichnen begann, sollte sich nicht wiederholen. Beide Kriterien finden sich auch im Ausschreibungstext wieder: einerseits sollten die neuen *specialty services* ein "komplementäres" Angebot zu bereits bestehenden Programmen bieten, andererseits mußten sie genügend "mass appeal" aufweisen, um von Beginn an ein möglichst breites Publikum zu erreichen (CRTC 1983c: 4).

Da beide Ziele gleichzeitig nur schwer zu erreichen sind, entschloß sich die CRTC anfangs zu einer sehr restriktiven Auswahlpolitik: von den insgesamt 41 Bewerbungen für die Veranstaltung von *specialty services* wurden nur 15 überhaupt angenommen und öffentlich verhandelt (Task Force 1986: 482); lediglich zwei konnten sich im ersten Anlauf schließlich durchsetzen:

* Ein *Action Canada Sports Network* mit einem "all sports service" (heute unter der Bezeichnung *The Sports Network*/TSN operierend), hinter dem als Kapitalgeber die canadische Großbrauerei *Labbatt's* steht; und

* ein Konsortium aus CITY-TV Vancouver und der CHUM Ltd, dem Marktführer unter den canadischen Radio-Betreibern. CHUM/CITY-TV bieten unter der Bezeichnung MUCH MUSIC einen Musikkanal an, der überwiegend aus Videoclips besteht (CRTC 1984g: 2-3).

Der anfangs anvisierte "komplementäre" Charakter der neuen Angebote spielte bei dieser Entscheidung offenbar nicht mehr die entscheidende Rolle, denn Sport- und Musikprogramme gehören auch zum einschaltstarken Standardangebot konventioneller TV-Veranstalter. Ausschlaggebend war vielmehr, daß ein Sport- und ein Musikkanal - getragen von finanzkräftigen einheimischen Betreibern - gegen zwei der drei Hauptkonkurrenten aus den USA ins Rennen geschickt werden konnten: MUCH MUSIC gegen MTV und TSN gegen ESPN - eine Logik, die bereits die Vergabe der Pay-TV-Lizenzen beherrscht hatte. Zumindest im Fall von MUCH MUSIC nahm die CRTC einen weiteren Konzentrationsprozeß zugunsten des Radio-Marktführers in Kauf.

Beide Angebote lassen sich zudem relativ kostengünstig mit Programmaterial speisen und umgehen damit zu einem großen Teil die ungünstige Ausgangslage der canadischen Produktionsindustrie: Sportübertragungen schlagen vor allem mit Kosten für Technik und Übertragungsrechten zu Buche, weniger jedoch mit Produktionsaufwendungen; ein Musikkanal nach Vorbild von MTV speist sich im wesentlichen aus Videoclips der Schallplattenindustrie (und eignet sich bei entsprechenden Quotenregelungen gleichzeitig als PR-Medium für die einheimische Tonträgerwirtschaft). Die Lizenzierung eines Konkurrenzkanals zu Turners CNN sollte sich wegen der vergleichsweise hohen Kosten (internationale Satellitenkanäle, Korrespondentennetz) dagegen sehr viel schwieriger und langwieriger gestalten (s.u.).

Um die Marktchancen für die beiden ersten canadischen *specialty services* von Beginn an so groß wie möglich zu gestalten, wurden sie zunächst gemeinsam mit Pay-TV im Paket angeboten. Für MUCH MUSIC, TSN und ein Pay-TV-Programm zahlten die Abonnenten monatlich zusammen nur dieselbe Gebühr, die für einen einzigen Pay-TV-Kanal berechnet wird (variety 1984: 97). Beide Angebote, so die offensichtliche Hoffnung der CRTC, sollten sich dadurch gegenseitig den Marktzugang erleichtern.

Gleichzeitig wurden die *Canadian Content*-Auflagen für TSN und MUCH MUSIC in der Startphase überaus zurückhaltend definiert:

* Für TSN lag der Anteil canadischer Sportübertragungen zunächst bei insgesamt nur 18 Prozent im täglichen Durchschnitt. In der *prime time* (18.00 Uhr-24.00 Uhr) mußten 34 Prozent erreicht werden und in der abendlichen *peak time* (19.30 Uhr-22.30 Uhr) 47 Prozent. Diese Quoten sollten erst ab 1987 auf 35 Prozent (Tagesdurchschnitt), 50 Prozent (*prime time*) und 50 Prozent (*peak time*) angehoben werden (CRTC 1984e: 3).

* MUCH MUSIC, obwohl mit Videoclips eindeutig Anbieter audio-visueller Programme, wird der Quotenregelung zugeordnet, wie sie für AM-Radios gilt: Während der ersten zwei Jahre mußte das Angebot nur zu 10 Prozent aus canadischen Videoclips bestehen, das nach Ablauf des fünften Betriebsjahres wie im Hörfunk auf lediglich 30 Prozent angehoben werden sollte. Gesonderte *prime time*-Auflagen wurden, wie im Hörfunk, nicht erteilt. Auch die Definitionsgrundlagen für den *Canadian Content* gleichen im wesentlichen denen für Hörfunkprogramme (s. Kap. 5). Hier können allerdings auch solche Videoclips als canadisch gelten, die etwa Auftritte US-amerikanischer Musiker in Canada zeigen, wenn sie von einheimischen Produzenten und Regisseuren mitgeschnitten werden (CRTC 1984g, appendix: ii).

Wie sehr die CRTC offenbar auch im Fall der *specialty services* bereit war, den Forderungen der Pay-TV-Anbieter und der Kabelgesellschaften nach attraktiven neuen Angeboten entgegenzukommen, zeigt sich nicht nur in diesen moderaten Quotenregelungen und der Paket-Verbindung von Pay-TV und Spartenprogrammen, sondern vielmehr noch in einer weiteren Entscheidung, die bei der Markteinführung gefällt wurde:

Gleichzeitig mit der Zulassung canadischer *specialty services* wurde nun auch eine begrenzte Zahl US-amerikanischer Angebote ähnlicher Art zur Verbreitung freigegeben, um, wie es die canadischen Anbieter gefordert hatten, für die neuen Programme zusätzliche Marktchancen zu schaffen. Von der Strategie, US-*specialty-services* als "Marktöffner" oder "trailer" zu benutzen, würden langfristig schließlich auch die einheimischen Veranstalter profitieren (CRTC 1984g: 9-10).

Die CRTC folgte dieser Argumentation und erweiterte die "Paketvermarktung" dahingehend, daß für jeden canadischen *specialty service* zwei US-amerikanische Spartenprogramme mit angeboten werden können, deren Gesamtzahl allerdings fünf nicht überschreiten darf - eine ähnliche Politik, wie sie mit der *three and one*-Regelung auch für das Satelliten-Network CANCOM gilt, wobei nun ausdrücklich ein Übergewicht des US-Angebotes in Kauf genommen wird (CRTC 1984g: 17). Die canadischen Anbieter nutzten diese Regelung sofort dahingehend aus, daß sie TSN und MUCH MUSIC zusammen mit einem Pay-TV-Kanal an vier attraktive US-*specialty services* banden und als Paket den Abonnenten für 20 Dollar monatlich anboten - ein Preis, der nur um vier Dollar über dem für einen einzigen Pay-TV-Kanal lag (variety 1984: 97). Gleichzeitig veröffentlichte die CRTC eine verbindliche Liste von 16 US-*specialty services*, aus der die maximal fünf Angebote für die Verbreitung in Canada ausgewählt werden können. Diese Liste unterliegt ständiger Aktualisierung, da immer dann ein US-Programm gestrichen wird, sobald ein vergleichbares canadisches Angebot verfügbar ist - eine Regelung, die die einheimischen Anbieter nun erstmals direkt und unmittelbar in die Konkurrenz zu amerikanischen Programmen stellt (CRTC 1984f, appendix). Da nach TSN und MUCH MUSIC bis 1987 zunächst nur drei weitere *specialty services* zugelassen wurden (die Minderheitenkanäle *Tele-latino Network* und *Chinavision Canada*, sowie der Medizin- und Gesundheitskanal *Life Channel*), umfaßt das US-Angebot nahezu das gesamte Spektrum der attraktiven und erfolgreichen Konkurrenzkanäle[2].

Diese Politik, zum wiederholten Male die Ausweitung eines canadischen Programmangebotes an die zusätzliche Verbreitung bisher nicht (legal) verfügbarer US-Angebote zu knüpfen, ist ein erneuter Beleg, daß für die CRTC unter ihrem jetzigen Vorsitzenden Bureau industriepolitische Strategien nun eindeutig Vorrang vor kulturpolitischen Kriterien genießen: Wenn das Vordringen US-amerikanischer Medieninhalte schon nicht verhindert werden kann, so sollen sie doch zumindest - so die mittlerweile bekannte Logik - zum Nutzen einheimischer Veranstalter in canadische Kanäle geleitet werden. Dazu Hollins: "This seems rather like inviting unwanted guests in to prevent them gate-crashing" (Hollins 1984: 108).

Betrachtet man den nunmehr sechsjährigen Zeitraum seit der Einführung canadischer *specialty services*, ist es mehr als zweifelhaft, ob die Strategie, US-Angebote lediglich als "Marktöffener" oder "trailer" für eigene Programme zu benutzen, aufgehen wird. Für weitere Anbieter, die schließlich 1987 zugelassen wurden (s.u.) ist der canadische Markt durch die Listenregelung der CRTC mittlerweile von den attraktivsten US-*services* besetzt - was deren Durchsetzung zusätzlich erschwert. Hinzu kommt die vergleichsweise geringe Größe des canadischen Marktes, die sich gerade für ausgesprochene Minderheitenprogramme noch sehr viel deutlicher auswirken muß als im Fall konventioneller Massenprogramme. Selbst erfolgreiche Anbieter können keine den US-Kanälen vergleichbare Publi-

---

2) Anders als ursprünglich angekündigt ist diese Liste nicht schrittweise verkleinert, sondern von ursprünglich 17 auf heute 24 US-Anbieter ausgedehnt worden, die nun auch einige US-Superstations einschließen.

Zur Verbreitung zugelassenen sind derzeit: WTBS-TV Atlanta (Superstation), WGN-TV Chicago (Superstation), WOR-TV New York City (Superstation), WPIX-TV New York City (Superstation), Cable News Network (CNN), CNN Headline News, The Nashville Network (TNN), The Arts and Entertainment Network, Financial News Network (FNN), The Weather Channel (TWC), The Learning Channel (TLC), The American Business Network (Biznet), Country Music Television, Cable Satellite Public Affairs Network (A&E), The Silent Network, AP Newscable, Dow Jones Cable News, Reuters News View, UPI Data Cable, Black Entertainment Television (BET), Satellite Program Network (SPN), Modern Satellite Network (MSN), Genesis Storytime, USA Network. (CRTC 1987f, appendix 2).

kumsakzeptanz erzielen. Unter diesem strukturellen Nachteil leiden bis heute auch die beiden Erstlizenzierten: Zwei Jahre nach dem Start erreichten TSN und MUCH MUSIC trotz der Kombination mit Pay-TV gerade 800.000 canadische Haushalte, während die US-Anbieter MTV und ESPN allein in den USA mit 27 Mio., bzw. 36 Mio. angeschlossenen Haushalten über eine unvergleichlich stabilere ökonomische Basis verfügten (Task Force 1986: 483).

Zusätzliche canadische Veranstalter, deren Angebote auf noch kleinere Publikumssegmente zielen, scheinen daher kaum überlebensfähig. Die Schwierigkeiten von *Life Channel, Tele-latino* und *Chinavision*, überhaupt Zugang zu den Kabelsystemen zu erhalten (die Programmpakete und Gebühren selbstständig zusammenstellen und berechnen können), deuten darauf hin, daß das einheimische Angebot an *specialty services* auf längere Sicht nicht dazu führen wird, weitere US-amerikanische Programme von der CRTC-Verbreitungsliste streichen zu können. Faktisch hat die Politik der CRTC dazu geführt, den amerikanischen *specialty services* einen legalen und relativ gesicherten Marktzugang in Canada zu verschaffen.

Angesichts dieser strukturellen Defizite sieht sich die CRTC gezwungen, nicht nur die bescheidenen Erfolge für TSN und MUCH MUSIC öffentlich hoch zu bewerten, sondern auch neue Wege für deren Akzeptanz zu suchen. Anläßlich der Lizenzverlängerung von TSN 1987 hob die CRTC nicht nur hervor, daß die mittlerweile erreichten *Canadian Content*- Quoten mit durchschnittlich 42 Prozent (und 55 Prozent in der *prime time*) deutlich oberhalb der ursprünglich anvisierten Werte lag. Auch habe der Sportkanal seit 1985 mit insgesamt 30 Mio. Dollar mehr als 70 Prozent seines Programmbudgets in canadische Sendungen investiert, 250 Programmstunden von unabhängigen Produzenten zuliefern lassen und 14 Mio. Dollar für Marketing ausgegeben (CRTC 1987a: 169). Selbst diese vergleichsweise geringen Beträge werden in der heutigen Konkurrenzsituation Teil einer Erfolgsstory, die ihren Glanz vor allem aus dem katastrophalen Pay-TV-Auftakt bezieht. In der Tat bemerkenswert ist, daß die CRTC erstmals für einen neuen Anbieter nach der Startphase die *Canadian Content*-Quoten nicht nach unten korrigieren mußte.

Auch MUCH MUSIC hatte wenig Probleme, bei der Lizenzerneuerung die Einhaltung der moderaten Auflagen nachzuweisen. Der Anteil canadischer Videoclips konnte bis 1987 von ursprünglich zehn Prozent auf 20 Prozent gesteigert werden; das Restprogramm (musikbezogene Nachrichten, Talk-Runden, Interviews, Musikfilme und Konzertmitschnitte) sei "weit überwiegend" selbst produziert. Rund 100.000 Dollar - das sind 2,4 Prozent der Gesamteinnahmen - investierte MUCH MUSIC in VideoFACT, einen eigens gegründeten Produktionsfond für canadische Musikvideos - vergleichbar dem Programm FACTOR, das von einigen FM-Radiostationen unterstützt wird (CRTC 1987b: 2; s. auch Kap. 5).

Die CRTC nahm diese relativ verhaltenen Erfolge im Sommer 1987 zum Anlaß für zwei überaus weitreichende Entscheidungen, deren Auswirkungen auf die konventionellen Networks noch kaum abzusehen sind: die massive Zulassung weiterer *specialty services* und deren Wechsel in den weit attraktiveren *basic service* der Kabelsysteme. Zunächst können sowohl TSN als auch MUCH MUSIC ihre Programme seit August 1988 uncodiert über den 12-Kanal-Basisdienst der Kabelsysteme verbreiten, womit deren technische Reichweite sprunghaft auf sämtliche rund sechs Mio. canadischen Kabelhaushalte ausgedehnt wird. Damit senken sich auch die Abonnementsgebühren beträchtlich, da sie nun auf alle angeschlossenen Haushalte umgelegt werden können. Werden beide Angebote im Basisdienst eingespeist, erhöht sich die Kabelgebühr insgesamt nur um 80 Cent pro Haushalt. Beide *specialty services* sind dann allerdings verpflichtet, im Jahresdurchschnitt nun mindestens 60 Prozent *Canadian Content* zu erreichen (CRTC 1987a, appendix; CRTC 1987b, appendix).

Für die konventionellen TV-Veranstalter und auch für die nationalen *Universial*-Pay-TV-Anbieter bedeutet diese Regelung zusätzliche Konkurrenz um ein ohnehin schon hochgradig fragmentiertes Publikum. Während der fast dreimontigen CRTC-Anhörungen im Sommer 1987, die über neue Anträge und die Lizenzverlängerungen von TSN und MUCH MUSIC entscheiden sollten, hatten lediglich die anwesenden Kabelgesellschaften den möglichen Wechsel der *specialty services* in den 12-Kanal-Basisdienst unterstützt. Demgegüber standen massive Einwendungen der TV-Anbiter. Vor allem CTV und TVA verwiesen auf die negativen Auswirkungen wie die weitere Publikumsfragmentierung, Einbrüche bei den Werbeeinkünften und steigende Programmkosten. GLOBAL machte geltend, daß gerade TSN mit seinem attraktiven Sportprogramm eine große Zahl von Zuschauern von den konventionellen Networks abziehen werde, die sich dann Sportübertragungen nicht mehr leisten könnten. Sportsendungen würden so zu einem Privileg der Kabelabonnenten. Den schärfsten Einspruch formulierten die nationalen Pay-TV-Anbieter *First Choice* und *Superchannel*: Ihre ohnehin geringen Einschaltquoten würden weiter sinken, da mit dem Ausscheiden von TSN und MUCH MUSIC aus dem codierten Zusatzangebot an Kabelprogrammen der Anreiz sinken werde, diese Programme überhaupt zu abonnieren. Da das nationale Pay-TV werbefrei sein müsse, könnten die zu erwartenden Einnahmeverluste nicht kompensiert werden. Das hätte wiederum unmittelbare Auswirkungen auf die Bereitschaft, in die Produktion canadischer Filme zu investieren (CRTC 1987a: 181-184).

Die CAB schließlich schätzte, daß unabhängige Radio- und Fernsehstationen mindestens 40 Mio. Dollar an Werbeverlusten hinnehmen müßten, wenn das *specialty*-Angebot weiter ausgedehnt werde. Vor allem MUCH MUSIC könne große Publikumsteile vom Radio abziehen, wenn das Fernsehen sich zur Hauptquelle der Musiknutzung entwickele (Orton 1987: B4). Die Entscheidung der CRTC, die *Canadian Content*-Quote für die *specialty services* künftig auf 60 Prozent anzuheben, war jedoch das einzige Zugeständnis an die zahlreichen Einwender.

Insgesamt entwickelten sich die Anhörungen zur Ausweitung des *specialty services*-Angebotes im Sommer 1987 zu den umfassendendsten in der bisherigen Lizenztätigkeit der CRTC: begleitet von einer breiten Presseöffentlichkeit mußten 21 Lizenzanträge und die stattliche Zahl von 1834 schriftlichen Einwendungen verhandelt werden (Maclean's 1987, August 24: 46). Mehrfach waren diese Hearings verschoben worden, da sich das DOC zuvor nicht zu einer eindeutigen Richtlinie entschließen konnte. Letztlich ging es hier um die grundsätzliche Frage, ob sich Canada mit einer bisher nie dagewesenen Programmvermehrung nun endgültig auf den ungleichen Wettlauf mit den US-Anbietern einlassen sollte. Der Präsident von *Telefilm Canada* wies zu Recht darauf hin, daß viele der neuen Anbieter (wie schon TSN und MUCH MUSIC) zu einem erheblichen Teil auf staatliche Programmsubventionen angewiesen seien, für die die Mittel von jährlich 60 Mio. Dollar jedoch bei weitem nicht ausreichten. Eine Situation, in der *Telefilm* über "Leben und Sterben" der Veranstalter zu entscheiden habe, hielte er nicht für erstrebenswert (The Globe & Mail 1987, August 6).

Für die ökonomisch ohnehin dominierenden Kabelgesellschaften bedeutet die Zunahme des Angebotes einen doppelten Machtzuwachs. Zum einen über die wachsende vertikale Integration durch *cross ownerships* von Kabelunternehmen und Programmanbietern, zum anderen durch die Schlüsselrolle in der Gestaltung des über Kabel verfügbaren Gesamtangebotes, da die Kabelsysteme zu einem großen Teil selbst entscheiden, welche Programme sie jeweils verbreiten. Vor allem das letzte Problem wurde während der Hearings intensiv und kontrovers diskutiert. Unabhängige Anbieter, so der Präsident von TSN, hätten nur geringe Chancen, sich gegen solche Programme durchzusetzen, die von den Kabelgesellschaften selbst mitfinanziert würden. Ted Rogers, Eigentümer des Kabel-Marktführers *Rogers Communications*, unterbreitete schließlich den Vorschlag, ein eigenes Auswahlkomitee aus drei "für die CRTC akzeptablen Persönlichkeiten" einzusetzen, das über die Kanalvergabe entscheiden sollte (Greenspon 1987c: B2). Obwohl dieser Vorschlag, der auf die Einrichtung einer Art "Ersatz-Regulierungsinstanz" unter Kontrolle der Kabelindustrie hinauslief, von der CRTC erwartungsgemäß abgelehnt wurde, macht er doch deutlich, in welcher Machtposition sich die Kabelgesellschaften in Schlüsselfragen der Rundfunkpolitik heute befinden.

Die schließlich getroffenen Zulassungsentscheidungen spiegeln so deutlich die Interessen der Kabelgesellschaften wider, die sich über neue Angebote einen dringend notwendigen Attraktivitätsgewinn erhoffen können: Neben dem Beschluß, TSN und MUCH MUSIC auf den *basic service* wechseln zu lassen, erhielten beide die Lizenz für je einen frankophonen Ableger (*Le Résau des Sports*/RDS und *Musique Plus*). Weiter wurden lizenziert: *Vision TV* (Religions-Kanal), *YTV Canada* (Kinder- und Jugendprogramme, zu 25 Prozent getragen von *Rogers Communications*), *Meteo Media* (Wetter) als kommerzielle englischsprachige *specialty services* (uncodiert) sowie das codierte Pay-TV-Programm des *Familiy Channel* (gemeinsam finanziert vom Kabelbetreiber *Allarcom* und *First Choice*). Die neuen frankophonen Anbieter erhielten sämtlich die Zulassung für den *basic service*: *Le Canal Famille*, RDS und *Musique Plus*, *Météo Média* (Wetter) und TV5, der internationale Anbieter französischsprachiger Programme mit canadischer, französischer und Schweizer Beteiligung (CRTC Annual Report 1988: 38).

Damit war die Entscheidung zugunsten eines "Wettlaufes" mit den US-Anbietern endgültig gefallen. Die Kabelgesellschaften haben weiterhin das alleinige Auswahlrecht unter den angebotenen Programmen; die nun drei nationalen codierten Pay-TV-Kanäle *First Choice/Premier Choix*, *Superchannel* und *The Family Channel/Le Canal Famille* können jetzt allein mit fünf attraktiven US-Satellitenprogrammen als Paket gekoppelt werden (CRTC Annual Report 1988: 39).

10.6. CBC-All-News-Channel: Die Ausnahme bestätigt die Regel

Deutlich aus dem Rahmen fällt auf den ersten Blick eine weitere Lizenzentscheidung der CRTC. In direkter Konkurrenz mit einem kommerziellen Interessenten (*Allarcom*) erhielt die CBC den Zuschlag für die Veranstaltung eines 24-stündigen englischsprachigen *All-News-Channel* nach Vorbild von CNN (CRTC 1987d). Dieser *CBC News and Information Service* bedeutet in der Tat nach dem Scheitern des CBC-2-Konzeptes in den siebziger Jahren die erste Ausweitung des CBC-TV-Angebotes seit Einführung des Fernsehens überhaupt - sieht man einmal vom *Parliamentary Channel* ab, der auf eine direkte Regierungsanweisung zurückgeht. Diese Entscheidung scheint umso bemerkenswerter, als die CRTC gerade ein Jahr zuvor anläßlich der Lizenzerneuerung der CBC festgelegt hatte, die Priorität des öffentlichen Rundfunks sei finanzielle Stabilität und nicht die Einrichtung neuer Programmangebote (s. Kap. 7).

Die CBC befand sich sich hier mit ihrer ausgewiesenen Kompetenz als Anbieter einschaltstarker Informationsprogramme in einer günstigen Verhandlungsposition. Zudem konnte sie prominente Unterstützung für ihren Antrag nachweisen: Nicht nur lieferte sie Videotapes, auf denen sich die führenden *Anchormen* der US-Networks, Tom Brokaw und Dan Rather, ausdrücklich für einen CBC-Nachrichtenkanal einsetzten - eine Werbeidee, die erhebliches öffentliches Aufsehen erregte (Maclean's 1987, August 24: 46). Auch die *Task Force on Broadcasting Policy* hatte bereits 1986 in ihrem Bericht die Einrichtung eines *All-News-Channel* unter Ägide der CBC gefordert, da nur sie in der Lage sei, ein journalistisches Gegengewicht zu CNN aufzubauen. Die Kosten, so die *Task Force*, seien mit jährlich rund 30 Mio. Dollar relativ gering anzusetzen, da die CBC zu einem großen Teil auf ihre Nachrichtenredaktionen und Auslandskorrespondenten zurückgreifen könne. Der Informationskanal solle sich über Werbeeinnahmen und Abonnementgebühren selbst tragen und nicht den CBC-Network-Haushalt belasten oder zusätzliche staatliche Mittel erfordern (Task Force 1986: 301-303).

Die CBC argumentierte in dieselbe Richtung und rechnete eine Abnahmegebühr von 25 bis 50 Cent pro Kabelhaushalt vor, je nachdem, wie viele Kabelsysteme das Angebot übernehmen würden. Rund drei Viertel des Budgets sollen aus Werbung finanziert werden. 90 Prozent des Programms seien von Beginn an als *Canadian Content* geplant, der sich vor allem aus Korrespondentberichten und zu einem geringeren Teil aus Übernahmen von CBC-Network-, *public affairs*- und Dokumentationssendungen zusammensetzt. Insgesamt würden die Einkünfte des Nachrichtenkanals ausreichen, um auch dort Korrespondentenplätze einrichten zu können, wo die CBC bisher nicht vertreten ist - etwa im Mittleren Osten, in Zentral- und Südamerika und in den pazifischen Anrainerstaaten Asiens (CRTC 1987d).

Einziger Mitbewerber war die *Allarcom*-Gruppe, der es jedoch nicht gelang, ein ähnlich schlüssiges Konzept vorzulegen. *Allarcom*, Mitinhaber des Pay-TV-Anbieters *Superchannel* und über den Fernsehsender CITV-Edmonton auch am Satelliten-Network CANCOM beteiligt, argumentierte gegen die CBC aus der Position des "Regional-Anbieters", der besonders Nachrichtenquellen außerhalb der "traditionellen Zentren" nutzen wolle, ohne jedoch über ein notwendiges landesweites Korrespondentennetz zu verfügen. Auslandsbüros waren nur für Washington, London und Paris geplant, der "Rest der Welt" sollte durch freie Mitarbeiter abgedeckt werden. Im übrigen, so *Allarcom*, sei es ein Gebot der Meinungsfreiheit und der Meinungsvielfalt, neben der "dominierenden CBC" einen unabhängigen Nachrichten-Anbieter zuzulassen (Greenspon 1987a: B5 u. 1987b: B5). Selbst die CRTC mit ihren deutlichen Präferenzen für den kommerziellen Sektor mußte erkennen, daß mit diesem Konzept keine wirksame Konkurrenz zu CNN aufgebaut werden konnte.

Ausschlaggebend für die Ablehnung des *Allarcom*-Antrages waren noch zwei weitere Faktoren: Zum einen konnte der Medienkonzern den Eindruck nicht zerstreuen, ihm ginge es mit seinem Programmkonzept (das auch Nachrichten-untypische Elemente wie Mode-, Psychologie- und Gesundheitsjournale einschloß) weniger um einen Nachrichtenkanal sondern vielmehr darum, auf einem Umweg den Sender CITV-Edmonton doch noch zu einer "Superstation" aufzubauen - ein Vorhaben, das 1985 schon einmal am Einspruch der CRTC gescheitert war (Newman 1985: 41). Weit wichtiger war jedoch die Forderung von *Allarcom*, den Nachrichtenkanal als sog. *Mandatory Channel* in den Basisdienst der Kabelsysteme aufnehmen und ihn so von allen Abonnenten finanzieren zu lassen. Dieses Konzept läuft jedoch - wie schon die Ablehnung von *Telecanada* bei der ersten Pay-TV-Lizenzierung gezeigt hatte - den Interessen der Kabelgesellschaften diametral zuwider, die daher *Allarcom* die notwenige Unterstützung versagten (Greenspon 1987a: B5).

Die CBC profitierte also direkt von der schwachen Konzeption ihres einzigen Konkurrenten. Sie hatte ausdrücklich nicht auf einem *Mandatory Channel* bestanden und ebenfalls nicht gefordert, nach einer Lizenzvergabe zu ihren Gunsten die US-Angebote CNN und *CNN Headline News* von der CRTC-Verbreitungsliste zu streichen. Unter den mehreren Hundert unterstützenden Einwendungen waren so auch positive Stellungnahmen der Kabelgesellschaften *Rogers Communications* und *Western Cablesystems*, denen das CBC-Konzept insgesamt deutlich entgegenkam (CRTC 1987d).

Insofern fügt sich die CRTC-Entscheidung zugunsten des CBC-Antrages durchaus in die Politik ein, die Interessen der Kabelgesellschaften besonders zu berücksichtigen und kann nicht als ein Zeichen des Umschwunges zugunsten des öffentlichen Sektors gewertet werden. Für diese Einschätzung spricht auch, daß der CBC die Lizenz zunächst nur für drei Jahre erteilt wurde, nach denen der vorgesehene Finanzierungsmodus erneut überprüft werden soll (CRTC 1987d). Nach der notwendigen Zustimmung durch das DOC hat der CBC-All-News-Channel schließlich 1989 seinen Sendebetrieb aufgenommen. Die insgesamt ungewisse finanzielle Zukunft der CBC nach den neuerlichen Budgetkürzungen des Jahres 1990 (s. Kap. 7) läßt eine Prognose über den Erfolg des Nachrichtenkanals allerdings nicht zu.

Im gesamten Verfahren der Zulassung von Pay-TV und *specialty services* seit 1982 ist deutlich geworden, daß sich die CRTC hier vollständig an den Interessen der kommerziellen Medienunternehmen, insbesondere an denen der mächtigen Kabelgesellschaften orientiert. Weit davon entfernt, den hochgesteckten kulturpolitischen und ökonomischen Erwartungen zu entsprechen, entschied sich die CRTC in der Lizenzerneuerungsphase 1987 zusätzlich für ein "Marktbereinigungsverfahren" zugunsten der großen Pay-TV-Gesellschaften. Damit hat der Prozeß der Besitzkonzentration und der vertikalen Integration der Medienindustrie, der sich seit Beginn der achtziger Jahre deutlich beschleunigt, eine neue Stufe erreicht. Die gleichzeitige Herabsetzung der *Canadian Content*-Auflagen für die Pay-TV-Veranstalter widerlegt zudem die Erwartung, Pay-TV werde maßgeblich zur Stimulierung des unabhängigen Produktionssektors beitragen. Die Einwände des Präsidenten von *Telefilm Canada* gegen eine ungezügelte Programmausweitung (s.o.) geben Anlaß zu der Befürchtung, Pay-TV und *specialty services* könnten sich auf lange Sicht zu "Subventionsgräbern" entwickeln, die dem ehrgeizigen *Telefilm*-Projekt einen großen Teil seiner Wirksamkeit nehmen werden. Die Penetration des Landes durch US-amerikanische Medieninhalte hat sich durch die neuen Anbieter jedenfalls nicht verringert, sondern deutlich erhöht:

> "It is all too obvious that the immature Canadian pay-tv industry cannot be considered as a panacea or even a last resort for resisting American programs and cultural penetration. It is rather just another window open to the south" (Meier 1987: 84).

11. Fazit: Rundfunkregulierung und die Eigendynamik des dualen Systems

Eine abschließende Bewertung der canadischen Rundfunkpolitik steht zunächst vor dem Problem anhaltender Veränderungen. Die Auswirkungen des rapiden technologischen Wandels, ein mögliches Zusammenwachsen von Individual- und Massenkommunikation (ein Phänomen, das im Zusammenhang dieser Arbeit nur angedeutet werden konnte), die langfristigen Wirkungen der Aufsplitterung des Publikums in immer kleinere, segmentierte Teilpublika (und dem damit verbundenen wahrscheinlichen sukzessiven Schwinden der Integrationsfunktion von Rundfunk) lassen sich heute noch nicht annähernd bestimmen. Die canadische Rundfunkpolitik reagiert auf diesen Wandel mit immer neuen, zum Teil kaum noch überschaubaren Bestimmungen, Differenzierungen und "Flexibilisierungen", deren Frequenz ebenso steigt wie sich die Intervalle zwischen rundfunkpolitischen Untersuchungen verringern - Hinweise, vor welchen Problemen eine nationale Rundfunkpolitik vor dem Hintergrund von Kommerzialisierung, Internationalisierung und (zu einem großen Teil selbst herbeigeführten) technologischer Entwicklungen künftig stehen wird.

Parallel zu dieser Entwicklung schwindet offenbar das Vertrauen in die Wirksamkeit von juristisch-normativen Rahmensetzungen für die Gestaltung des Rundfunksystems. Die Verabschiedung neuer Rundfunkgesetze gehörte in der Vergangenheit zu den ersten Amtshandlungen nach einem Regierungswechsel, in denen sich deutlich die politisch-kulturellen Pendelschläge der jeweiligen Perioden widerspiegelten. Wird eingangs die Dialektik von "Nationalismus" und "Kontinentalismus" als die beherrschende Grundströmung in der canadischen Politik dargestellt, so findet dieses Gegensatzpaar in der Rundfunkpolitik seine Entsprechnung in der jeweiligen Betonung von *public service* und staatlicher Regulierung einerseits, in der Förderung des kommerziellen Sektors und "Flexibilisierung" der Staatsaufsicht anderseits. So sind die Rundfunkgesetze von 1932 und 1936 mit ihrer Erklärung von Radiofrequenzen zu öffentlichem Eigentum und der Etablierung des öffentlichen Rundfunks ebenso wie das Gesetz von 1968 ("Canadisierung" von Besitz und Kontrolle, Einrichtung der CRTC, Grundlage für die *Canadian Content Rules*) Ausdruck wirksamer nationalistischer Strömungen. Das konservative Rundfunkgesetz von 1958, in dem das öffentliche Eigentum an Rundfunkfrequenzen nicht mehr deklariert wird und das mit dem BBG eine schwache, auf die Ausweitung des kommerziellen Fernsehens zielende Regulierungsinstanz einrichtet, spiegelt dagegen deutlich die kontinentalistische Strömung dieser Entwicklungsphase wider.

Die konservative Regierung Mulroney, die in der canadischen Geschichte den bislang stärksten "Kontinentalisierungsschub" einleitete (*Free Trade*, Förderung von Auslandsinvestitionen, Privatisierung von Staatsbetrieben u.a. im Kommunikationssektor), hat auch in ihrer zweiten Amtsperiode noch kein neues Rundfunkgesetz zur Verabschiedung gebracht. Seit 1988 liegt allerdings ein Entwurf vor (The House of Commons 1988: Bill C-), begleitet von einer Grundsatzerklärung des DOC mit dem programmatischen Untertitel: *A New Broadcasting Policy for Canada* (DOC 1988). Nach diesen Dokumenten wird es allerdings einschneidende Veränderungen auf der Gesetzgebungsebene nicht geben.

Der Gesetzentwurf läßt den *Broadcasting Act* von 1968 in seiner Grundstruktur unangetastet und beschränkt sich auf Zusätze und eher marginale Neuformulierungen:

* Eine Abkehr von der normativen Unterordnung des Rundfunks unter national-kulturelle Zielsetzungen ist nicht zu erkennen. Im Gegenteil: Der Kernparagraph drei erhält noch einen Zusatz, in dem es jetzt explizit heißt, "...that the Canadian broadcasting system (...) provides, through its programming, a public service essential to the maintenance of national identity and cultural sovereignty" (Bill C-, § 3/1/a).

* Statt der Formulierung, die Programmgestaltung des Rundfunks insgesamt solle sich "überwiegend" ("predominantly") auf canadische kreative Ressourcen stützen, heißt es jetzt: "...each element of the Canadian broadcasting system shall contribute in an appropriate manner to the creation and presentation of Canadian programming, making maximum use of Canadian creative and other resources" (Bill C-, § 3/1/d). Damit werden einerseits die Programmanforderungen abgeschwächt, andererseits - so hebt das DOC hervor - unterliegt nun jeder einzelne Sektor für sich genommen der Anforderung, in "angemessener Weise" zur Herstellung canadischer Programme beizutragen und dabei "maximalen Gebrauch" von canadischen Ressourcen zu machen (DOC 1988: 22).

* Die CBC wird nach wie vor als "national public broadcaster" definiert, der ein "informatives" und "unterhaltendes" Programm in englischer und französischer Sprache anbietet (also ein Vollprogramm), das "überwiegend" und "distinktiv" canadisch sein soll. Das Mandat, zur "nationalen Einheit" beizutragen, wird nicht wieder aufgenommen; an seine Stelle tritt die Formulierung: "...the programming provided by the Canadian Broadcasting Corporation should (...) contribute to shared national consciousness and identity...". Gleichzeitig fehlt die Regelung von 1968, daß die Interessen der CBC im Konfliktfall denen der privaten Anbieter überzuordnen seien

(Bill C-, § 3/m-n). Damit bleibt der CBC zwar die besondere Verpflichtung erhalten, zur Entwicklung von "Nationalbewußtsein" und "kultureller Souveränität" beizutragen, andererseits wird sie als "Element" des Rundfunksystems nun auch juristisch auf eine Stufe mit den kommerziellen "Elementen" gestellt. Entscheidend für die tatsächliche Entwicklung der CBC wird jedoch die Finanzierungsbereitschaft der Regierung sein, die sich - wie ausführlich dargestellt - selten in Einklang mit dem Mandat des öffentlichen Rundfunks befand. Von einer gesicherten finanziellen Ausstattung und mittelfristiger Planungssicherheit wird die CBC auch nach diesem Gesetzentwurf künftig nicht ausgehen können, da (zum wiederholten Male) ein verbindlicher Finanzierungsmodus nicht in den Text aufgenommen wurde.

* Den privatwirtschaftlich organisierten Rundfunkanbietern wird nun konstatiert, daß sie "notwendigerweise" auf Profit ausgerichtet sind und damit den Bedürfnissen des Publikums mit "konkurrenzfähigen Programmen" entgegenkommen müssen. Gleichzeitig sollen sie "ihren Teil der Verantwortung akzeptieren", zur Entwicklung canadischer Programme beizutragen (DOC 1988: 29). Im Gesetzentwurf heißt es jetzt: "Private networks and programming undertakings should, to an extend consistent with the financial and other resources available to them, contribute significantly to the creation and presentation of Canadian programming, and be responsive to the evolving demands of the public" (Bill C-, § 3/1/p). Der "signifikante" Beitrag des privaten Sektors zur Produktion canadischer Programme wird nun erstmals von der Verfügbarkeit finanzieller Mittel abhängig gemacht.

* Die CRTC erhält als Bestandteil der DOC-Rahmenrichtlinie ein abgestufteres Instrumentarium zur Duchsetzung von Lizenzauflagen, das u.a. die zeitweilige Aussetzung von Lizenzen einschließt. Ein sog. *Performance Incentive Program* sieht vor, die Höhe der Lizenzgebühren kommerzieller Veranstalter direkt an die Produktion und Ausstrahlung canadischer Programme der Sparten "drama" und "variety" zu knüpfen. Erfüllt beispielsweise eine TV-Station die anvisierte Quote von fünf Programmstunden wöchentlich, wird sie von den Gebühren befreit. Die Gebühren steigen schrittweise auf maximal drei Prozent der Gesamtwerbeeinnahmen, wenn keine Programmstunde dieser Sparten ausgestrahlt wird. Die so eingenommenen Beträge werden nun nach einem festgelegten Schlüssel an diejenigen Stationen weitergeben, die ihre Quote übererfüllt haben, Restbeträge gehen in den Fond von *Telefilm Canada* (DOC 1988: 29-32). Die Produktion canadischer "drama" und "variety"-Programme gilt damit nicht mehr als Selbstverständlichkeit; der Trend, diese durch öko-

nomische Anreize besonders zu belohnen (der sich schon mit der Flexiblisierung der *Canadian Content Rules* 1984 abzeichnete), wird weiter verstärkt.

* Die von der *Task Force on Broadcasting Policy* geforderte rundfunkgesetzliche Aufwertung von *Community Radio* und *Community Television* als gleichberechtigte Elemente des Rundfunksystems findet sich im Gesetzentwurf nicht wieder (s. auch Kap. 5). Stattdessen wird die Einrichtung eines zweiten englischsprachigen öffentlichen Networks (*Alternative Television Programming Services*) aufgenommen, der die Interessen von Publikumsminderheiten berücksichtigen, die regionale und multikulturelle Struktur der Gesellschaft widerspiegeln und sich "so weit wie möglich" aus Auftragsproduktionen unabhängiger Produzenten speisen soll (Bill C-, § 3/1/j). Damit wird es eine Ausweitung der CBC-Angebote durch das seit langem geforderte dritte Network CBC 2 nicht geben (s. Kap. 7). Die Finanzierung der *Alternative Television Programming Services* soll sich aus staatlichen Zuschüssen, einer "bescheidenen" Abgabe der Kabelgesellschaften und die Einbindung des NFB in die Programmproduktion zusammensetzen. Für den frankophonen Fernsehsektor wird das Angebot an Minderheitenprogrammen durch CBC *Radio-Canada*, *Radio Québec* und den internationalen Anbieter TV 5 für ausreichend gehalten (DOC 1988: 33-34).

* Zuletzt wird die Verpflichtung des Distributionssektors (Kabel- und Satellitenbetreiber) festgeschrieben, der Übertragung canadischer Programme Priorität einzuräumen. Gleichzeitig wird den Kabelgesellschaften jedoch auch die Möglichkeit eingeräumt, wo es "angemessen" erscheint und mit den "Zielen der Rundfunkpolitik" im Einklang steht, selbst Programme zu produzieren (Bill C-, § 3/1/q). Damit steht der vertikalen Integration der canadischen Rundfunkindustrie unter Kontrolle der Kabelgesellschaften, die bereits heute weit vorangeschritten ist (besonders in Québec durch *Vidéotron* und *Telemedia*), nichts mehr im Wege. Bestimmungen zur Konzentrationsbeschränkung enthält der Gesetzentwurf ausdrücklich nicht.

Insgesamt stellt der Gesetzentwurf der konservativen Regierung keinen Versuch dar, durch eine umfassende Novellierung entscheidend auf der Network- und Regulierungsebene verändernd in die Struktur des Rundfunksystems einzugreifen, wie das 1936 (Einrichtung der CBC) und 1968 (Schaffung der CRTC) der Fall gewesen war. Er ist eher der Versuch, die Gesetzgebung reaktiv den sich wandelnden Bedingungen anzupassen, wobei sich die ökonomischen Interessen der Kabelgesellschaften nun auch formaljuristisch deutlich niederschlagen. Das in den vergangenen 20 Jahren zweifellos innovativste Element des canadischen Rundfunks, die *Community Radios*, findet dagegen keine gesetzliche Absicherung.

Die Einrichtung eines zweiten anglophonen öffentlichen Networks ist bislang nicht erfolgt. In seiner gesetzlich festgelegten Struktur als Verbreitungsmedium für Auftragsproduktionen wäre es überdies eher ein weiteres Instrument zur staatlichen Subventionierung des kommerziellen Produktionssektors und fügt sich so nahtlos in die seit Anfang der achtziger Jahre verfolgte Förderpolitik ein. Eine Wiederbelebung des *public service*-Gedankens oder gar dessen Dominanz in der Rundfunkpolitik stellen die *Alternative Television Programming Services* demnach nicht dar.

Abschließend sollen die verschiedenen Stadien in der Entwicklung des dualen Systems und die unterschiedlichen Maßnahmen, auf diese Entwicklung regulierend einzuwirken, systematisiert und ausgewertet werden. Dabei wird von folgenden Thesen ausgegangen:

* Ein statisches oder gar gleichberechtigtes Verhältnis der öffentlichen und kommerziellen Elemente des dualen Systems hat nie existiert. Motor der Rundfunkentwicklung sind äußerer Druck und interne Interessenkonflikte, wobei die kommerziellen Interessen Hauptantrieb des Wandels sind.

* Rundfunkpolitik ist Ausdruck und Ergebnis von äußerem Druck und internen Konflikten. In ihr spiegeln sich sowohl die politisch-kulturellen Grundströmungen wider als auch die jeweils konkreten Interessen einer Vielzahl rundfunkpolitischer Akteure.

* Rundfunkpolitik hat prinzipiell die Möglichkeit, auf den drei Ebenen des Systems regulierend einzuwirken: auf der Network-, der Content- und der Publikumsebene. Dabei läßt sich deutlich ein Modell abnehmender Wirksamkeit und tatsächlicher Eingriffsmöglichkeiten erkennen:

- Am wirksamsten sind Eingriffe (und Entwicklungen) auf der Network-Ebene, da hier die grundlegenden Entscheidungen über die Organisationsstruktur der Anbieter, deren Besitz und Kontrolle sowie über die Art und Weise der technischen Distribution getroffen werden.

- Eingriffe auf der Content-Ebene können die Triebkräfte auf der übergeordneten Ebene nicht außer Kraft setzen, sondern nur noch sehr begrenzt steuern. Tendenziell nehmen die Steuerungsmöglichkeiten mit zunehmender Kommerzialisierung des Gesamtsystems ab. Die Wirksamkeit kulturorientierter Maßnahmen steht in einem direkten Verhältnis zur Position des öffentlichen Rundfunks innerhalb des dualen Systems, da nur er für Content-Eingriffe empfänglich ist und sich zudem innerhalb des

Kommerzialiserungsprozesses zunehmend über sein sozio-kulturelles Mandat legitimiert.

- Auf der Publikums-Ebene bestehen innerhalb einer demokratisch-pluralistischen Gesellschaft die geringsten Eingriffsmöglichkeiten. Das tatsächliche Nutzungsverhalten kann nur sehr eingeschränkt durch den Erhalt von Angebotsvielfalt beeinflußt werden; andererseits wirkt die Nachfrage der Publikumsmehrheit nach bestimmten (im canadischen Kontext unterhaltenden US-amerikanischen) Angeboten auf die Entscheidungen der übergeordneten Ebenen zurück.

Der öffentliche Rundfunk in Canada konkurrierte von Beginn an mit starken ökonomischen Interessen, insbesondere denen der Zeitungsverleger und der Geräteindustrie. Bereits die Gründung der CRBC und der CBC stellte einen Kompromiß zwischen *public service* und kommerziellen Interessen dar, da die Option der vollständigen Entprivatisierung (wie im Mutterland Großbritannien bereits 1927 geschehen) nie umgesetzt worden war. Bis heute ist die Zusammenarbeit der CBC mit kommerziellen angeschlossenen Stationen eines der herausragenden Strukturmerkmale des öffentlichen Rundfunks in Canada. Man kann daher nur von einer Teil-Umsetzung des britischen *public service*-Gedankens in der canadischen Rundfunkpolitik sprechen; der Einfluß des US-amerikanischen profitorientierten Rundfunkprinzips stellt ein zumindest gleichwertiges konstituierendes Element dar. Dennoch ist die Gründung der CBC der bislang wichtigste Eingriff auf der Network-Ebene des Rundfunksystems, ohne den weder eine landesweite Rundfunkversorgung unter den extremen geographischen Bedingungen des Landes noch die Etablierung einer einheimischen Programmproduktion vorstellbar gewesen wären.

Ein weiteres Merkmal des öffentlichen Rundfunks ist seine überaus starke Abhängigkeit von der Bundesregierung. Die Regierung nimmt bis heute über wechselnde Ministerien die direkte Richtlinienkompetenz gegenüber der CBC in Anspruch; andere rundfunkpolitische Akteure wie zunächst der BBG und später die CRTC haben auf die CBC nur einen vergleichsweise geringen Einfluß. Das bedeutete zunächst, daß sich der nationalistisch inspirierte *public service*-Gedanke in Canada schon in der Entstehungsphase als eine Stärkung des Zentralstaates (also der Regierung in Ottawa) gegenüber konkurrierenden regionalen Ansprüchen verstand. Schon das erste Rundfunkgesetz von 1932 war das direkte Ergebnis divergierender politischer Interessen zwischen Bund und Provinzen und markiert die dominierende Rolle des Bundes in der Rundfunkpolitik.

Ansprüche der Provinzen auf eine angemessene Berücksichtigung innerhalb des öffentlichen Rundfunks, sei es auf dessen Kontrolle oder auf die Widerspiegelung regionaler Realitäten in der Programmgestaltung, haben sich durch dessen nationalstaatlich-zentralistische Ausrichtung nicht umsetzen lassen. Bis heute stellt die als ungenügend angesehene Berücksichtigung regionaler Interessen ein wichtiges Legitimationsproblem der CBC dar. Für den öffentlichen Rundfunk bedeutete diese zentralistische Ausrichtung und die direkte Abhängigkeit von Entscheidungen der Bundesregierung gleichzeitig die faktische Unterordnung unter zentralstaatliche Interessen, ganz besonders in nationalen Krisenzeiten. Erinnert sei hier exemplarisch an die Einbindung der CBC in das Kriegsrecht zwischen 1939 und 1945 und ihre Funktion als "Informationsagentur" der Regierung - was maßgeblich zur Polarisierung öffentlicher und kommerzieller Rundfunkinteressen beigetragen hat. Die Ausrichtung des CBC-Mandates auf das Politikziel der "nationalen Einheit" sollte ihr schließlich den Vorwurf der Förderung des Separatismus und die wohl umstrittenste Untersuchung in der Rundfunkgeschichte einbringen. Auch das Streichen des entsprechenden Paragraphen aus dem Rundfunkgesetz durch den Gesetzentwurf der konservativen Regierung und dessen Ersatz durch Formulierungen wie "Nationalbewußtsein" und "kulturelle Souveränität" bedeutet hier keine qualitative Veränderung.

Die weit problematischere Auswirkung ist die unmittelbare Abhängigkeit des öffentlichen Rundfunks von der Finanzierungsbereitschaft der Bundesregierung und damit von einer einzigen Finanzquelle neben den Werbeeinnahmen. Ein Ersatz der 1952 abgeschafften Gebührenfinanzierung, der eine vergleichbare Planungsgrundlage ermöglichen könnte, wird zwar von wechselnden Kommissionen mit konstanter Regelmäßigkeit gefordert, ist bis heute jedoch nicht verwirklicht. Ganz offensichtlich ist keine Regierung bereit, den Machtfaktor der Finanzierung wieder aus der Hand zu geben. Mit der Drohung Trudeaus 1976, das CBC-Budget bei "separatistischer Berichterstattung" zu kürzen, gibt es zumindest einen Beleg für die These, daß die Finanzierungsfrage auch als Mittel der politischen Disziplinierung gebraucht wird.

Parallel zum Aufbau des öffentlichen Rundfunks haben sich ebenfalls von Beginn an kommerzielle Interessen in der Rundfunkpolitik durchsetzen können - zum Teil in direkter Konkurrenz zur CBC. Das älteste Beispiel ist wohl die Ausrichtung der ersten Radiostationen an den Anforderungen der Schiffahrt und damit an den Interessen Canadas als Handelsnation. Das zweite ist die bereits erwähnte Einbindung von kommerziellen Stationen in die Versorgungsstruktur der CBC, was für diese die kostenlose Zulieferung von Networkprogrammen und Einnahmen aus Sendezeit-Mieten bedeutet. Bis heute ist die Existenz zahlreicher kleinerer kommerzieller Fernsehstationen in dünn besiedelten Gebieten ohne die Zusammenarbeit mit der CBC nicht vorstellbar. Auch die sehr zögerliche Finanzierung des technischen Ausbaus des CBC-Distributionssektors in den vierziger Jahren war zum Teil ein direktes Ergebnis kommerzieller Lobby-Arbeit gegen den Aufbau eines neuen Konkurrenten.

Mit der Etablierung des Fernsehens haben sich die Interessen des kommerziellen Sektors als Hauptantriebskraft des Wandels innerhalb des dualen Systems voll durchsetzen können. Maßgeblich war nun der äußere Druck durch die dynamische Fernsehentwicklung in den USA, kombiniert mit dem internen Konflikt um die Zulassung kommerzieller TV-Networks, die durch die CBC-Regulierungsfunktion fast drei Jahrzehnte lang verhindert worden war. Anders als in den europäischen Ländern bestand in Canada bereits ein gewachsener kommerzieller Rundfunksektor, für den eine Ausweitung der Aktivitäten in den Fernsehbereich nur eine logische Fortsetzung der bisherigen Rundfunktätigkeit bedeutete. Die CBC erlebte in dieser Phase die entscheidenden Schritte zur Schwächung ihrer formalen und faktischen Position innerhalb des dualen Systems: zunächst die Verweigerung des ausschließlichen Fernsehmonopols, wie es mit der entsprechenden Forderung der *Massey Commission* als rundfunkpolitische Option formuliert worden war; die Nicht-Umsetzung des 15-Jahres-Planes zur CBC-Fernsehversorgung von 1952; die Abschaffung der Gebührenfinanzierung, die vor dem Hintergrund des scheinbar kostenlosen kommerziellen Angebotes und der Allgegenwart von US-Programmen als nicht mehr legitimierbar angesehen wurde; die Auslagerung der (in der Tat problematischen) CBC-Regulierungskompetenz auf eine rundfunkpolitisch schwache Regulierungsinstanz (BBG); schließlich die lange verhinderte Zulassung kommerzieller Networks 1961 und 1963.

Vor allem die letzte Maßnahme war der vorläufige Höhepunkt der Durchsetzung kommerzieller Interessen in der Rundfunkpolitik und bildet den Ausgangspunkt für die seitdem konsequent betriebene Ausweitung des privatwirtschaftlichen Sektors, verbunden mit einer faktischen und rundfunkpolitischen Marginalisierung des öffentlichen Sektors. Die CBC erlebte seitdem zwei Phasen der Anpassung an die wachsende kommerzielle Konkurrenz. Die erste bestand in der weitgehenden Angleichung des Programmangebotes an das der privaten Networks (vor allem im anglophonen Bereich) mit dem Ziel der Minimierung von Einschaltquoten-Verlusten. Zunächst im Hörfunk (1975), seit Anfang der achtziger Jahre auch im Fernsehen ist nun eine deutliche Hinwendung zu komplementären Strategien erkennbar, deren Ziel im Kern der Ausgleich programmlicher Defizite des kommerziellen Sektors ist. Beide Entwicklungswege können als typisch für die Positionsveränderungen des öffentlichen Rundfunks im dualen System angesehen werden, durch die sich der Legitimationsdruck jedoch nicht verringert, sondern nur verlagert: Im ersten Fall betrifft er die öffentliche Finanzierung eines quasi-kommerziellen Angebotes, im zweiten die Finanzierung eines vergleichsweise teuren Komplementär-Anbieters mit sinkenden Einschaltquoten. Das canadische Beispiel zeigt, daß sich dieser Druck nur dann abfangen oder abmildern läßt, wenn die Existenz des öffentlichen Rundfunks auf einem politisch-kulturellen Grundkonsens beruht, der breit genug ist, um dessen völlige Abschaffung zu verhindern. Dieser Konsens besteht in Canada (trotz historisch uneinheitlicher und widersprüchlicher rundfunkpolitischer Strategien) im Erhalt eines genuin canadischen Angebotes innerhalb des Rundfunksystems, gestärkt durch den nicht nachlassenden äußeren Druck. Die politikwissenschaftliche Rundfunk-Analyse wird sich diesem Faktor stärker als bisher zuwenden müssen, wenn sie die tatsächlichen Wandlungsprozesse dualer Systeme und die wahrscheinliche Position des öffentlichen Rundfunks in der Zukunft bestimmen will.

Der Prozeß der Dualisierung und die schließliche Dominanz des kommerziellen Sektors haben die Anforderungen an die Rundfunkpolitik sukzessive verändert. Ausgehend von der Notwendigkeit, gegenüber äußerem Druck die Existenz des Rundfunksystems zu sichern, zeichnete sich seit den sechziger Jahren die Tendenz ab, auch den kommerziellen Sektor vergleichsweise hohen normativen Ansprüchen zu unterwerfen und deren Umsetzung und Einhaltung einer unabhängigen, mit weitreichenden Kompetenzen ausgestatteten Regulierungsinstanz zu übertragen. Die Praxis der CRTC, sowohl auf der Network-Ebene (durch Lizenzvergabe und Gestaltung des Distributionssektors) als auch auf der Content-Ebene (durch Programmauflagen), regulierend auf die Entwicklung des Rundfunksystems einzuwirken, soll im folgenden noch einmal systematisiert werden.

Rückblickend läßt sich die Regulierungstätigkeit der CRTC - bei einer Vernachlässigung von Überschneidungen und zum Teil gegenläufigen Tendenzen - in drei Hauptphasen einteilen, die im Ergebnis von einer eher restriktiven Politik der "Canadisierung" zu einer Strategie der Flexiblisierung von Auflagen und zur Angebotsmaximierung geführt hat. Auch hier lassen sich externer Druck, interne Interessenkonflikte und die Dynamik der Kommerzialisierung als die entscheidenden Antriebskräfte bestimmen.

* Die erste Phase war gekennzeichnet durch die starke Bereitschaft, zum Teil einschneidend in die gewachsenen Strukturen des kommerziellen Sektors einzugreifen. Als herausragende Maßnahme auf der programmlichen Ebene muß die Implementierung der *Canadian Content Rules* für Hörfunk und Fernsehen angesehen werden. Ihre Verabschiedung 1970 war von harten politischen Auseinandersetzungen mit den kommerziellen Veranstaltern gekennzeichnet, die dazu geführt haben, daß sie in ihrer konkreten Ausgestaltung bereits Ergebnis eines *bargaining*-Prozesses sind. Auf der Network-Ebene standen in dieser

Phase zwei Maßnahmen im Mittelpunkt: Die Ausformulierung und Verabschiedung der FM-Richtlinie für den Hörfunk, die tatsächlich einen ganzen Sub-Sektor des Rundfunksystems neu gestaltet und ihn von einem reinen Distrubutionssystem in einen selbständigen Angebotssektor umgewandelt hat. Zum zweiten die Einbindung der Kabelsysteme in die Rundfunkpolitik, die sich bis 1968 im "regulierungsfreien Raum" als Medium zur Verbreitung US-amerikanischer Programme entwickeln konnten. Erreicht wurde jedoch nur der garantierte Zugang canadischer Hörfunk- und Fernsehanbieter zu den einheimischen Kabelnetzen, die Struktur des Kabelfernsehens konnte nicht entscheidend verändert werden. In diese erste Phase fällt auch der Versuch, den öffentlichen Sektor in die CRTC-Strategien einzubeziehen, der in den Lizenzverhandlungen 1974 jedoch am Widerstand von CBC und DOC scheitert, der Forderung nach vollständiger Werbefreiheit nachzukommen. Diese erste Phase endet 1975/1976 mit der Verabschiedung der wesentlichen Regulierungsbestimmungen im Radio- und Kabelsektor, die ebenfalls von harten Konflikten mit der Rundfunkindustrie begleitet war. Mit dem Ausscheiden von Pierre Juneau als CRTC-Vorsitzender endet auch die personelle Präsenz eines erklärten Verfechters der nationalen Politik Trudeaus im Rundfunk.

* Die zweite Phase ist weniger einheitlich und einerseits vom Versuch der Umsetzung der Inhaltsquotierungen gekennzeichnet, andererseits von einer Duldung und zum Teil auch aktiven Förderung des Kommerzialierungsprozesses. Hier hinein fällt die Lizenzierung von GLOBAL, des zweiten anglophonen kommerziellen Networks, dessen Ausrichtung auf innovative canadische Programme schon in der Startphase scheitert. Ebenfalls erfolglos bleiben alle Bemühungen, gegenüber CTV spezielle Spartenauflagen in den *Canadian Content Rules* durchzusetzen. Die heutigen Möglichkeiten der CRTC sind das Ergebnis des Rechtstreites mit CTV, der in dieser Phase eingeleitet wurde. Seit 1977, nach dem Mißerfolg des sog. *Commercial Deletion* im Kabelfernsehen, setzt sich die Strategie des *Program Duplication* zur Verbesserung der Einkünfte des kommerziellen Fernsehsektor endgültig durch, obwohl die kontraproduktive Wirkung auf die Quotenpolitik deutlich erkennbar ist. Sie ist als Teil einer vom DOC zu dieser Zeit formulierten Gesamtstrategie zu verstehen, Werbegelder in canadische Medien zu lenken (Bill C-58) und den kommerziellen Sektor (insbes. die Film- und Fernsehproduktion) insgesamt zu stärken.

Gleichzeitig entwickelt sich die Kabelindustrie unter aktiver Förderung der CRTC zum beherrschenden Faktor des Rundfunksystems. Die Zustimmung zur Übernahme von *Cablevision Vancouver* durch den heutigen Marktführer *Rogers Communications* 1979 stellt in dieser Phase den Höhepunkt der Konzentrationstendenzen dar. Insgesamt steht in der zweiten Phase die ökonomische Stärkung des kommerziellen Sektors im Mittelpunkt der CRTC-Strategie, die mit dem ursprünglichen Politikziel der "Canadisierung" der Programmangebote deutlich konkurriert. Regulierungspolitik und "Fürsorgepflicht" gegenüber der zu regulierenden Industrie sind nun offenbar nicht mehr zu trennen. Betrachtet man die anhaltende Weigerung der CRTC, Pay-TV zuzulassen, unter dem Aspekt der Konkurrenzminderung, folgt sie durchaus der Logik ökonomischer Fürsorge. Parallel etabliert sich das DOC als maßgeblicher Akteur, der rein industriepolitische Strategien ohne Abstimmung mit der CRTC-Politik verfolgt. Diese zweite Phase endet etwa 1982/1983 mit der Zulassung neuer Anbieter und dem Ausbau des DOC zu einem zentralen Kulturministerium.

* Die dritte und bislang nicht abgeschlossene Phase ist von zwei Grundtendenzen gekennzeichnet: Zum einen durch eine schrittweise Flexibilisierung der *Canadian Content Rules* und deren Umwandlung von einem restriktiven Element der Rundfunkpolitik in ein aktives Instrument der Produktionsförderung. Zwar bleiben die Bestimmungen im Kern intakt und deren Erfüllung Teil der Lizenzauflagen, die Produktion von canadischen Programmen in den Problemsparten "drama" und "variety" wird nun jedoch besonders belohnt - zunächst durch eine Flexibilisierung der *Canadian Content*-Kriterien (Punktesystem) und durch eine maximal 150-prozentige Anrechnungsmöglichkeit, schließlich durch direkte finanzielle Entlastungen bei den Lizenzgebühren (*Performance Incentive Program*, s.o.). Auffällig ist, daß eine generelle Abschaffung der Quotenauflagen nicht diskutiert wird, weshalb in Canada auch nicht von einer umfassenden "Deregulierung" des Rundfunks gesprochen werden kann.

Das zweite Merkmal dieser Phase ist die fast explosionsartige Ausweitung des Angebotssektors, angefangen mit der Zulassung des Satelliten-Networks CANCOM 1981, von Pay-TV und *specialty services* seit 1982 bis hin zu weiteren stallitengestützten und terrestrischen TV-Networks in der zweiten Hälfte der achtziger Jahre (*Quatre Saisons*, ASN u.a.). Diese Entwicklung hat mehrere Ursachen:

- Der externe Druck auf die Rundfunkpolitik hat sich durch die industriepolitisch motivierte technologische Entwicklung der Übertragungseinrichtungen rapide verstärkt. Der Distributionssektor erweist sich dabei als weitgehend resistent gegen sämtliche Strategien einer inhaltsorientierten Regulierungspolitik, da zum einen die selbstgeschaffenen Kanalkapazitäten zunehmend mit US-Programmen ausgelastet werden (insbes. Kabelfernsehen und CANCOM), zum anderen ein Zurückdrängen des US-Spillover weder technisch machbar noch politisch durchsetzbar ist.

- Die internen Interessenkonstellationen haben sich mit der Entwicklung der Kabelgesellschaften zu vertikal integrierten Multi-Media-Unternehmen deutlich verschoben. Nicht mehr die ökonomischen Interessen der Networks nach geschützten Märkten setzen sich politisch durch, sondern die der Kabelunternehmen nach neuen Möglichkeiten der Kapitalanlage und einer Attraktivitätssteigerung durch zusätzliche kabel- und satellitengestützte Programmangebote. Die Besitzstruktur der neuen Anbieter spiegelt erkennbar das Bestreben der CRTC wider, unter Inkaufnahme weiterer Konzentration die Gewinne der Kabelunternehmen in die einheimische Rundfunk- und Produktionsindustrie zu lenken.

- Drittens hat sich die Zielrichtung der Rundfunkpolitik in dieser Phase nun vollständig verlagert. Statt einer "Canadisierung" des Angebotes durch restriktive Auflagen steht nun der Aufbau einer unabhängigen, kommerziellen Produktionsindustrie im Mittelpunkt. Dieser Umschwung zeichnete sich seit Beginn der achtziger Jahre ab, als das DOC mit dem *Telefilm*-Projekt erstmals ein Konzept zur Kombination von staatlicher Subvention und gemäßigter Investitionslenkung (durch die Bindung der Subventionen an private Zusatzfinanzierung) vorlegte. Die Vergabe von Lizenzen wird seitdem durch die CRTC an die Auflage geknüpft, festgelegte Programminvestitionen in den unabhängigen Produktionssektor zu leiten. Auch der öffentliche Rundfunk soll sich nach dieser Strategie primär zu einem Instrument der Unterstützung des kommerziellen Sektors entwickeln, da auch die CBC aufgefordert ist, sich künftig zu 50 Prozent auf Auftragsproduktionen zu stützen.

Ein Scheitern dieser Strategie ist dabei wahrscheinlicher als ihr Erfolg: Die Angebotsvermehrung hat bereits zu einer Aufstockung des *Telefilm*-Budgets geführt, womit sich eine Tendenz abzeichnet, daß hier "Subventionsgräber" geschaffen werden, in die letztlich größere finanzielle Mittel fließen, als sie etwa der konsequente Ausbau des öffentlichen Sektors erfordern würde. Die Erwartung, daß sich die neuen Angebote ökonomisch selbst tragen werden, haben sich bislang nicht erfüllt.

Im Ergebnis einer Analyse der canadischen Rundfunkpolitik und des Rundfunksystems stehen vor allem folgende Erkenntnisse:

* Das duale Rundfunksystem trägt keinerlei Merkmale, die auf Statik oder gar auf ein gleichberechtigtes Verhältnis der Elemente zueinander hindeuten. Es hat sich im Gegenteil als überaus dynamisch gezeigt, wobei sich die Interessen des kommerziellen Sektors letztlich als dominierend durchsetzten.

* Versuche, die Dynamik des Systems durch juristsiche Normensetzung maßgeblich zu steuern, müssen als gescheitert angesehen werden. Als juristisch durchsetzbar hat sich lediglich das Zurückdrängen von ausländischem Kapitalbesitz in der Rundfunkindustrie erwiesen - mit dem Ergebnis einer Verlagerung des kommerziellen Drucks von Außen nach Innen.

* Das Konzept der Rundfunkregulierung durch eine unabhängige Regulierungsinstanz wie die CRTC ist ebenfalls nicht geeignet, die interne Dynamik des dualen Systems nachhaltig zu beeinflussen. Der große Aufwand bei der Definition und Umsetzung von Inhaltsquotierungen - dem Kernstück der canadischen Regulierungspolitik - steht erkennbar in keinem angemessenen Verhältnis zum Erfolg.

* Elemente einer kulturorientierten Rundfunkpolitik (wie sie sich in der Formulierungsphase der *Canadian Content Rules* durchaus wiederfinden), die sich in anderen gesellschaftlichen Zusammenhängen jedoch nicht notwendig am Zielwert der "kulturellen Identität" orientieren müssen, lassen sich faktisch nur über den öffentlichen Sektor realisieren. Dazu bedarf es jedoch keiner Rundfunk-Regulierung nach canadischem Vorbild, sondern vielmehr der politischen und finanziellen Absicherung des *public service* innerhalb des dualen Systems. Kulturorientierte Rundfunkpolitik wird sich künftig daran ausrichten müssen, innerhalb eines kommerziell geprägten Umfeldes Programmangebote zu erhalten, die anderen als ökonomischen Verwertungskriterien unterliegen. Die Möglichkeiten jedoch, dadurch auf das tatsächliche Nutzungsverhalten des Publikums einzuwirken, werden sehr wahrscheinlich mit der Ausweitung des Gesamtangebotes tendenziell geringer werden.

1. Primärquellen

Aird Report/Report of the Royal Commission on Radio Broadcasting (1929) September. The King's Printer for Canada. Ottawa

An Act to Amend the Canadian Broadcasting Act 1936 (1951). 15&16 Geo. 6, c. 6. 21 December

Applebaum-Hébert Committee/Federal Cultural Policy Review Committe (1981): Speaking of our Culture. Discussion Guide. Minister of Supply and Services Canada. Ottawa

--- (1982a): Report. Minister of Supply and Services Canada. Ottawa

--- (1982b): Summary of Briefs and Hearings. Minister of Supply and Services Canada. Ottawa

BBG/Board of Broadcast Governors (1962): Radio (TV) Broadcasting Regulations, amended. SOR/62-179, 23 May

--- (1964): Radio (TV) Broadcasting Regulations, amended. SOR/64-248, 8 July

BBM/Board of Broadcast Measurement (1981): Data Book. Minister of Supply and Services Canada. Ottawa

Bennett, R.B. (1932): Speech in Support of Bill 94, Respecting Radio Broadcasting. House of Commons Debates 3035-3036. 18. May

Bird, Roger (Ed.) (1988): Documents of Canadian Broadcasting. Ottawa

Broadcasting Act (1932) 26. May. An Act Respecting Radio Broadcasting. 22&23 Geo.5, c.51. as amended, 23&24 Geo.5, c.35

Broadcasting Act (1936) 23 June. The Canadian Broadcasting Act. 1 Edw 8, c.24. as amended in 1951

Broadcasting Act (1958) 6 September. An Act Respecting Broadcasting. 7 Eliz.2, c.22

Broadcasting Act (1968). An Act to Implement a Broadcasting Policy for Canada. As amended 1978. Minister of Supply and Services Canada. Ottawa

Bureau, André (Chairman of the CRTC) (1985): CRTC - Economics and Regulations. Speech to the Montréal Association of Financial Analysts. 3 April. Ottawa

Burns Fry Limited (1983): Radio in Canada in the 1980's. Staying Tuned? Toronto

CAB/Canadian Association of Broadcasters (1947): Control of Radio. An Urgent Canadian Problem. June. Ottawa

--- (1965a): "Robert Fowler Recommends Broadcasting, Dictatorship, and Censorship". In: Canadian Broadaster, Editorial. 23 September

--- (1965b): A Statement from the CAB. Presse Release. 23 September

--- (1970a): "No Virginia, a Canadian is not Free to Decide What he will Watch on Television or Listen to on Radio". In: Broadcaster. March. S. 22-23

--- (1970b): Editorial. In: Broadcaster. April

--- (1980): Canadian Content - The Next Decade. A Perspective of the CAB. Canadian Content Review Submission to the CRTC. September. Ottawa

--- (1981a): A Brief to the Federal Cultural Policy Review Committee. March. Ottawa

--- (1981b): Pay TV in Canada. July. Ottawa

--- (1984a): Submission to the CRTC. Distant Canadian Signals. May. Ottawa

--- (1984b): Cable-Delivered Distant Canadian Stations. A Preliminary Study of the Benefits and Risks. November. Ottawa

Canada Reports (1987a): Airing The Ethnic Message. Department of External Affairs, External Communications Division Fall. S. 11

--- (1987b): Canada's Ethnic Press. Unity from Diversity. Fall. S. 10

Canadian Council for UNESCO (1988): Native Broadcasting in the North of Canada. Report 54. Ottawa. May

Canadian Council on Social Development (1979): Who Calls the Tune? Using the Media to Promote Social Change in Canada. Ottawa

Canadian Radio-television and Telecommunications Commission Act (1975) 19 June. 23&24 Eliz. 2,c.49

CBC/Canadian Broadcasting Corporation (1944): Political and Controversial Broadcasting. Policies and Rulings. Issued by Authority of The Board of Governors. February 21st. As Revised to May 1st, 1948

--- (1975): A Brief History of the Canadian Broadcasting Corporation. CBC Head Office, Public Relations. Ottawa

--- (1977): Touchstone for the CBC. CBC Head Office. Ottawa

--- (1983): The Strategy of the CBC. Brodcasting Policy Plans of the Board of Directors of the Canadian Broadcasting Corporation. Ottawa

--- (1984a): A Report to the Shareholders. An Address by Pierre Juneau, President of the CBC, to the Broadcast Executives Society, Toronto. 18 January. Ottawa

--- (1984b): A Sense of Belonging. An Address by W.T. Armstrong, Executive Vice-President of the CBC. Regional Conference: Focus on Visible Minority Groups and Advertising, Winnipeg. 14 April. Ottawa

--- (1984c): Broadcasting Future and Present. An Address by Pierre Juneau, President of the CBC, International Institute of Communications, Toronto. 11 May. Ottawa

--- (1984d): Introductory Remarks by Pierre Juneau, President of the CBC, House of Commons Committee on Communications and Culture. 15 May. Ottawa

--- (1984e): The CBC - A Sound Investment. Notes for an Address by Pierre Juneau, President of the CBC, La Chambre de Commerce du District de Montréal. 21. February. Ottawa

--- (1985): Let's Do It! A Vision of Canadian Broadcasting, Proposed by the CBC to the Federal Task Force on Broadcasting Policy. CBC Head Office. Ottawa

--- (1986a): Fifty Years of Service to Canada. 1936 - 1986, a CBC Chronology. Published with the 1985-1986 Annual Report by CBC Head Office Communications. Ottawa

--- (1986b): Difficult Financial Situation. In: Combroad. Iss. No. 71. S. 65-66

--- (1987a): Policy Decisions. In: Combroad. Iss. No. 77. S. 51-52

--- (1987b): Notes for a Speech by Pierre Juneau, President of the CBC, at a Dinner Meeting of the Centre for Research Action on Race Relations. December 10. Montréal

--- (1988a): Annual Report. Communications CBC Head Office. Ottawa

--- (1988b): The CBC - a Good Deal. Notes for an Address by Pierre Juneau, President of the CBC, Chambre of Commerce. February 2. Chicoutimi

--- (1988c): The CBC - from Need to Necessity. Notes for an Address by Pierre Juneau, President of the CBC, University of Victoria. February 25. Victoria, B.C.

--- (1988d): Open Skies and the Canadian Broadcaster. Notes for a Panel Discussion by Pierre Juneau, President of the CBC, Financial Post Conferences. The Sheraton Centre. April 20. Toronto

--- (1988e): Introductory Remarks by Pierre Juneau, President of the CBC, House of Commons Committee on Communications and Culture. May 12. Ottawa

--- (1988f): Introductory Remarks by Pierre Juneau, President of the CBC, Legislative Committee on Bill C-136. August 25. Ottawa

--- (1988g): CBC Brief to the Legislative Committee on Bill C-136. August 25. Ottawa

--- (1988h): The Chairmanship or Presidency of the CBC. The Need for Undivided Direction. Pierre Juneau, President of the CBC. August 25. Ottawa

CCTA/Canadian Cable Television Association (1984a): Canadian Cable Television. An Industry Overview. July. Ottawa

--- (1984b): Back to Basics - Simplifying Rate Regulations. A Response to CRTC Public Notice 1984-143. August. Ottawa

--- (1989a): Fact Sheets. July. Ottawa

CFCF Program Schedule (1931) 16 February. Canadian Marconi Archives. Montréal. In: Bird (1988). S. 55-56

Clyne Committee/Consultative Committee on the Implications of Telecommunications for Canadian Sovereignty (1979): Telecommunications and Canada. Minister of Supply and Services Canada. Ottawa

Coleman, John T. (Vice-President, Planning and Development, of CTV Television Network) (1982): Comments on Canadian Content. A Private Discussion Paper. May. o.O. (Toronto)

Communications Research Advisory Board (1979): Report. Minister of Supply and Services Canada. Ottawa

Coop Radio/Vancouver Cooperative Radio (1985a): Behind the Mike. A Handbook for Coop-Radio Volunteers. March. Vancouver

--- (1985b): Re. Response Notice CRTC 1985-34. Submission. Review of Community Radio. 29 March. Vancouver

--- (1987a): Policy Proposals for the Development of Community Radio in Canada. A Presentation to the Standing Committee on Communications and Culture. 18 June. Vancouver

--- (1987b): Proposed Budget for Fiscal Year 1987/88. Vancouver

--- (1987c): Vancouver Cooperative Radio Programming Policy. Vancouver

--- Radio Waves. The Magazine of Vancouver Cooperative Radio CFRO 102,7 FM. Div. Ausgaben. Vancouver

CRBC/Canadian Radio Broadcasting Commission (1933): Rules and Regulations. 15 April. Parts 1, 4, 5. PC 535

CRTC/Canadian Radio-television and Telecommunications Commission (1970a): Press Releases on Canadian Content Proposals for Television and AM Radio, and on Commercial Content for Television. 12 February

--- (1970b): Press Release. Radio and Television Regulations - Résumé. 22 May

--- (1971a): The Integration of Cable Television in the Canadian Broadcasting System. Public Announcement. 26 February. Ottawa

--- (1971b): Canadian Broadcasting, a "Single System". Policy Statement on Cable Television. 16 July. Ottawa

--- (1974a): Radio Frequencies are Public Property. Public Announcement and Decision of the Commission on the Applications for Renewal of the CBC's Television and Radio Licenses. 31 March. Ottawa

--- (1974b): A Resource for an Active Community. Information Canada. Ottawa

--- (1975a): FM Radio in Canada. A Policy to Ensure a Varied and Comprehensive Radio Service. 20 January. Ottawa

--- (1975b): Policies Respecting Broadcasting Receiving Undertakings (Cable Television). 16 December. Ottawa

--- (1977a): Committee of Inquiry into the National Broadcasting Service. Report. 20 July. Ottawa

--- (1977b): Committee of Inquiry into the National Broadcasting Service. Background Research Paper: A Content Analysis. The CBC - Similarities and Differences of French and English News. 20 July. Ottawa

--- (1977c): Committee of Inquiry into the National Broadcasting Service. Background Research Paper: CBC Television - Programming and Audience. The English Language Service. 20 July. Ottawa

--- (1977d): Committee of Inquiry into the National Broadcasting Service. Background Research Paper: TV in Canada. What Canadians Choose to Watch. 20 July. Ottawa

--- (1977e): Annual Report. Ottawa

--- (1978a): Ownership Study Group of the CRTC. Report: Ownership of Private Broadcasting. An Economic Analysis of Structure, Performance, and Behaviour. Ottawa

--- (1978b) Ownership Study Group of the CRTC. Background Study II: The Contemporary Status of Ownership and the Level of Concentration in the Canadian Broadcasting Industry. Ottawa

--- (1978c): Ownership Study Group of the CRTC: Background Study IV: The Effect of Concentration of Advertising Rates. Ottawa

--- (1978d): Report on Pay Television. Minister of Supply and Services Canada. March. Ottawa

--- (1979a): Annual Report. Minister of Supply and Services Canada. Ottawa

--- (1979b): Public Announcement. A Review of Certain Cable Television Programming Issues. 26 March. Ottawa

--- (1979c): Special Report on Broadcasting 1968 - 1978. Vol. 1. Minister of Supply and Services Canada. Ottawa

--- (1979d): The Community Channel. A Report to the 1978 CRTC Survey. March. Ottawa

--- (1980): Registration SOR/80-784. Radio (FM) Broadcasting Regulations, Amendment. 9 October. Ottawa

--- (1981): Balance in Broadcasting. A Report on a Seminar held 16-17 January 1981 in Hull, Québec. Minister of Supply and Services Canada. Ottawa

--- (1982a): Decision CRTC 82-240. Pay Television. 18 March. Ottawa

--- (1982b): Direction to the CRTC. Directive to the CRTC on Issue and Renewal of Broadcasting Licenses to Daily Newspaper Proprietors. 29 July. Ottawa

--- (1983a): Decision CRTC 83-656. CHSJ-TV. Ottawa

--- (1983b): Notice CRTC 83-18. Policy Statement on Canadian Content in Television. 31 January. Ottawa

--- (1983c): Public Notice CRTC 83-93. Call for New Specialty Programming Services. Ottawa

--- (1983d): Public Notice CRTC 83-245. Cable Television Service Tiering and Universal Pay Television Service. 26 October. Ottawa

--- (1984a): Registration SOR/84-119. Radio (FM) Broadcasting Regulations, Amendment. 23 January. Ottawa

--- (1984b): Decision CRTC 84-338. Applications for a Network License to Distribute a Canadian Music Specialty Programming Service. 2 April. Ottawa

--- (1984c): Decision CRTC 84-339. Action Canada Sports Network. 2 April. Ottawa

--- (1984d): Decisions and Notices Related to Pay Television. 5 January. Ottawa

--- (1984e): Information. Specialty Programming Services. 2 April. Ottawa

--- (1984f): Information. Revised List of Eligible Non-Canadian Specialty Services. 11 June. Ottawa

--- (1984g): Public Notice 84-81. Specialty Programming Services. 2 April. Ottawa

--- (1984h): Public Notice CRTC "Recognition for Canadian Programs". 28 April. Ottawa

--- (1984i): Registration SOR/84-704. Radio (AM) Broadcasting Regulations, Amendment. 30 August. Queen's Printer for Canada. Ottawa

--- (1984j): Registration SOR/84-787. Radio (FM) Broadcasting Regulations, Amendment. 2 October. Queen's Printer for Canada. Ottawa

--- (1985a): Report of the Advisory Committee on French-Language Music. Minister of Supply and Services Canada. Ottawa

--- (1985b): Public Notice CRTC 1985-34. Review of Community Radio. 23 April Public Hearing. 22 February. Ottawa

--- (1985c): Public Notice CRTC 1985-194. The Review of Community Radio. 26 August. Ottawa

--- (1985d) CRTC Decision 85-733. The Four Seasons Television Network Inc. Ottawa

--- (1986a): CRTC Public Notice 1986-27. Proposed Regulations Respecting Cable Television Broadcasting Receiving Undertakings. Ottawa

--- (1986b): The Country Music Industry in Canada. Radio Branch. November. Ottawa.

--- (1986d): Public Notice CRTC 1986-152. The Licence Renewals of a Number of Community FM Stations. 26 June. Ottawa

--- (1987a): More Canadian Programming Choices. Hier: Decision CRTC 87-901. The Sports Network - 87118300. Ottawa. S. 168-184

--- (1987b): Decision CRTC 87-902. CHUM Limited - 871219200. In: CRTC 1987a: More Canadian Programming Choices. Ottawa. S. 185-199

--- (1987d): Decision CRTC 87-904. Canadian Broadcasting Corporation. In: CRTC 1987a: More Canadian Programming Choices. Ottawa. S. 226-253

--- (1987e): Public Notice CRTC 1987-28. Recognition for Canadian Programs - Production Packages. 30 January. Ottawa

--- (1987f): Public Notice CRTC 1987-261. Distribution and Linkage Requirements. Ottawa. 30 November

--- (1987g): Public Notice CRTC 1987-28. Recognition for Canadian Programs. 30 January. Ottawa

--- (1987h): Unofficial List. Remote and native, community, student and educational radio stations. Remote, native, and community television stations. April. Ottawa

--- (1988a): Annual Report. Minister of Supply and Services Canada. Ottawa

Davey Committee/Special Senate Committee on Mass Media (1970): Report. The Uncertain Mirror. Queen's Printer for Canada. Ottawa

Department of Communication Studies (1983): Communication and the Canadian North. University of Montréal. Montréal

Department of Marine and Fisheries (1923): License to use Radio. 18 April. Public Archives of Canada, RG 97, Vol. 149, 6206-72-1

--- (1924): Form letter. In: Bird (1988): Documents of Canadian Broadcasting. Ottawa. S. 35-36

DOC/Department of Communications (1975): Communications. Some Federal Proposals. April. Ottawa

--- (1982) The Department of Communications. An Overview. Minister of Supply and Services Canada. Ottawa

--- (1983a): Direct-to-Home Satellite Broadcasting for Canada. Minister of Supply and Services Canada. June. Ottawa

--- (1983b): Towards a New National Broadcasting Policy. Minister of Supply and Services Canada. Ottawa

--- (1983c): Building for the Future. Towards a Distinctive CBC. Minister of Supply and Services Canada. Ottawa

--- (1983d): Culture and Communications, Key Elements of Canada's Economic Future. Brief Submitted by the Honourable Francis Fox, Minister of Communications, to the Royal Commission on the Economic Union and Development Prospect for Canada. 3 November. Montréal

--- (1983e): Recommendations of the Standing Committee on Communications and Culture. Fact Sheet, D5-GGEZ (o.D.)

--- (1984): The National Film and Video Policy. Minister of Supply and Services Canada. May. Ottawa `

--- (1985a): M-SAT. An Opportunity for Canada. 20 March. Ottawa

--- (1985b): The Canadian Film Industry in the North American Context. Notes for a Statement by the Honourable Marcel Masse, Minister of Communications, to Representatives of the American Film Industry. June 17. Los Angeles, Cal. Ottawa

--- (1988): Canadian Voices, Canadian Choices. Minister of Supply and Services Canada. Ottawa

Donner, Arthur/**Kliman**, Mel (1983): Television Advertising and the Income Tax Act. An Economic Analysis of Bill C-58. Draft Report. Prepared for the Department of Communications. November. Toronto

EG-Wirtschafts- und Sozialausschuß (1989): Vorentwurf einer ergänzenden Stellungnahme der Fachgruppe Sozial- und Familienfragen, Bildungswesen und Kultur zum Thema "Neue Impulse für die Aktion der Europäischen Gemeinschaft im kulturellen Bereich. 7. Juni. Brüssel

Fowler Report/Report of the Royal Commission on Broadcasting (1957). 15 March. Vol. 1. Queen's Printer for Canada. Ottawa

Fowler Report/Report of the Committee on Broadcasting (1965). 1 September. Queen's Printer for Canada. Ottawa

French, Richard D. (Québec Minister for Communications) (1987): Television in Québec. The Results so far and Prospects for Cooperation. In: EBU Review. Programmes, Administration, Law. Vol. 38, No. 2. March. S. 12-15

Glassco Report/Report of the Royal Commission on Government Organization (1963). 21 January. Vol. 4: Special Areas of Administration. Queen's Printer for Canada. Ottawa

Government of Canada (1966): White Paper on Broadcasting. Queen's Printer for Canada. 4 July. Ottawa

--- (1968): Order-in-Council 1968-1809. Canada Gazette Part I. 5 October. 2398-2399

--- (1970): Foreign Policy for Canadians. Department of External Affairs. Queen's Printer for Canada.

Holmes, Tom/**Fairbairn**, Barbara (Corporate Strategic Planning CBC) (1986): Public Broadcasting and Competition in Canada. Cable, DBS, Pay-TV, VCR. In: Combroad. Iss. No. 72, No. 1. S. 7-11

Johnson, Albert W. (President of the CBC) (1979): Canadian Television Dilemma. In: Combroad. Iss.No. 44, No. 3. S. 19 ff.

--- (1981): Pay Television in Canada. In: Combroad. Iss.No. 53, No. 4. S. 20-21

--- (1982): Canadian Content in Canadian Television. In: Combroad. Iss.No. 54, No. 1. S. 1 ff.

Johnston, C.C. (1980): The Canadian Radio-television and Telecommunications Commission. A Study of Administrative Procedure in the CRTC. Prepared for the Law Reform Commission of Canada. Minister of Supply and Services Canada. Ottawa

Juneau, Pierre (President of the CBC) (1984): Audience Fragmentation and Cultural Erosion. In: EBU Review. Vol. 35, No. 2. S. 14 ff.

--- (1985): Enduring Principles; Unanswered Questions - Problems for the CBC in 1985. In: Combroad. Iss. No. 67. S. 12-18

--- (1986a): Future of the CBC as a Creative Organisation. In: Combroad. Iss. No. 71. S. 9-12

--- (1986b): Canadian and US Attitudes to Culture. Some Comparative Observations. In: Combroad. Iss. No. 72. S. 17-22

--- (1987a): CBC Facing Financial Difficulties. In: Combroad. Iss. No. 74. S. 4-6

--- (1987b): Looking at the World Through Canadian Eyes. In: Combroad. Iss. No. 75. S. 17-21

--- (1988a): Multiculturalism in Québec. In: Combroad. Iss. No. 78. S. 12-14

--- (1988b): CBC - A Vital Canadian Institution. In: Combroad. Iss. No. 79. S. 12-14

Kanadische Botschaft Bonn (1984): Investment Canada Bill. Gesetzesvorlage zur Regelung von Kapitalanlagen. Informationsblatt 1. Dezember. Bonn

--- (1989): 50 Jahre National Film Board of Canada. Beilage der Kultur-Information, Mai

Kent Commission/Royal Commission on Newspapers (1981): Report. Minister of Supply and Services Canada. Ottawa

Lyons, Margaret (Vice-President, CBC English Radio Networks) (1985): CBC Radio in the 80s/Towards the 90s. In: Combroad. Iss. No. 66. S. 24-26

Masse, Marcel (Minister of Communications) (1985): A Review of Broadcasting in Canada. In: Combroad. Iss. 67. S. 39-43

Massey Report/Report of the Royal Commission on National Development in the Arts, Letters and Sciences (1951). May. Ottawa

Meisel, John (Chairman of the CRTC) (1982): Chairman's Introduction. In: CRTC Annual Report 1982. Minister of Supply and Services Canada. Ottawa

Minister of National Revenue (1952): Television, Extension of Service, Applications for Licenses from Private Stations. 8. December. Debates

NCRO/National Campus and Community Radio Organisation (1985): Brief to the CRTC in Response to the Review of Community Radio, Public Notice CRTC 1985-35. 29 March. Ottawa

Nordicity Group Ltd. (1984): Implementing a Performance Based Approach to Canadian Content. Report to the Ministry of Transportation and Communications, Ontario. Toronto

Québec DOC/Québec Department of Communications (1979): Community Media Development Policy. Québec City. The Department

--- (1985-1986): COMAP Information File. Québec City. The Department

Radio (TV) Broadcasting Regulations (1959). 9 December. Statutory Orders and Regulations 59-456, Canada Gazette, Part 2. Ottawa

Report from the Minister of Marine and Fisheries (1929). 19 January. Canada Gazette 2306. Ottawa

Royal Commission on Bilingualism and Biculturalism (1965): A Preliminary Report. Queen's Printer for Canada. Ottawa

Sauvé, Jeanne (Minister of Communications) (1978): Broadcasting and Responsibility in Canada. In: Combroad. Iss.No. 39. S. 18 ff.

Smythe, Dallas W. (1957): Canadian Television and Sound Radio Programmes. Royal Commission on Broadcasting (Fowler Commission). Appendix XIV. Ottawa

Special Consultative Committee on Broadcasting Policy (1964). 25 May. Combined Statement. Sessional Papers No. 132B. 2d Session, 26th Parliament. Ottawa

Starowicz, Mark (Executive Producer, CBC) (1985a): After the Flood. In: Intermedia. Vol. 13, Nos. 4/5. July/September. S. 56-59

--- (1985b): Struggle for Canada's Airwaves. In: Combroad, Iss. No. 68. S. 25-36

Statistics Canada (1989): Canada Yearbook 1990. Minister of Supply and Services Canada. Ottawa

Supreme Court of Canada (1931): In the Matter of Reference as to the Jurisdiction of Parliament to Regulate and Control Radio Communication. Supreme Court Reports 541. In: Bird (1988): Documents of Canadian Broadcasting. 30 June. Ottawa. S. 70-104

Task Force/Task Force on Broadcasting Policy (1986): Report. Minister of Supply and Services Canada. Ottawa

Television Broadcasting Regulations (1970). Statutory Orders and Regulations 70-257. Canada Gazette, Part 2. 24 June, 652-653. As amended 1972, 1982, 1984

--- (1972/1978). Consolidated Regulations of Canada. C. 381, 1978. S. 2607-2608. Minister of Supply and Services Canada. Ottawa

--- (1984). Amendment. Statutory Orders and Regulations 84-780. Canada Gazette, Part 2. 17 October. S. 3867

The House of Commons of Canada (1988): Secret Bill C-. An Act Respecting Broadcasting and to Amend Certain Acts in Relation thereto and in Relation to Radiocommunication. Second Session, Thirty-third Parliament, 35-36-37 Elizabeth II, 1986-87-88

The Radiotelegraph Act (1913). 6 June. 3&4 Geo.5, c.43. Ottawa

The Wireless Telegraphy Act (1905). 20 July. 4&5 Edw.7, c.49. Ottawa

Therrien Committe/Committee on Extension of Service to Northern and Remote Communities (1980): Report. The 1980s - A Decade of Diversity. Broadcasting, Pay TV, and Satellites. Minister of Supply and Services Canada. Ottawa

Typescript of "Mr. Sage" Broadcast (1935) September. House of Commons Committees and Private Legislation Branch. Ottawa

Yates, Alan (Senior Adviser, Corporate Affairs CBC) (1985): Challenging Time for CBC Canada. In: Combroad. Iss. No. 66. S. 1-5

2. Literatur

Abu-Laban, Baha (1981): Multiculturalism and Canadian Television. A Critical View. In: Multiculturalism. Vol. 5, No. 1. S. 3-7

Alexander, Robert J. (1982): Political Parties of the Americas. Vol. 1. Westport, Conn.

Allard, Thomas J. (1979): Straight Up. Private Broadcasting in Canada, 1918-1958. Ottawa

Alleyn, Jacques R. (1979): The Place of Broadcasting in a New National Telecommunications Law. In: EBU Review. Vol. 30, No. 2. S. 50-51

Alter, Peter (1985): Nationalismus. Frankfurt

Amiel, Barbara (1985a): Cutting Comments on CBC Cuts. In: Maclean's. February 18. S. 11

Anders, Günther (1956/1980): Die Antiquiertheit des Menschen. Band 1. Über die Seele im Zeitalter der zweiten industriellen Revolution. 5. Aufl. München

Appel Molot, Maureen/**Williams**, Glen (1984): The Political Economy of Continentalism. In: Whittington, Michael S./ Williams, Glen (Eds.): Canadian Politics in the 1980s. Toronto. S. 81-104

Armstrong, Robert (1980): La Mauditte Gallette. The Politics of Québec Cinema. In: Canadian Forum. Vol. 60, No. 699. S. 6-13

Atlantic Council Working Group on the United States and Canada (Ed.) (1982): Canada and the United States. Dependence and Divergence. Cambridge, Mass.

Audley, Paul (1982): In Defence of Telecanada. In. Saturday Night. Vol 97, No. 1. S. 2/Lettersection

--- (1983): Canada's Cultural Industries. Broadcasting, Publishing, Records, and Film. Toronto

--- (1985b): Replying to Pierre Juneau's Reply. In: Maclean's. March 18. S. 9

Austin, Bruce A (Ed.) (1986): Current Research in Film, Audiences, Economics, and Law. Vol. 2 u. vol. 4. Norwood, N.J.

Avery, Donald (1989): Canadian Defense Policy and Economic Relations with the United States. An Overview. In: Holtfrerich, Carl-Ludwig (Ed.): Economic and Strategic Issues in U.S. Foreign Policy. Berlin/New York. S. 121-144

Babe, Robert E. (1975): Cable Television and Telecommunications in Canada. East Lansing, Mich.

--- (1990): Telecommunications in Canada. Technolgy, Industry, and Government. Toronto/Buffalo/London.

Bahr, Frank M. (1986): Cultural Babies and the Buyout Bathwater. A European View Of What Might Go Down the Trade Negotiations Drain. Marburg. Unveröffentlichtes Manuskript, präsentiert auf der Jahrestagung der Gesellschaft für Kanada-Studien, Grainau. Februar

Bain, George (1985a): Doing Less Can Be the Better Way. In. Maclean's, April 22. S. 66

--- (1985b): A Tory Turnabout on Ownersip. In: Maclean's, June 24. S. 54

Baker Fox, Annette (1989): Canada in World Affairs. ACSUS Papers. Washington, D.C.

Bakke, Marit (1986): Culture at Stake. In: McQuail, Denis/Siune, Karen (Eds.): New Media Politics. Comparative Perspectives in Western Europe. Euromedia Research Group. London/Beverly Hills/New Dehli. S. 130-151

Bastein, Friedel H. (Hg.) (1987): Kanada heute. Hamburger Beiträge zu Raum, Gesellschaft und Kultur. Anglo-American Forum, Bd. 20. Frankfurt/Bern/New York/Paris

Berton, Pierre (1975): Hollywood's Canada. The Americanization of our National Image. Toronto

Beveridge, James (1978): John Grierson, Film Master. New York/London

Black, Edwin R. (1975): Divided Loyalities. Canadian Concepts of Federalism. Montréal/London, Ont.

Bläser, Werner (1989): Kanada - Erfahrungen mit der "Amerikanisierung" des Fernsehens. In: Gellner, Winand (Hg.): Europäisches Fernsehen - American Blend? Fernsehmedien zwischen Amerikanisierung und Europäisierung. Berlin. S. 109-119

Boardman, Anthony E./**Vining**, Aidan R. (1984): Canadian and British TV Markets. Why the CBC should not be like the BBC. In: Canadian Public Policy. Vol. 10, No. 3. S. 347-352

Booth, Jeremy/**Lewis**, Peter M. (1987): Vancouver Coop Radio. In: Relay. No. 20, November/December. Supplement. S. vi-vii

Boudreau, Joseph A. (1978): The Medium and the Message of William Aberhart. In: American Review of Canadian Studies. Vol. 8, No. 1. S. 18-30

Bouraoui, Hedi (Ed.) (1980): The Canadian Alternative. Pluralism and Canadian Unity. Downview, Ont.

Boyle, Harry J. (1982): The CBC at the Crossroads. In: Journal of Canadian Studies. Vol. 17, No. 3. S. 134-142

Breede, Werner E. (1986): Internationaler Fernsehprogramm-Export. In: Die Tageszeitung. 13. Oktober, S. 16-17

Brodie, M. Janine/**Jenson**, Jane (1984): The Party System. In: Whittington, Michael S./Williams, Glen (Eds.): Canadian Politics in the 1980s. Toronto. S. 252-270

Brown, Craig (1966/1986): The Nationalism of the National Policy. Excerpt in: Francis, R. Douglas/Smith, Donald B. (Eds.) (1986): Readings in Canadian History. Post-Confederation. o.O. (Holt, Rinehart and Winston of Canada). S. 45-51

Bumstead, J.M. (1980): Canada and American Culture in the 1950's. In: Bulletin of Canadian Studies. Vol. 4, No. 1. S. 54-74

Business Week (1987): How the Free Trade Talks are Clobbering Canada's Tories. March 19. S. 31

Bussche, Yvonne von dem (1984): Freies Radio in der Praxis. Co-op Radio Vancouver. In: Medium. 14. Jg., Nr. 3. S. 4-9

Byers, Riddick B./**Reford**, Robert W. (Eds.) (1979): Canada Challenged. The Viability of Confederation. Toronto

Caudwell, Christopher (1938/1977): Studien zu einer sterbenden Kultur. Frankfurt/Berlin/Wien

Christian, William/**Campbell**, Colin (1990): Political Parties and Ideologies in Canada. Third Edition. Toronto

Clarkson, Stephen (1978): Anti-Nationalism in Canada. The Ideology of Mainstream Economics. In: Canadian Review of Studies in Nationalism. Vol. 5, No. 1. S. 45-65

Clement, Wallace (1975): The Canadian Corporate Elite. An Analysis of Economic Power. Toronto

--- (1982): Canada and the Reagan Challenge. In: Canadian Forum. Vol. 62, No. 723. S. 7-13 u. 35

CNF/Canadian News Facts (1984a): Hearings Proposed to Sell CBC. Vol. 18, No. 23. January 4

--- (1984b): Mulroney Sells Canada in New York. Vol 18, No. 22. December 19.

--- (1985a): Global Applies to Extend TV Network/Investment Bill to be Changed. Vol. 19, No. 7. April 19

--- (1985b): Communications Ownership Rule Altered/Foreign Investment Bill Passed. Vol. 19, No. 11. June 19

--- (1985c): CRTC Changes Rule on Ethnic Programs. Vol. 19, No. 13. July 19

--- (1985d): CHUM Ltd. Extends its Holdings. Vol. 19, No. 15. Sept. 4

--- (1985e): Macdonald Report on the Economy. Vol. 19, No. 16. September 19

--- (1985f): Task Force Named for Film Industry. Vol. 19, No. 16. September 19

--- (1985g): Bourassa Warns About Free Trade/PM Stresses Cultural Sovereignty/Report Rejects Freer Trade. Vol. 19, No. 22. December 19

--- (1985h): Task Force Reports on Film Industry. Vol. 19, No. 22. December 19

--- (1986a): Free Trade Movement is Formed/U.S. Wants Full Trade Talks. Vol. 20, No. 1. January 4

Collins, Richard (1990): Culture, Communication, and National Identity. The Case of Canadian Television. Toronto/Buffalo/London.

Corpus Information Service (1980): The Trudeau Team. Don Mills, Ont.

--- (1984): The Mulroney Team. Don Mills, Ont.

Coyne, Andrew (1989): Let This Please be the Last Essay Essay on the Canadian Identity. In: Saturday Night. Vol. 104, No 7. S. 25-30

Crean, Susan M. (1976): Who's Afraid of Canadian Culture? Don Mills, Ont.

--- (1983): Understanding Applebert. In: Canadian Forum. Vol. 63, No. 727. S. 14-17 und 42-43

Creighton, Donald (1959/1971): The Story of Canada. Toronto

Cross, Michael S./**Kealey**, Gregory S. (1982-1984): Readings in Canadian Social History. Vol. 1-5. Toronto

Czarnecki, Mark (1985a): The Artists Fight the Cuts. In: Maclean's, February 18. S. 42-46

--- (1985b): Mixed Reviews for Masse. In: Maclean's, April 1. S. 59

Davis, Ioan (1983): Ideology, Bureaucracy and Culture. In: Canadian Forum. Vol. 63, No. 725. S. 10-11 und 43

Deutsch, Karl W. (1971): Soziale Mobilisierung und politische Entwicklung. In: Zapf, Wolfgang (Hg.): Theorien des sozialen Wandels. Köln. S. 329-350

--- (1972): Nationenbildung - Nationalstaat - Integration. Düsseldorf

--- (1981): Medienwirkung und Wirklichkeitserfahrung. In: Konrad-Adenauer-Stiftung (Hg.): Wie wirken Medien? Werkbericht 10. Melle. S. 44-54

Deutsche UNESCO-Kommission (Hg.) (1981): Viele Stimmen - Eine Welt. Bericht der internationalen Kommission zum Studium der Kommunikationsprobleme unter dem Vorsitz von Sean McBride an die UNESCO. Konstanz

--- (Hg.) (1982): Weltkonferenz über Kulturpolitik. Mexico-City/München

Dewar, Ken (1979): The CBC. A Note on the Past and an Eye to the Future. In: Canadian Forum. Vol. 59, No. 693. S. 6-9

Dick, Ronald S. (1983): Political Support and the Mass Media. The Publicly Financed Communications Agencies. In: Kornberg, Allan/Clarke, Harold D. (Eds.): Political Support in Canada. The Crisis Years. Durham, North Carolina. S. 124-151

--- (1985): Minorities and the Canadian Visual Media. In: Nevitte, Neil/Kornberg, Allan (Eds.): Minorities and the Canadian State. Oakville/New York/London. S. 175-192

Diefenbaker, John (1975): One Canada. Vol. 1. The Crusading Years. Toronto

--- (1976): One Canada. Vol. 2. The Years of Achievement. Toronto

Doerries, Reinhard R. (1987): Kanada und die Vereinigten Staaten von Amerika. Politische und kulturelle Gemeinsamkeit auf dem nordamerikanischen Kontinent. In: Bastein, Friedel H. (Hg.): Kanada heute. Hamburger Beiträge zu Raum, Gesellschaft und Kultur. Anglo-American Forum, Bd. 20. Frankfurt/Bern/New York/Paris. S. 81-99

Easterbrook, W.T. (1953): Innis and Economics. In: The Canadian Journal of Economics and Political Science. Vol. 19, No. 3. S. 291-303

Economist (1988): The Yukon to the Usumacinto. February 5. S. 68-69

Ellis, David (1979): Evolution of the Canadian Broadcasting System. Objectives and Realities, 1928-1968. Department of Communications (Ed.). Minister of Supply and Services Canada. Ottawa

Elschot, Reinhold (1983): TV-Ontario. Kanadas Modell-TV?. In: Weiterbildung und Medien. Nr. 6

Engell, Lorenz (1989): Vom Widerspruch zur Langeweile. Logische und temporale Begründung des Fernsehens. Studien zum Theater, Film und Fernsehen, Bd. 10. Frankfurt

Enzensberger, Hans Magnus (1988): Mittelmaß und Wahn. Gesammelte Zerstreuungen. Frankfurt

Evans, Gary (1984): John Grierson and the Politics of Wartime Propaganda. Toronto

Fanger, Ulrich/**Jäger**, Wolfgang (Hg.) (1985): Kanadas außenpolitisches Profil in der Ära Trudeau zwischen Innovation und Reaktion. Berlin

Fay, Terrence (1980): The Proposed Canadian-United States Customs Union, 1947-1948. A Bold and Striking Plan. In: Bulletin of Canadian Studies. Vol. 4, No. 1. S. 39-53

Feldman, Seth (1983a): Days in the Dark, Nights Alight. Canadian Images '83 and Film Festivals as Art. Commentary. In: Journal of Canadian Studies. Vol. 18, No. 3. S. 144-148

--- (1983b): Down Home Documentary. In: Canadian Forum. Vol. 62, No. 725. S. 12 u. 25

Feldman, Seth/**Walz**, Gene (1981): English-Canadian Cinema Since 1945. In: Journal of Canadian Studies. Vol. 16, No. 1. S. 1-2 u. 116-117

Feldman, Elliot J./**Nevitte**, Neil (Eds.) (1979): The Future of North America. Canada, The United States, and Québec Nationalism. Harvard Studies in International Affairs, No. 42. Cambridge, Mass./Montréal

Fetscher, Iring/**Münkler**, Herfried (Hg.) (1986): Pipers Handbuch der politischen Ideen. Bd. 4: Neuzeit. München

Fiber, Ben (1987): TV Broadcasters Elated By Hot Spending. In: The Globe & Mail. August 4

Fitzgerald, Thomas A. (1980): American Foreign Policy, 1789 - 1980. Encino, Cal.

Finlay, John L./**Sprague**, Douglas N. (1984): The Structure of Canadian History. Scarborough, Ont.

Fletcher, Frederick J./**Taras**, Daphne G. (1984): The Mass Media and Politics. An Overview. In: Whittington, Michael S./Williams, Glen (Eds.): Canadian Politics in the 1980s. 2nd Ed. Toronto. S. 193-228

Francis, R. Douglas/**Smith**, Donald B. (Eds.) (1982): Readings in Canadian History. Pre-Confederation. o.O. (Holt, Rinehart and Winston of Canada)

--- (Eds.) (1986): Readings in Canadian History. Post-Confederation. o.O. (Holt, Rinehart and Winston of Canada)

Fulford, Robert (1978a): The Crisis that Faces Canadian Broadcasting. In: Saturday Night. Vol. 93, No. 2. S. 12-14

--- (1978b): Will the Last Viewer Watching the CBC Please Turn Off the Set? In: Saturday Night. Vol. 93, No. 10. S. 12-14

--- (1981a): Confronting the Cultural Crisis. In: Saturday Night. Vol. 96, No. 2. S. 5-6

--- (1981b): Promises, Promises. In: Saturday Night. Vol. 96, No. 10. S. 5-9

--- (1982a): Paying the Price: In: Saturday Night. Vol. 97, Nr. 8. S. 3-6

--- (1982b): America is Listening. In: Saturday Night. Vol. 97, No. 11. S. 9-12

--- (1983a): Can Pierre Juneau Save the CBC? In: Saturday Night. Vol. 98, No. 1. S. 13-22

--- (1983b): Plenty of Nothing. In: Saturday Night. Vol. 98, No. 2. S. 3-7

--- (1983c): Dialling for Dollars. In: Saturday Night. Vol. 98, No. 5. S. 5-8

--- (1983d): Pay in the Sky. In: Saturday Night. Vol. 98, No. 12. S. 7-10

--- (1984): The Apprenticeship of Phillip Borsos. In: Saturday Night, Vol. 99, No. 12. S. 30-40

Gathercole, Sandra (1982): How Many Birds Will Fly? CRTC Pay-TV Decision. In: Canadian Forum. Vol. 61, No. 720. S. 29-32

--- (1983): Refusing the Challenge. In: Canadian Forum. Vol. 62, No. 725. S. 6-9 und 36-40

Geertz, Clifford (1987). Dichte Beschreibung. Beiträge zum Verstehen kultureller Systeme. Frankfurt

Gellner, Winand (1989) (Hg.): Europäisches Fernsehen - American Blend? Fernsehmedien zwischen Amerikanisierung und Europäisierung. Berlin

Gibbins, Roger (1985): Conflict and Unity. An Introduction to Canadian Political Life. Toronto

Gillick, David (1985): Public Broadcasting and National Development in Canada. In: Intermedia. Vol. 13, No. 2. March. S. 18-24

Glotz, Peter (1988): Über die Vertreibung der Langeweile oder Aufklärung und Massenkultur. In: Rüsen, Jörn et al. (Hg.): Die Zukunft der Aufklärung. Frankfurt. S. 215-220

Graham, Ron (1984): The View from Washington. In: Saturday Night. Vol. 99, No. 4. S. 46-56

Greenspon, Edward (1987a): Allarcom News Bid Fails to Match CBC Show. In: The Globe & Mail. July 31

--- (1987b): All-News TV Rivals Take Shots at One Another. In: The Globe & Mail. August 4

--- (1987c): Pay-TV Owners Resist Expansion by Cable: In: The Globe & Mail. August 4

--- (1987d): Cathay International gets 6-Months License Renewal and Second TV Channel. In: The Globe and Mail. August 8

--- (1987e): Bassett's Dream of Getting CTV Moves Nearer Reality. In: The Globe & Mail. August 21

Guité, Michel (1977): Requiem for Rabbit Ears. Cable Television Policy in Canada. Stanford, Cal.

Hallman, Eugene S./**Hindley**, H. (1977): Broadcasting in Canada. Case Studies on Broadcasting Systems. Don Mills, Ont.

Hans-Bredow-Institut (Hrsg) (1990): Internationales Handbuch für Rundfunk und Fernsehen, 1990/91. Baden-Baden, Hamburg

Harcourt, Peter (1982): Feature Films in English Canada. In: Canadian Forum. Vol. 61, No. 715. S. 15-15

Hardin, Herschel (1974): A Nation Unaware. The Canadian Economic Culture. Vancouver

--- (1985): Closed Circuits. The Sellout of Canadian Television. Vancouver/Toronto

Hayes, David (1984): The Children's Hour. In: Saturday Night. Vol. 99, No. 11. S. 13-17

Head, Wilson (1981): A Critical Examination of Visible Minority Groups in Canadian Mass Media. In: Multiculturalism. Vol. 5, No. 1. S. 8-12

Hearst, Stephen (1987): Ein Bildschirm für alle? Weltweites Fernsehen und kulturelle Identität. In: epd/Kirche und Rundfunk. Nr. 49. S. 3-6

Heintzman, Ralph (1988): Paper Tiger. In: Saturday Night. Vol. 103, No. 11. S. 31-33

Helwig, David (Ed.) (1980): Love and Money. The Politics of Culture. O.O., Oberon Press Canada

--- (1985): Radio. Seeking Popularity. In: Maclean's , October 7: S. 63

Hirsch, Mario (1990): Das Rundfunksystem Belgiens. In: Hans-Bredow-Institut für Rundfunk und Fernsehen (Hg.): Internationales Handbuch für Rundfunk und Fernsehen 1990/91. Baden-Baden/Hamburg. S. 13-18

Hodgetts, J.E. (1946): Administration and Politics. The Case of the Canadian Broadcasting Corporation. In: The Canadian Journal of Economics and Political Science. Vol. 12. S. 454-469

Hoffmann-Riem, Wolfgang (1985): Kulturelle Identität und Vielfalt im Fernsehen ohne Grenzen? Zur Diskussion um die Sicherung der Vielfalt im internationalisierten Rundfunk. In: Media Perspektiven. Nr. 3. S. 181-190

Hollins, Timothy (1984): Beyond Broadcasting - Into the Cable Age. London

Holmes, John W. (1976): Canada - A Middle-Aged Power. Toronto

Holtfrerich, Carl-Ludwig (Ed.) (1989): Economic and Strategic Issues in U.S. Foreign Policy. Berlin/New York

Horkheimer, Max/**Adorno**, Theodor W. (1944/1988): Dialektik der Aufklärung. Frankfurt

Hoskins, Colin/**McFayden**, Stuart (1982): Market Structure and Television Programming Performance in Canada and the U.K. A Comparative Study. In: Canadian Public Policy. Vol. 8, No. 3. S. 347-357

--- (1984): The Role of the CBC in the Canadian Broadcasting System, Revisited. In: Canadian Public Policy. Vol. 10, No. 3. S. 352-358

Hoskins, Colin/**Mirus**, Rolf (1988): Reasons for the U.S. Dominance of the International Trade in Television Programs: In: Media, Culture and Society. Vol. 10. S. 499-515

Hufbauer, Gary C./**Samet**, Andrew J. (1982): Investment Relations Between Canada and the United States. In: Atlantic Council Working Group on the United States and Canada (Ed.): Canada and the United States. Dependence and Divergence. Cambridge, Mass.

Hull, W.H.N. (1962): The Public Control of Broadcasting. The Canadian and Australian Experiences. In: The Canadian Journal of Economics and Political Science. Vol. 28, No. 1. S. 114-126

Humphreys, Peter (1990): das rundfunksystem Großbritanniens. In: Hans-Bredow-Institut für Rundfunk und Fernsehen (Hg.): Internationales Handbuch für Rundfunk und Fernsehen 1990/91. Baden-Baden/Hamburg. S. 83-102

Hunziker, Peter (1988): Medien, Kommunikation und Gesellschaft. Einführung in die Soziologie der Massenkommunikation. Darmstadt

Hutcheson, John (1983): No Culture, No Policy. In: Canadian Forum. Vol. 62, No. 725. Editorial. S. 5

Huyssen, Andreas (1986): Postmoderne - eine amerikanische Internationale?. In: Huyssen, Andreas/Scherpe, Klaus R. (Hg.): Postmoderne. Zeichen eines kulturellen Wandels. Reinbek. S. 13-44

Huyssen, Andreas/**Scherpe**, Klaus R. (Hg.) (1986): Postmoderne. Zeichen eines kulturellen Wandels. Reinbek

Inkeles, Alex/**Smith**, David H. (1974): Becoming Modern. Individual Changes in Six Developing Countries. Cambridge, Mass.

Innis, Donald Q. (1954): The Geographic Characteristics of Radio. In: The Canadian Journal of Economics and Political Science. Vol. 20, No. 1. S. 83-87

Innis, Harold Adams (1930): The Fur Trade in Canada. An Introduction to Canadian Economic History. New Haven

--- (1936): Unused Capacity as a Factor in Canadian Economic History. In: The Canadian Journal of Economics and Political Science. Vol. 11, No. 1. S. 1-15

--- (1950): Empire and Communications. Toronto

--- (1951): The Bias of Communications. Toronto

Inside U.S. Trade (1987): Confidential Appraisal of U.S.-Canadian Pact Weighs Benefits, Shortfalls. October 9 (Special). S. 14-20

Irving, John A. (Ed.) (1962): Mass Media in Canada. Toronto

Jackson, Robert J./**Jackson**, Doreen/**Baxter-Moore**, Nicolas (1986): Politics in Canada. Culture, Institutions, Behaviour and Public Policy. Scarborough, Ont.

Janigan, Mary (1985a): Soldiers in the Cultural Battle. In: Maclean's, March 18. S. 53

--- (1985b): A Soldier in the Front Lines of Culture. In: Maclean's, September 23. S. 70-71

Kamenka, Eugene/**Herde**, Peter/**Avineri**, Shlomo (1986): Nationalismus. In: Fetscher, Iring/Münkler, Herfried (Hg.): Pipers Handbuch der politischen Ideen. Bd. 4: Neuzeit. S. 589-627

Kasurak, Peter (1979): American "Dollar Diplomats" in Canada, 1927-1941. A Study of Bureaucratic Politics. In: American Review of Canadian Studies. Vol. 9, No. 2. S. 57-71

Kersell, John E./**Conley**, Marshall, W. (1969): Comparative Political Problems. Britain, United States, and Canada. Scarborough, Ont.

Kirschbaum, Stanislav J. (1980): Cultural Diversity and Canadian Unity. The Political Imperative. In: Bouraoui, Hedi (Ed.): The Canadian Alternative. Pluralism and Canadian Unity. Downview, Ont. S. 32-42

Kleinsteuber, Hans J. (1979): Neue Medien in den USA. In: Rundfunk und Fernsehen. Jg. 27, Nr. 2-3. S. 270-277

--- (1982): Regulierung und politisch-ökonomische Kultur der USA. In: Öffentliche Bindung von Unternehmen - Beiträge zur Regulierungsdebatte. Schriftenreihe der Gesellschaft für öffentliche Wirtschaft und Gemeinwirtschaft. Heft 22. Baden-Baden. S. 175-192

--- (1987): Mediensituation und Kommunikationsforschung in Kanada. Zur Bedeutung der Theorien von Harold Innis und Marshall McLuhan. In: Zeitschrift der Gesellschaft für Kanada-Studien. 7. Jg. (Band 12), Nr. 1 und 2. S. 53-67

--- (1990) Das Rundfunksystem der USA. In: Hans-Bredow-Institut (Hg.): Internationales Handbuch für Rundfunk und Fernsehen, 1990/91. Baden-Baden/Hamburg. S. E 97 - E 106

--- (1990a): Zeit und Raum in der Kommunikationstechnik. Harold A. Innis 'Theorie des technologischen Realismus'. Arbeitsstelle Medien und Politik, Institut für Politische Wissenschaft der Universität Hamburg. Arbeitspapiere Nr. 19

--- et al. (1989) Lokales, nicht kommerzielles Radio. Internationale Erfahrungen im Vergleich. Gefördert vom Programm "Mensch und Technik" des Landes Nordrhein-Westfalen. Unveröffentlichter Forschungsbericht. 2 Bände

Kleinsteuber, Hans J./**Wiesner**, Volkert/**Wilke**, Peter (Hg.) (1990): Europäische Medienpolitik zwischen Kultur und Kommerz. Berlin

Klooß, Wolfgang/**Lutz**, Hartmut (Hg.) (1986): Kanada. Geschichte, Politik, Kultur. Deutsch-Englische Jahrbücher, Bd. 19. Berlin

Knelman, Martin (1983): Their Finest Hour. In: Saturday Night. Vol. 98, No. 3. S. 54-63

Koebeberling, Ursel (1984): Eskimo-Fernshen im Norden Kanadas. In: Rundfunk und Fernsehen. Jg. 32, Nr. 4. S. 341 ff.

--- (1989): Rundfunk auf dem Eis. Erfahrungen der Inuit Kanadas mit Hörfunk und Fernsehen. In: Rundfunk und Fernsehen. Jg. 37, No. 4. S. 497-510

Kornberg, Allan/**Clarke**, Harold D. (Eds.) (1983): Political Support in Canada. The Crisis Years. Durham, North Carolina.

Körner, Ruth (1954): Kanada. Wien

Kraus, Wolfgang (1989): Neuer Kontinent Fernsehen - Kultur oder Chaos. Frankfurt/Main

Krüger, Martin (1988): Ökonomische Aspekte der Rundfunkordnung. In: Zeitschrift der Gesellschaft für Kanada-Studien. 8. Jg. (Band 13), Nr. 1. S. 89-105

Lafebr, Walter (1963): The New Empire. An Interpretation of American Expansion, 1860 - 1898. Ithaca, N.Y.

Lange, André/**Renaud**, Jean-Luc (1989): The Future of the European Audiovisiual Industry. The European Institute for the Media. Media Monograph No. 10. Manchester

LaTouche, Daniel (1983): Mass Media and Communication in a Political Crisis. In: Singer, Benjamin D. (Ed.): Communications in Canadian Society. Don Mills, Ont. S. 197-205

Laxer, Robert (Ed.) (1973): Canada Ltd. The Political Economy of Dependency. Toronto

Leith, Donald (1988): The National Screen. In: Saturday Night. Vol. 103, No. 2. S. 21-22

Lenz, Karl (1988): Kanada. Eine geografische Landeskunde. Darmstadt

Lepsius, M. Rainer (1988): Aufklärung, Massenkultur und die Selbstdomestizierung des Menschen. In: Rüsen, Jörn et al. (Hg.): Die Zukunft der Aufklärung. Frankfurt. S. 233-239

Lévesque, René (1979): Québec Independence. In: Feldman, Elliot J./Nevitte, Neil (Eds.): The Future of North America. Canada, The United States, and Québec Nationalism. Harvard Studies in International Affairs, No. 42. Cambridge, Mass./Montréal. S. 61-70

Levine, Michael A. (1981): I Never Heard Them Call It "Show Art". The Business Side of Film Production in Canada. In: Journal of Canadian Studies. Vol. 16, No. 1. S. 90-97

Lipset, Seymor Martin (1987): Ist Amerika konservativ?. In: Aus Politik und Zeitgeschichte. B 52, 26. Dezember. S. 3-11

Liska, Vladimir (1987): Kanada. Der Frosch schnappt zu. Der Kabel-Operator Vidéotron kauft den größten französischsprachigen Sender des Landes. In: Neue Medien. Nr. 12. S. 86-87

Litvak, Isaiah A./Maule, Christopher J. (1980): Bill C-58 and the Regulation of Periodicals in Canada. In: International Journal. Vol. 36, No. 1. Winter 1980/81. S. 71-90

MacFarlane, David (1981): The King of Cable. In: Saturday Night. Vol. 96, No. 2. S. 38-45

Maclean's (1985a): Free Trade/Macdonald's Masterplan. September 16. S. 24-38 u. 12

--- (1985b): The Making of Joshua. September 25. S. 44-50

--- (1985c): A Secret Plan for Free Trade and Sovereignty. November 11. S. 14-21

--- (1985d): The Battle over the Cultural Border. November 18. S. 69

--- (1987a): Canada's Talent Bank. June 8. S. 38-39

--- (1987b): On the March/Not Just Another Nice Guy/How the NDP Would Govern. August 3. S. 8-11, 12-13, 14-15

--- (1987c): Potential Victims of a Trade pact. August 10. S. 22-23

--- (1987d): Hard lines on Trade. August 17. S. 34

--- (1987e): The Contest For Cable. August 24. S. 46

--- (1989a): The Maple Leaf Mafia. From Mary Pickford to Michael J. Fox, the Great Hollywood Dream Continues to Lure Canadians. July 3. S. 78-82

MacPherson, Don (1977): The CBC's Reply to Woodcock. In: Saturday Night. Vol. 92, No. 6. S. 4-6. Lettersection

Mander, Jarry (1979): Schafft das Fernsehen ab! Eine Streitschrift gegen das Leben aus zweiter Hand. Reinbek

Massey, Vincent (1948): On Being Canadian. Toronto/Vancover

McCann, Lawrence D. (1987): Heartland and Hinterland. A Geography of Canada. 2nd Ed. Scarborough

McCormack, Thelma H. (1959): Canada's Royal Commission on Broadcasting. In: The Public Opinion Quarterly. Vol. 23, No. 1. S. 92-100

--- (1981): Revolution, Communication and the Sense of History. In: Katz, Elihu/Szecskö, Tamás (Eds.): Mass Media and Social Change. London/Beverly Hills. S. 167-185

--- (1984): Culture and the State. In: Candian Public Policy. Vol. 10, No. 3. S. 267-277

McFayden, Stuart et al. (1980): Canadian Broadcasting. Market Structure and Economic Performance. Montréal

McLuhan, Marshall (1965): Understanding Media. New York

McNeill, Bill/**Wolfe**, Morris (Eds.) (1982): Signing on. The Birth of Radio in Canada. Toronto/New York

McPhail, Thomas L./**McPhail**, Brenda (1988): Canada. In: Rosen, Philip (Ed.): International Handbook of Broadcasting Systems. New York/Westport/London

--- (1990): Communication. The Canadian Experience. Toronto

McQuail, Denis (1986): Kommerz und Kommunikationstheorie. In: Media Perspektiven. Nr. 10. S. 633-643

McQueen, David (1983): Alternative Scenarios in Broadcasting. Comment on the Report of the Applebaum-Hébert Committee, In: Canadian Public Policy. Vol. 9, No. 1. S. 129-134

Media Perspektiven (1978): Kabelfernsehen in Kanada. Auf dem Weg zum Massenmedium. Nr. 3. März. S. 151 ff.

Meier, Werner A. (1984): Pay-TV in Kanada. Große Kluft zwischen Anspruch und Wirklichkeit. In: Media Perspektiven. Nr. 7, Juli. S. 528 ff.

--- (1987): The Canadian Experience of Pay-TV. The Failure of Policy and the Policy of Failure. In: Communications. 13 Jg., Nr 3. S. 65-87

Melody, William (1983): Direktstrahlende Rundfunksatelliten. Die kanadischen Erfahrungen. In: Rundfunk und Fernsehen. Jg.31, Nr.1. S. 5-11

--- (1987): The CBC's Contribution to Canadian Culture. In: Combroad, Iss 74. S. 23-30

--- et al. (Eds.) (1983): Culture, Communication, and Dependency. The Tradition of H.A. Innis. Norwood, N.J./London

Menzel, Ulrich/**Senghaas**, Dieter (1986): Europas Entwicklung und die Dritte Welt. Frankfurt

Meyn, Herrman (1988): Zwischen null und ein Prozent. Gründe für die Exportprobleme deutscher TV-Produktionen. In: Das Parlament. Nr. 27, 1. Juli. S. 12

Meyrowitz, Joshua (1987): Die Fernsehgesellschaft. Wirklichkeit und Identität im Medienzeitalter. Weinheim/Basel

Miller, Mary Jane (1984): Cariboo Country. A Canadian Response to American Television Westerns. In: American Review on Canadian Studies. Vol. 14, No. 3. S. 322-332

Miller, Robert E. (1986): The Canadian Feature Film Conundrum, 1894-1967. In: Austin, Bruce A. (Ed.): Current Research in Film, Audiences, Economics, and Law. Vol. 4. Norwood, N.J. S. 125-145

Moffett, Samuel E. (1907/1972): The Americanization of Canada. Toronto

Morris, Peter (1978): Embattled Shadows. Montréal

--- (1981): After Grierson. The National Film Board, 1945-1953. In: Journal of Canadian Studies. Vol. 16, No. 1. S. 3-12

Morton, W.L. (1961): The Candian Identity. Toronto

Mosco, Vincent/**Wasko**, Janet (Eds.) (1984): The Critical Communications Review. Vol. 2. Changing Patterns of Communications Control. Norwood, N.J./London

Müller-Wille, Ludger (1990): Nationen der Vierten Welt in Kanada. Kultur und Raum in Gefahr. In: Geographische Rundschau. 42. Jg., Nr. 9. S. 460-467

Müller-Wille, Ludger/**Pletsch**, Alfred (1981): Ethnizitätskonflikt, sozioökonomischer Wandel und Territorialentwicklung in Québec/Kanada. In: Die Erde. Nr. 1-2. S. 61-70

Murray, J. Alex/**Gerace**, Mary C. (1972): Canadian Attitudes Toward the U.S. Presence. In: The Public Opinion Quarterly. Vol. 36, No. 3. S. 388-397

Naylor, Tom (1973): The History of Domestic and Foreign Capital in Canada. In: Laxer, Robert (Ed.): Canada Ltd. The Political Economy of Dependency. Toronto. S. 42-56

Neatby, H. Blair (1972): The Politics of Chaos. Canada in the Thirties. Toronto

Nelson, Joyce (1980): Global Pillage. The Economics of Commercial Television. In: Helwig, David (Ed.): Love and Money. The Politics of Culture. O.O. (Oberon Press)

--- (1981): Dumping Ground. In: Saturday Night. Vol. 96, No. 6. S. 21-22

Newman, Peter C. (1985): The Threat of TV Superstations. In: Maclean's, March 25. S. 41

Nicol, John/**Shea**, Albert A./**Simmins**, G.J.P. (1954): Canada's Farm Radio Forum. UNESCO. Paris

Noelle-Neumann, Elisabeth (1980): Die Schweigespirale. Öffentliche Meinung - unsere soziale Haut. München

Nohlen, Dieter (1978): Wahlsysteme der Welt. Daten und Analysen. München

Nolan, Michael (1985): Canadian Election Broadcasting. Political Practices and Radio Regulation 1919-1939. In: Journal of Broadcasting and Electronic Media. Vol. 29, No. 2. S. 175-188

Orton, Marlene (1987): Broadcasters Want Specialty Channels Limited. In: The Globe & Mail. August 7

Painchaud, Robert (1979): Government and Cultural Affairs, 1867-1977. In: Byers, Riddick B./Reford, Robert W. (Eds.): Canada Challenged. The Viability of Confederation. Toronto. S. 130-145

Panitch, Leo (1977): The Canadian State. Political Economy and Political Power. Toronto

--- (1984): Class and Power in Canada. In: Zeitschrift der Gesellschaft für Kanada-Studien. 4. Jg., Nr. 2. S. 99 ff.

Park, Julian (Ed.) (1957): The Culture of Contemporary Canada. Ithaca, N.Y.

Paterson, D.G./**Rosenbluth**, G. (1983): Culture, Myth, and Fetish. Comment on the Report of the Applebaum-Hébert Committee. In: Canadian Public Policy. Vol. 9, No. 1. S. 134-137

Peers, Frank W. (1969): The Politics of Canadian Broadcasting, 1920-1951. Toronto

--- (1979a): Tensions Over Communications (Comment by Joel Rosenbloom). In: Feldman, Elliott J./Nevitte, Neil (Eds.): The Future of North America. Canada, The United States, and Québec Nationalism. Cambridge, Mass./Montréal. S. 87-108

--- (1979b): The Public Eye. Television and the Politics of Canadian Broadcasting. Toronto

--- (1983): Broadcasting and National Unity. In: Singer, Benjamin D. (Ed.): Communications in Canadian Society. Don Mills, Ont. S. 138-146

Pendakur, Manjunath (1981a): Cultural Dependency in Canada's Film Industry. In: Journal of Communication. Vol. 31, No. 1. S. 48 ff.

--- (1981b): Film Policies in Canada. In Whose Interest? In: Media, Culture and Society. Vol. 3, No. 2. S. 155 ff.

--- (1984): United States-Canada Relations. In: Mosco, Vincent/Wasko, Janet (Eds.): The Critical Communications Review. Vol 2. Norwood, N.J./London. S. 165 ff.

--- (1986a): Canadian Feature Films in the Chicago Theatrical Market, 1978-1981. Economic Relations and Some Policy Questions. In: Austin, Bruce A. (Ed.): Current Research in Film, Audiences, Economics, and Law. Vol. 2. Norwood, N.J. S. 186-203

--- (1986b): Internationalization of the Canadian Film Industry. In: Austin, Bruce A. (Ed.): Current Research in Film, Audiences, Economics, and Law. Vol. 4. Norwood, N.J. S. 147-169

Penlington, Norman (Ed.): On Canada. Essays in Honour of Frank H. Underhill. Toronto

Pletsch, Alfred (1983): Kanada am Wendepunkt seiner Bevölkerungs- und Wirtschaftsentwicklung. In: Geographische Rundschau. Jg. 35, Nr. 8. S. 370 ff.

Postman, Neil (1985): Amusing Ourselves to Death. New York (deutsch: Wir amüsieren uns zu Tode. Reinbek 1985)

Pöttker, Horst (1989): Legitimitätsdefizite und Fernsehen in der Bundesrepublik Deutschland. Das Medium als Instanz der politischen Sozialisation. In: Publizistik. Nr. 2-3. S. 505-519

Porter, John (1965): The Vertical Mosaic. An Anlaysis of Social Class and Power in Canada. Toronto/Buffalo, N.Y.

Prang, Margaret (1965): The Origins of Public Broadcasting in Canada. In: The Canadian Historical Review. Vol. 46 No. 1.

Raboy, Marc (1990): Missed Opportunities. The Story of Canada's Broadcasting Policy. Montréal

Rea, Kenneth J./**McLeod**, John T. (1976): Business and Government in Canada. 2nd Ed. Toronto

Reidegeld, Klaus J. (1986): Kanada. Lokalfunk via Satellit. In: Medienspiegel. Jg. 10, Nr. 49. 15. Dezember. S. 4-5

--- (1988): Kanada. Kein Monopol beim Kabel. In. Medienspiegel. Jg. 12, Nr. 43. 24. Oktober. S. 4-5

Robertson, Heather (1981): The First Lady of Radio. In. Saturday Night. Vol. 96, No. 1. S. 13-14

Robinson, Lukin (1984): Recovery or Stagnation. In: Canadian Forum. Vol. 63, No. 735. S. 7

Ronneberger, Franz (1983): Publzistische und politische Macht. In: Rundfunk und Fernsehen. Jg. 31, Nr. 4. S. 260-270

Rosen, Philip T. (1988): International Handbook of Broadcasting Systems. New York/Westport/London

Rowland, Willard D. Jr./**Tracey**, Michael (1989): Selbstmord aus Angst vor dem Tod? Aktuelle Herausforderungen für den öffentlichen Rundfunk überall auf der Welt. In: Media Perspektiven. Nr. 8. S. 469-480

Rüsen, Jörn/**Lämmert**,Eberhard/**Glotz**, Peter (Hg.) (1988): Die Zukunft der Aufklärung. Frankfurt

Sarcinelli, Ulrich (1987): Politikvermittlung. Beiträge zur politischen Kommunikationskultur. Schriftenreihe der Bundeszentrale für politische Bildung. Bd. 238. Bonn

Saywell, John (1983): Kanada einst und heute. Toronto

Schafer, R. Murray (1984): Canadian Culture - Colonial Culture. In: Canadian Forum. Vol. 63, No. 737. March. S. 14-19

Schiller, Herbert I. (1986): Die Kommerzialisierung der Kultur in den Vereinigten Staaten. In: Media Perspektiven. Nr. 10. S. 659-672

Schlesinger, Phillipp (1987): L'Identité Culturelle Européene - Au Delà du Slogan. In: Media Pouvoirs. No. 12. S. 54-63

Schultz, John (1980): Whose News? The Struggle for a Wire Service Distribution, 1900-1920. In: American Review of Canadian Studies. Vol. 10, No.1. S. 27-38

Schultze, Rainer-Olaf (1977): Politik und Gesellschaft in Kanada. Studien zu Politik und Gesellschaft des Auslandes, Bd. 2. Meisenheim am Glahn

Schulz, Winfried (1987): Politikvermittlung durch Massenmedien. In: Sarcinelli, Ulrich (Hg.): Politikvermittlung. Beiträge zur politischen Kommunikationskultur. Schriftenreihe der Bundeszentrale für politische Bildung. Bd. 238. Bonn. S. 127-135

Schwanebeck, Axel (1982): Kabelfernsehen. Aspekte seiner Entwicklung im internationalen Bereich. Frankfurt

Schwartz, Mildred (1967): Public Opinion and Canadian Identity. Berkely/Los Angeles

Schwarzkopf, Dietrich (1989): Derrick gegen Dallas. Die Fernsehanstalten können eine stärkere Amerikanisierung ihrer Programme verhindern. In: Die Zeit. Nr. 35, 25. August. S. 20

Scott, Anthony (1983): The Report of the Applebaum-Hébert Committee. Three Comments (Introduction). In: Canadian Public Policy. Vol. 9, No. 1. S. 126-129

Senghaas, Dieter (Hg.) (1974): Peripherer Kapitalismus. Analysen über Abhängigkeit und Unterentwicklung. Frankfurt

--- (1984): Kultur und Entwicklung. Überlegungen zur aktuellen entwicklungspolitischen Diskussion. In: Zeitschrift für Kulturaustausch. 34. Jg. Nr.4. S. 417-424

Shaughnessy, Haydn (1990): The Cultural Obligations of National and Cross-Frontier Television. In: Zeitschrift für Kulturaustausch. 40. Jg., Nr. 2. S. 161-168

Shea, Albert A. (Ed.) (1952): Culture in Canada. A Study of the Findings of the Royal Commission on National Development in the Arts, Letters and Sciences (1949-1951). Published by the Canadian Association for Adult Education. Toronto/ Pasadena, Cal.

Siegel, Arthur (1983): Politics and the Media in Canada. Toronto

Singer, Benjamin D. (Ed.) (1983): Communications in Canadian Society. Don Mills, Ont.

Sloterdijk, Peter (1983): Kritik der zynischen Vernunft. 2 Bände. Frankfurt

Smith, Anthony (1980): The Geopolitics of Information. How Western Culture Dominates the World. New York

Smythe, Dallas W. (1981): Dependency Road. Communications, Capitalism, Consciousness, and Canada. Norwood, N.J./London

Spry, Graham (1971): Public Policy and Private Pressures. The Canadian Radio League 1930-6 and Countervailing Power. In: Penlington, Norman (Ed.): On Canada. Essays in Honour of Frank H. Underhill. Toronto. S. 24-36

Stewart, W. Brian (1970): CBC Television and the Faithful. In: The Public Opinion Quarterly. Vol. 34, No. 1. S. 92-100

Stuart, Reginald C. (1988): United States Expansionism and British North America, 1775-1871. Chapel Hill/London

Swindler, William F. (1942): Wartime News Control in Canada. In: The Public Opinion Quarterly. Vol. 6, No. 3. S. 444-449

Tenbruck, Friedrich H. (1989): Die kulturellen Grundlagen der Gesellschaft. Der Fall der Moderne. Opladen

The Globe & Mail (1987a): Canada-Watchers Sceptical on Trade. August 5. A1

--- (1987b): Specialty Channels Called Threat to Telefilm-Funding. August 6. B1

--- (1987c): U.S. Congressmen give Advice on Canadian Concessions. August 7. A2

--- (1987d): Canada's Success Worries Hollywood. August 7

Thompson, John H./**Seager**, Allan (1985): Canada 1922-1939. Decades of Discord. Toronto

Time (1987a): Eye for Eye, Tooth for Tooth. The U.S. Uses Brinkmanship to Handle a Trade Dispute. January 12. S. 36

--- (1987b): Big Hug from Uncle Sam. October 19. S. 38

Tippet, Maria (1990): Making Culture. English-Canadian Institutions and the Arts before the Massey Commission. Toronto

Todd-Hénaut, Dorothy (1978): Challenge for Change. In: Massenmedien Spontan - Zuschauer machen ihr Programm. Magazin Brennpunkte. 9. Jg., Nr. 12. Juni. Frankfurt

Trofimenkoff, Susan Mann (1982): The Dream of Nation. A Social and Intellectual History of Québec. Toronto

Trudeau, Pierre Elliot (1968): Federalism and the French Canadians. Toronto

Uhde, Jan (1980): Kabelfernsehen in Kanada. Die Möglichkeiten von "Community Cable". In: Medien und Erziehung. Jg. 24, Nr. 2. S. 90 ff.

Variety (1984): Fourteenth Annual Canadian Film and Entertainment Review. Vol. 317, No. 4, November. New York City

--- (1990): MIP International Television Annual. April 18

Vipond, Mary (1980): The Nationalist Network. English Canada's Intellectuals and Artists in the 1920s. In: Canadian Review of Studies in Nationalism. Vol.7, No 1. S. 32-52

--- (1989): The Mass Media in Canada. Toronto

Vollmer, Helmut J./**Sauriol**, Micheline (1986): Québec - Zur sprachlichen, sprachenpolitischen und sozialen Situation einer frankophonen Provinz und des Französischen in Kanada. In: Klooß, Wolfgang/Lutz, Hartmut (Hg.): Kanada. Geschichte, Politik, Kultur. Deutsch-Englische Jahrbücher, Bd. 19. Berlin. S. 96-114

Wallerstein, Immanuel (1974/1986): Das moderne Weltsystem. Die Anfänge kapitalistischer Landwirtschaft und die europäische Weltökonomie im 16. Jahrhundert. Frankfurt

Wehler, Hans-Ulrich (1984): Grundzüge der amerikanischen Außenpolitik, 1750 - 1900. Frankfurt

Weir, E. Austin (1965): The Struggle for National Broadcasting in Canada. Toronto

Whitaker, Reginald A. (1984): The Québec Cauldron. In: Whittington, Michael/Williams, Glen (Eds.): Canadian Politics in the 1980s. 2nd Ed. Toronto. S. 33-57

Whittington, Michael/**Williams**, Glen (Eds.) (1984): Canadian Politics in the 1980s. 2nd Ed. Toronto

Widlok, Peter (1983): Vancouver Cooperative Radio. Partizipation bei lokalem Hörfunk. Magisterarbeit (Publizistik). Philosophische Fakultät der Westfälischen Wilhelms-Universität zu Münster

--- (1984): Kanadische Identität oder "American Way of Life"? Zum US-Einfluß auf den öffentlichen Rundfunk und die neuen Medien in Kanada. In: Media Perspektiven. Nr. 5, Mai. S. 399 ff.

Wiesand, Andreas Johannes (1985): Dämme gegen eine Flut von Billigprogrammen? Zum Pro und Contra von Auslandsquotierungen im Rundfunk. In: Media Perspektiven. Nr. 3, März. S. 191 ff.

Wiesner, Volkert (1988): Das Rundfunksystem Kanadas zwischen öffentlichem Programmauftrag und Kommerzialisierung. In: Media Perspektiven. Nr. 11, November. S. 705-714

--- (1989): Economic and Political Tensions in U.S.-Canadian Relations. The Free Trade Issue. In: Holtfrerich, Carl-Ludwig (Ed.): Economic and Strategic Issues in U.S. Foreign Policy. Berlin/New York. S. 145-163

Wigley, Philip (1980): Beyond the North Atlantic Triangle. Canadian-American Relations, 1945-1970. In: Bulletin for Canadian Studies. Vol. 4, No. 1. April. S. 5-22

Wilke, Peter (1990): Medienmarkt Europa. Ein vergleichender Überblick. In: Kleinsteuber, Hans J./Wiesner, Volkert/Wilke, Peter (Hrsg.): Europäische Medienpolitik zwischen Kultur und Kommerz. Berlin

Williams, William Appelman (1959): The Tragedy of American Diplomacy. Cleveland/New York

Winks, Robin W. (1979): The Relevance of Canadian History. U.S. and Imperial Perspektives. The 1977 Joanne Goodman Lectures, Delivered at the University of Western Ontario. Toronto

Wolfe, Morris (1977): Has Radio Canada Separated? Only a Royal Commission Will Know for Sure. In: Saturday Night. Vol. 92, No. 5. S. 50-52

--- (1978a): Please, Al Johnson, Rock the Boat! In: Saturday Night. Vol. 93, No. 5. S. 59-60

--- (1978b): The Queer Reality of Soapland. In: Saturday Night. Vol. 93, No. 6. S. 56-57

--- (1980): Rhetoric and Reality in Private TV. In: Saturday Night. Vol. 95, No. 6. S. 48-50

Woller, Rudolf (1986): Handelskrieg zwischen USA und Kanada? in: Canada Journal. Vol. 4, No. 7-8. S. 44

Wonnacott, Paul (1987): The United States and Canada - The Quest for Free Trade. An Examination of Selected Issues. In: Policy Analysis in International Economics. March. No. 16. Institut for International Economics. Washington D.C.

Woodcock, George (1977/1): Stand Up and be Counted for the CBC. In: Saturday Night. Vol. 92, No. 3. S. 4-6. Lettersection

--- (1977/2): Dialogue With the CBC. In: Saturday Night. Vol. 92, No. 7. S. 10. Lettersection

--- (1985): Frühling im Norden. Die Ursprünge der anglo-kanadischen Literatur. Cultural and Public Information Programs Bureau, Dept. of External Affairs. Reference Series Nr. 46(G). Ottawa

Woodrow, Brian et al. (1980): Conflict over Communications Policy. A Study in Federal-Provincial Realtions and Public Policy. C.D. Howe Institute. Québec

Woodside, Kenneth (1988): Canadian Media Policy into the Twenty-First Century. A Critical Assessment. In: Zeitschrift der Gesellschaft für Kanada-Studien. 8. Jg. (Band 13), Nr. 1. S. 107-119

Ausgewertete Fachzeitschriften (Canada)

Canadian Dimension
Canadian Forum. Independent Journal of Opinion and the Arts
Canadian Historical Association: Historical Papers
Canadian Journal of History
Canadian Public Policy
Canadian Review of Sociology
Canadian Review of Studies in Nationalism
Journal of Canadian Studies
Multiculturalism
The Canadian Historical Review
The Canadian Journal of Economics and Political Science
The Canadian Journal of Political Science

Ausgewertete Fachzeitschriften (sonstige)

ACSUS Papers. Association for Canadian Studies in the U.S.
American Review of Canadian Studies
Aus Politik und Zeitgeschichte. Beilage "Das Parlament"
Bulltetin of Canadian Studies
Canada Journal
Combroad
Communications
Die Erde
EBU Review
European Journal of Communications
Geographische Rundschau
Intermedia
International Journal
Journal of Broadcasting and electronic Media
Journal of Communication
Media, Culture and Society
Media Perspektiven
Media Pouvoirs
Medium
Neue Medien
Policy Analysis in International Economics
Publizistik
Relay
Rundfunk und Fernsehen
The Public Opinion Quarterly
Weiterbildung und Medien
Zeitschrift der Gesellschaft für Kanada-Studien
Zeitschrift für Kulturaustausch

Publikumszeitschriften und Zeitungen (Canada)

Maclean's. Canada's Weekly News Magazine
Saturday Night. Canada's Magazine of Politics, Business, and the Arts
The Globe and Mail (Toronto)

Publikumszeitschriften und Zeitungen (sonstige)

Business Week
Die Zeit
Economist
Newsweek
Time

Weitere Quellen (Canada):

Canada Reports. Department of External Affairs, External Communications Division
Canadian News Facts (Pressedienst)
Focus Canada. Kanadische Botschaft, Bonn
Kanada Wirtschaftsbrief. Kanadische Botschaft, Bonn

Weitere Quellen (sonstige)

EPD/Kirche und Rundfunk
Inside U.S. Trade
Medienspiegel. Institut der Deutschen Wirtschaft

Abkürzungsverzeichnis

ABC:	American Broadcasting Company (USA)
ACCESS:	Alberta Educational Communication Corporation
ACTRA:	Association of Canadian Television and Radio Artists
AFP:	Agence France Press
Alta:	Alberta
AM:	Amplitude Modulation (Radio-Mittelwelle)
AP:	Associated Press
APBBC:	Association for Public Broadcasting in British Columbia
ARCQ:	Association des Radiodiffuseurs Communitaires du Québec
ARD:	Arbeitsgemeinschaft der öffentlich-rechtlichen Rundfunkanstalten Deutschlands
ASN:	Atlantic Satellite Network
BA:	Broadcasting Act
B.C.:	British Columbia
BBC:	British Broadcasting Corporation
BBG:	Board of Broadcast Governors
BNA:	British North America Act
CAA:	Canadian Association of Advertisers
CAB:	Canadian Association of Broadcasters
CANCOM:	Canadian Satellite Communications Inc.
CATV:	Community Antennae Television (Cable Television)
CBC:	Canadian Broadcasting Corporation
CBDF:	Canadian Broadcast Development Fund
CBL:	Canadian Broadcasting League (vorm. CRL)
CBS:	Columbia Broadcasting System (USA)
CCA:	Capital Cost Allowance Program
CCP:	Canadian Cooperation Project
CCTA:	Canadian Cable Television Association
CFDC:	Canadian Film Development Corporation
CIRPA:	Canadian Independent Record Production Association
CNCP:	Canadian National/Canadian Press
CNR:	Canadian National Railways
Coop Radio:	Vancouver Cooperative Radio
CP:	Canadian Press (Agency)
CPR:	Canadian Pacific Railroad
CRBC:	Canadian Radio Broadcasting Commission
CRL:	Canadian Radio League
CRTC:	Canadian Radio-television and Telecommunications Commission
CTV:	Canadian Television Network Limited
DBS:	Direct Broadcasting Satellite
DOC:	Department of Communications
ECA:	Educational Communications Authority
ESA:	European Space Agency
FCC:	Federal Communications Commission
FIRA:	Foreign Investment Review Agency
FLQ:	Front de Liberation du Québec

FM:	Frequence Modulation (Radio Ultrakurzwelle)
GLOBAL:	Global Communications Limited
HBO:	Home Box Office
KNOW:	Knowledge Network of the West
LP:	Liberal Party
Man.:	Manitoba
MPEAA:	Motion Picture Export Association of America
N.B.:	New Brunswick
NBC:	National Broadcasting Company
NCRO:	National Campus/Community Radio Organization
NDP:	National Democratic Party
NFB:	National Film Board of Canada
Nfdl.:	Newfoundland
NORAD:	North American Air Defence Agreement
NPR:	National Public Radio
N.S.:	Nova Scotia
N.W.T.:	Northwest Territories
OECD:	Organization for Economic Cooperation and Development
Ont.:	Ontario
PBS:	Public Broadcasting System (USA)
PCP:	Progressive Conservative Party
P.Q.:	Parti Québecois
Qué.:	Québec
RCI:	Radio Canada International
RCMP:	Royal Canadian Mounted Police
R.-Q.:	Radio Québec
Sask.:	Saskatchewan
TSN:	The Sports Network
TV:	Televison
TVA:	Les Télé Diffuseurs Associées
TVEC:	Télévision de l'Est du Canada
TVRO:	Television Receiving-Only Antennae
UHF:	Ultra High Frequency
VHF:	Very High Frequency
VSAT:	Very Small Aperture Transmitter System
WIC:	Western International Communications
Y.:	Yukon Territory
ZDF:	Zweites Deutsches Fernsehen